Karl Valentin auf dem Oktoberfest, Film 1923

KARL VALENTIN

Volks-Sänger?
DADAist?

Schirmer/Mosel, München

Buchhandelsausgabe des Kataloges der Ausstellung
zum 100. Geburtstag Karl Valentins
im Münchner Stadtmuseum vom 2. Juli bis 3. Oktober 1982

Veranstalter der Ausstellung:
Münchner Stadtmuseum
Stadtarchiv München
Institut für Theater-, Film- und Fernsehwissenschaften, Köln
in Verbindung mit dem Valentin-Musäum

Konzeption der Ausstellung und Herausgabe des Katalogs:
Wolfgang Till

Mitarbeiter:
Sabine Sünwoldt
Florian Dering

Ausstellungsarchitektur
Simon Butz und
Ernst Oberle (Gestaltung des Panoptikums)

Ausstellungsorganisation:
Erwin Hauner

Technik:
Michael Mengele
Emil Baumann
Josef Wagner

Aufbau:
Johann Maier und Mitarbeiter

Fotos:
Dorothee Jordens
Julia Köbel
Gerd Ullmann
Marianne Franke
Patricia Partl
Sonja Broschinski

Leihgeber:
Herr Claus Arnold, München
Frau Bertl Böheim, Planegg
Herr Florian Dering, München
Herr Carl Heyland, Gräfelfing
Herr Erwin Münz, München
Herr Michael Schulte, Hamburg
Theatermuseum, Köln
Bayerisches Nationalmuseum, München
Monacensia, Handschriftenabteilung
Valentin-Musäum, München

Kataloggestaltung:
Philipp Luidl

Plakat:
Michael Mathias Prechtl

Rat und Hilfe gewährten:
Eva Graf
Helmut M. Hanko
Gudrun Köhl
Hannes König
Ulrich Kurowski
Richard Lemp
Erwin Münz
Monica Urbach
Susanne v. Goessel
Michael C. Glasmeier
Thomas Brandlmeier
Detta Petzet
Bayerische Motoren Werke AG, München
Branddirektion München

CIP-Kurztitelaufnahme der Deutschen Bibliothek:

Karl Valentin: Volkssänger? Dadaist?
– München: Schirmer, Mosel, 1982.
Ausstellungskatalog
ISBN 3-88814-106-0

Gesamtherstellung: Universitätsdruckerei Wolf & Sohn, München
ISBN 3-88814-106-0

Vorwort

Zur einhundertjährigen Wiederkehr des Geburtstages von Karl Valentin haben sich das Münchner Stadtmuseum und das Stadtarchiv München zusammengefunden, um das vielgestaltige Werk und die nicht weniger vielgestaltige Person des Münchner Künstlers in einer großen Ausstellung zu würdigen. Freundschaftlich mit im Bunde ist bei unserem Vorhaben das Münchner Valentin-Musäum. Ob das Institut für Theaterwissenschaft an der Universität Köln, wo ein Teil des Nachlasses von Karl Valentin verwahrt wird, dem Kreis der Veranstalter beitritt oder durch juristische Bedenken weiterhin verhindert ist, sein Material der Öffentlichkeit zugänglich zu machen, steht zum Zeitpunkt des Redaktionsschlusses noch nicht fest. Wem gehört Karl Valentin? Der Satz steht als Motto über dem Nachleben nicht nur dort, wo es um die Fragen der bürgerlich-rechtlichen Besitztitel geht. Denn reklamiert wird Valentin ebenso für eine spezifisch münchnerische Tradition, die ihn in den Reigen gemütlich-kauziger Originale eingereiht hat (wofür das Denkmal auf dem Viktualienmarkt steht), wie für die Geschichte der künstlerischen Avantgarde des 20. Jahrhunderts. Wir haben im Untertitel unserer Ausstellung ganz bewußt die Fragezeichen hinter den beiden – voneinander einigermaßen entfernten – Welten stehen lassen, denen man Valentin mit guten Gründen zuordnen kann – wobei »DADA« mehr als ungefähres Bedeutungsfeld, denn als präziser kunsthistorischer Begriff gemeint ist. Die im Katalog versammelten Untersuchungen könnten die Grundlagen für einen Dialog zwischen den verschiedenen Lagern der Valentin-Deutung bieten. Vielleicht ist aber der Widerspruch zwischen dem »lokalen« und dem »modernen« Valentin am Ende nur vordergründiger Natur. Betrachtet man nämlich einmal versuchsweise den Autor Valentin unter dem Blickwinkel der künstlerisch-literarischen Generationenfolge, so erscheint er als Weggenosse der in den 1880er Jahren geborenen Aufbruchsgeneration (Kafka 1882, Benn 1886, Duchamps 1887, Schwitters 1887, Trakl 1887 usw.) der europäischen Intelligenz. Deren Grunderlebnis bestand schon vor dem Ersten Weltkrieg darin, daß »einem die Welt entzweibricht« (G. Trakl).

Der Riß durch die bürgerlichen Selbstverständlichkeiten, das Zerbrechen der logischen Verkettung des Lebens, der radikale Selbstzweifel, der sich am sinnfälligsten am Zweifel am eigenen Körper manifestiert, schließlich die Haßliebe zur modernen Technik: all dies verbindet Valentins Werk mit den Grundthemen der Moderne seit der Jahrhundertwende. Er hat es nur, seiner Herkunft aus dem Handwerker- und Volkssänger-Milieu entsprechend, in der Umgangssprache formuliert und deshalb komische Wirkungen erreicht, wo die literarische Avantgarde den Weg in die bewußte Unverständlichkeit ging.

Und wie bei vielen Künstlern der Aufbruchsgeneration neben dem Gefühl der Entwurzelung die Sehnsucht nach irgendeiner handfesten Heimat sichtbar wird, was viele zum politischen Engagement bewegt hat, so sehen wir Karl Valentin früh zum fast fanatischen Lokalpatrioten werden. Protestant, Kind von Zugereisten aus Hessen und Sachsen: kein sehr typischer Münchner also – wird Valentin einer der ersten, der die Denkmalswürdigkeit des Großstadt-Alltags entdeckt. Seine Sammeltätigkeit, die er in großem Maßstab betreibt, bringt ihn in enge Verbindung mit dem Stadtmuseum und dem Stadtarchiv. Hier schließt sich also mit unserer Ausstellung ein Kreis.

Das Valentin-Unternehmen ist in diesem Maßstab möglich geworden, weil alle Experten, die wir um ihre Hilfe gebeten haben, ohne alle Vorbehalte mit Rat und Tat mitgewirkt haben – sei es, daß sie als Autoren mitgetan, sei es, daß sie Photographien beschafft, sei es, daß sie durch Erzählungen unser Wissen bereichert haben. Ihnen allen, und den Leihgebern gilt unser herzlicher Dank.

RICHARD BAUER

CHRISTOPH STÖLZL

Inhaltsverzeichnis

Der Clown Valentin

Vor zwanzig Jahren sah ich ihn, von Th. Th. Heine geführt, zum erstenmal. Auf dem Podium eines Wirtshauses in einer Münchener Vorstadt, wo er zu Hause ist, mimte, sprach, sang und konzertierte dieser überaus magere, seine Spindeldürre kostümlich noch übertreibende Mensch – »Blödsinn« wie er es selber nannte. Dadaismus wie man's gestern genannt haben würde, wenn man den tieferen Sinn ignorierte, der diesem Blödsinn die Bedeutung gab und stärkere Wirkung als auf die eingeborenen Stammgäste. Diese nannten den blassen, nie lachenden, kaum lächelnden, fast nur in Nuancen andeutenden Valentin ein »Viech«. Das ist ein Kosewort für einen immer lustigen Kerl, der sich nicht unterkriegen läßt und den man gern hat. Das Wort ist eine Sympathieerklärung, nichts weiter.

Aber auch wie man diesen ganz eigenartigen Menschen sonst nennen könnte aus der fachlichen Terminologie der Bühne, würde ihn nicht definieren. Er ist weniger als ein Schauspieler, denn er spielt keine Rollen. Er ist mehr als ein Schauspieler, denn er ist das, was er »spielt«, immer selber, nicht in Einfühlung, sondern in Natur. Er kennt und benutzt alle schauspielerischen Mittel, aber er hat kein darstellerisches Ziel, wie es die Schauspieler haben. Rasch eingeordnet ist er ein Komiker, aber er ist eigentlich gar nicht komisch, sondern tragisch. Seine Tragik hat nur so ungewöhnlich komische Ausdrucksformen. Man lacht über das Einzelne, aber das Ganze ist aufregend nachdenklich. Alle diese Lazzi haben immer einen pathetischen Hintergrund. Alle diese tollen Späße und närrischen Einfälle bilden ein Seil, an dem er und der Zuhörer über einem jähen Abgrund hängen. Die Tragik des Lebens bringt dieser Mensch in rückenreibende Nähe zum Absurden. Der Clown: diese Bezeichnung kommt vielleicht am nächsten. Aber auch nicht sehr weit. Das Minenspiel dieses Valentin: es ist fast unmerklich, so zart, so delikat, so diskret ist es. So unbeteiligt möchte er an dieser tragischen Komik seines Falles erscheinen, so ganz nur Opfer.

Er spricht und darstellt in seinen Szenen, allein oder mit seiner kongenial ihn begleitenden Partnerin Liesl Karlstadt, keine Texte oder Einfälle anderer Leute. Es genügt ihm sein eigenes unheimliches Thema für die unendliche Reihe seiner Variationen. Ich sagte schon, daß er nie Rollen »darstellt«, sondern sich selber. Er ist das erleidende Schlachtfeld des Kampfes zwischen Logik und Sprache. Mit einer obstinaten Vorliebe für die Logik, auch wenn sie ins sprachlich Absurde führt. Aber er lächelt wie ein Spitzbub, wenn er logisch rechtbehält gegen die Sprache. Oder ist erschüttert, wenn die Sprache rechtbehält gegen seine Logik. Da versteht er die Welt nicht mehr. Und stellt sie, weil's gleich ist, auf den Kopf. Er ist der entsetzlich geplagte Mensch, von Tücken

Als Zirkusdirektor Brummer in *Die verkaufte Braut,* Film von Max Ophüls, 1932

Als *Zithervirtuose,* Filmfragment 1929

umgeben, mit Tücken parierend oder mit dem Sela des selbstvernichtenden Verzichtes. Er hat endlose Plage mit dem Leben, denn das Wort stellt so geschickte Fallen. Man muß immer auf der Hut sein. Das zwingt zu grotesken Verrenkungen und Sprüngen. Alles wäre in so schöner Ordnung, wenn man ohne Worte denken könnte. So aber ist alles Mißverständnis und Verwirrung. Der Kapellmeister ruft ihm, der mit der Trompete einen Takt zu spät eingesetzt hat, ein »Zu spät!« zu, und Valentin muß die Taschenuhr ziehen und nachsehen. Nichts klappt. Alles geht immer schief, weil man genau ist und die anderen nur beiläufig sind. Da haspelt man sich ab – kein Wunder, daß man so mager wird.

Dieser ganz einzige Valentin ist bis vor einem Jahr aus München nicht hinausgekommen. Da war er in Wien, wo man ihn durchaus kapiert hat. Jetzt wird er in Berlin spielen oder wie man das, was er macht, nennen soll. In dem so todernsten Norden hat man, wie man weiß, den Humor entdeckt als eine Nationaltugend und darüber den Sinn für das Lächerliche verloren, wie die Politiker zeigen, die daran nicht nur nicht gestorben sind, sondern davon leben, daß sie lächerlich sind.

Das Bild der Politiker wäre leichter zu zeichnen als das des außerordentlich komplizierten Valentin. Vielleicht ist es der Nestroy, wie er heute möglich ist. Sicher hat er gar nichts von Chaplin, der ein komischer Akrobat und sehr witziger Filmist, aber sonst nichts ist. Und hat auch gar nichts mit Pallenberg zu tun, der sich auf ein Wort stürzt, um es durch alle Assoziationen und Verdrehungen zu Tode zu hetzen (er hat natürlich noch mehr als das, aber das wäre die clowneske Beziehung zu Valentin). Nein, auch ein Vergleich macht ihn nicht bestimmbarer. Er ist etwas ganz für sich. Wenn er wo hingehört, dann unter die Philosophen.

Eigenhändige Zusammenstellung von 88 Personen, die Karl Valentin seit 1915 als Ärzte konsultiert haben will. Die Überprüfung hat ergeben, daß er eine ganze Reihe von Namen in seine Liste aufgenommen hat, die nicht dem ärztlichen Berufsstand angehörten. Die Aufstellung stammt laut Handeintrag von 1938.

FRANZ BLEI
»B. Z. am Mittag«, 17.9.25

Der Stegreifspieler Karl Valentin

Ich weiß nicht, ob Karl Valentin, Münchens großer komischer Schauspieler, zu den zahlreichen Konventikeln beigezogen worden ist, die seit Jahren über geeignete Maßnahmen für Münchens Wiederaufstieg mit einer harzzähen Sachlichkeit beraten und bald von einem Kulturkonservativismus süddeutscher Prägung, bald von einem gesteigerten Fremdenverkehr das Entscheidende erhoffen. Sicher ist, daß noch in den trübsten Zeiten des nachkriegerischen München allabendlich da, wo Karl Valentin seine skurrilen Einakter spielte, Münchens beste Essenz in einer mimischen Bindung sichtbar wurde, die – sonderbare Mischung! – von urmünchnerischem Charakter und doch weltgültig war. Es ist ein Beweis für die gute Sicherheit, mit der Karl Valentins tragikomischer Witz aus dem Grunde eines hier noch lebendigen Volkshumors erwächst, daß ihn auch das seit einigen Jahren einsetzende Interesse der Literaten und der Prominenten nicht um Haaresbreite von der sicheren, instinktiv erfaßten Linie seiner komischen Gestaltungskraft abgedrängt hat. Man muß einmal die tiefe Ratlosigkeit dieses Komikers erlebt haben, wenn ihm etwa der und der seiner literarischen Verehrer ein Opus gewidmet oder den Besuch eines modegängigen Theaterstückes angeraten hat, um zu spüren, wie naiv Karl Valentin zu seiner Kunst steht (schon dieser Ausdruck würde ihn ärgern), und wie das, was seine Freunde entzückt, die beinahe (beinahe!) noch unkontrollierten Äußerungen einer abseitigen, mit dem Genieblick einer liebenswürdigen Bosheit begabten Natur sind.

Das Christbaumbrettl, Apollo-Theater 1927 (Foto: Witzig) Sammlung S. Rankl, Valentin-Musäum

Am Anfang von Karl Valentins mimischer Laufbahn steht – wenn eine bezeichnende Anekdote nicht trügt – die große Schicksalsfrage: »Warum?«, die er ausstieß, als er, damals noch Varietémusiker, Zeuge eines ungewöhnlichen Kraftaktes wurde, und es gibt wohl kein Stückchen von ihm, in dessen Kern nicht jenes gespenstische »Warum« rumorte. Für Karl Valentin ist keine Gelegenheit unbezweifelbar und gewiß, und manchmal erscheinen ihm die kleinen Hemmnisse, die der Vollendung aller guten Dinge im Wege liegen, schier unüberwindlich und nur durch kleine Teufeleien des Spottes und durch listige Pfiffigkeit zu besiegen. So nimmt er denn, er, der geborene Vorstadtromantiker, die festlichen Situationen des bürgerlichen Daseins (an das er im übrigen unerschüttert glaubt wie an ein Verhängnis) zum Vorwand, um an ihnen immer wieder zu gestalten, wie durch die Betriebsstockungen der äußeren Lebensmaterie Vernunft zum Unsinn und Wohltat zur Plage wird. Es ist da beispielsweise Weihnachtsabend, und er erscheint als fürsorglicher Hausvater mit einem Weihnachtsbaum; aber es fehlt das »Brettl«, der Untersatz, genug, um die heißgeliebte Festromantik fragwürdig erscheinen zu lassen. Nun braucht bloß noch der Schlotfeger zu kommen, während die Kinder andächtig singen, um aus Valentins gepreßter Seele den Ruf zu entlocken: »So is recht, Heiliger Abend und stinka!«

Man kennt bei der Beamtenschaft gewisser Länder eine Form der passiven Resistenz, die unter dem Deckmantel der wörtlichen Befolgung aller Vorschriften gerade durch die allzu genaue Erfüllung dieser Regeln den Betrieb zum Stillstand bringt. Karl Valentin fühlt sich zuweilen gestoßen, dem Leben gegenüber diese passive Resistenz zu üben; er nimmt dann das Leben wörtlich und beweist sich selber triumphierend, daß er recht hat. »Zu spät«, ruft ihm einmal der Kapellmeister im »Theater in der Vorstadt« zu, als er wieder einmal den Einsatz verpaßt hat, da zieht Valentin protestierend seine Uhr. Oder wer kann ihm mit logischer Widerlegung kommen, wenn er als Beweis für das Wirken des Zufalls angibt, daß er in der – verkehrsbelebten – Neuhauserstraße gerade von einem Radfahrer gesprochen hat, und daß da »zufällig« auch ein Radfahrer dahergekommen sei?

Der Kampf mit der Materie und den nicht zu enträtselnden Schwierigkeiten der menschlichen Verbindungen nimmt bei Karl Valentin oft die Gestalt einer sachlichen, ohne alle Erbitterung geführten Auseinandersetzung an. Von Chaplin, der auch in seiner Weise mit dem Chaos der äußeren Welt im Krieg liegt, trennt ihn der gänzliche Mangel jeder bewußten Clownerie, das Tempo seiner Komik, die kaum ein Presto kennt, und ein aus seinem Wesen kommender Verzicht auf das Groteske. Valentin, um ein Vergleichsbild zu wagen, fühlt sich als ein Teil dieser sinnlosen Welt, gegen die Chaplins Komik zu protestieren scheint. Da sehen wir z. B. in dem Einakter »Der Firmling« ein sozusagen feines

Das Christbaumbrettl (Uraufführung im Germania-Brettl 1922)

Der Firmling, Bühnenfassung (Uraufführung im Germania-Brettl 1922)

Restaurant mit kleinen Tischen, Blumenarrangements und dergleichen, natürlich viel zu elegant für den Privatier und seinen gefirmten Sohn, die von Karl Valentin und seiner so begabten Assistentin Lisl Karlstadt dargestellt werden. Noch keine zwei Sekunden haben die beiden ihre Nasenspitze hereingesteckt, und schon sind sie in einen lautlosen Kampf mit dem Tisch, der Tischdecke, den Blumen und all dem Zeug verwickelt, das sich auf eine teuflisch-tückische Weise unter ihren Händen zu einem Chaos geballt hat. Oder er schreibt sich eine Rolle als Inspizient eines Rundfunksenders, der die Geräusche unwiderruflich an die falsche Stelle setzt und einen pathetischen Vortrag von Schillers »Glocke« zum Anlaß nimmt, die Schiffsglocke in der besten illustrierenden

Absicht zu läuten; ein andermal steht er als Pauker ratlos wie Bileams Esel zwischen Pauke und großer Trommel, mitten im furioso des Orchesters sich selbst zur Untätigkeit verdammend.

Man soll nicht sagen, daß wir in eine auch sonst nur zu bereitwillig geübte Überschätzung der Kabarettartistik verfallen; gerade weil Karl Valentin so gar nichts mit den bizepsschlagenden bayrischen Volkssängern oder jenen Varieté-komikern zu tun hat, die auf dem Podium Humor erschwitzen, weil ihn die Kraft und Eigenart seiner komischen Begabung auf eine besondere selbstgeschaffene Art des Stegreifspiels gedrängt hat, auf einen Münchener »Mimus«, darum wollen wir hier ausdrücklich von ihm reden. Valentin erklärt immer wieder, daß ihm der Vortrag jeder nicht von ihm selbst stammenden Zeile Höllenqualen bereite; so kommt er dazu, auf einen Fetzen Papier die Situationen aufzuschreiben, die ihm vorschweben, und im Laufe der Wochen und Monate werden dann diese primitiven Handlungsgerüste, immer dichter von den Einfällen seines leisen und pfiffigen Witzes umsponnen, bis ihre Gestalt feststeht. Jene Orchesterszene, die den nie abreißenden Kampf eines Biermusikdirigenten mit einem langbeinigen, vom Leben verkürzten Musiker zum Gegenstand hat, der seinem Beruf am liebsten jede Achtelnote abhandelt und der schon zu Beginn des Musikstückes die Halluzination des Ausrufes »Pause« hat, wie hat sie sich mit den Jahren von jeder vergröbernden Wirkung frei gemacht!

Das uns so vertraute Beziehungssystem dieser äußeren Welt ist für Karl Valentin nirgends dicht genug, um nicht einem Zweifel Raum zu geben, ob nicht vielleicht doch noch andere Verbindungen zwischen den Dingen möglich sind, als die, die uns geläufig geworden sind. Einmal besuchte er mich, schlug am Klavier das a an und vergewisserte sich dann durch Niederdrücken einer Schreibmaschinentaste, ob diese beiden Instrumente die gleiche »Stimmung« hatten. Mit solcher umstürzenden Beziehungssetzung ist Valentin bereits in dem luftigen Bereich des seligen Palmström, der einmal vor seinem Zwicker staunt, daß er nicht »gehe«, »gleich als ob das Glas, wie eine Uhr, nun eben ›gehen‹ müßte«. Valentin denkt die theoretischen Möglichkeiten eines so mystischen Kontakts ziemlich weit zu Ende; ich entsinne mich einmal einer spukhaft komischen Erzählung, die er für eine Zeitung schrieb, allwo er »Kinder Trinkwasser pflücken« ließ.

Karl Valentin, es ist kaum zu glauben, hat eine hoffnungslose Liebe zum großen Pathos; als man einmal im Zirkus Krone das historische Schauspiel von der »Sendlinger Mordweihnacht« spielte, ging er jeden Abend hin und konnte von den heroischen Abgängen, die dort zu sehen und zu hören waren, zu Tränen gerührt werden. Vielleicht ist das tiefste Wesen von Valentins großer tragikomischer Stegreifkunst aus einem notgedrungenen Verzicht auf ein solches Pathos der Sehnsucht zu verstehen, aus einer ganz und gar unliterarischen, kaum noch bewußten Darstellung einer vom Schicksal erzwungenen inneren Resignation; der unendlich lange Mann, dessen Körperlichkeit auf zwei rührend dünnen Beinen aufgebaut ist, wurde zum Stegreifdichter und Tragikomiker, indem er an sich selbst die Unmöglichkeit seines eigenen Ideals darstellte. »Ein Münchener Gespenst« hat man ihn einmal höchst zutreffend genannt, und der hinter die Maske seines pfiffigen und kleinen Gesichts Blickende weiß, daß hier aus vielen Höllenstürzen von Depression und Ratlosigkeit, aus Verzicht auf billige Selbstinszenierung und einem täglich erneuerten Kampf mit einem stets zum Ausdruck bereiten Ich jene stille und bedeutende Stegreifkunst gewachsen ist, um derentwillen wir ihn lieben.

EUGEN GÜRSTER
»Der Scheinwerfer«, Heft 6/7, 1929

Die Orchesterprobe mit Papa Benz als Kapellmeister. Aufführung bei Benz 1937 (Foto: Witzig)

». . . J'ai vu K.V. en effet en 1937 me semble-t-il dans un café-théâtre de la banlieue munichoise, et beaucoup ri bien tristement.«
Samuel Becket, Paris 29.11.1973 in einem Schreiben an Michael Schulte.

Der Vorstadthypochonder

»Ich hab' einmal einen alten Isabellenschimmel in ein' Ziegelwagen eing'spannt g'seh'n – seitdem bring' ich die Zukunft nimmer aus'm Sinn.« Nestroy

»Hypochondrie« – »Vorstadt« – sind das nicht Begriffe, die einander ausschalten? Hört man dazu nicht den Satz: »Herr, bei uns gibt's ka Kranksein, wir können uns das net leisten?« Und entblüht nicht, umgekehrt, alle eingebildete Kränkelei bloß dem Schoß der Sorglosigkeit und Langeweile? Der Grandseigneur, der in Lord Byrons Sonnenwagen kutschiert, kriegt's bald mit der Leber zu tun, bald mit der Galle, bald mit den Nerven; sein Kammerdiener hat keine Zeit dazu.

Doch gibt es Kammerdiener mit Lordgeblüt: solche, die der Anblick des alten »Isabellenschimmels am Ziegelwagen« – welche wunderbare Zwangsvorstellung der Wehmut! – ein für allemal vergiftet hat. Es sind jene merkwürdigen Käuze, deren Hirn Dialekt redet, dieweil ihr Herz hochdeutsch funktioniert – jene Randgänger zwischen der großen Welt und der Vorstadt, die man Volksdichter nennt. Sie haben sich ahnungslos eines Tages die schöpferische Infektion geholt; vielleicht war der Bazillus ein früh im Herzen hängen gebliebener Kehrreim (gleich dem alten »Er ist lange tot und hin . . .« oder »Der Ritter lag, der Ritter lag erschlagen«); vielleicht zwei Zeilen eines abgerissenen Bauernkalenders; vielleicht der erste Theatereindruck. Mit diesem Keim war der Riß zwischen naivem und sozusagen offiziellem Gefühl in ihnen entstanden; ihre Seele zwischen Dialekt und Hochdeutsch entzweigebrochen. Sie sind unbrauchbare Vorstädter geworden und unzulängliche Weltbürger, zu voll, eigenartig und feierlich für den kleinen Bezirk, zu linkisch, kindisch und unfrei in der höheren Welt. Die Frucht dieses Zwitterdaseins ist: Hypochondrie.

In Wien, wo die beiden Sprachwelten, durch ihre ideale Nachbarschaft sich wechselseitig befruchten, wo Burgtheaterhall das Herz der Vorstadt mit höheren Gelüsten ansteckt (oder zum Schabernack reizt) und die Schlichtinnigkeit und Naturpfiffigkeit der kleinen Gasse auch hohlen Jamben Leben einhaucht, wurde der genialste Vorstadthypochonder geboren: Raimund. Sein Werdegang ist ein Lesebuchbeispiel jener schöpferischen Selbstvergiftung, mit der Niedergeborene den »Höhenflug« bezahlen, der kleine Konditorjunge, der Abend für Abend im Zwischenakt den Zweiten-Rang-Gästen »Bäckerei, G'frorenes, Kollatschen« anbot, hatte sich unmerklich und bei verdunkeltem Hause von dem täuschend-pathetischen Gerede da unten eine Krankheit in seine Seele eingewirtschaftet; sie wollte fortan auch so reden. Raimund ging zur Schmiere, wurde Dichter; und was erscheint dem Kindlichen als der Ordensfrack der neuen Sprache, als Urquell des noblen Aromas, den hochdeutsche

Worte ausstrahlen? Der Begriff »Melancholie« und »Traurigkeit«. Raimund, bei etwas schwerblütigem Naturell, das sonst allerdings wie bei seinem Zeitgenossen und Vornamensbruder, dem Stegreifdichter Sauter, in lockere Heurigen-Sentimentalität abgeflossen wäre, war bis ins Herzblut hinein von den beiden Worten infiltriert. Er hätte sicherlich, wär' er ihm bekannt gewesen, den wunderschönen Ausspruch Börnes: »Melancholie ist die Freudigkeit Gottes« in den Wiener Dialekt übertragen.

Der Entzweigerissene ist überheizt mit Ängsten; da er den Bürgerboden unter seinen Füßen verloren hat, ohne schon gleich stark auf einem anderen zu stehen und die gewonnene Schriftdeutschkenntnis noch nicht ausreicht, um ihn aus sich heraus zu kurieren, späht er auf allen Wegen dem Unglück entgegen; fürchtet abergläubisch den Hundebiß des Schicksals. Fürchtet ihn und ruft ihn herbei; er muß den Hund, der ihn zwei Tage vor seinem Tode ins Bein biß, vorher sonderbar angeäugt haben . . .

Rudolf Großmann (1882–1942), Karl Valentin läßt sich vor dem Auftritt hypnotisieren. Münchner Stadtmuseum

Einmal, neben Grillparzer bei der Premiere von Nestroys »Lumpazi« im Theater sitzend, weinte er: »Seh'n S', das bring' ich net z'samm'«. Weinte warum? Ob der verlorenen Standfestigkeit. Denn bei Nestroy war's umgekehrt: der war Advokat gewesen, kam von der Bildung her. Da kann eins freilich leicht in Feenwelten schwärmen, ohne den inneren Humor zu verlieren! . . .

Ich kenne noch einen, Raimunds Nachfahre in Wesen und Tragik: den Karl Valentin aus München. Kindlich wie jener; voll Respekt die Hochdeutschwelt hinanblickend; vom Nachhall der großen Worte zehrend, die er, wie Kinder, die Papa und Mama spielen, als Klanggenüsse zum Mund führt – doch dabei, im Gegensatz zu Raimunds warmer Redlichkeit, für wissentlich unlogischen Gebrauch. Wenn man gewisse Verszeilen von Raimunds genial-kindischer »Unheilbringender Krone« liest (Analphabeto-Shakespeare!) – man könnte sie einem Karl Valentin zuschreiben, der vergessen hat, die verulkenden Gänsefüßchen wegzulassen. Und übrigens wie sonderbar und symbolisch, daß der Münchner Vorstadthumorist gerade den Namen der volkstümlichsten, dichterischsten Raimund-Figur trägt!

Wer mit dem langen, gespenstisch-bleichen Mann, der aus dem Kamin der deutschen Märchenstube entschlüpft scheint, schon einmal im Leben beisammen saß, weiß, worüber man mit ihm reden darf und worüber nicht; Worte, die der medizinischen Wissenschaft entlehnt sind, lassen ihn sofort aufhorchen; er zieht dann seine kleine Asthma-Mentholspritze aus der Tasche, stäubt den geöffneten Mund mit frischer Atemdosis und fragt voll nervöser Neugier: »Meinen S', daß man das leicht kriegt?« Oder er zieht seine Brieftasche aus dem Rock und breitet eine Menge kleiner Zeitungsausschnitte vor dir aus, betitelt: »Ein neues Heilmittel gegen Krebs«, »In der Kirche wahnsinnig geworden«, »Neurasthenie und Jahreszeit«. Die Symptome eines Leidens auf sich beziehen zu dürfen, gewährt ihm eine Art angstvoller Genugtuung. Und einmal war ich – bloß gehemmt durch das Bedenken, ihm ein neues Böses damit zu tun – nah' daran, ihm eine ganz moderne, psychologische Kur anzuraten: Heilung durch Gestaltung; nämlich: er sollte die Geschichte eines Mannes vortragen, der im Lexikon das Wort »Euphorie« findet, dazu die Erklärung: ». . . jener eigentümliche Zustand äußersten Wohlbefindens, der der Katastrophe voranzugehen pflegt« und nun schildern, wie schrecklich ihm seither zumute sei, so oft die Würgengel des Wohlbefindens sein Herz hinankriechen . . .

Ich ließ die schandbare Eingebung fallen. Mit Heiligstem treibt man keinen Spaß. Und Aberglauben vertritt ja für die, welche das eine Erdreich verloren haben, ohne auf dem neuen mit Mut aufzutreten, also mit gegrätschten Beinen über einem Abgrund stehen, die Glaubensstelle. Karl Valentin zahlt mit seinen Nerven, was schon vorher Raimund den neidischen Vorstadtgöttern bezahlen mußte: die Sehnsucht nach Schriftdeutsch.

ANTON KUH

Plakat *Beim Nervenarzt,* Film 1936

Eigenhändige Zusammenstellung von 88 Personen, die Karl Valentin seit 1915 als Ärzte konsultiert haben will. Die Überprüfung hat ergeben, daß er eine ganze Reihe von Namen in seine Liste aufgenommen hat, die nicht dem ärztlichen Berufsstand angehörten. Die Aufstellung stammt laut Handeintrag von 1938.

Dr. Schwaiger
Hoeflmayr
Stadler
Bauriedl
Baumann
Aub
Quallio
Schwenninger
Schweissheimer
Ringler
Müller
Sauerbruch
Hahn
Spielmeier
Iserlin
Hornung
Simon
Friede
Bauer (Naturheilk.)
Eliasberg
Lissmann
Grünwald
Jaut
Feuchwanger
Jost
Bock
Merkl
Ertl
Gail

Dr. Wittmann
Torama
Röckerat
Hattingberg
Weiler
Kleeblatt
Weil 1
Weil 2
Hüssgen
Guttberlett
Lötsch
Rupp
Ludwig
Zimmermann
Rentsch
Schwarz (Wien)
Fliess (Berlin)
Grunauer (Perlacher Arzt)
Hense
Japplonowsky
Geist
Tarrasch
Seif
Credner
Constantin
Peters (Frau Dr.)
Falk 1
Falk 2
Wolframm
Trump

Dr. Tillmetz
Pointner
Panzer
Holländer (Berlin)
Robischek (Berlin)
Lautenheimer
Nussbaumer
Weng
Bumke (Geheimr.)
Fleck
Längst
Mette
Schlemmer
v. Trenk
Stöger (Planegg)
Willmann
Grandauer
Weixl (Schweiz)
Fischer Senior
Fischer Junior
Nerz (Wien)
Keller (Naturheilk.)
Gürster
Moran (Berlin) (Arzt des Führers)
Malecieu
Weber
Haase
Lorenzer

(Münz, Geschriebenes von und an Karl Valentin, S. 228)

Logo Togo

Ich kann nicht abweichen. Und wo liegt Logo! Logo kommt nicht von Logos, sondern von Logisch. Logisch ist ein Käse mit einem Loch, das den ganzen Käse ausmacht. Also Logisch kann ich nicht meinen. Ich meine das Logo, das gleich neben Togo liegt, einem afrikanischen Staat, der soweit gesichert ist, daß ihm unsere Regierung zur Sicherung Afrikas eine Finanzaufstockung gewährt. Wie paßt das in unsere Kostendämpfungslandschaft? Mit diesem Togo ist auch nichts anzufangen. Ebensowenig wie mit Logo. Aber daß Logo gleich neben Togo liegt, finde ich immer wieder erstaunlich und darum immer wieder erwähnenswert. Ein Pfund von der jeweiligen Sache ist weiter nichts als ein Pfund von der jeweiligen Sache. Aber ein Pfund Scheiße und ein Pfund Zucker ergeben einen Scheißschnaps, wie Wladimir Woinowitsch in seinem ersten Buch beweist. Ebenso beweist er, daß ein Arbeiter, der seinem System alles recht machen will, und eben dieses kommunistische System, das niemandem traut, einen Delinquenten ergeben. Wo liegt Logo? Gleich neben Togo. Ein dummer Arbeiter und ein dummes System bedeutet Krieg. Ein dummer Arbeiter und ein klügeres System ergeben einen saudummen Arbeiter. Ein kluger Arbeiter und ein dummes System ergeben einen Dissidenten. »Du nimmst auf ein Pfund Scheiße ein Pfund Zucker . . .« – »Das ist reinster selbstgebrannter Schnaps. Du hast doch selbst gesehen, wie er brennt.« Woinowitsch ist Dissident. Er sitzt in Stockdorf, das liegt gleich neben hier, und hat mit Chaplin Ähnlichkeit. Auch wenn mich das freut und schmerzt zugleich, so liegt Logo schon wieder gleich neben Togo. Keine Künstler haben mich mehr fasziniert als diese: Chaplin und Valentin. Togo liegt immer neben Logo, und es ist natürlich dumm zu sagen »gleich wieder«. Wo liegt Frankreich gleich wieder? Neben Deutschland. Nicht neben Polen. Und wo liegt Deutschland? Keine Ahnung. Joyce denkt nach. Proust ist tot. Beide sind von Man Ray fotografiert. Ich finde das gar nicht witzig. In der Tat. Genau. Oder? Logo. Togo war eine deutsche Kolonie. Max Bauer in seinem Buch »Kopfsteinpflaster«: Ein Stimmungsbild im Schreibkalender »Lahrer hinkender Bote« vom ersten Weltkrieg 1914, als Deutschland noch über die afrikanischen Kolonien verfügte, erregte besonders meine Gefühle. Das Bild zeigte eine Gruppe Negerknaben, jeder mit einem blitzenden Fahrrad, darunter stand zu lesen: »Jung-Togo radelt überaus gern.«

Und Jung-Deutschland damals? Kommentar überflüssig. Max Bauer stammt von den Ärmsten im Bayerischen Wald. Selbst einen Engel hätte er gefürchtet, wäre er ihm begegnet. »Die Gemsen mit ihrer Akrobatik auf den Felsen sind zu

1943. Von Valentin mit dem Titel »Letztes Aufgebot« versehen

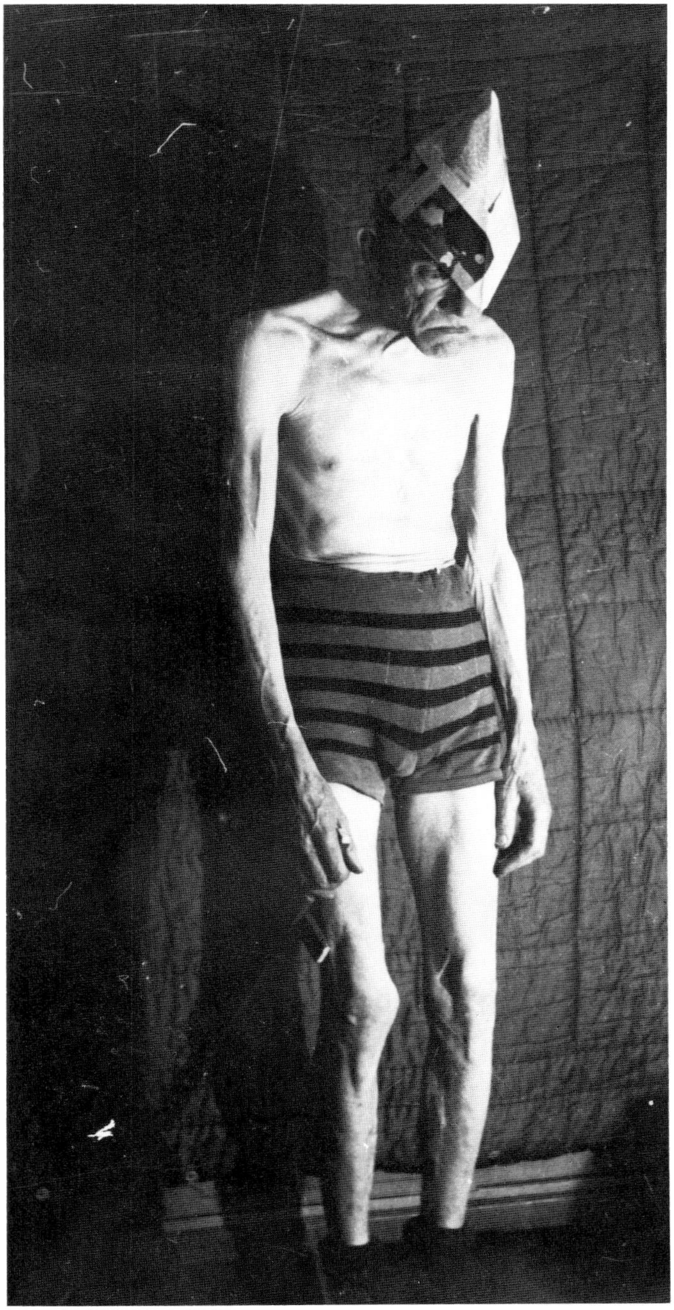

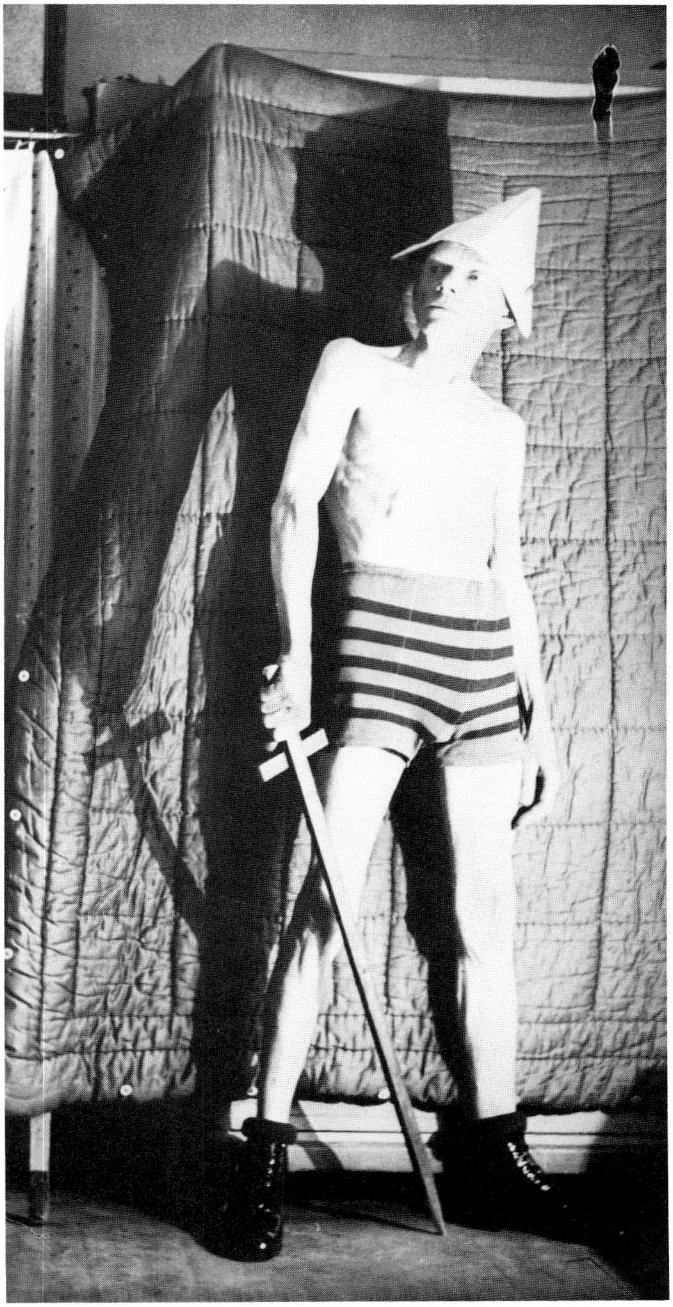

bewundern.« Das sagt er, weil er sie gesehen hat. »Ich habe mir aus dem Nichts eine Position geschaffen, womit ich zufrieden sein kann.« Auch ein Bürger von Togo. Das ist das, von dem man nicht abweichen kann (das, von dem man abweichen kann, ist es nicht). Valentin, ich habe nie versucht, dich zu imitieren! *Valentin - - - Ich.* Die anderen imitieren dich! *Valentin - - - Ich.* Aber ich kann dich trösten. *Valentin - - - Ich* Chaplin hat auf einem Chaplin-Wettbewerb in Denver mitgemacht, und weißt du, der wievielte er geworden ist? *Valentin - - - Ich* Der dritte! *Valentin So! Ich* Aber eine Beschreibung deiner alten Filme will ich nicht geben, in den Museen laufen sie zur Schau. – Aber auch das bekümmert Valentin nicht. Genausowenig wie sein hundertster Geburtstag, oder gar sein 99ster. Aber wenn ich ihm jetzt sage, daß unsere Regierung, die genauso rechtsradikal ist wie die seine, Pflastersteine vom Bayerischen Wald, um der dortigen Steinmetzindustrie ein paar tausend Arbeitsplätze zu erhalten, nach Berlin ausführt, einem Bedürfnis der Linksradikalen entgegen zu kommen, dann wird er sich doch ärgern, daß er sich darüber nicht mehr ärgern kann, um mit seinem Ärger die zu verwundern, die sich eigentlich über nichts wundern.

HERBERT ACHTERNBUSCH

Als Schneidergeselle in *Der Sonderling*, Film 1929

Münchner Volkssänger – Unterhaltung für alle

»Das Publikum brüllte. Seit Tagen war jeder Platz ausverkauft. Auf der Bühne ein Theaterstück. Kein zweideutiges Wort fiel. Saudumm war das Ganze. Aber beglückend. Der(Mann) auf dem Schlappseil war auch nicht übel, nahm mit dem Mund ein Taschentuch auf, trug einen Tisch und fuhr auf dem Einrad. Das war ehrliche Arbeit. Da kam die Hauptnummer, Er, Er, Käsebier, und sang. O Freund Käsebier, wie er litt, wie er dastand, weinend, ›bin ich betrübt‹. So stand er da, Falten nach unten, ein treuer Jagdhund, hängende Ohren. Und dann: ›bin ich vergnügt.‹ Strampelbein, Mundwinkel nach oben, Seligkeit im Auge, die Ohren stramm aufgerichtet. Käsebier war kein Adonis, keiner, von dem die Mädchen träumen, keiner der das erotische Ideal vorliebt. Blond, dick und quibblig, Schnauze, fast schon Fresse zu nennen, hatte als Hintergrund Feste Ehrenbreitstein, Rebendach und den Mond zwischen den Wolken. Schmachtelied: ›Erst Küsse getauscht . . .‹ Weiter geht's nicht. Das Publikum glaubte ihm, fühlte himmlische Sehnsucht, auch wenn die Hand des Gatten nach den Siebensachen grapschte. Um Liebkind des Volks zu sein, sang er als Zugabe: ›Ich tanz Charleston, du tanzt Charleston, er tanzt Charleston, und was tun Sie?‹ Sie sangen im Chor: ›Ich geh stempeln, du gehst stempeln, er geht stempeln, und was tun Sie?‹ Zu dick und zu blond, Schnauze, fast Fresse schon, war er Trost von Vater, Mutter und Kind, Blut vom Blut dieser Stadt.«[1])

Feierabendvergnügen in einer Großstadt der Zwanziger Jahre. Ein Sänger mit ›Volksappeal‹ träumt seine Lieder den kleinen Leuten vor, den Fließbandarbeitern und Dienstmädchen, die Wirtschaftskrisen-Sorgen und Arbeitslosigkeit so ein wenig vergessen wollen, Unterhaltung suchen. Gar nicht so unähnlich zu uns heute. Wenn wir Unterhaltung suchen, mal ›abschalten‹ wollen, schauen wir uns vielleicht eine schillernd-farbige TV-Show mit Rudi Carells oder Kulis Entertainment-Einlagen an, lachen uns kaputt über Otto Waalkes, fühlen uns so richtig in Stimmung im Bierzelt bei zünftiger ›Musi‹ und der Darbietung einer Trachtengruppe, oder verbringen auch mal einen Abend im Platzl, jedenfalls einige von uns. Andere ziehen die Alabama-Halle vor, suchen vielleicht eher nach Musikdarbietungen, die unsere Probleme nicht ausschalten, besuchen gar Kleinkunstbühnen.

Humor auf der Bühne: das kann mal mehr Musik, mal mehr Theater, Sketsch sein. Mal mehr oder weniger dialekt-gefärbt und volksverbunden oder -tümelnd. Das kann auch bissig-kritisch und ganz massiv politisch, Kabarett, werden. Das kann aber auch seicht und ›system-stabilisierend‹ und vor allem ›Geschäft‹ sein. Ist also Showbusiness und damit Teil der Vergügungsindustrie, mit all den knallharten Business-Gesetzen und -Praktiken. Da geht es um Produktion, Popularität, Promotion.

In dieser Branche war das auch schon so vor TV und Radio, vor Alabamahalle und Musicbox: »Das Geschäft mit dem Vergnügen war eben alles andere als ein Vergnügen. War ein erbarmungslos geführter Kampf um Platzvorteile und Profite wie jedes andere Geschäft. Die Stars wurden hervorragend bezahlt, waren sie doch die ›Zugpferde‹. Die Gagen der vielen Namenlosen vom künstlerischen, technischen und Büropersonal waren fast immer jämmerlich, oft eher Almosen als Lohn.«[2]) Und der Bedarf an Unterhaltung, vor allem aber an Musik, an Liedern war groß und das Geschäft, der ›Absatz‹ lief gut. »Das Lied hatte damals eine viel stärkere Faszination als heute. Es gehörte nicht hauptsächlich in die Freizeit, denn die hatten die meisten ja noch kaum, es

Alpensängerterzett mit Adolf Gondrell als Conferencier (rechts)

gehörte ganz selbstverständlich dazu: zum Alltag, zur Arbeit, zum Leben. Kein namhafter Dichter der Zeit, von Frank Wedekind bis zum jungen Bert Brecht, der seine Gedanken und Gefühle, Wut, Entsetzen, Freude, Jubel oder Trauer nicht auch im Lied ausdrückte. Gesungen wurde überall: in Stuben, Küchen, Hinterhöfen, Vereinslokalen; auf Baugerüsten, Dächern, Straßen, Gassen, Plätzen. Wann immer heute Auto- oder Kofferradios angestellt werden, da sang man damals selbst. Und bei jeder Kapelle, jedem Leierkastenmann, jeder musikalischen Darbietung sang man fleißig mit.«[3]) Und man ging dahin, wo etwas ›los‹ war, wenn man doch mal freie Zeit dazu hatte.

Humor auf der Bühne: das gab es auch schon vor den Carells, Kulis und Ottos. Vor allem aber eben auch in Verbindung mit Musik und Liedgesang. Das waren in München die Volkssänger. Bühnen wie das Platzl oder die Volkssängerbühne in der Max-Emanuel-Brauerei knüpfen an eine ›Volkssänger-Tradition‹ an oder ›wärmen‹ diese auf. Eine Vorstellung davon, ›wie es einmal war‹ erhält man bestimmt durch die recht rege Bühnentätigkeit. Eine Vorstellung von dieser Sparte des Großstadtamüsements, welches sich in Bier- und Wirtshäusern, in Singspielhallen und Varietés abspielte.

»Wie man sich in München amüsiert: Nach alter Münchner Gewohnheit verbringt man die Zeit der Erholung mehr in der Öffentlichkeit, als im engeren Familienkreise. Sobald die Feierstunde schlägt, pflegen Vater und Sohn, Bruder und Schwager, Onkel und Neffe zu Hut und zu Stock zu greifen, um nach irgend einer gastlichen Stätte zu pilgern, wo der Mensch sich erlaben und

Das Kolosseum. Postkarte aus der Sammlung Valentins

von den Mühsalen des Tages ausruhen könne. Die Wahl des Lokals ist Sache der Geschmacksrichtung und zwar der sinnlichen oder der mehr geistigen. Zuerst wird die Bierfrage in Erwägung gezogen. Der weiteren Erwägung wird nun auch die Leistungsfähigkeit der betreffenden Küche unterstellt. Dann erst wird die Beschaffenheit des Lokals und die weitere Entwicklung der Abendunterhaltung in Erwägung gezogen. Die Einen lieben das ungestörte gemütliche Beisammensein. Andere wieder ziehen eine ›Musi‹ oder ein ›Gsangl‹ vor. An Gelegenheit zu Genüssen letzterer Art fehlt es nicht. An Singspielhallen und Variététheatern ist kein Mangel; es sind hier in erster Reihe das Colosseum, Blumensäle und das Deutsche Theater zu erwähnen, denen sich Monachia, Apollo u. a. anschließen.« Und im Hofbräuhaus gehts besonders gemütlich zu: »Der zur ebenen Erde gelegene große Saal ist heute noch ein Volksverkehrspunkt. Der Straßenarbeiter nimmt dort ungeniert neben dem gutgekleideten Bürger oder Beamten Platz.«[4])

Großstadtamüsement in München um 1900. München hatte um die 500000 Einwohner. In ca. 1500 Gasthäusern, davon 47 großen Bierhallen, traten Volkssänger auf, die aus der Verbindung von Humor, Musik und Show ihr, meist recht kleines, Geschäft machten. Bis in die Dreißiger Jahre hinein gab es etwa 80 spezifische Volkssängerlokale. Volkssänger – die Bezeichnung verwirrt etwas. Sie sind keine Volkslied-Singer gewesen, auch wenn sie ab und zu und auch öfters Volkslieder, populäre Lieder sangen. Es sind Komiker und Humoristen. Es sind Musical-Clowns, Possenreißer, Stimmungssänger, Exzentriker, Vortrags- und Gesangshumoristen, Conferenciers, Entertainer, Charakterkomiker, Faxenmacher, Grimassenschneider, Imitatoren, Vergnügungsar-

Der Saal »Wien-München« im Hotel Wagner. Postkarte aus der Sammlung Valentins rangeure, Gelegenheitsunterhalter, Spaßmacher, Musikalhumoristen, Originale. Sie selber nannten sich zunächst auch nicht Volkssänger, das kam erst später, als diese Art von Unterhaltung sich selbst überholt hatte und vom Kino und den Anfängen des Radios allmählich vertrieben wurde. Sie selber nannten sich Komiker und Salonhumorist; und das stand auch auf ihren Visitenkarten.

»Zu seinem Metier gehörte nicht nur das Singen und Musizieren, sondern das Unterhalten ganz allgemein (›Krampf macha‹ – Weiß Ferdl). Er war häufig Sänger, Musikant, Schauspieler, Artist, Texter, Komponist und Veranstalter in einem, eine Art ›All-round-Unterhalter‹. Er charakterisiert sich selbst als:[5])

Schwarzbefrackter, vielbelachter,
Im Wirtshaus singender, um Beifall ringender,
G'sichter schneidender, Unsinn treibender,
Rauchverschlingender, humorbringender,
›Bitte sehr‹ stammelnder, Münzen einsammelnder
Unterhaltungs-Anregungsbeflissener.«[6])
Von Welsch eine ähnliche ›Definition‹:
»Ein Volkssänger (Komiker) ist:
Ein aufs Podium springender – um Applaus ringender,
Immer probierender, zu Hause studierender,
(Wenig studierender, sehr oft kopierender)
Mit Gönnern schmollender – Künstler sein wollender,
Viel Spaßl machender – wenns gut geht lachender,
Wenns schlecht geht weinender – als Hanswurst erscheinender,
Dumme G'sichter schneidender – Langweil meidender,
Mit Aestetik handelnder, auf Diesteln wandelnder, artistischer
Handwerksbursch.
(Drastisch elastischer Witzmachersg'sell)«[7])

Und Welsch meint auch noch:

»Ich bin ein Volkssänger und bin in mancher Beziehung stolz darauf, nicht auf meine Kunst, sondern auf meinen Beruf. Ich spreche zum Volk und sing für's Volk. Wo fangt das Volk an? Der Mensch fängt beim Baron an, hat einer einmal behauptet. Darum der Unterschied zwischen Opern- und Volkssänger, der Opernsänger singt im Theater, der Volkssänger im Wirtshaus und in die Bräuhäuser. Im Theater singt und spricht man a bißl feiner. Im Wirtshaus glatter, aber die Bedeutung ist die gleiche, im Theater geht's durch die Blume und bei uns muß man's greifen.«[8])

Sulzbeck mit seiner Kapelle im Bockkeller

Angefangen hat das Ganze mit dem Kapellmeister Sulzbeck, der ab 1805 als Musiker in Wirtschaften auftrat. Zu ihm gesellten sich ab 1810 drei weitere Musiker: ein Flötist, ein Violinspieler und Sänger und ein Harfenzupfer. Sie hatten kein festes Engagement und lebten allein von den Trinkgeldern, die sie beim Einsammeln, beim ›Abwackeln‹, erhielten. So machten es übrigens dann später die meisten unbekannteren Volkssängergruppen. Sulzbeck spielte in einer Art Kostüm: langer Rock, rote Weste und Zipfelmütze mit herabhängender Quaste. Seit 1833 war das Hofbräuhaus für die allgemeine Öffentlichkeit zugänglich, und Sulzbeck sorgte dort für deftige und bierselige Unterhaltung;

die Musiknummern auch schon mal abgelöst von kleinen theatralischen Spieleinlagen.

Das ›Volkssängertum‹ in München unterlag verschiedenen Einflüssen. Zum einen: Die in Wien blühende Tradition der Schrammelmusiker, also der Harfen- und Zitherspieler beeinflußten die ›Musikpflege‹ in Münchens volkstümlichen Wirtschaften. Dann gab es auch die reisenden Tirolergruppen, die ›alpenländischen Volksgesang‹ verbreiteten, sogenannte ›Alpen- und Natursänger‹. Sie machten »Musikinstrumente wie Zither und Gitarre als Hausmusikinstrumente der Stadt populär. Ende der siebziger Jahre des 19. Jahrhunderts waren die Tiroler Sängergesellschaften meist nur noch dem Namen nach original. Das künstlich kultivierte Älplertum wurde mehr und mehr zur Masche. Eine Ursache hierfür war der Erfolgszwang wegen wachsender Konkurrenz der reisenden Sänger- und Tänzergruppen, die dem vorwiegend städtischen Publikum urwüchsiges Bajuwarentum vorsetzen wollten und dies mit Übertreibungen und Verfälschungen versuchten.«[9])

Zum anderen: Münchens Volks- und Vorstadttheatertradition wurde ebenso von Wien her und von den Tiroler Gesangsgruppen beeinflußt. »Alpenländische Gruppen brachten mit ländlichen Theatertraditionen wie Bauerntheater und anderen Formen des Volkstheaters neue Anregungen in die Stadt und deren Volkstheater.«[10])

Das Wiener Theater war Vorbild für die Münchner Volkstheater, die Wiener Stücke von Schikaneder, Bäuerle und Nestroy spielten. Zwischen 1817 und 1847 ließ Josef Schweiger diese Stücke in seinem Volkstheater in der Au spielen. Die Münchner Volkstheater wiederum hatten direkten Einfluß auf die theatralische Entwicklung der Volkssängerdarbietungen. Carl Helmstädt (gest. 1913) war, vor seiner Karriere als Volkssänger, bereits 1851 von Max Schweiger, Direktor des Isar-Vorstadt-Theaters in der Müllerstraße, engagiert worden und verdiente auch schon sehr gut als bekannter Schauspieler, bevor er 1864 erstmals eine selbständige Singspielgruppe übernahm, 1865 Leiter einer Singspielgruppe wurde, zu der auch Seidenbusch und Königshofer gehörten, und dann später zu A. Welsch in den Münchner Hof wechselte. Helmstädt schrieb übrigens alle seine Vorträge und Couplets selbst, veröffentlichte auch eine stattliche Anzahl.

Die Volkstheater waren beliebt beim Publikum. Gespielt wurden Staberl- und Lipperlkomödien (Staberl und Lipperl sind komische Figuren des Wiener und Münchner Volkstheaters) und eine Unmenge anderer seichter und läppischer Stücke und Melodramen, die aber, vielleicht gerade deshalb, eine ungeheure Magnetwirkung hatten. Karl Valentin war auch mordsmäßig beeindruckt worden: durch Raupachs Rührstück »Der Müller und sein Kind«. Und turbulent zugegangen muß es sein in diesen Theatern. Um von der durch

Geis, Seidenbusch und Haibl als reisende Dorfmusikanten 1885

Schweiger-Theater in der Isarvorstadt. Innenansicht während einer Vorstellung. Xylographie, um 1850. Münchner Stadtmuseum

Ansichten aus der Druckgraphik etwas versteiften Vorstellung fortzukommen, sollte man sich ruhig an die Volkstheaterszenen aus dem Film »Kinder des Olymp« erinnern. Solch eine Anregung der Phantasie vermag uns dann auch ausmalen lassen, wie wild und turbulent es eben auch bei den Volkssängeraufführungen zugegangen sein muß; und zwar nicht nur im Zuschauerraum, sondern auch auf der Bühne und dahinter, hinter den ›Kulissen‹. (Die vielen kleinen Volkssängergesellschaften kannten so etwas wie eine Bühnendekoration meist gar nicht.)

Gerne werden die Volkssänger als Vertreter für Münchner Gemütlichkeit, für Münchner Lebensgefühl, für Münchner Blut angesehen. Das verführt leicht dazu, ihre Darbietungen ›sauber‹, frei von Zote und Anspielung an Erotik haben zu wollen, auch frei von politisch-aktuellem, bissigem Witz. Daß dem nicht so war, soll nachfolgender empörter Beitrag aus der *Münchner Ratsch-Kathl* vom 10. 12. 1892 zeigen: »Unsere Volkssänger. Jetzt ist wieder die Zeit, wo man sich net viel draußen rumtreiben kann und wo man gern ein warmes Quartier in einem Gasthaus bei einer guten Maß Bier aufsucht. Da kommt man denn oft grad wohin, wo sich sogenannte Volkssänger hören lassen. Nach dem alten Liede: ›Wo man singt, da laß dich ruhig nieder, böse Menschen haben keine Lieder!‹ nimmt man halt Platz; aber der obige Liedervers ist grad net ganz wahr, die Volkssänger, die da ihre Lieder auskramen, sind oft eine böse Gesellschaft. Vom Singen ist überhaupt net viel die Red, dafür aber ist die Komik oft sehr zweifelhaft und mitunter zu Bauchwehkriegen. Der Inhalt dieser ›komischen Szenen und Couplets‹ ist aber oft so lasciv, daß es großen Leuten zu dick wird; aber die Gäste bestehen häufig aus Familien, die ihre Kinder mitbringen. Die Kinder müssen nun diese unverschämten Zoten mit anhören. Und wie die Kinder grad aufschnappen, was sie net hören sollen, so entgeht ihnen meistens ein recht wüstes Lied oder ein recht grober Witz g'wiß net. In Giesing war ich unlängst. Herrgott, da bin ich in eine G'sellschaft 'neing'raten. Eine ›Dame‹ ist da die leitende Kraft, na und wie! Was die g'sungen hat! Da könnt ein alter Wachtmeister drüber rot werden. Da sind junge Leut, Eltern und Kinder bei solchen Concerten und die Leut gaudiren sich aufs Höchste. Je dicker's kommt, je lustiger ist's, je mehr wird g'schrien und patscht.

Ist der Vortrag solch unzüchtiger Lieder und Szenen für junge Leut nicht grad so sittenverderbend und anständigen Leuten anstößig, wie unsittliche Bilder oder Schriften. Ich glaub sogar mehr, denn da muß es das Publikum gradezu hören. Diese sogenannten Volkssänger dürfen singen und treiben was sie wollen. Es besteht, wie's scheint, gar keine ›Controle‹. Es gibt so viele ›Gesellschaften‹, daß bald auf jedes Wirtshaus eine trifft und die Hälfte wär besser, wenn sie nicht beständ. Könnt da nicht ein bisl ausgemustert werden.«

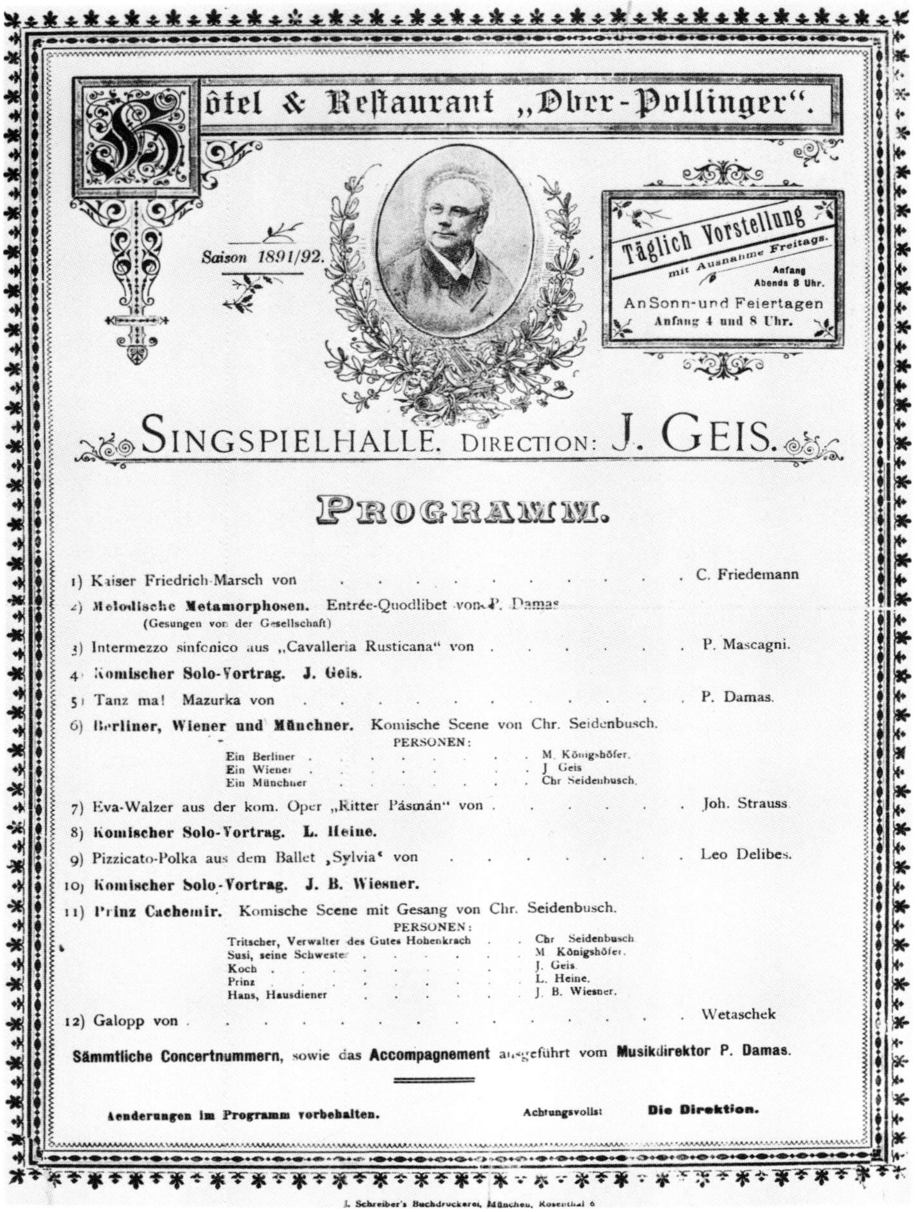

Hôtel & Restaurant „Ober-Pollinger".

Saison 1891/92.

Täglich Vorstellung mit Ausnahme Freitags. Anfang Abends 8 Uhr.

An Sonn- und Feiertagen Anfang 4 und 8 Uhr.

SINGSPIELHALLE. DIRECTION: J. GEIS.

PROGRAMM.

1) Kaiser Friedrich-Marsch von . . . . C. Friedemann
2) **Melodische Metamorphosen.** Entrée-Quodlibet von P. Damas
(Gesungen von der Gesellschaft)
3) Intermezzo sinfonico aus „Cavalleria Rusticana" von . . . . . . P. Mascagni.
4) **Komischer Solo-Vortrag. J. Geis.**
5) Tanz ma! Mazurka von . . . . P. Damas.
6) **Berliner, Wiener und Münchner.** Komische Scene von Chr. Seidenbusch.

PERSONEN:

Ein Berliner . . . . M. Königshöfer.
Ein Wiener . . . . J. Geis
Ein Münchner . . . . Chr. Seidenbusch.

7) Eva-Walzer aus der kom. Oper „Ritter Pásmán" von . . . . . . Joh. Strauss
8) **Komischer Solo-Vortrag. L. Heine.**
9) Pizzicato-Polka aus dem Ballet ‚Sylvia' von . . . . Leo Delibes.
10) **Komischer Solo-Vortrag. J. B. Wiesner.**
11) **Prinz Cachemir.** Komische Scene mit Gesang von Chr. Seidenbusch.

PERSONEN:

Tritscher, Verwalter des Gutes Hohenkrach . . Chr. Seidenbusch
Susi, seine Schwester . . . . M. Königshöfer.
Koch . . . . J. Geis.
Prinz . . . . L. Heine.
Hans, Hausdiener . . . . J. B. Wiesner.

12) Galopp von . . . . Wetaschek

Sämmtliche Concertnummern, sowie das **Accompagnement** ausgeführt vom **Musikdirektor P. Damas.**

Aenderungen im Programm vorbehalten. Achtungsvollst **Die Direktion.**

J. Schreiber's Buchdruckerei, München, Rosenthal 6

Programm des Singspielensembles Jakob Geis im Hotel & Restaurant Ober-Pollinger 1891/92

Sicher ist, daß dieser empörte Vorwurf natürlich nicht jede Volkssängergesellschaft betraf, vor allem nicht die arrivierten. Zu diesen gehörte die Singspielgesellschaft, die im Nobelhotel Oberpollinger residierte, geleitet von Jakob Geis, genannt Papa Geis (1840–1908). Geis und seine Gesellschaft waren ungeheuer populär und beliebt, nicht nur bei den etwas anspruchsvolleren

Papa Geis beim Vortrag. Bleistiftzeichnung, um 1890. Stadtarchiv.

Bürgern, sondern auch bei den Studenten. »Seine Darbietungen waren nie derb, sondern immer nobel und dezent. Alles Verletzende, Zotige und Unanständige lehnte er ab.«[11])

In seiner Gesellschaft traten auch andere bekannte Volkssänger auf. Christian Seidenbusch, vor Geis selber Leiter des Singspielensembles im Oberpollinger, war ein hervorragender Damenimitator und Verfasser vieler Couplets und Vorträge (z. B. *Ein Sträußchen komischer Vorträge* in mehreren Bänden). Paul Dammas, Pianist, schrieb zunächst in noch sehr wienerischer Art die Noten zu Geis' Couplets. Später war es dann Georg Huber, der ebenfalls Komiker bei A. Welsch war. Willy Schäffer war ebenso ein guter Damenimitator; andere Namen sind: Königshofer, Haibl, Anderl Mayerhofer.

Geis und seine Gesellschaft setzte für die nachfolgende Volkssängergeneration Leitlinien. Niveau und Gestaltung des Programms, Struktur von Szenen und Vorträgen wurden weitgehend von ihm geprägt. Zu der Generation der ›Leitväter‹ gehörte auch Papa Kern und Anderl Welsch. Geis baute übrigens, nach seiner eigenen Lebensbeschreibung, in seine Liedvorträge spontan Strophen ein, die auf aktuelle Geschehnisse, auch kritisch, eingingen. Sicher ist, daß dies auch die anderen Volkssänger getan haben, die Funktion einer ›vox populi‹ somit erfüllt haben. Doch abgedruckt wurden diese Anspielungen und aktuellen Witze nie, sie sind somit für uns nicht mehr erreichbar. Geis zeichnete sich auch aus durch seine Soloszenen, »bei welchen es galt, den Charakter einer imaginären Persönlichkeit durch die Erzählung der Lebensschicksale schnurrigster Art herauszubringen. Der Hausknecht, der Dienstmann, der Droschkenkutscher waren köstliche Typen eines unendlichen Repertoirs, aber weitaus am wirksamsten gelang ihm die Paradenummer, die freilich mit Rücksicht auf die dabei verschwindenden Biermassen nur selten gegebene Verulkung des verbummelten Studenten im ›Bemoosten Haupt‹«[12])

»Grundsätzlich festgelegt war seit Jakob Geis die abwechselnde Reihenfolge Solovortrag – Komödie – Solovortrag. Dazwischen konnten beliebig und den jeweiligen Talenten entsprechend musikalische oder andere Darbietungen eingeschoben werden. Die Grundstruktur der Volkssänger-Vorstellungen setzte sich also aus drei Grundelementen zuammen:

– volkstümliches Theaterstück
– Solovortrag
– Lied- oder Musikeinlage.«[13])

In seinen Lebenserinnerungen berichtet Geis von einer vor allem für die kleinen Vorstadt-Volkssängerbühnen unangenehmen Angelegenheit: »Da kam plötzlich, wie aus heiteren Wolken geschneit – das Kostümverbot! Es durfte nämlich nur mehr im schwarzen Frack die Bühne betreten werden. – Nun hatten wir doch unsere beliebten kleinen Szenen, die bald einen Bauern, dann wieder einen Hausknecht, einen Drehorgelmann oder gar irgend ein altes Weib zur Ausführung beanspruchten. So war unser ganzes, mühsam erlerntes Programm einfach unmöglich gemacht. Die Unvorsichtigkeit Königshöfers, als Conzipient sich sogenannter Schreibärmel aus grauem Futterstoff zu bedienen, trug uns eine empfindliche Strafe ein. Waren es die verschiedenen Theater-Unternehmungen, die an uns eine Konkurrenz zu fürchten glaubten und deshalb beschlossen, uns abzuschlachten? So gut es ging, wurden die verschiedenen Stücke auf den Frack zugeschnitten, bis es unserm hochverdienten Hotelier gelang, das Singspielhalle-Patent zu ersteuern, wodurch wir wieder in den Stand gesetzt wurden, einen Kleiderwechsel vorzunehmen.«[14])

Johann Kögl, Vorstand der vereinigten Münchner Volkssänger, richtete im Jahre 1887 an den Prinzregenten eine Bittschrift um Aufhebung des Kostümverbots, wobei er die ganz verschiedenen Verhältnisse in den Singspielhallen und kleinen Wirtschaften herausstellt:

»Da leider nicht jeder Volkssänger in der Lage ist, in besagten Singspielhallen engagirt sein zu können, diese auch meistentheils ihre Mitglieder von auswärts beziehen, so hat sich in den letzten Jahren eine außerordentliche Gewerbseinschränkung hieraus entwickelt und zwar nur durch die, mit den schmalen Verdiensten der Volkssänger in gar keinem Verhältnis stehenden polizeilichen Geldstrafen. So wird beispielsweise das Tragen einer Perücke oder eines bunten Halstuches mit 3 bis 5 M, das Anlegen eines Bauern- oder sonstigen komischen Rockes mit 10 bis 12 M gestraft. Der Volkssänger, welcher also nicht in Singspielhallen auftreten kann, sondern auf kleinere Lokale angewiesen ist, befindet sich also gegen seinen begünstigteren Kollegen, welche ungenirt arbeiten dürfen, in doppeltem Nachtheil, da hier bei diesem Geschäft nicht die mehr oder minder talentierten Kräfte den Ausschlag geben, sondern lediglich das Glück, eine Singspielhalle zur Disposition erhalten zu können.«[15])

Kögl betont, es könne allerdings der Einwand gemacht werden, Kostüme seien nicht notwendig: ». . . dem setzen wir die althergebrachte Gewohnheit der Münchner, das heißt des Bürger- und Handwerkerstandes entgegen, Sonntags die Konzerte der Volkssänger zu besuchen und sich von ihnen Typen und Scenen aus dem Volksleben vorspielen zu lassen. Daß dies kaum möglich, ohne jedwede Charakterisierung durch Perrücken etc., etc. ist wohl begreiflich. Nicht jeder Arbeiter oder Handwerker ist in der Lage, die Theater mit ihren hohen Eintrittspreisen besuchen zu können, deshalb sind ihm seine Volkssänger mit ihren aus dem Leben entnommenen Scenen und Typen, bei ihrem geringen Entree und harmlosen Vorträgen seit langen Jahren ans Herz gewachsen . . . Da wir nicht bemittelt genug sind, diese zu unserer Existenzfrage

Papa Kern. Aus der Sammlung Valentins (Foto: Tiedemann)

gehörige Angelegenheit weiter durch einen Advokaten vertreten lassen zu können, haben wir es gewagt, den Gnadenweg zu betreten.«

Dieser Weg hatte jedoch keinen Erfolg und es blieb bei dieser seit 1874 geübten Regelung, also nur Auftritt in bürgerlicher Kleidung (Gesellschaftsanzug) und echtem Nationalkostüm, da es sich gezeigt hatte, »daß mit dem Auftreten im Kostüme häufig Ausschreitungen namentlich des weiblichen Theiles der darstellenden Gesellschaften verknüpft waren, deren Beseitigung im Interesse der guten Sitten und Ordnung dringend notwendig erschien.«[16])

Der singende Wirt Johann Stefan Kern (gest. 1911), genannt Papa Kern, wurde ganz anders populär. Er eröffnete 1877 einen Bockausschank im Café Metropol, den er 24 Jahre lang führte. Frühschoppen gab's täglich zwischen elf und ein Uhr mittags, aber in dieser Zeit muß es immer brechend voll gewesen sein, weil Kern selber mit einer Kapelle auftrat. Sein Kapellmeister Zaska war ebenso bekannt. Im Lokal wurden Liederhefte verteilt, die an die 50 Liednummern enthielten. Es hieß, daß diese 50 Nummern täglich abgesungen wurden!

A echter Münchner – der geht gern
ins Metropol zu Papa Kern.
Dort singt er Gstanzln voller Freud –
Herrgott, de Münchner, des san Leut.

Papa Kern (2. von rechts) im Frankfurter Hof, ca. 1907. Vorne links Karl Valentin, hinter Valentin die Wirtin Durner

Anderl Welsch (1842–1906) langjähriger Direktor des Apollotheaters und Herausgeber der 27 Bände »Münchner Volksleben in Lied und Wort« war für die ca. 400 Münchner Komiker um die Jahrhundertwende Zulieferer von Komödien und Vorträgen, meist Bauernszenen. »Am liebsten trat er, der vom Land stammte, als ›Gscherter‹ auf, mit Haselnußstecken, rotem Packl und Riesennase. Seine Glanzzeit begann in den reichen Jahren nach dem Siebziger Krieg, wo er seine eigene Gesellschaft gründete und selber sang, bis er später als Direktor verschiedener Singspielhallen die bekanntesten Gesangshumoristen für sich verpflichtete und in seinem ›Apollotheater‹ eine rasch populär werdende neue Kleinbühne ausgeprägt münchnerischer Art schuf.«[17])

Welsch idealisierte nicht mehr unbedingt die ländliche Idylle in seinen Texten, er verhöhnte ganz gern die Bauern von der großstädtischen Sicht her. Was meist auch für andere Volkssänger typisch ist: Die Darbietungen sind durch den regional bedingten Dialekt geprägt und somit auch regional begrenzt. Sein Witz ist bestimmt für die Münchner, und er hat nur in München auch Erfolg damit.

Max Hermann-Männer (gest. 1919) stellte in der Tradition von Geis ein Mustersängerensemble zusammen mit dem Namen ›Münchner Sänger‹. Zu diesen stieß der schon erwähnte Georg Huber, hier als Kapellmeister, und andere hervorragende Komiker, Sänger und Musiker. Ihre Programme waren geschmackvoll zusammengestellt, und die Ausführung war vorbildlich. Die Abfolge im Programm war auch typisch für andere Gesellschaften:

»Marsch
Klassische Ouvertüre
Verschiedene Solovorträge
Gavotte
Schwank oder Posse
15 Minuten Pause
Walzer
Quartettvorträge
Humoristischer Solovortrag
Lustspiel in 2 Akten«[18])

Eine andere Gesangsgruppe mit dem Namen ›Münchner Meistersänger‹ wurde von Max Neumayer (gest. 1915) geleitet. Die frühere Quartettsängergesellschaft (›Münchner Männergesangsquartett‹) sang alles; von Volks- und Mundartliedern bis hin zur klassischen Chormusik. Der Quartettgesang wurde dann später auch ausgedehnt auf Singspiele, humoristische Solis und Couplets. Bei dieser Truppe verdiente sich der Weiß Ferdl seine ersten Sporen.

Programm des Apollo-Theaters von 1903

Die Gebrüder Albrecht mit Gesellschaft. Postkarte

Darstellendes Personal:
Ant. Herrmann
Karl Flemisch
Franz Ferenz.
Hans Werner.

L. Syetrah
Th. Gebhart
Marie Sigl.

Am Klavier:
Franz Köppl.

MODERNES POSSEN-UND-HUMORISTEN-ENSEMBLE DIR. A-HERRMANN-

PROGRAMM

1. Durch Nacht zum Licht, Marsch — C. Laukin
2. Frühlingserwachen, Romance — E. Bach
3. **Repräsentations-Chor,** gesungen vom ganzen Ensemble.
4. Sezessions-Walzer — J. Klein
5. **Lilli Syetrah**, Sängerin.
6. La Czarian, Mazurka — L. Ganne
7. Auf Wunsch! **Richtig reingefallen**, Militärposse in 2 Abt.

Personen:

Oberst von Serbe	F. Karl
Frieda, seine Tochter	L. Syetrah
Kurt v. Knorr, Hauptmann	H. Werner
Ludwig Berlitz) Leutnants	F. Ferenz
Max v. Arnhoff)	A. Herrmann
Kilian, Hinterhuber, Gefreiter	K. Flemisch
Magda v. Grüneberg	Th. Gebhart

1. Abteilung spielt im Wachlokal. 2. Abteilung spielt bei Oberst von Serbe.

8. Gross-Mütterlein, Salon-Ländler — G. Lange
9. Gastspiel **Max Hofmann** der beliebte Mimiker.

P A U S E.

10. Lockenköpfchen, Intermezzo — W. Powell
11. **Geschwisterliebe**, Charakterbild.

Personen:

Heinrich Schwarz	K. Flemisch
Marie, sein Weib	L. Syetrah
Grete, Tochter	M. Sigl
Paulus, Sohn	F. Ferenz
F. Krieger, Tischlergeselle	H. Werner

Spielt im Hause des Schwarz

12. Goldregen Walzer — E Waldteufel
13. **Der Streit um den Kanal,** Posse

Büffel, Aktuar	A. Herrmann
Kuhberger, Milchmann	H. Werner
Stichnet, Schneider	F. Ferenz
Schachtelhuber, Kramerin	Th. Gebhart

15. Schlussmarsch

In Vorbereitung: **Das schwarze Rätsel.** Sensationsstück.
Jeden Samstag Programmwechsel.

Reihenfolge der Spieltage:
Jeden Montag **Rest. Scharfes Eck,** Theresienstr.
Dienstag frei, Mittwoch: **Rest. Baderwirt, Dachauerstr.,** Donnerstag: **Amans Bierhalle, Isartalstr.,** Freitag: **Augsb. Hof, Isartorpl.,** Samstag: **Pasing, Hotel Eisenbahn.** Sonn- u. Feiertag: **Arzbergerkeller.**

E HEYN

Programm des Modernen Possen- und Humoristenensembles Anton Herrmann

Im Jahre 1915 existierten in München 20 Volkssängergesellschaften mit jeweils bis zu sieben Mitgliedern. Insgesamt erhielten in diesem Kriegsjahr 250 Personen den Erlaubnisschein zur Ausübung der Volkssängerei, allerdings hat es wohl im Jahr davor, vor dem Krieg, 800 Volkssänger in München gegeben. Fast alle diese Sänger und Schauspieler hatten keine Ausbildung als

Hôtel Wagner

SINGSPIELHAUS

Landwehrstrasse 8.

Direktion: Carl Müller.

Musikalische Leitung: Kapellmeister G. Huber.

PROGRAMM

1. Kaiser-Marsch . . . . Oberstötter.
2. Potpourri aus „Cavalleria Rusticana“ . . . . Mascagni.
3. Humoristisches Quodlibet (Männer-Quartett).
4. S. Mayrhofer, Tenor.
5. Heinrich Hoppé, Wiener Humorist.
6. Lore Loo, Vortragskünstlerin.
7. Oskar Huber, der beliebte Münchner Humorist.
8. Eles van Troy, Pariser Strassensängerin. Singende Geigenvirtuosin.

PAUSE.

9. Lichtbilder-Reklame.
10. Chantecler.

Eine Parodie auf die Pariser Sensations-Novität.
Musik von Emil Kaiser.

PERSONEN:

Der Kickeriki, Beherrscher des Misthaufens	Herr Weiss.
Die weisse Henne	Frl. Dams.
Die schwarze Henne	Frl. Weiss.
Die braune Henne	Frl. Orlof.
Das Kücken, deren Tochter	Frl. Syetra.
Das Perlhuhn	Frl. Hofer.
Phylax, Hofhund	Herr Müller.
Der Hahn vom Nachbarhof	Herr Mayrhofer.
Truthenne	Frau Pinegger.

Ort der Handlung: In der Nähe des Misthaufens.

Die neue Dekoration ist aus dem Atelier des Herrn Theatermalers Geze Ulrich. — Kostüme und Requisiten von Herrn Hacker.

J. Schreiber, München Rosental 6.

Karl Valentin
Telefon 25599

Programm des Singspielhauses Hotel Wagner. Aus der Sammlung Valentins

Sänger oder Schauspieler hinter sich. Sie kamen von ganz fremden Berufen her. Meist waren es kleine Handwerker, die sich zunächst in ihrer Freizeit ein wenig Geld zu ihrem kleinen Lohn hinzuverdienen wollten. So machten sie mit bei den sogenannten ›ambulanten Sonntagsgesellschaften‹, die nur am Wochenende auftraten und auch keinen festen Spielort hatten. Lohn war dabei gerade nur

Vignette des Possen- und Komöden-Ensembles Oskar Huber

Das letzte Mörtlweib!

Original-Vortrag von K. Lindermeier.

Mit Wehmut denk' ich manchmal dran,
Wie sich doch all's verändern kann,
Die schöne Zeit ist längst vorbei,
Als ich noch war a Mörtlwei,
Doch heutzutag' o Weh, o Graus
Rangiert ma uns scho üb'rall aus.
:,: O Mörtlweiber, fein und zart,
Euch traf der Fortschritt wirklich hart,
Und neb'n euch da Wasserbua,
Ös zwoa, ös habt's dö ew'ge Ruah. :,:

So wias mi seg'hn, in dera Kluft,
So san ma auf'n Bau 'rum 'ghupft,
Das Röckerl kurz, und sehr kokett,
Koa Unterhos'n, koa Korsett,
Und statt an Huat, a Tuach am Kopf,
Vom Mörtltrog'n an Mordstrumm Kropf.
Refrain.

Als Bierweib war's um mi guat b'stellt,
Da hab i d'Maurer richti' prellt,
Aus eahn're Maßkrüag hab i mir,
Oft z'samma g'schütt mei Brotzeitbier,
I hob koan Hunger g'litt'n, a koan Durst,
Denn mancher hat ma g'schenkt sei Wurst.
Refrain.

De Maurer seufzen, welch' Malheur,
Am Bau gibts koane Weiber mehr,
Wie schön war es doch früher nur,
Verweht ist jetzt schon jede Spur,
Da hab'n ma oft a Gaudi g'habt,
Und an dö Weiba uma 'tappt.
Refrain.

Die schöne Zeit ist längst vorbei,
I war dös letzte Mörtlwei,
Doch als Erinn'rung san ma blieb'n,
fünf Schraz'n – hab'n tat i scho sieb'n,
Ja tats am Bau no Weiber geb'n,
tat'n sich d' Geburten wieder heb'n.
Refrain.

das, was sie für sich einsammeln konnten; höchstens gab es dann vom Wirt noch ein Bier dazu oder eine Abendsuppe.

Karl Flemisch (1878–1938), eigentlich Anstreicher, begann genau so seine Volkssänger-Karriere. Er blieb dann aber auch später nie ausgesprochen lange bei einer Sängergesellschaft, er wechselte oft. Ähnlich war es mit Karl Lindermeier.[19]) Der war eigentlich Schreiner. Allerdings blieb Lindermeier ausschließlich in Giesing, spielte bei Willy Schäffer in den berüchtigten Giesinger Wirtschaften ›Heuwaage‹ und ›Heumarkt‹. Lindermeier spielte auch in der Gesellschaft von Hans Fickl mit, die ebenfalls in diesen Wirtschaften auftrat. Hans Fickls Gesellschaft interpretierte hauptsächlich Komödien von A. Welsch. Sie spielte für das einfachere und rauhere Volk. »Das Publikum bestand aus sehr trinkfrohen und eßfrohen Leuten. Manchmal gab es bei ihm auch Raufereien. An Zwischenrufen fehlte es während des Spieles sowieso nicht.«[20])

»Die ganze Woche standen die Volkssänger im bürgerlichen Berufsleben. In einer Ecke der Wirtsstube stand ein kleines Podium, eine auf rauher Leinwand gemalte Almhütte als Hintergrund, neben dem Podium ein Klavier. Vorhang gab es keinen. Oft sogar waren Garderoben für die Mitwirkenden nicht vorhanden, und diese mußten sich in der Wirtsküche umkleiden und schminken. Zu ihrem Auftritt mußten sie dann durch die Tischreihen zum Podium gehen.«[21])

Auch ›Papa Hubers bunte Lachbühne‹ mit dem Leiter Oskar Huber spielte in den Wirtschaften der Vorstädte. Zu spielen begonnen hatte Huber mit Weiß Ferdl im Platzl.

Alois Hönle hatte mit August Junker die Direktion des Apollo-Theaters inne. (Das war noch vor 1914.) Er schuf eine ganze Reihe von Einaktern und Solonummern. Seine kurzstrophigen Lieder nannte er Trommel- oder Klapphornverse, und er veröffentlichte sie in mehreren Serien in der Reihe ›Münchner Blut‹. Er schuf auch nonsensartige Prosavorträge, die Krügelreden, in denen er absurd witzige Sätze aneinanderreihte. Das von A. Hönle hergestellte Lied vom »Fensterputzerkare« (Münchner Blut Nr. 206) hat übrigens eine Neuauflage von Maxl Graf um 1962 erlebt und wurde da zu einem regelrechten Schlager. August Junker (1873–1946) machte durch seine Originalvorträge die Steinträgerfiguren und Vorstadt-Typen Kare und Luke berühmt. Er blieb 20 Jahre beim Apollo-Theater. Noch 1930 hielt er an der von Papa Geis geprägten Programmfolge fest.

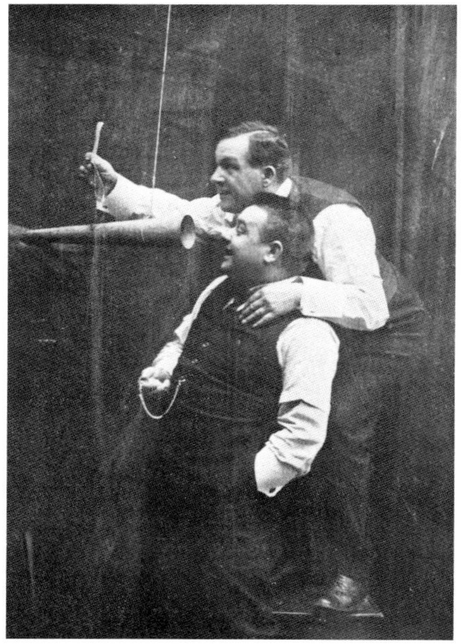

August Junker und Alois Hönle bei einer Grammophon-Aufnahme 1907

Über die Art der Darbietungen von Josef Schäffer (1863–1928), Damen- und Judenimitator soll ein Zeitungsartikel berichten – ohne Kommentar. »Wer hätte einen der lustigen Abende bei den ›Münchnern im Bambergerhof‹ mitgemacht und sich nicht an den außerordentlichen Leistungen J. Schäfers ergötzt. Schäfer ist in der That eine ganz eigene Spezialität. Er stellt nur Juden- und Damen-Charaktere dar, aber seine Juden gibt er so charakteristisch, so bis ins kleinste Detail richtig und seine Damen sind so fein und elegant, daß ihm diese Imitation kaum einer nachmacht. Dabei ist alles so decent, so fashionable und doch so urkomisch, daß man über die grotesken Gestalten unwillkürlich lachen muß.

Schäfer ist kein Komiker gewöhnlichen Schlags, man darf mit vollem Recht sagen, er ist ein Künstler. Seine Leistungen sehen sich so leicht und flott an, und niemand ahnt, welch' ein Aufwand von Fleiß neben einer außerordentlichen Begabung dazu gehört, diese Stufe der Vollendung zu erreichen, die dieser bescheidene, liebenswürdige Künstler erreicht hat. Morgen findet im Bambergerhof seine Benefice-Vorstellung statt, und Herr Schäfer hat für diesen Abend ganz besonders anziehende Tricks bereit. Wer immer kann, versäume den Abend nicht.«[22])

Weiß Ferdl (gest. 1949), eigentlich Ferdinand Weisheitinger, hatte das Schriftsetzerhandwerk erlernt. 1907 kam er mit Josef Eringer (1873–1931) ans Platzl, das damals unter der Leitung von Straßmeier stand. Dort spielte man in der Tracht der Dachauer Bauern, und die Platzl-Spielgruppe nannte sich später auch ›D'Dachauer‹. 1921 übernahm Weiß Ferdl mit dem Eringer Sepp zusammen die Direktion des Platzls. Vorher war er aber schon tüchtig bekannt geworden durch das 1918 gesungene ›Revoluzilazilizilazi-Lied‹.

Weiß Ferdl in der Garderobe, 1930
(Foto: Felix H. Man)

Dann auch noch zu den Varietés. »Gesuch um die Bewilligung zur Veranstaltung von öffentlichen Produktionen in Wirthschaften. Herr Alois Mayer Buchhalter namens des Herrn Franz Kil beheimathet zu München, Buchhalter des Besitzers der Wirthschaft zum Cil's Colosseum, Colosseumstr. Nr. 2 bittet um die ortspolizeiliche Erlaubniß auf die Dauer des Jahres 1882 in seinen gegenwärtigen Wirthschafts-localitäten öffentliche Harmoniemusik-, Gesangs- und Taschenspieler-Productionen veranstalten zu dürfen.«[23]) So findet sich ein Programm von einer Colosseums-Veranstaltung. Da tritt eine Lieder- und Walzersängerin auf, ein akrobatischer Kugelläufer, ein Ventriloquist (Bauchredner), eine Fahrrad-Equilibristin (Gleichgewichtsakrobatin) und die begehrte ›Pausennummer‹, das ist die Aufführung direkt vor der Pause, die nur von den bekanntesten Akrobaten und Sängern erbracht werden darf, diese Pausennummer ist besetzt von Karl Maxstadt, dem Gesangs-Humoristen. Karl Maxstadt (1853–1930) war in München nie fest in einer Singspielhalle engagiert, er zog Auftritte in den internationalen Varietés vor. »Mit seinem brillanten Gedächtnis, seiner Mimik und großartigen Verwandlungsfähigkeit, zu der die Beherrschung vieler deutscher Mundarten gehörte, führte er sein

Titel eines Originalcouplets von Karl Maxstadt, »Die Seelenwanderung«

Portrait Karl Maxstadt mit handschriftlicher Widmung, 1912

Fach ins Varieté ein und gestaltete seine Vorträge zu den Glanznummern der Abende.«[24]) Maxstadt war natürlich auch Verfasser seiner Couplets und Vorträge. Über 600 Couplets hat er verlegen lassen. »Die Originalvorträge des Herrn Maxstadt sind an der Garderobekasse zu haben. Oeffentlicher Vortrag der Original-Couplets, im Ganzen oder theilweise ist unbedingt untersagt«, steht unter der Ankündigung seines Namens auf dem Programmzettel geschrieben. Hier stoßen wir wieder auf den kommerzialisierten Bereich des Vergnügens. Lieder wollen ihren Preis. Ein großer Teil der Volkssänger war auf den Verkauf ihrer Liederheftchen angewiesen. Das macht auch die ungeheuer starke Produktion derselben verständlich. Und fand man keinen Verlag, der die Lieder in sein Verlagsprogramm übernehmen wollte, so veröffentlichte man auch im Selbstverlag und ging notfalls nach seiner Aufführung herum und bot die Heftchen zum Kauf an. Nichts Unbekanntes: Schallplatten und Kassetten werden auch heute nach Musikveranstaltungen zum Kauf angeboten.

Auch Hans Blädel (1871–1931) trat im Colosseum auf. Der Spielplan vom Juli 1916[25]) zeigt, daß auch er die begehrte Pausennummer erhalten hat. Angekündigt wird er mit: »der beliebte Münchner Komiker und Instrumentalist«. Die ›spielerische Umgebung‹ seines Auftrittes bilden: ein Tanzakt »Leuchtende Gewänder«, Deutsche Kraftakrobaten, Meisterschafts-Keulenschwinger, akrobatische Tanzkünstler in verschiedenen Szenen. Dann folgt: »Der Weltkrieg 1916. Letzte Berichte von den Kriegsplätzen.« (Optische Berichterstattung oder lebende Photographien). Dann kommt Hans Blädel. Nach der Pause im zweiten Teil wird ein Walzer »Elfenreigen« gespielt, dazu

Hans Blädel. Seite aus einem Programm. Album J. Durner, Stadtarchiv

gibt es eine Vorführung von Lichtanzeigen. Danach kommt (als eigentlicher Höhepunkt des Abends): »Deutschlands bestes und vornehmstes Zauber-Theater. Persönliche Leitung: Direktor Paul Uferini. Inhaber der Kunstscheine für das Deutsche Reich für höhere Kunst und Wissenschaft. 1. Teil. Zaubereien, Täuschungen, neue humoristische Experimente, Handfertigkeiten usw.

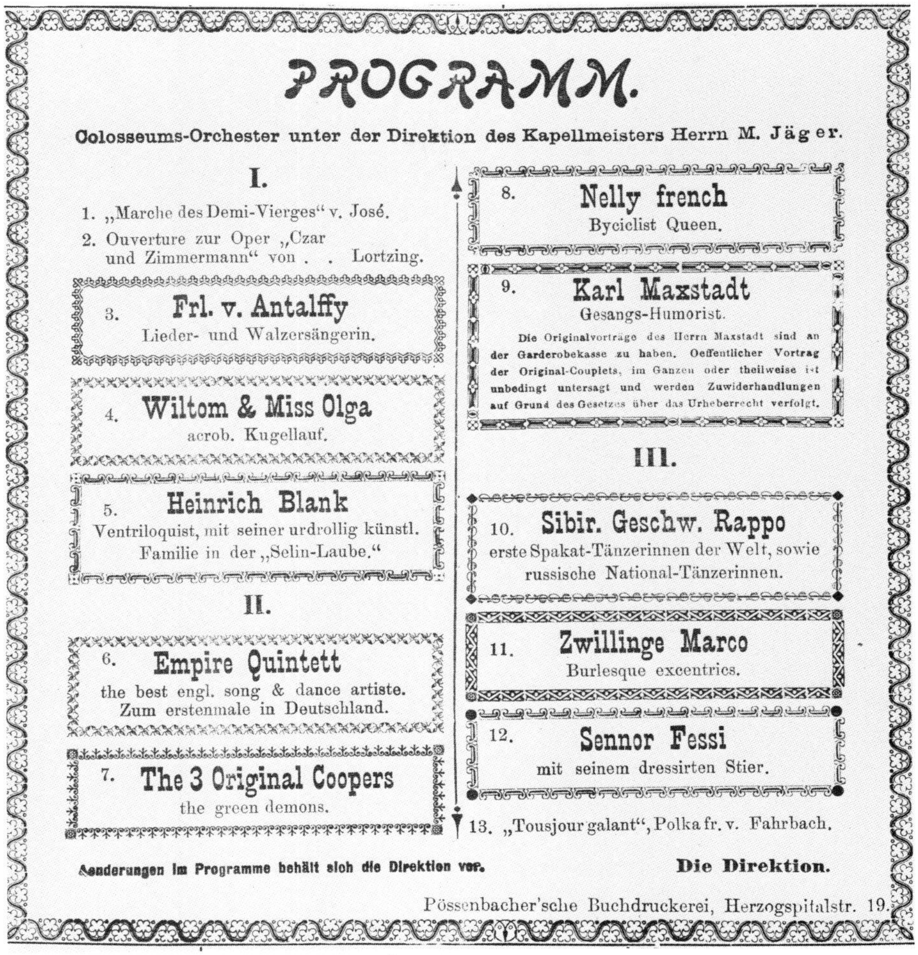

PROGRAMM.

Colosseums-Orchester unter der Direktion des Kapellmeisters Herrn M. Jäger.

I.

1. „Marche des Demi-Vierges" v. José.
2. Ouverture zur Oper „Czar und Zimmermann" von . . Lortzing.
3. Frl. v. Antalffy – Lieder- und Walzersängerin.
4. Wiltom & Miss Olga – acrob. Kugellauf.
5. Heinrich Blank – Ventriloquist, mit seiner urdrollig künstl. Familie in der „Selin-Laube."

II.

6. Empire Quintett – the best engl. song & dance artiste. Zum erstenmale in Deutschland.
7. The 3 Original Coopers – the green demons.
8. Nelly french – Byciclist Queen.
9. Karl Maxstadt – Gesangs-Humorist.

Die Originalvorträge des Herrn Maxstadt sind an der Garderobekasse zu haben. Oeffentlicher Vortrag der Original-Couplets, im Ganzen oder theilweise ist unbedingt untersagt und werden Zuwiderhandlungen auf Grund des Gesetzes über das Urheberrecht verfolgt.

III.

10. Sibir. Geschw. Rappo – erste Spakat-Tänzerinnen der Welt, sowie russische National-Tänzerinnen.
11. Zwillinge Marco – Burlesque excentrics.
12. Sennor Fessi – mit seinem dressirten Stier.
13. „Tousjour galant", Polka fr. v. Fahrbach.

Aenderungen im Programme behält sich die Direktion vor.

Die Direktion.

Pössenbacher'sche Buchdruckerei, Herzogspitalstr. 19.

Programm
des Colosseum-Ensemble.

Kapellmeister: Klieber.

1. 2. 3. Musik-Pièçe.
4. ANNA SCHMIDT, Liedersängerin.
5. Musik.
6. Komisches Duett Erlacher-Brandt: Er und sein Sohn!
Karl Heidemann, Kommis . . . F. Erlacher.
Fanny Haserl, Confectioneusa . . . Rosa Brandt.
7. Musik.
8. A. Hofmann, Volks- und Charakter-Mimiker.
9. Musik.
10. Little Charles Clair, Sopran-Sänger.
11. Musik.
12. Franz Erlacher, Originalhumorist.
13. Musik.
14. Rosa Brandt, Vortrags-Soubrette.
15. Musik.
16. Maximo, Carikaturen-Schnellzeichner.
17. Musik.
18. ? Mr. Sandrose ?
19. Die verliebten Köchinnen – komische Scene.
20. Schlussgalopp.

2. Teil. Illusionen. Verschwinden von Personen und Lebewesen auf offener Bühne.« Zum Abschluß folgen dann noch die »Colosseums-Lichtspiele« mit einer Humoreske. Großstädtisches Amüsement in München 1916. Da war schon was ›los‹!. Trotz Krieg. Oder gerade deshalb?

Hans Blädel war Instrumental-Clown. Sein Sohn Hans (geb. 1900) meinte das so: »Den Mißbrauch der vollendeten Beherrschung von acht bis zehn Instrumenten in Verbindung mit einem unerschöpflichen, angeborenen Humor.«[26]) Auch der Sohn Hans wurde Humorist. Einen zweiten Sohn (geb. 1906), ebenfalls in die humoristischen Fußstapfen seines Vaters getreten, kennen wir: Georg Blädel.

Über das Colosseum heißt es 1928: »Vergnügungspalast Groß-München. Das alte Kolosseum, einst eine berühmte Stätte artistischer Kunst, das unter einem

Direktor Kil Weltruf sich erobert hatte, war im Wandel der Zeitläufe zu einer wahrhaft traurigen Bedeutungslosigkeit herabgesunken. Nur noch in Sportkreisen behauptete das Kolosseum, das einst – in der guten alten Zeit (!) – an der Spitze aller Münchner, ja bayerischen Vergnügungsstätten marschierte, seinen alten zugkräftigen Ruf, der sich in der Schlagzeile herauskristallisierte: ›Ringkämpfe im Kolosseum‹. Nur diese allein vermochten dann das Haus noch allabendlich zu füllen. (Es) ergriff dann Wilh. Sensburg das Ruder, um eine erstklassige Varietébühne zu schaffen und das reine Varieté wieder zu pflegen. In der richtigen Erkenntnis, wie wesentlich für die Stimmung der Behaglichkeit das Bewußtsein ist, für billiges Geld etwas Gutes, Genußreiches zu bekommen, und um dem Unternehmen die ›Volkstümlichkeit‹ zu sichern, hat Dir. Sensburg die Einheitspreise möglichst niedrig gehalten, und siehe da, das Volk, die besten Gesellschaftskreise kommen in Scharen. (Das Theater) soll keinesfalls halsbrecherische Attraktionen in erster Linie bringen, sondern eine Stätte wirklichen Humors und echter Heiterkeit sein, darum vor allem das bringen, was man in solch erstklassiger Vergnügungsstätte sucht und braucht, nämlich die frohgemute Spannung und andrerseits die Entspannung.«[27])

Großstadtamüsement. Business bestehend aus Spannung und Entspannung, Geschäft, bestehend aus Behaglichkeit, Humor und Attraktion. Für uns ist es bloßes Unterhaltungsbedürfnis, kein Genuß aus Kultur- und ist doch Kultur. Unterhaltung für alle.

SUSANNE VON GOESSEL

Programm und Speisenkarte von Kil's Colosseum, 1897

Anmerkungen

1) Zusammengestellt aus: Gabriele Tergit, Käsebier erobert den Kurfürstendamm. Berlin, 1931. Fischer Frankfurt, 1978, S. 50–52. Zur besseren Lesbarkeit des Katalogtextes wird im Folgenden nicht im streng wissenschaftlichen Sinn zitiert.
2) Monika Sperr, Hrsg., Schlager. Das Große Schlager-Buch. Deutscher Schlager 1800 – Heute. München 1978, S. 35. Betrifft die Zeit von 1900–1918.
3) ebd. S. 27.
4) Benno Rauchenegger, Wie man sich in München amüsiert. Aus: Gruß aus München 1900. München 1900. S. 65–68 (zusammengestellt).
5) Ludwig M. Schneider, Die populäre Kritik an Staat und Gesellschaft in München (1886–1914). München 1975 (folgend: ›Schneider‹). S. 92.
6) Der Sprachreinigungsverein, Deklamation, in: Chr. Seidenbusch: Ein Sträußchen komischer Vorträge, 22. Bd., München 1895, 31f.
7) A. Welsch, Verschiedene Erklärungen, in: A. Welsch, Süddeutsche Couplets, 3. H. (Gratisbeilage), München o.J. (ca. 1880), 21f. Die in Klammern gesetzten Zeilen sind eine spätere Abwandlung und sind zitiert aus: A. Welsch, Erklärungen, in: A. Welsch, Süddeutsche Couplets, 3. H. München o.J. (ca. 1897) 8f.
8) Andreas Welsch, Zwei reisende Künstler. Komische Duoszene, in: Welsch, Münchner Volksleben in Lied u. Wort, Bd. 2, München 1887, 16–23, 17.
9) Johannes Friz, Karl Valentin zwischen Münchner Volkssängertum und Moderne-Aspekte seines Werks und seiner Wirkung. (folgend: ›Friz‹) Staatsex.-Arbeit, Tübingen 1981. S. 8–9.
10) ebd.
11) Joseph Maria Lutz, Die Münchner Volkssänger. Ein Erinnerungsbuch an die gute alte Zeit. Nach einer Sammlung von Erwin Münz. München 1956. (folgend: ›Lutz‹) S. 20.
12) Schneider, S. 113
13) Friz, S. 15.
14) Jakob Geis, Selbstbiographie. München 1905, Typoscript. S. 18–20. (zusammengestellt).
15) zitiert nach Schneider, S. 105: Hauptstaatsarchiv München, M.H. 6275: Gesuch des Joh. Kögel an den Prinzregenten vom 5.2.1887.
16) zitiert nach Schneider, S. 106: HStAM, M.H. 6275: Antrag des Innenministeriums an Prinzregent Luitpold vom 8.3.1887: Man suchte die Kostümierung auf Singspielhallen zu beschränken, weil diese leichter zu überwachen waren.
17) Effi Horn, Ahnengalerie der Volkssänger. in: Rudolf Flügel (Hrsg.), Lebendiges München. München 1958. S. 376.
18) Lutz, S. 28.
19) Bekannt ist sein Original-Vortrag »Das letzte Mörtelweib«.
20) Lutz, S. 43.
21) Ein Rückblick im Münchner Stadtanzeiger vom 23.2.1951.
22) Zeitungsartikel. o.O.o.J.
23) Akte Polizei Direktion, Bayerisches Staatsarchiv, München.
24) Lutz, S. 30.
25) Stadtarchiv, München, Akt: Zeitungsausschnitte Gaststätten/Hotels. Kolosseum.
26) Lutz. S. 46.
27) Zech-Brzozowsky, Vergnügungspalast Groß-München. Aus: Deutsche Illustrierte Rundschau, Nr. 1, München, Jan. 1928, S. 33.(zusammengestellt)

Das Kolosseum wurde während des Krieges zerstört. Nach 1948 entstand aus den Trümmern ein neues Fest- und Tanzlokal, das 1961 dem Neubaukomplex einer Großbrauerei auf dem gesamten Gelände weichen mußte

Der Münchner Volkssänger-Verband

Als das Münchner Volkssängertum im vorigen Jahrhundert noch in den Kinderschuhen steckte und seine wenigen Vertreter die ersten Wiener Lieder sangen, hatten sich die Kollegen in Wien schon längst zu einem Bund zusammengeschlossen, der sich »Zwölferbund der Wiener Volkssänger zur Unterstützung alter berufsunfähiger und kranker Volkssänger« nannte. Es war die erste Berufsversicherung dieser Art. Man ging von dem Gedanken aus, daß ein paar Kreuzer, in guten Tagen einbezahlt, im Alter von hohem Wert sein können.

Die Bedeutung einer solchen Vereinigung, die sich nicht nur auf die Unterstützung der Alten und Berufsunfähigen beschränkte, sondern auch ein gesellschaftliches Kennenlernen fördern sollte, erkannten im Jahre 1885 auch einige Münchner, an der Spitze Josef Albrecht und Max Koch. Sie gründeten den »Krankenunterstützungsverein der Münchner Volkssänger«. Alljährlich trafen sich die Mitglieder – es waren fast alle bekannten Singspielleiter, Direktoren, Spieler, Sänger und Humoristen dabei – zu ihrer Jahreshauptversammlung, wählten die Vorstandschaft, die dreißig Jahre die gleiche war, und zeigten ihr Können in einem großen Gala-Abend. Der Verein hatte seine eigene Fahne, die mit buntgestickten Ehrenbändern geschmückt war. Sie wurde nur selten getragen, meist vor dem Sarg eines verstorbenen Mitgliedes. Die letzte große Veranstaltung des Vereins war das vierzigjährige Gründungsfest, im April 1925, im Löwenbräukeller. Bis um Mitternacht dauerte das Stegreifprogramm, jedes Mitglied bestieg zu einem Vortrag die Bühne.

Als um die Jahrhundertwende an der Schraube der Vergnügungssteuer immer mehr gedreht wurde, die ersten Polizei-Verbote Unwillen hervorriefen und die Auftrittsgebühren eingeführt wurden, erkannte man, daß es zu all dem nur ein Gegengewicht geben könne: den Zusammenschluß in einem richtigen Berufsverband. Auch einige Vorkommnisse, so der Mißbrauch von Original-Vorträgen, und die »Geschäftstüchtigkeit« einzelner Wirte trugen dazu bei. Im Dezember des Jahres 1908 konstituierte sich der »Verband zur Wahrung und Förderung der Interessen der Münchner Volkssänger«. Ein Jahr darauf erschienen die Statuten. Zweck dieses Verbandes war die Vertretung der wirtschaftlichen Interessen seiner Mitglieder und die Erzielung möglichst günstiger Arbeitsbedingungen. Das Organ des Verbandes war »Der Münchner Volkssänger«, ein Blatt, das monatlich erschien und nur fünf Jahre, 1909 bis 1913, überdauerte. Gedruckt und verlegt hat es, ganz selbstverständlich, Alex Reuter. Auch die Redaktion oblag ihm.

Verband der Münchner Volkssänger.

Colosseums-Bierhalle, Jahnstrasse

Montag, den 4. Juli 1910

Wohltätigkeits-Conzert

für den erkrankten Schauspieler und Singspieldirektor

„Ammerlander"

Auszug aus dem reichhaltigem Festprogramm:

Der Stabstrompeter

Militärposse v. A. Kaufmann. Dargestellt v. Ensemble Gum-Kaufmann.

Hans Gerhard Charakterristiker – Anni Schneider Costümsoubrette – W. Summerer Humorist

Der Freibauer

Grosse altdeutsche Charakterkomödie in 3 Abteil. v. A. Kaufmann

Dargestellt vom Ensemble Gum-Kaufmann.

Hans Konrad Der beliebte Humorist. Gebr. Albrecht – A. Kaufmann Salonhumorist. – Alois Sailer Münchner Charakter-Humorist.

Gebrüder Albrecht.

(Hans Albrecht Münchens populärster Komiker.)

Anfang 8 Uhr. Eintritt 40 Pfg. ☐ Vorverkauf 30 Pfg. bei sämtlichen Gesellschaften. sowie an der Schenke der Colosseums-Bierhalle.

NB. Kollege Ammerlander, welcher nach schwerer Operation und langen Leiden der Erholung bedürftig ist, soll durch den Reingewinn dieser Veranstaltung aus seiner Notlage, nachdem er noch längere Zeit erwerbsunfähig, befreit werden. In Anbetracht des wohltätigen Zweckes bittet Freunde und Gönner um zahlreichen Besuch.

Der Verband d. M. V. Karl Valentin Das Comitee.

Ankündigung eines Wohltätigkeitskonzerts des Münchner Volkssängerverbandes Im Kolosseum, 1910. Aus der Sammlung Valentins

Warnung.
Komiker, Soubretten
Humoristen, Chansonetten,
Israeliten, Christen,
Sprech- und Gesangs-Artisten!
Wohl niemand wird Euch zwingen,
Mein Repertoir zu singen;
D'rum lasst davon die Finger
Gefährlich werd'n die Dinger
Und noch dazu die Freunde
Die machen sie zu Feinde!
Wenn Euch mein Or'ginal gefällt;
Zu haben ist's für wenig Geld
Sind Euch zu schlecht die Sachen
Braucht Ihr sie nicht zu machen! –
– Zu singen meine Or'ginale,
War'n ich die Kollegen alle,
Die sie bis heute vorgetragen
Und allen And'ren will ich sagen.
Singt Ihr aus meinem Repertoir
So geh' ich unnachsichtig vor. –

Hans Konrad
München, Lindwurmstr. 38½.

3. Jahrgang. Oktober 1911 No. 10.

Der VOLKS-SÄNGER

Organ der Münchner Volkssänger und verwandten Berufsgenossen.

Verantwortlich für Druck und Verlag: A. Reuter, Westermühlstr. 6/o. Redakt. A. Reuter. Verbandsnachrichten Vbd. d. M. Volksf.	Erscheint monatlich je nach Bedarf, 1. oder 15. des lfd. Mts. Abonnementsgeb. 60 Pfg. vierteljährl. Exp. u. Verl. München, Westermühlstr. 6.	Inser.-Preis: 3spalt. Petitzeile oder deren Raum 10 Pfennig. Mehrmaliger Wiederholung bedeutender Rabatt.

Verband zur Wahrung der Interressen der Münchner Volkssänger.

Alle Kollegen und Kolleginen werden höfl ersucht, sich zu der auf **Montag, den 9. Oktober, nachmittags 3 Uhr** im Restaurant **„Eberlbräu"**, Sendlingerstrasse

anberaumten ausserordentlichen

General-Versammlung

pünktlich einzufinden.

NB. Pflicht eines jeden Verbandsmitglied ist es, dieser Versammlung nicht fern zu bleiben.

Mit kollegialem Gruss

Die Vorstandschaft:

A. Kaufmann, I. Vorstand. **W. Fritz**, I. Kassier. **C. A. Riese**, Verbandssekretär

Generalversammlungs-Berichte

vom 11. und 18. September.

Am 11. September fand im Verbandslokal zum Eberlbräu Sendlingerstraße die für Monat September anberaumte Generalversammlung statt. Besucht war die Versammlung trotzdem alle Mitglieder eingeladen waren sehr schlecht, es waren nicht ganz 60 Personen anwesend. Es ist dies (leider muß das offen gesagt werden) traurig und zeigt so recht von einer Interesselosigkeit sondergleichen, die dadurch dem Verband entgegengebracht wird. Nicht blos Pflicht eines jeden Verbandsmitgliedes ist es, sondern auch die allgemeine Kollegialität erfordert es jeder Monats- wie Generalversammlung pünktlich und bestimmt beizuwohnen. Schon allein dem Ausschuß und der Schutzkommission sollte mehr Rücksicht entgegengebracht werden, die sich stets in jeder Hinsicht in aufopfernder Weise für den Verband hingeben um denselben fördernd in Ansehen zu bringen, aber all diese Aufopferung wurde nur mit einer mit Phlegma verbundenen Rücksichtslosigkeit gedankt. All diesen Verbandsmitgliedern, die es nicht der Mühe wert finden, sich jeder-

Der Blondin von Namur.

Fortsetzung.

Er trat ans Fenster; er sah, daß er in einem alten, hochgelegenen Schloße wohne, mit Aussicht über einen weiten Wald, durch welchen Alleen sternförmig gehauen waren.

„Wie weit ist denn Namur von hier?" Das wußte keiner Er fragte wiederholt nach Herrn Abubeker, beschrieb den Chaldäer auf alle Weise, erzählte, daß er dreihundert und zwölf Jahre alt sei und was er von ihm wußte. Die Bedienten zuckten die Achseln, ihre Unwissenheit zu entschuldigen. Der Arzt versicherte, eine solche Gestalt habe man hier noch nie gesehen; und wegen der dreihundert und zwölf Jahre griff er dem Blondin geschwind wieder nach dem Puls.

„Meine Herren," sagte Le Blond verdrießlich, „entweder bin ich närrisch, oder Sie sind es. Denn daß ich wache und gar nicht träume, das fühle ich. Bei wem bin ich hier?"

„Ihre Durchlaucht sind nebst Ihrer Frau Gemahlin in Hochdero eigenem Schloße Charmens!" sagte der Arzt.

„Was Gemahlin? Ich bitte Sie, halten Sie mich nicht länger für einen Wahnsinnigen oder Tölpel. Ich war nie verheiratet. Wo wäre denn meine sogenannte Gemahlin?"

„Ich werde Ihre Durchlaucht sogleich von Dero Wünschen melden, die Sie äußern!" rief einer der Bedienten, und entfernte sich.

„Possen!" rief Le Blond und machte Mine, das Schlafzimmer zu verlaßen. Aber er bemerkte, daß er nur in Pontoffeln sei und forderte seine Stiefeln.

Indem öffnete einer der Bedienteen die Tür sehr weit und sagte: „Ihre Durchlaucht die Herzogin!"

Die Herzogin.

Im leichten Morgenkleide, welches aber eben so geschmackvoll als kostbar war, trat ein junges Frauenzimmer herein, auf dessen Wink sich ehrfurchtvoll der Arzt und Bediente entfernten. „Ich will einen Augenblick mit meinem Gemahl allein sein!" sagte sie: „Bleibt vor der Türe stehen".

Der Blondin, da er die junge, ihm unbekannte Schöne freundlich gegen sich zuwandern sah, wußte er nicht mehr, ob er rase oder träume. Er verbeugte sich ehrerbietig und machte eine Bewegung, als wolle er sich entschuldigen, konnte aber kein Wort hervorbringen. Sie legte holdlächelnd ihre Hände auf seine Achseln, sah ihm lange schweigend und forschend in die Augen und sagte dann: „Wie befinden Sie sich heute? Nicht so, Sie wollen gut sein; denken auch nicht mehr an Ihren Spitzenladen und Zauberer, Jacquelinen und vergrabene Schätze, von denen Sie immer und ewig seit einem halben Jahre sprechen. Wie froh wäre ich, wenn ich bald wieder mit Ihnen nach Paris

Titelseite des »Organs der Münchner Volkssänger und verwandten Berufsgenossen«, Oktober 1911

1930 stand der Verband auf dem Höhepunkt seines Wirkens, im Oktober beging er die kirchliche und weltliche Weihe seiner Fahne, über deren Verbleib heute niemand mehr Auskunft geben kann. Es war eine Feier, die in ihrer Art und Gestaltung als ein Gruß aus dem alten, gemütlich frohen München herüberklang, in den Beginn einer Zeit, die die Bayerische Staatszeitung damals als die »verjazzte« bezeichnete! Schon der Festzug zur Maximilianskirche und hernach durch das Gärtnerplatzviertel zum Kolosseum war mehr als nur ein bloßer Umzug. An dem Zug nahmen die Schäffler in ihrer Tracht teil, die Gärtner, die Bäcker, die Trachtenvereine, Bühnenclubs und Gesangvereine, elegante Fiaker mit insgesamt achtzehn Schimmeln, ein weiß-blauer Postillon zu Pferd, Musikkapellen und Fahnenträger. Die Hauskapelle des Kolosseums spielte zum Gottesdienst in der Kirche. Das Fest klang aus mit einem großen Abend in den Kolosseums-Bierhallen. Die Veteranen, der 70 Jahre alte Max Koch, der erblindete Komiker Ringer, der Mühlbauer, der Strobel, der Adam Bach, alle an die siebzig, tanzten mit der sechsundachtzigjährigen Witwe von Anderl Welsch unter minutenlangem Beifall eine Ehrenrunde.

Noch einmal trat der Lokalverband der Münchner Volkssänger mit einem Frühlingsfest, im Jahre 1931, an die Öffentlichkeit. Dann wurde es still um ihn. Zwei Jahre später ging er in einer »Reichsfachschaft« auf. Der Volkssänger wurde zum »Volkserzieher«, man hat ihn, wie der Weiss Ferdl damals sang, »gleichgeschaltet«.

Der »Riese« Pfafferl, Statist bei Karl Valentin

Karl Valentin und Liesl Karlstadt nach einer Aufführung von *Der Bittsteller* mit den Bühnenmeistern des Kolosseums. Neben Liesl Karlstadt Valentins Bühnenmeister Rankl

Josef Kolmannsberger, Statist bei Karl Valentin

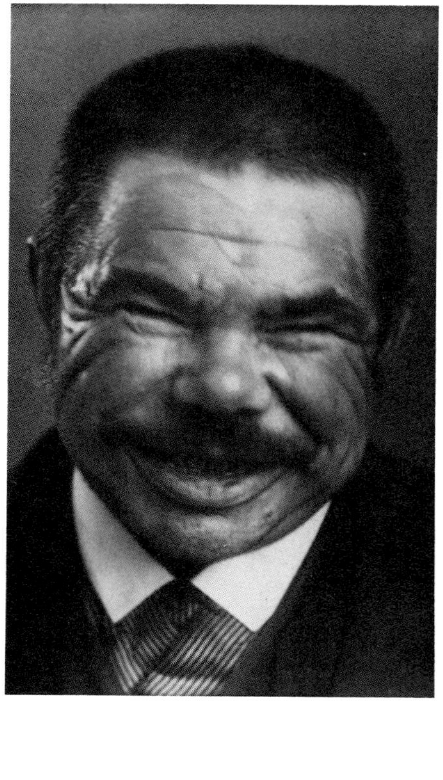

Ducka, blitzn, abwackeln . . .
Aus dem Fachjargon der Volkssänger

Der Liliputaner Jakl Fischberger, Statist bei Karl Valentin

Ducka, blitzn	mit dem Teller sammeln
abwackln	abkassieren
Kartoffel nachlesen	noch einmal nachsammeln
Schmier	kleinere Gesellschaften
d' Schmier	die Polizei
Salonkomödie	Komödie in feinen Kostümen, nicht in Bauerntracht
Konversationskomödie	Komödie in Hochdeutsch oder außerbayerischen Dialekten
neue Firma aufmachen	neue Gesellschaft gründen
Tiroler Gesellschaft	Gesellschaft, die nur dem Namen nach aus Tirol stammt, Jodler, Schuhplattler, Volkstanz
Schmachtfetzen	Drama mit Tränen, z. B. »Der Müller und sein Kind«
d'Scher	Guitarre
Kobler	der Wirt
Scheiblingswalzer	Musikstück beim Sammeln
Schuberln	in ein anderes Lokal umziehen
Schuberlmusiker	Musiker, die von Lokal zu Lokal ziehen und sammeln
ambulant arbeiten	ohne festen Vertrag spielen
mankln	Engagement vermitteln
nausmankln	Gesellschaft schlecht anschreiben, »da solls *uns* seg'n, de da san ja gar nix!«
Entréechor	Eröffnungslied der ganzen Gesellschaft
neuer Has	Anfängerin, erstmals bei der Truppe
standln, Standlbrüder	im Programm einer Gesellschaft auftretende fremde Spieler, Zauberer, Schlangenmenschen
nacharbeiten	ähnlich wie standln, Solisten, die zum Programm passende Vorträge bringen und dann sammeln
Gelichter	schlechtes Publikum
Bolzen	Schulden

ERWIN MÜNZ
und JOSEPH SCHRITTENLOHER

Karl Valentin: Volksverbunden – falsch verbunden? (Triumph des Unwillens)

Beim Rechtsanwalt, Aufführung im Hotel Wagner, »Wien-München«, 1935

1. Singspielhallen als populäre Unterhaltung

»Der große *Minervasaal,* ein volkstümliches Varieté in der Nähe des Hauptbahnhofs, war dicht gefüllt, denn der Komiker Balthasar Hierl, der heute nach längerer Pause zum ersten Mal wieder auftrat, war populär. Die Zuhörer waren zumeist Kleinbürger, Leute aus dem Mittelstand, Dreiviertelliter-Rentner, Dreiquartel-Privatiers wurden sie genannt, weil ihr Vermögen zu einem ganzen Liter Bier nicht reichte. Sie saßen in dem harten Licht des nüchternen, mit patriotischen und nüchternen Fresken geschmückten Saales, rauchten Zigarren oder Pfeife, hörten in den Pausen einem großen Blasorchester zu. Während der Vorträge aßen sie. Der eine Abend mußte sie entschädigen für die Entbehrungen der ganzen Woche.« . . . »Auf der Bühne erschien der Komiker Balthasar Hierl. Ein verschlissener Samtvorhang war da, rot und gold, überladen und sehr dreckig. Vor diesem Vorhang saßen einige Orchestermusiker, unter ihnen, lang, dürr, traurig, der Komiker.«

Plakat, um 1920 (187 × 62). Münchner Stadtmuseum

Diese treffende atmosphärische Beschreibung eines Komiker-Auftritts in den 20er Jahren in München stammt von Lion Feuchtwanger, aus dessen Roman »Erfolg«. Er hat Pseudonyme verwendet: der Minerva-Saal war in Wirklichkeit das Apollo-Theater; Balthasar Hierl war niemand anderer als Karl Valentin, der sich so den amüsierhungrigen Münchnern präsentierte. Valentin war eine erfolgreiche Figur im damaligen Unterhaltungsgeschäft; Show-Business würden wir heute sagen.

Um die Jahrhundertwende waren die Singspielhallen (das Apollo-Theater war eine davon), wie die volkstümlichen Varietés genannt wurden, die größte »Branche« der populären Unterhaltung in München, die sich ihre Spitzenstellung nur mit den mehr die akrobatische und zirzensische Note betonenden Varietés zu teilen brauchten. Die Blütezeit der Singspielhallen bedeutete auch für die Münchner Komiker, die Volkssänger, notwendigerweise den Gipfel ihrer Popularität. Die Volkssänger waren bei jeder Art von größeren Feiern äußerst begehrt; seien es die Feuerwehr, der Turnverein oder eine Handwerkerinnung, die ihre Betriebsfeste mit einem Komikerauftritt schmückten.

Zielsetzung und Wirkung der Singspielhallen und Varietés war es, Massenvergnügungen ohne vordergründigen Bildungsanspruch als Kulturangebot für die unteren Schichten zu liefern. So fungierten sie als Wegbereiter einer populären, quantitativ produzierenden »Kulturindustrie«. – Alle typischen Merkmale des immer wiederkehrenden gleichmäßigen Angebots, Normierung und Stereotypisierung, waren bereits ausgeprägt. Gudrun Köhl erklärt, daß die Volkssängerprogramme in den Singspielhallen »um die Jahrhundertwende bis hin in die zwanziger Jahre die Unterhalter der Öffentlichkeit« waren und »die Aufgaben, die heute das Unterhaltungsprogramm von Funk und Fernsehen wahrnehmen«, erfüllt haben.[1]) Den Bedarf, den heute die Schlagerindustrie deckt, erfüllten die Volkssänger mit ihren massenhaft verbreiteten Liedertexten. Erst aus den Kinos erwuchs den Singspielhallen dann Konkurrenz. Der erste Kinematograph wurde am 15. April 1906 in München in der Liebfrauenpassage eröffnet. Da Karl Valentin in die Spätphase des »Volkssängerbooms« traf, ist es nur zu verständlich, daß er auch zum »Filmemacher« wurde.

2. Valentins Standort

Valentin war kein Avantgardist in seinem Auftreten und seiner Selbsteinschätzung; Zeit seines Lebens bezeichnete er sich als einfacher Volkssänger. Diese Bezeichnung muß einige Berechtigung haben. Untermauert wird sie als erstes von seiner Popularität. Wer in den Singspielhallen auftrat, konnte sich eines Massenpublikums sicher sein. Karl Valentin gehörte zu dieser Truppe der populären Unterhalter.

Wie stark er sich dieser Zugehörigkeit verpflichtet fühlte, beweist eine Volkssängerausstellung, mit von ihm gesammeltem Material, die er 1930 im Colosseum zum ersten Mal zeigte. In einem Verzeichnis dazu hat er weit über 600 Namen von Volkssängern, Originalen und Musikern aus dem Zeitraum von 1780 bis 1928 aufgelistet. Das Ausstellungsmaterial ist erst jetzt wieder ausge-

Frankfurter Hof, Schillerstraße 44, gegen Ende des 19. Jahrhunderts. Personen aufgeklebt, Gebäudeaufschriften und einige Details retuschiert. Aus der Sammlung Valentins graben worden im Nachlaß in Köln, sowie im Münchner Stadtmuseum und Stadtarchiv.

Seine heute populäre Wertschätzung beruht immer noch darauf, daß er als – wenn auch etwas verqueres – Münchner Urviech gesehen wird. Freilich haben Kritiker aus der literarischen Hochkultur (Wilhelm Hausenstein, Kurt Tucholsky, Kurt Pinthus, Ernst Hoferichter, Bert Brecht) damals schon Aufsätze geschrieben, um aus dem Volksunterhalter, der auf einfachen Bühnen ohne großen technischen Apparat komische Belustigungen ganz eigener Art für ein zumeist gar nicht kunstbeflissenes Publikum anbot, bereits zu Lebzeiten einen Künstler von originärer Schaffenskraft und übergreifender Bedeutung zu machen. Aber erst spätere, philosophisch und wissenschaftlich gehaltene Untersuchungen seines Schaffens setzen ihn in Bezug zum avantgardistischen Theater des zwanzigsten Jahrhunderts.

Karl Valentin hat sich beinahe seine ganze Schaffenszeit hindurch dem Volkssängerunterhaltungsprogramm formal eingefügt. Er ist in denselben Lokalen aufgetreten, verwendete dieselben technischen und formalen Bühnenmittel wie die anderen Volkssänger und hatte ein formal gleichartiges Repertoire aus Liedern, Solonummern und Einaktern. Auch ist bekannt, daß er mit anderen Münchner Komikern wie Otto Wenninger, Karl Flemisch und Georg Rückert zusammenarbeitete.

»Im Jahre 1907 standelte ich, besser gesagt, ich durfte nach einer Volkssängervorstellung im ehemaligen Baderwirt an der Dachauer Straße ein Stegreif-

Frankfurter Hof von innen. Auf der Bühne Karl Valentin als *Schwerer Reiter*. Postkarte solo machen, erzählte eine Geschichte von einem Aquarium, spielte Zugharmonika und hatte mit diesen eigenartigen Originalvorträgen einen nicht vorausgeahnten Erfolg. Jetzt bekam ich sofort ein Engagement im Frankfurter Hof, Schillerstraße, und war dort mit meiner Originalnummer als Schwerer Reiter die Sensation. Meine wirtschaftliche Not hatte ein Ende. – Nach meinen Auftritten im Frankfurter Hof gastierte ich nebenbei noch im Simplicissimus, Serenissimus, Benz«, so äußert sich der Künstler selbst.[2]) Valentin begab sich also von Anfang an bewußt in den Bedingungsrahmen dieser Form populärer Unterhaltung, aber sein Name blieb beinahe als einziger von den vielen anderen damaligen Münchner Volkssängerberühmtheiten bis heute unvergessen.

Ein Argument für diese Sonderstellung bringt Reinhard Priessnitz: »Valentin durchbricht mit seiner Kunst das, was uns als evident gegeben erscheint – und dies sonderbarerweise mit eben den Mitteln, durch die wir bislang solche Gewißheit gewährleistet sahen«.[3])

3. Normierung der Massenunterhaltung

Die großen Volkssänger betätigten sich alle zugleich als Autoren, Interpreten und Verleger ihrer Werke. Von dieser Warte aus besehen, nimmt sich die für Valentin betonte Eigenheit, sich alles auf den Leib geschrieben zu haben, gar nicht mehr so einzigartig aus, da es ein dem Volkssängerberuf zugehöriges Charakteristikum enthüllt. Bei ihren Auftritten mußten die Volkssänger ja noch Rede-, Schauspiel-, Masken- und Gesangskunst vereinen, und oftmals musizierten sie auch noch selbst. Karl Valentin ragt freilich als Musterbeispiel heraus, da er besonders ausgeprägte Requisiten und Bühnenbilder herbeischaffte und ein wahrhafter Multi-Instrumentalist war.

Das Singspielhallenprogramm – bis zur Mitte der zwanziger Jahre, als es noch nicht durch internationale Großstadtunterhaltung verfremdet war – gliederte sich in zwei Hauptbereiche: die Komiker stellten sich als Alleinunterhalter vor und amüsierten in Einaktern mit ihrem Ensemble das Publikum bei Bier- und Bratengenuß. Zur Abgrenzung vom regulären Theaterbetrieb durften die Volkssänger nach der Regelung durch die Reichsgewerbeordnung nur Einakter spielen; auch Valentin hielt sich – bis auf zwei Ausnahmen – daran. Bei den Soloauftritten der Unterhaltungskünstler und in den Einaktern entwickelten sich bestimmte Stereotypisierungen. Diese Stereotypisierungen mußten sich zwangsläufig aus den Anforderungen der Massenunterhaltung herausbilden, die eine gleichmäßige und immer wiederkehrende Darbietungsstruktur verlangen, um nicht durch experimentelle Neuerungen die Kontinuität des Erfolgs infrage zu stellen. So entwickelten die Volkssänger übergreifende Rollentypen ganz spezifischer Prägung wie den Gscheerten (der reich gewordene, aber dumm gebliebene Bauer aus dem Dachauer Land) oder den Luke (der arbeitsscheue, jugendlich aufschneiderische und recht asoziale Proletarier) oder auch – als Parodie aufs Militär – den Schweren Reiter (der wichtigtuerische, aber tölpelhafte Soldat). Der Schwere Reiter diente auch Valentin als Leitbild für seine Rolle in *Ein Sonntag in der Rosenau* und ist sicher auch die Vortragsfigur für die noch vor 1919 entstandenen und nicht in der Gesamtausgabe enthaltenen einfachen Gstanzln der *Soldatenlieder,* die sehr nachdrücklich seine Volkssängerzugehörigkeit beweisen:

Ein Sonntag in der Rosenau mit Liesl Karlstadt und Georg Rückert als Wirt. Aufführung im Kolosseum um 1930 (Foto: Hilbinger)

»Wenn's in der Kasern recht traurig is,
bring ich a Leben eini g'wiß,
ziag i d' Zugharmoni daher,
los geht's Geplärr.
/:Hollera dia ra
i ra, hollera dia ho.:/

Und da Hias, mein Kompagnie-Spetzel,
frißt so gerne Salzbretzel,
neulings hob ich ihn g'neckt,
hob ihm's ganza Salz oba g'schleckt.
/: Hollera dia ria ra, hollera dia ho.:/«

(aus Karl Valentin: Allerlei Blödsinn, ca. 1919).

Im Gewand dieser Rollentypen konnten die Volkssänger auch durchaus sozialkritische Töne anschlagen. Sie kamen ihnen eben auch unter. Weit mehr als andere drückte Valentin in seinen Szenen die Sozialkritik aus, weshalb besonders radikale Stücke und Filme seiner Machart im Dritten Reich wegen »Elendstendenzen« auch verboten wurden.

Valentins Fähigkeiten führten ihn bald dazu, daß er im Singspielhallenprogramm als Attraktion am Ende des Abends auftreten konnte. Seine Art begeisterte, seine »Linksdenkerei« (eine Wortschöpfung Tucholskys) fand großen Beifall. »Den Haupterfolg des Abends hatten wiederum Karl Valentin und Liesl Karlstadt in ihren urkomischen Szenen. Hauptsächlich von den Fremden, die an den beiden Schaustellern scheinbar großen Gefallen hatten, wurden Valentin u. Karlstadt immer wieder auf die Bühne gerufen«, heißt es im polizeilichen Überwachungsbericht der Vorstellungen im Apollo vom 2. August 1927.

Ungefähr die Mitte der zwanziger Jahre markiert einen Einbruch in die Münchner Unterhaltungskunst, denn zum einen kamen die Fremden zahlreicher als Publikum, um echt bayerische Späße zu sehen, zum anderen schmückte sich die bayerische Metropole mit dem Flitter der goldenen zwanziger Jahre in Gestalt weltstädtisch nivellierter Revuen mit zum Teil eindimensional sexueller Stimulierung. Aber auch und gerade ein solches »auf derbe Erotik« (wie es in einem Apollo-Überwachungsbericht vom 31.3.1925 heißt) eingestellte Programm fand tosenden Beifall.

Karl Valentin profitierte auf seine Weise – aber eigentlich gegen seinen Willen, denn er hatte panische Angst vor dem Reisen – von dieser Wendung zur weltstädtischen Unterhaltung, indem er als Münchner Unikum und echt

Oktoberfestschau mit Bert Brecht (zweiter von links), 1921

bayrischer »Exportartikel« nach Zürich, Wien und Berlin verpflichtet wurde. Er gastierte in Berlin 1923, 1928, 1929, 1930 und 1938, in Zürich 1923 und in Wien 1923.

Was ihm in seiner Popularität in München zustatten kam, ist sicher auch die Tatsache, daß sein Aufstieg mit seinen radikalen und oft destruktiven Blödeleien in eine Zeit des Niedergangs der Volkssängerei fiel, daß seine Komik es förderte, sich am Verfall einer Kulturphase zu weiden. Ganz so eindeutig wie seine Kollegen war Valentin sowieso nie zu klassifizieren, stand er doch zumal viel stärker als jene mit einem Bein in der anderen tragenden Unterhaltungsbranche der Zeit, den Varietés, die schon immer mit ihren internationalen Attraktionen im Gegensatz zum lokal geprägten Jux der Volkssänger standen, sich aber ähnlicher Beliebtheit erfreuten. Das Münchner Publikum wollte entweder sein eigenes Milieu in lustiger Form präsentiert sehen oder atemberaubende Illusionen exotischen Charakters vorgesetzt bekommen. Die Varietés (Deutsches Theater, Kolosseum) hatten sich um die Zeit noch nicht zur Präsentation von Schlagersängern und Entertainern eingeschränkt, sondern sie dienten als Sammelbecken für alle Unterhaltungssparten, waren hauptsächlich ein Zirkus auf der Guckkastenbühne, zu dem sich turnerische Darbietungen, Filme und volkstümliche Spaßmachereien gesellten. Auch in den Varietés hatte Valentin seinen Stammplatz. Viele seiner Szenen, allen voran das berühmte »Tingeltangel«; sind ja im Varietémilieu angesiedelt. Erwähnt sei auch an dieser Stelle eines seiner Lieblingsprojekte, das »Panoptikum«, Lach- und Gruselkabinett in einem.

Karl Valentin gestaltete im weiteren Verlauf seiner Entwicklung immer weiter seinen eigenen Rollentyp, aber hartnäckigerweise in dem den anderen Kollegen gleichen Bezugsrahmen, d. h. auch im Rahmen der Volkstümlichkeit und Volksverbundenheit. Er verweigerte gewisse entscheidende Normierungen; in seinen Szenen gab es nicht das sonst übliche Happy End, ja schon gar nicht die Voraussetzung dazu: ein fesches Dirndl und ein herzhafter Bua.

Er startete auch einen Versuch, in einer eigens auf ihn zugeschnittenen Bühne aufzutreten. Valentin schreibt am 2. Februar 1931 folgendes Gesuch an die Polizeidirektion: »Ich erlaube mir, um die Erteilung eines Bühnenspielbe-

Direktor: Der Scheinwerfer brennt nicht.
Valentin: Brennt er net?
Direktor: Nein, der brennt nicht!
Valentin: Der wird halt net eingschalt sein.

Direktor: Also, was ist jetzt mit dem Scheinwerfer, ist er jetzt fertig?!
Simmerl: Naa, mir können net anfangen, weil mir koa Werkzeug habn.
Direktor: Dann holen Sie sich doch Ihr Werkzeug.
Simmerl: Des ham ma scho, aber Material brauchen mir auch, des liegt im Lager.
Direktor: Wo ist denn Ihr Lager?
Valentin: In Haidhausen.

Der reparierte Scheinwerfer, Aufführung bei Benz (Fotos: Wolter/Hubmann)

Valentin: Wart, i meß's ab. – Was schaust denn so blöd?
Simmerl: I muaß doch Obacht gebn, daß i was lern.
Valentin: Da brauchst net Obacht gebn, des kann i selber net.

Valentin: Auuu, so geh doch runter, du stehst ja drobn!
Simmerl: Wo? Auf der Leiter?
Valentin: Naa, auf der Ding . . .
Simmerl: Auf der Sprossen?
Valentin: Naa, auf der . . . mir fallt ja der Nama net ein – auf meiner Hand!

triebs gemäß § 33a der Reichsgewerbeordnung im Goethesaal, München, Leopoldstrasse 46a, zu bitten.

Grund dieser Bitte ist für mich die Tatsache, daß das Auftreten in Lokalen mit Konsum, in denen geraucht werden darf, sich für mich als äußerst gesundheitsgefährdend erwiesen hat und mir zunächst infolge meiner dadurch gesteigerten Asthmabeschwerden ärztlicherseits untersagt worden ist. Der Goethesaal ist ein kleines, intimes Theater ohne Konsum.« . . .

»Ich beabsichtige, im Goethesaal eine spezifische Valentin-Bühne zu führen; also Programme zu spielen, die die typische Note meiner Darbietungen und derjenigen meiner Partnerin Liesl Karlstadt tragen.« Hier bekam er zwar eine maßgeschneiderte Konzession erteilt, scheiterte aber letztlich an bürokratischer Kleinlichkeit. Im April 1931 war folgendes Programm angekündigt: ein Musikstück, Gerty Arzdorff (Solotänzerin vom Hamburger Staatstheater), Aldo Tomagni (Operntenor von der Mailänder Scala), ein Film mit Charlie Chaplin (!) und die zwei Valentin-Stücke *An Bord* und *Im Fotoatelier.* Das ist ganz das übliche Programmschema einer Varietébühne: Kunstfertigkeit, Film und Theater. Es muß bedacht werden, daß um diese Zeit der reine Volkssängerbetrieb, wie er in den Singspielhallen um die Jahrhundertwende blühte, bereits nicht mehr existierte. Die Valentinbühne im Goethesaal blieb allerdings eine kurze Episode. Valentin gab das Projekt bald wieder auf, wegen kleinlicher behördlicher Auflagen, die ihm wichtige spielerische Pointen untersagten.

4. Der lokale Bereich – die Sicht von unten

Gerade in Valentins Einaktern aus den Zwanziger Jahren *(An Bord, Der reparierte Scheinwerfer, Der Theaterbesuch* und *Der Bittsteller* etwa) kommt die aus den breiten Volksschichten geschöpfte Milieuschilderung klar heraus. Die Volkssänger repräsentierten die »vox populi«, das Sprachrohr für die Haltung der Unterschicht. Davon schlossen sich gerade Karl Valentin und Liesl Karlstadt nicht aus.

Die Art, wie Valentin als Handwerker im *Reparierten Scheinwerfer* einem honorigen Publikum den Abend vergällt, indem er seine Arbeitstätigkeit direkt auf dem Tisch eines Besucherpaares entfaltet, wobei der Dame eine Rolle Draht auf den Kopf geworfen wird und ein »Schräuferl« ihr in den Ausschnitt fällt, während Valentin zwischen den Essenstellern auf dem Tisch herumstapft, verrät schon deutlich diese Tendenzen. Das Milieu, das sich hauptsächlich auf den Volkssängerbühnen präsentierte, war eindeutig kleinbürgerlich wie ihr Publikum. Dem Paar Valentin/Karlstadt gelang die Darstellung von Kleinbürgerlichkeit besonders detailliert und meisterhaft. Ihre größten Leistungen schufen beide in diesem Bereich. Was bei den Volkssängern die Bediensteten als Identifikationsfiguren leisteten, übernahmen – bis an den Rand sozialer Revolte – bei Valentin und Karlstadt die kleinbürgerlichen Paare. Beispielhaft ist *Der Theaterbesuch*. Was Valentin darin demonstriert, ist die mit komischen Effekten schmackhaft gemachte Ablehnung großbürgerlicher Kultur. Wie er in seinen Nonsensversen gezielt gegen modernistische Strömungen seiner Zeit vorging, so richtete er die obenerwähnten Einakter gegen den bürgerlichen Kulturbetrieb, setzte den Hebel der Kritik in dem für die Volkssänger bezeichnenden Vorstadtmilieu an. Zugleich ist die Vorstadt (Au, Giesing, Schwanthalerhöhe) als Heimstatt der Handwerker auch das Milieu gewesen, aus dem die Volkssänger selbst zum großen Teil stammten (Valentin ist in der Au aufge-

Als Geselle bei Schreinermeister Hallhuber

Visitkartenfoto 1892

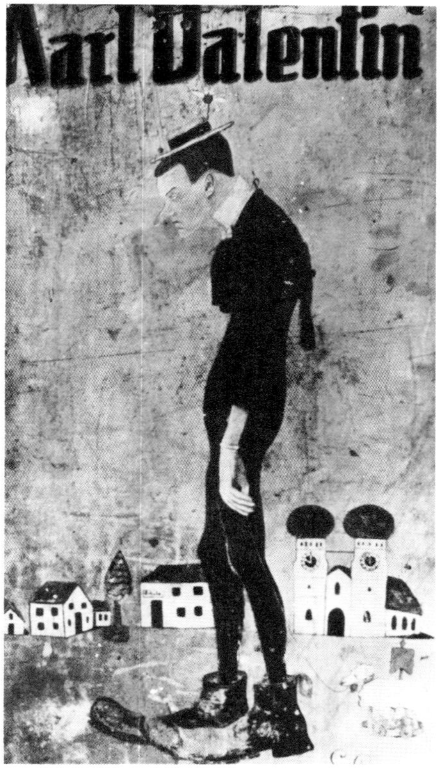

Ankündigungstafel, gemalt von Ludwig Greiner, um 1910

wachsen und hat eine Schreinerlehre absolviert). Unter den Dächern der Vorstadt sind also die Volkssänger und Valentin auch vereint.

So wie die Volkssänger in ihren Solovorträgen als vox populi kleinbürgerliche Werturteile vor einem kleinbürgerlichen Publikum aussprachen, dem Volk aufs Maul schauten, so tauchen diese Urteile in verschärfter Form in Valentins populärsten Einaktern auf.

Helmut Schwimmer zählt wichtige Aussagebereiche bei den Darstellungen Valentins auf: Armut, Sparsamkeit, Arbeitsverweigerung, Autoritätsmißachtung, Antimilitarismus, zusammenfließend in einer allgemein antibourgeoisen Haltung. Diese antibourgeoise Haltung wirkt revolutionär, aber die Kritik geht nicht in Richtung auf eine ideologische Veränderung, sondern rührt zumeist (auch bei Valentin) von der traditionsverhafteten, standesorientierten Kleinbürgerhaltung her, die auch gerne selbstgerecht auf Minderheiten mit dem Finger zeigte und in den Einaktern darauf hinwirkte, daß sich Gegensätze fast nurmehr im Generationskonflikt äußerten. Die größere Radikalität ist Valentin dabei allerdings zuzusprechen.

5. Verhinderung durch kleinbürgerliche Fixierung

Das große Durcheinander, das oft in den Valentinschen Stücken entsteht, kommt nicht von den menschlichen Grenzen an sich (was eine tragische Note ergeben müßte), sondern von der sozialen Eingeschränktheit der Figuren. Viele Rollen Valentins zeigen über soziales und bürokratisches Unvermögen hinaus eine extreme Starrheit und Fixiertheit der Umwelt gegenüber, die sich weitgehend als kleinbürgerliche Borniertheit zu erkennen gibt und der tiefere Grund der sich ballenden Verhinderungen ist, die sich in absurder Sprachlogik und endlosen Verwicklungen mit den Dingen austoben. Grotesk gesteigerte Auswirkungen dieses kleinkarierten Denkens (das nur Valentin so kraß herausgestellt hat) bringt zum Beispiel die Szene *Der Vogelhändler,* wo es bis zur totalen Verneinung der den Zuschauern offensichtlich gemachten Wirklichkeit kommt. Obwohl kein Vogel im Käfig ist, muß er mitbezahlt werden, weil er auf der Rechnung steht und weil ein Käfig ohne Vogel ja nutzlos ist (ein Hinweis auf die Verselbständigung bürokratischer Systeme). Aber Valentin bleibt nicht bei diesen durchaus sozialkritisch motivierten Äußerungen stehen; unter dem Einfluß seiner sehr persönlich einzuordnenden Zwanghaftikeit treibt er diese Starrheit so weit, daß sie sich sogar gegen kosmische Gesetzmäßigkeiten stellt und in der Frage aus *Ein Sonntag in der Rosenau* gipfelt: »Wenn's aber heut net finster werd?«. »Wir kamen nie ganz dahinter, ob Valentin, wenn er sein

Tournier gegen die Tücken und Gefahren der bitterbösen Welt auf seine Weise durch ein komisches Spiel durchfocht, seine Rolle jeweils souverän beherrschte oder letztlich von ihr beherrscht wurde, indem er die Gefahren, die in ihm selber steckten, in die Welt projizierte, denn er richtete oft die Lanze gegen sich selbst und wischte sich selber eins aus«, schreibt Gusti Grunauer-Brug in ihrem Anekdotenbuch »Passiert is was« (S. 22). Was Zeitgenossen von seiner Art der Improvisation beim Spielen berichten, daß er nämlich so weit ging, durch seine spontanen Einfälle die Mitspieler partout aus dem Konzept zu bringen, mag darauf hinweisen, daß er die Gefahren in sich nicht zu bändigen wußte und daß demzufolge seine zutagetretende Hartnäckigkeit und Borniertheit nicht immer als bewußte Kritik zu werten sind.

Um etwas weiter auszuholen: die Angst vor Veränderung treibt den Kleinbürger so weit, daß er unter Bezugnahme auf die äußersten Extreme ihre Gefährlichkeit heraufzubeschwören und seine Untätigkeit damit zu legitimieren versucht. Valentin zeigt diese Zwanghaftigkeit eben nicht nur in der eindeutig entlarvenden Funktion, sondern als nicht abzuschüttelndes Grundmuster im Spielverfahren der Verhinderung, die elementarster Bestandteil seiner Darstellungsweise ist. Valentin produziert die Verhinderung durch die ganz spezifische eigene Starrheit, oft durch die Naivität des Wörtlichnehmens. Er wirkt damit wie ein Magnet, der den Kampf mit der Sprach- und Dingwelt an sich zieht. Er geht mit einem falschen Maßstab an die Dingwelt heran, und das

Alpensängerterzett (Foto: Hilbinger)

symbolisiert er auch in mehreren Stücken (so im *Reparierten Scheinwerfer*), wo er mit einem Metermaß hantiert, das dauernd in seinen Scharnieren wieder zusammenknickt und womit er auch eine Strecke in der Luft zu messen versucht. Wer sich diese Szenen, die in Thematik und Anlage durchaus volkssängerverbunden sind, im Detail ansieht, der muß feststellen, wie Valentin in der Ausführung sich außerhalb der komischen Norm der Volkssänger begibt.

Valentin kommt nie so recht dazu, mit den Problemen eines Inhalts sich auseinanderzusetzen, da er immer schon im »approach«, im Anlauf dazu, stecken bleibt, was als Ergebnis eben die Verhinderung zeitigt. Ein Happy End ist bei ihm nicht möglich; so weit kommt er nie. Ist das noch populär und volksverbunden zu nennen? Seine Volkstümlichkeit erstreckt sich vordergründig in formalen Gegebenheiten, in einem Beharren am Aufführungsschema des zu seiner Zeit bereits schwindenden Volkssängerprogramms, im Rückgriff auf die thematischen Ausgangspositionen dieser Unterhaltungsprogramme, die er im Vollzug seines radikalen Kleinbürgertums in ihre Extreme zerrte. Valentin bleibt im dramatischen Aufbau seiner Szenen auf dem Boden der Volkssänger, nur seine Denkmethodik, die besonders in der Sprachbezogenheit liegt (im Wörtlichnehmen), die das Bezeichnende für realer als das Bezeichnete hält, zieht sehr viel vom Inhalt auf das Formale, auf die Metaebene der Aussage. Damit werden konventionelle Erwartungen des Ablaufs einer »Story« durchbrochen gegen das Unterhaltungsschema in den Singspielhallen, aber anzunehmenderweise noch im Verständnisbereich des kleinbürgerlichen Publikums, das ihn – trotz alledem – feierte. Im Unterschied zu den eingleisiger verfahrenden Volkssängern zeigt Valentin seine Position vor der Kontrastfolie eines anderen Normensystems, um sie desto krasser hervorstechen zu lassen. Das bewirkt die Akzentverschiebung, die den im Volkssängerprogramm vorgegebenen Ablauf wirkungsvoll durchbricht und sich eben nicht vollständig auf die Unterhaltungserwartungen einläßt. Dabei gibt er dem Publikum aber die erlösende Möglichkeit, auf seine Kosten zu lachen.

Als »Frosch« in der »Fledermaus«. Aufführung im Gärtnerplatztheater 1939 (Foto: Hilbinger)

Karl Valentin hat sich die Popularität der Volkssängerbühnen einverleibt, aber ihr satirisch-destruktiv ihre traditionelle Substanz ausgesogen, jedoch auf so belebend kreative Weise, daß die Bühnen und das Publikum sich an ihrer eigenen Demontage begeisterten.

Die »Verpackung« der Auftritte im Rahmen der Singspielhallenunterhaltung (und eben nicht im Rahmen der Bohémien-Cafés in Schwabing) sicherte der sehr individuellen und avantgardistischen Theaterform Valentins den populären Erfolg, der heute noch die Münchner von »ihrem« Valentin schwärmen läßt. Es ist schon erstaunlich, wie eine so normensprengende Komik, die immer im Mißlingen endet, sich eine derartige Popularität bewahren kann.

Kinotransparent *Donner, Blitz und Sonnenschein*, 1936.
Valentin als Schreinermeister Huckebein

6. Die Vervollkommnung der Unzulänglichkeit

Es muß festgehalten werden, daß Valentin im Laufe seiner Entwicklung erst allmählich die Volkssängerschablonen und -typen zu ihrer Destruktion hernahm. Aber er hatte Erfolg damit, die Stereotypen der Volkssänger zu demontieren, weil er zwar ein Scheitern darstellte, aber dabei Tragik vermied, indem er persönliche und soziale Mißgeschicke in den Mittelpunkt seiner komischen Darstellungen setzte, d. h. für das Publikum faßbare Ursachen. Franz Blei faßt es so zusammen: »Kein Mensch tut ihm was, aber die Welt tut ihm alles«[4]), womit er aber die selbstproduzierte Verhinderung außer Acht läßt. Ohne seine kleinbürgerliche Eigensinnigkeit und Fixiertheit hätte er die komischen Effekte gar nicht zustande gebracht, die ihm doch schließlich die Lacher sicherten. So machte er seine Eigenart erträglich, indem er auf seine Kosten lachen ließ. Es darf die These gewagt werden, daß dieses kleinbürgerliche Mißlingen zeittypisch mißlingt und das Scheitern eines kleinbürgerlichen Denksystems symbolisiert, das sich in der Folgezeit im Faschismus wiederfinden sollte.

Wo Valentin früher noch äußerlich in Figurentypen der Volkssänger auftrat, d. h. vor den Zwanziger Jahren, da hatte er sich sein eigenes Rüstzeug, den detailliert ausgearbeiteten Anstoß an Worten und Dingen, das in den groben Späßen der Volkssänger nicht Platz hatte, noch nicht geschaffen. Erst in der Zeit, als die Volkssänger ihre mitunter doch bissigen Soloszenen zugunsten der stärker schablonierten Bauern- und Bürgerpossen mit dem Liebespaar im Mittelpunkt verkümmern ließen und später noch ihre Dialekt-Revuen im weltstädtischen Zuschnitt aufführten, da präsentierten Valentin und Karlstadt ihre Szenen in einer Genauigkeit und einer konventionssprengenden Form, die sie vor dem Hintergrund der absterbenden, uniformeren Volkssängermasse abhob. Valentin setzte sich persönlich nie von den Volkssängern ab, aber inhaltlich und formal rannte er alle Konventionen der Singspielhallenunterhaltung nieder durch seine desillusionierende Komik, durch den Triumph des Unwillens. Seine Darstellungsweise verkörpert das widersprüchliche Unterfangen, seinen Herkunftsbereich, wo Mittelmäßigkeit, Unzulänglichkeit und Borniertheit herrschte, auf höchster ästhetischer Ebene, eben in Vollkommenheit und Souveränität, zu verkörpern. Auch so kann jemand volksverbunden bleiben, Herr Wanninger.

KLAUS PEMSEL

Anmerkungen:

1) Alfred Förg (Hrsg.): Heut geh'n ma zu de Komiker, S. 8.
2) Zitiert aus dem »Großen Karl Valentin Buch«, herausgegeben von Michael Schulte.
3) Fundsachen I, hrsg. vom Münchner Filmzentrum
4) Franz Blei: Schriften in Auswahl, S. 330

Valentin als Mimiker

Hochgeehrter Zuschauerraum! Sie alle haben in Varietees, Kabaretts etc., schon die berühmtesten Mimiker gesehen. Diese Mimiker waren immer bestrebt, Hoheiten, Fürstlichkeiten etc. mimisch darzustellen. Ich erlaube mir aber, Ihnen in dieser Sache eine vollständige Neuheit zu bringen, indem ich Ihnen nicht Fürstlichkeiten, sondern Leute aus dem Volke mimisch darstellen werde. Ich beginne als erstes mit

No 1) Ein Schreinermeister. (blaue Schürze, roter Vollbart, weiße Perücke – Hobel)
No 2) Ein Konditor. (weiße Schürze, weißen Vollbart, rote Perücke – Kuchen)
No 3) (Überzieher, Zivilhut, schwarzer Vollbart – Blumenstock)

Das Publikum soll raten
Publikum: Ein Gärtnermeister!

Valentin: Nein, nicht erraten – Feuerwehrmann in Zivil, der in einem Glückshafen einen Blumenstock gewonnen hat.

No 4) Napoleon. (Mantel und Schiffhut) Darstellung von hinten.
No 5) Ein Reisender. (Überzieher, Reisemütze) Darstellung: reißt ein Stück Papier auseinander.
No 6) Hausbesitzer. (Pelzmantel, Hausherrnmütze, viele Brillantringe, ein fünfstöckiges Haus aus Pappendeckel (stellt sich hinter das Haus aus Pappendeckel) Protzig!
No 7) Ein Schleichhändler. (Lucki-Kostüm, am Arm einige Gummischläuche)

Kapellmeister: Machen's doch jetzt amal was richtig's, eine richtige mimische Nummer! – Vielleicht zum Beispiel König Ludwig II – dann hab ich Respekt vor Ihrer Kunst!

Valentin: Sehr gerne – einen Moment.

König Ludwig II. (blaue Beleuchtung)

Zum Schluß: Ein durchgebrannter Bankkassierer.

Valentin: (zieht sich an – geht ab)
Das Publikum wartet, bis der Kapellmeister dem Publikum bedeutet, daß der Mimiker seine Nummer beendet hat, denn ein verschwundener Bankkassierer kommt nicht wieder.

Musikalischer Tusch. Original-Vortrag von Karl Valentin.

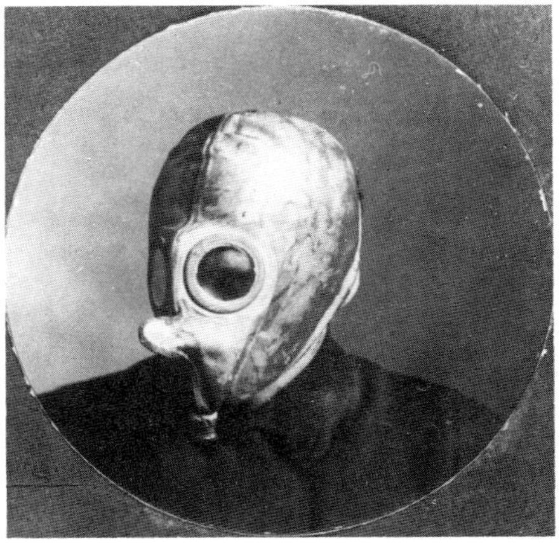

Valentin als *Mimiker*. Parodie auf die üblichen Auftritte von Mimikern. Unten rechts Wilhelm II. mit Gasmaske

rechts außen:
Programm Kil's Colosseum 1892.
Titelzeichnung Michael Aigner

links:
Lebende Karikatur 1915
(Foto: Hilbinger)

Ella Scsnglmbhsz
Opernsängerin
dargestellt von R. Wach.

4. **Musik** Im tiefen Keller, (Fagottsolo Hr. Merkl)

5. *Soloschauspieler K. Flemisch*

6. **Musik** Wiener Schwalbenmarsch (1890)

7. **Willy Kkggckg**
Schnellzeichner
K. Valentin

8. **Musik** Gigerlmarsch (1880)

9. **Lichtbilderreklame von K. Valentin**

10. *10 Minuten Pause von K. Valentin*

11. **Musik** Weisst du, Mutterl, was mir träumt hat?
Lied für C-Trompete

12. **Tschthinzscht, chinesischer Salonkomiker**
Neutral. dargestellt von Frl. Lisl Karlstadt Neutral.

13. **Konzertstück** An Weana sein Schan

14. Neu Neu
Lilli Lilienstern
Deutschlands grösste Vortragskünstlerin
Meisterin der Sprachtechnik
in ihrem Original-Repertoir mit feenhafter Beleuchtung
(Während dieser Nummer wird nicht serviert)
Neu Neu

15. **Orchester-Idyll** Verlorenes Glück (Zu jener Zeit wie liebt ich dich)

16. Neu Neu
Lisl Karlstadt
mit ihrer
Raubtier-Gruppe
Neu Neu

17. **Doppeladlermarsch**

18. **Otto Wenninger**
Original-Moritatensänger

19. **Schlussgalopp.**

Aenderungen im Programm vorbehalten.
Kein Garderobezwang.
Sonn- und Feiertags 2 Vorstellungen

Preis 10 Pfg.

Karl Valentins Tingel-Tangel

im Kellersaal des Hotel Wagner (Sonnenstr.)

Beginn täglich abends punkt 8 Uhr

Als Einleitung erfolgen zwei Musikstücke, hierauf ein Solo oder ein Einleitungsgesang, anschliessend ein kleines Lustspiel, dann beginnt ein sogenanntes Tingeltangel-Varietee-Programm, das an frühere Zeiten erinnert und in welchem auch Orchesterstücke aus vergangenen Tagen wieder zum Vortrag gelangen. Das ganze Programm in seinen besonderen Eigenheiten ist von dem Münchener Komiker K. Valentin bearbeitet und nach seinen komischen Einfällen zusammengesetzt. K. Valentin selbst tritt nicht mehr wie früher in seiner alten Art auf, sondern wird sich als Artist wie auch als Orchestermitglied den ganzen Abend in den Dienst der Sache stellen. Erwarten Sie also von uns nichts „Grossartiges", sondern — auf Deutsch gesagt — eine „Viecherei", entsprungen aus echt Münchener Humor. Motto: Lachen ist gesund.

Programm:

1.	Musik
2.	Musik
3.	**Konzertsängerin**
4.	Musik
5.	**Salonkomiker**
6.	Musik
7.	**Original-Mimiker**
8.	Musik
9.	**Lichtbilder-Reklame**
10.	10 Minuten Pause
11.	Musik
12.	**Todesfahrt des Kunstradfahrers Hrn. Keck**
13.	Musik
14.	**Chinesischer Komiker**
15.	Musik
16.	**Moritat**
17.	Schlussgalopp

Aenderungen im Programm vorbehalten.

Kein Garderobezwang.

Sonn- und Feiertags 2 Vorstellungen
nachmittags 4 Uhr und abends 8 Uhr

Nachmittags auf allen Plätzen 50 Pfg.

Druckerei Erlacher, München, Knöbelstr. 14

I bin dö schö' Zilli, ja schaug'ns mi nur o
I brauch mi net schama, an mir is was dro.
I bin a no ledi' no ganz unverdorb'n
Dös hoasst bis auf d'Unschuld, dö hab i verlor'n.
(*Die schöne Zilli*)

. . . ich erwisch auch jeden; und da hab ich eine närrische Freude, wenn ich einem nachgelaufen bin und hab ihn erwischt – nur eines kann ich für den Teufel nicht leiden, wenn *mir* die gemeinen Kerle nachlaufen, da krieg ich einen Zorn, weil das gar nicht sein darf, daß der Spitzbub dem Gendarm nachläuft, da hätte ich das Recht, daß ich sofort einen aufschreibe, aber unterm Laufen kann ich doch nicht schreiben, ich kann überhaupt nicht schreiben, das ist ja das Dumme bei mir, ich muß jeden Spitzbub'n, den ich auf der Straße gefangen habe, — abzeichnen;
(aus *Der schneidige Landgendarm*)

Als am andern Morgen der warme Westwind föhnartig über die Dächer der alten Residenzstadt wehte, verkündete ein Husarenbläser die Übergabe der Stadt und zwar im schwäbischen Dialekt. (aus *Die Schlacht bei Ringelberg*)

Der Schmuck von Deutschen Reich, das ist das Militär,
Wir kommen stramm daher, besonders i.
Und wenn a Krieg bricht aus, ziehn wir ins Feld hinaus
Da haun mir g'hörig zua, besonders i.
I bin der schönste Mann von der ganzen Kavallerie
I bin zwar dürr als Kürassier, kann nix dafür, hallo.
(aus: I bin der schönste Mann von der ganzen Kavallerie)

Die Herrschaften verzeihen, sollt' ich vielleicht
hier stör'n
Sie können jetzt von mir einmal
An großen Blödsinn hör'n.
Sollt's Ihnen nicht gefallen,
da liegt mir gar nichts dran,
Ich bitt schön hören Sie mir zu
Nun geht der Unsinn an.
(aus *Blödsinn-Verse, Fagottcouplet* von
K. Valentin)

Zukunft, Zukunft bring uns Neues, schreit das Menschenheer,
Fahren können wir auf Erden, über Land und Meer,
Wenn wir nun noch Flügel hätten, wär'n wir vogelfrei,
Darum schon im Voraus lebe, hoch die Fliegerei.
(aus *Wenn die Menschen fliegen könnten,*
Couplet von K. Valentin)
Bild mit handschriftlichem Zusatz Valentins »Deutscher Stucka-Flieger«

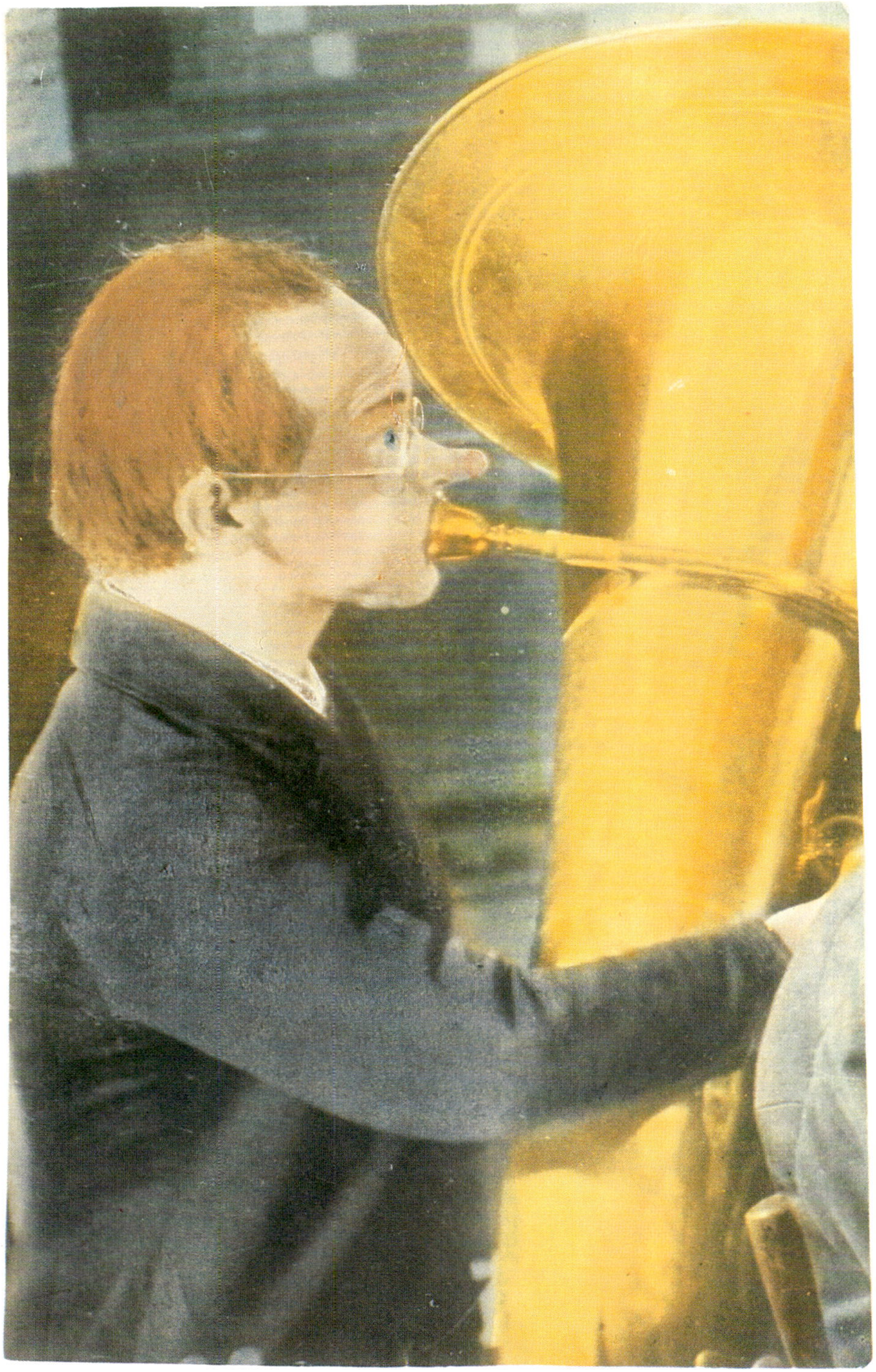

Vorstadttheater

Der Instrumental-Komiker,
um 1910

Der Salonkomiker um 1910

Liesl Karlstadt

»Ich war Anfängerin damals und hab Komödien gespielt, wie es in den Volkssängerprogrammen so üblich war, und bin aber auch schon als kleine, junge Solistin aufgetreten, in einem Flitterkostüm als Soubrette, wie's damals so Mode war. Und hab gemeint natürlich, ich mache meine Sache gut – hab ich geglaubt. Selbstverständlich hab ich ganz gut gefallen, ich war ja ein junges, nettes Mädel. Und der erste, der mit mir nicht einverstanden war, das war nun Karl Valentin. Der hat zu mir gesagt: ›Sie, Fräulein, Sie sind als Soubrette

Foto: Lotte Jacobi

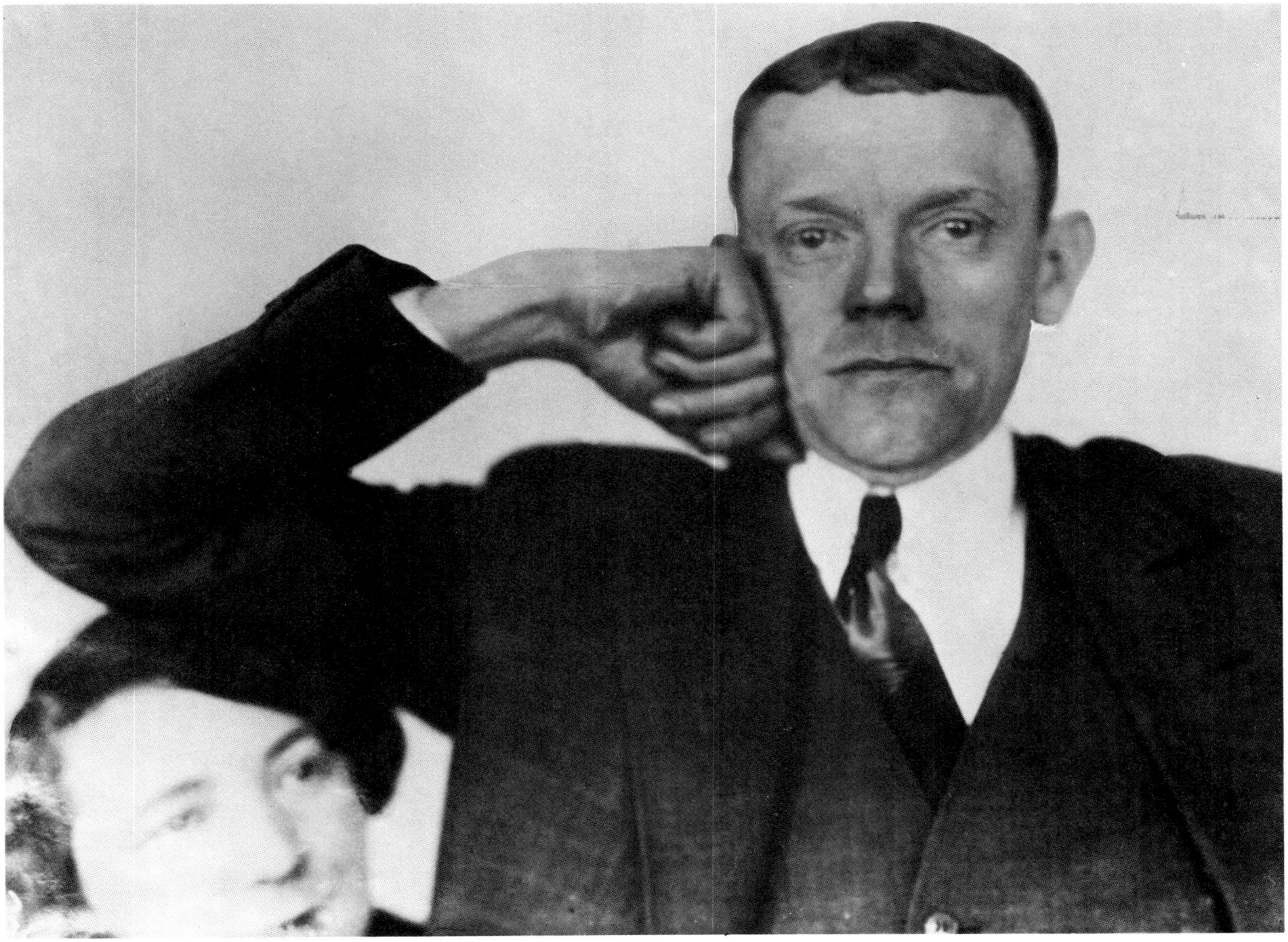

aufgetreten, heut hab ich Sie zum erstenmal gesehen. Des is nix. Wissen's, Sie san so schüchtern, und so brav schaun Sie aus. A Soubrette muß ganz keß sein, die muß an Busen habn. Des is nix für Sie. Aber Sie sind sehr komisch, Sie müssen sich aufs Komische verlegen.‹ Daraufhin war ich natürlich zum erstenmal beleidigt. Weil ich mir doch eingebildet hab, ich bin eine gute Soubrette, wie man sich als junges Mädel das vorstellt. Und dann hab ich gesagt: ›Ja, wie meinens denn des?‹ Und dann sagt er: ›Ja, Sie müssen sich aufs Komische verlegen, ich schreib Ihnen mal in nächster Zeit a komisches Soubrettencouplet, also eine Parodie (!) auf eine richtige Soubrette. Und des bringen's.‹ Und das hat er mir dann mal geschrieben, das hab ich auswendig gelernt, hab ich mich aber nicht so schön angezogen im Flitterkleid, sondern schon a bissl komisch gemacht. Damals war es Mode, daß man irgendeinen Herrn im Publikum ansingt als Soubrette, und da hat er ein Couplet geschrieben mit einem Refrain, der hieß: Ach, nimm mir diesen Stein vom Herzen, bereite mir nicht so viel Kummer, so viel Schmerzen, und bei dem Satz Ach, nimm mir diesen Stein vom Herzen hab ich aus meinem Busen einen kleinen Isarstein herausgezogen und hab ihn auf die Bühne hingeworfen. Das war natürlich ein großer Erfolg, ein großer Lacher, und dabei blieb es, und aus dieser feschen Soubrette wurde dann eine komische Soubrette, und ich hab dann bald gelernt dabei, daß es so besser ist für mich.«[1])

So hat Liesl Karlstadt einmal in einer Rundfunksendung ihrer erste Begegnung mit Karl Valentin geschildert. Diese – man darf ruhig sagen – schicksalhafte Begegnung fand 1911 im »Frankfurter Hof« statt, und es ist nicht ohne Ironie, daß sie mit Meinungsverschiedenheiten begann. – Ein viertel Jahrhundert später, der Bruch war praktisch vollzogen, war Liesl Karlstadt nervlich derart geschwächt, daß sie in eine Klinik eingewiesen werden mußte. Ab und zu unterbrach sie jedoch ihren Krankenhausaufenthalt, um mit Valentin ein paar Kurzfilme zu drehen. Einer der letzten dieser Filme hieß *Beim Nervenarzt* und Liesl Karlstadts Biograph Theo Riegler bemerkt dazu: »Es war paradox, daß sie als nervenschwache Patientin die Rolle des Nervenarztes übernahm, während der gesunde Valentin den Patienten verkörperte.«[2])

Mit bürgerlichem Namen hieß sie Elisabeth Wellano – das Pseudonym Liesl Karlstadt war eine Erfindung Valentins und als Hommage an Karl Maxstadt gedacht. Übrigens einer der seltenen Fälle, wo ein exotisch klingender Name zugunsten eines »normalen« aufgegeben wurde.

Elisabeth Wellano wurde am 12. Dezember 1892 in Schwabing in der Zieblandstraße als fünftes von neun Kindern geboren. Der Vater stammte aus Osterhofen und übte den Beruf des Bäckers aus, die Mutter war eine Tochter des Orgelbaumeisters Ludwig Edenhofer aus Regen. Vater Wellano brachte es nie zu einem eigenen Betrieb, er blieb zeitlebens ein schlecht bezahlter

Liesl Karlstadt als »Huberbäuerin« um 1910

Vorstadttheater (Uraufführung im Charivari 1920). Liesl Karlstadt als Balletteuse (rechts) und als Kapellmeister. Fotomontage

Angestellter, so daß seine Kinder unter ärmlichsten Verhältnissen aufwuchsen. Mit sechzehn Jahren wurde Elisabeth Lehrling in der Textilfirma »Eder« am Viktualienmarkt, zwei Jahre später Verkäuferin im Kaufhaus »Hermann Tietz«, das heute noch unter dem Firmennamen »Hertie« besteht.

Wie die Wellano zur Bühne kam, läßt sich heute nicht mehr feststellen. Es existieren mehrere Versionen, die alle derart hübsch und rührend sind, daß man sich nicht entscheiden mag, welcher man Glauben schenken soll. Jedenfalls wurde sie 1910 Mitglied einer Dachauer Bauernkapelle, die im »Frankfurter Hof« auftrat. Was man damals als Soubrette eines solchen »Possen-, Sing- und Schauspielensembles« zu leisten hatte, schildert uns Rudolf Bach: »Auf mannigfache Weise wurde man da verwendet, Fräulein Wellano mußte im Chor mitwirken, Couplets singen, tanzen, jodeln und in Einaktern spielen. Auch im Seriösen hatte man sich zu bewähren, in Stücken, dessen blutiger Ernst schon aus ihren Titeln hervorging, die da lauteten ›Gerichtet!‹ oder ›Der Spion‹ oder ›Aus Liebe zum Mörder‹. Ja, manchmal galt es die hohe Literatur, die Klassiker zu spielen, die in eigenen zweckdienlichen ›Bearbeitungen‹ zur Darstellung gelangten – es wird wohl auf mehr oder minder radikale Kürzungen hinausgelaufen sein – und so stand L. Wellano im Saal des Gasthauses ›Zur Gemütlichkeit‹ oder in der ›Max-Emanuel-Brauerei‹ auf einem Podium, auf dem kaum vier Menschen Platz hatten, mit echten Rokokokleidern angetan, als Luise in dem Drama ›Der verhängnisvolle Brief‹, eigentlich Schillers ›Kabale und Liebe‹, oder sie mußte, die eben Zwanzigjährige, Liebe, Leiden und Sterben der Marguerite Gauthier darstellen, der ›Kameliendame‹, welches Stück nun ›Am Glück vorbei‹ hieß. Aber es ging echt und ernst dabei zu, wie auf dem großen Theater, das Publikum war erschüttert, niemand wagte zu rauchen oder zu trinken und der Wirt schluchzte vernehmlicher als seine Gäste.«[3])

Liesl Karlstadt als Kapellmeister und in Zivil. Aus einem Filmprogramm

Wir wissen, daß Liesl Karlstadt bald so klug war, ins komische Fach überzuwechseln; aber der Wunsch, Rollen der gängigen Bühnenrepertoires zu gestalten, blieb bestehen. So nahm sie 1930 Schauspielunterricht – die Volkssänger waren ja fast ausnahmslos Laiendarsteller – und ein Jahr später war sie als Frau Vogel in Bruno Franks »Sturm im Wasserglas« zu sehen. Otto Falckenberg hatte sie an das Schauspielhaus verpflichtet, wohl auch in der geheimen Hoffnung, nun endlich Karl Valentin für »fremde« Rollen gewinnen zu können. Das allerdings hatte bereits Max Reinhardt vergeblich versucht. Allein die Tatsache, daß Theatercäsaren wie Falckenberg und Max Reinhardt sich um Valentin bemühten, zeigt, welch enormes Ansehen er als Schauspieler genoß. Wenn Valentin solche Angebote ablehnte, Angebote, von denen selbst gefeierte Schauspieler nicht einmal zu träumen wagten, war das alles andere als Starallüre, sondern die schlichte Selbsterkenntnis, nur in den eigenen, sich selbst auf den Leib geschriebenen Rollen bestehen zu können. An gutwilligen Versuchen hat er es dennoch nicht mangeln lassen. Als er sich einmal bei Falckenberg einfand, um eine Rolle einzustudieren, die nicht seiner Erfindung entsprungen war, geriet schon die erste Leseprobe zur Katastrophe. O. E. Hasse erinnert sich: »Er (. . .) stotterte unbeholfen lesend wie ein Kind herum, bis er nach einer Stunde wütend das Buch hinwarf, mit einem ›I kann net!‹ den Raum verließ und trotz aller Bitten und Vorhaltungen nicht wiederkam.«[4]) Sicher, Valentin spielte 1932 den Zirkusdirektor in Max Ophüls grandioser Verfilmung der Smetana-Oper »Die verkaufte Braut« und neun Jahre später stand er als Gefängniswärter Frosch in einer Inszenierung der »Fledermaus« im Gärtnerplatztheater auf der Bühne. Beidemal hatte er sich zusichern lassen, seinen Text weitgehend selbst bestimmen zu dürfen.

Um ein Beispiel von Valentins Improvisationskunst anzuführen, sei ein Dialogschnipsel aus »Die verkaufte Braut« zitiert, eine Textstelle, die garantiert nicht im Drehbuch stand und die zu vertonen der witzige Smetana leider keine Gelegenheit mehr hatte. Valentin als Librettist Smetanas – ein denkbares Team für ein Jenseitstheater.

Valentin: Wenn einer a Geld hat und is kein Artist, des is gerade so als wie, als wie irgendwas anders. Wenn ein Artist Geld hat oder er hat keins oder sagen wir, er is ein Artist, nein, er hat kein Geld und is doch ein Artist – du verstehst mich schon. – Wenn er ein Artist wäre oder er will ein Geld –naa, Geld will ja ein jeder. – Ich mein, wenn er . . .

Karlstadt: 's Gscheiteste wär des, wenn er ein Artist wär und recht viel Geld hätte.

Valentin: Ja, des mein ich, ja, des mein ich.[5])

Liesl Karlstadt in der Rolle der Frau Vogel war ein großer Publikumserfolg. Nach der Vorstellung fuhr sie vom Schauspielhaus ins Kolosseum, um mit Karl Valentin aufzutreten. Das war nur möglich, da Valentins Darbietung in allen Singspielhallen den Höhepunkt und Abschluß des Programms bildete, er also immer erst sehr spät am Abend auftreten mußte. Schon bald erhielt Liesl Karlstadt neue Engagements, die sie mit Freuden annahm. In dem Volksstück »Die drei Gschpusi der Zenta« war sie ebenso erfolgreich wie in Georg Hirschfelds Komödie »Das schwedische Zündholz«. Valentin beobachtete

Vorstadttheater, Orchesterszene

diese Aktivitäten mit wachsendem Mißtrauen und fürchtete, seine Partnerin würde ihn vollends verlassen. Doch schon im Lauf des Jahres 1933 beendete Liesl Karlstadt vorläufig ihre zweite Bühnenkarrière, um sich wieder ausschließlich der Arbeit mit Valentin zu widmen. Und dieser lohnte es ihr, indem er eigens für sie einen Einakter schrieb: *Ehescheidung vor Gericht.* Da konnte Liesl Karlstadt alle Register ihrer einzigartigen Verwandlungskunst ziehen. Fünf verschiedene Rollen spielte sie in diesem Stück – jede ein anderer Charakter und eine neue Maske. So traten nacheinander auf: der Ehemann, angeklagt wegen weiblicher Körperverletzung (Geschlagen hab ich's net, ich hab ihr bloß an Suppenhafen naufghaut), die Ehefrau (Küß die Hand, Herr Landgerichtsrat), der flegelhafte Sohn der beiden, der preußische Untermieter (Wat heest hier jeschlagen. Zellner hat ihr man den Topf 'n bißchen uffjesetzt. Na, wenn schon!) und eine ebenso geschwätzige wie ordinäre Milchfrau, die die Partei des Mannes ergreift (Ganz recht hat er ghabt, daß er ihr an Suppnhafn naufhaut hat aufn Schädel. Nur um d'Suppn is schad.).

Ehescheidung vor Gericht ist so sehr auf Liesl Karlstadt abgestimmt, daß die Vermutung naheliegt, Valentin habe mit dieser kleinen Komödie nichts anderes beabsichtigt als einen Versuch der Wiedergutmachung: hier hast du auf einen Schlag und ganz alleine und nur für dich einen Sack voll Pointen und Lacher, zumal ich selbst nicht auftreten werde, da die Rolle des Richters nichts hergibt. – Erstmals in zwanzigjähriger Zusammenarbeit stellte Valentin seine Partnerin in den Mittelpunkt des Bühnengeschehens, sieht man von ein paar Solovorträgen ab, die er ihr auf den Leib geschrieben hatte. Ansonsten hat er fast immer peinlich darauf geachtet, daß er die Lacher alleine bekam. Sicher, Liesl Karlstadt hat in den Valentin-Stücken große und hinreißende Rollen gehabt, die sie mit unnachahmlicher Meisterschaft spielte, man denke nur an den Herrn Kapellmeister in Tingeltangel, doch was die einzelnen Dialogstellen anbetraf, hat sie Valentin oft genug zur Stichwortlieferantin für seine Pointen degradiert. Insofern ist es auch nicht ganz richtig von Valentin und Karlstadt als einem Komikerpaar zu sprechen.

Es bleibt eine merkwürdige und nicht zu erklärende Tatsache, daß es in der ganzen Theater- und Filmgeschichte nie ein Komikerpaar gegeben hat, das aus einem Mann und einer Frau bestand. Und das obwohl die Beziehungen zwischen Mann und Frau nicht gerade selten Gegenstand einer Komödie waren und sind.

Mehr als zwei Jahrzehnte hat sich Liesl Karlstadt auf der Bühne und im alltäglichen Leben Karl Valentin untergeordnet, mehr als zwei Jahrzehnte hat sie seine Launen ertragen, hat sie ihm alle lästigen, organisatorischen Arbeiten abgenommen, ist sie auf seine Ängste, seine Hypochondrie, seine mannigfachen seelischen Komplikationen eingegangen, ohne daß er jemals an ihren

Liesl Karlstadt als *Frau Billiger Jakob,* 1922

persönlichen Problemen Anteil genommen hätte, und mehr als zwei Jahrzehnte mußte sie mitansehen, wie Valentins Ruhm ständig wuchs, sie aber nie als gleichwertige Partnerin gewürdigt wurde, sondern allenfalls als talentiertes Anhängsel, wie berühmte Autoren wahre Hymnen über Karl Valentin schrieben, Polgar und Brecht etwa, ohne sie auch nur zu erwähnen. Das alles hat ihre Nerven stärker belastet, als sie sich lange Zeit eingestehen wollte. Es ist fast ein Wunder, daß es erst 1935 zum Bruch kam. Der äußere Anlaß war Valentins Panoptikum, in das sie, obgleich eine finanzielle Katastrophe voraussehend, ihr Vermögen gesteckt hatte. (Doch darüber später mehr.)

Vielleicht währte die ungleiche Partnerschaft nur deshalb so lange, weil Liesl Karlstadt sich all die Jahre hindurch immer wieder vorpredigte, daß Valentin sie entdeckt hat, daß ohne sein Gespür für komische Talente ihre Bühnenlaufbahn sehr bald beendet gewesen wäre. Lieber einem exzentrischen Bühnengenie dienen als einem Abteilungsleiter im Kaufhaus. Auf Dauer freilich konnten solche selbsttherapeutischen Erwägungen die Krise nicht verhindern. 1935 war es so weit, Liesl Karlstadt erlitt einen Nervenzusammenbruch und mußte in ein Krankenhaus eingeliefert werden. Die genauen Umstände, die zu diesem Nervenzusammenbruch geführt hatten, werde ich später noch schildern. Sobald sie sich einigermaßen erholt hatte, trat sie wieder mit Karl Valentin auf – aus Gewohnheit, aus Treue, um Geld zu verdienen – doch machten einige Zuschauer, die sie schon in früheren Jahren auf der Bühne gesehen hatten, die Beobachtung, daß ihre schauspielerische Leistung an Glanz verloren hatte. Die Nervenkrisen häuften sich, die Klinikaufenthalte auch. 1939 war Valentin gezwungen, sich nach einer anderen Partnerin umzusehen, die er in der jungen Annemarie Fischer auch fand. Dennoch traten Karl Valentin und Liesl Karlstadt noch zweimal gemeinsam auf, im August und September 1940 im Deutschen Theater. Dann trennten sich ihre Wege für lange Zeit. 1941 war Liesl Karlstadt in der Revue »Münchner Bilderbogen« in Alfred Gondrells kleinem Theater Bonbonnière zu sehen. Die Trennung von Valentin hatte nun aber nicht die erhoffte Gesundung zur Folge. So anstrengend die Zusammenarbeit mit Valentin gewesen sein mag, so bitter war es jetzt, nicht mehr neben ihm auf der Bühne zu stehen. Ich weiß nicht, wie die »Münchner Bilderbogen« bei Publikum und Kritik ankamen, Annemarie Fischer jedenfalls hatte hervorragende Kritiken. Sie spielte die Kunigunde in der neuen Valentin-Komödie *Ritter Unkenstein,* eine Rolle, die Liesl Karlstadt, schon aus Altersgründen nicht hätte verkörpern können. Das wiederum zeigt, wie sehr Valentin seine Stücke von seinen Bühnenpartnern her konzipierte. Wäre Liesl Karlstadt bei Valentin geblieben, der *Ritter Unkenstein* wäre mit Sicherheit nie entstanden. Annemarie Fischer war eine junge, sehr hübsche Frau, obendrein talentiert, aber für die klassischen Karlstadt-Rollen denkbar ungeeignet. Also schrieb ihr

Die verhexten Notenständer (Uraufführung im Germania-Brettl 1922)

Valentin die Rolle des braven, doch nicht ganz unschuldigen Burgfräuleins. Liesl Karlstadt trat Abend für Abend bei Alfred Gondrell auf, obwohl sie unter immer heftiger werdenden Magenkrämpfen zu leiden hatte. Sie kündigte erst, als ihr Hausarzt es ablehnte, für ihre Gesundheit Garantie zu übernehmen. Mindestens eine Woche strikter Ruhe im Gebirge sei erforderlich. Außerdem sei eine fettarme Diät für einige Zeit einzuhalten. Magnus Henning, der Pianist aus dem Kabarett Simpl, bietet seine Wohnung in Ehrwald in Tirol an. Liesl Karlstadt willigt dankbar ein, nicht ahnend, daß aus den geplanten acht Tagen zwei Jahre werden sollten. Schon bald unternimmt Liesl Karlstadt täglich eine Wanderung auf die Ehrwalder Alm. Und jedesmal begegnen ihr zwei Feldjäger, die zwei Mulis vor sich hertreiben. Ein Gespräch entwickelt sich und endet mit einer Einladung auf die Diensthütte der Gebirgsjäger. Dort erzählt sie von ihrer großen Liebe zu Tieren und bittet, sich um die Mulis kümmern zu dürfen, eine Bitte, der man umso lieber nachkommt, da Liesl Karlstadt sich sogar bereit erklärt, jeden Morgen um fünf Uhr den Stall auszumisten. Sie zieht nun in einen Gasthof in der Nähe der Gebirgsjäger und schließlich in das einzige Offizierszimmer der Diensthütte selbst. Natürlich war derlei verboten, doch fand man eine verblüffend einfache Lösung: aus der Schauspielerin Liesl Karlstadt wurde kurzerhand der Stabsgefreite Gustav. Dennoch, wäre durch ihr Verschulden den Mulis etwas zugestoßen, hätte die ganze Angelegenheit vor einem Kriegsgericht enden können. Gottlob versah die Mulipflegerin und -treiberin ihren Dienst so vorbildlich, daß keine Zwischenfälle zu beklagen waren. – Selten und widerwillig verließ sie manchmal für ein paar Tage ihr alpines Paradies, um Theaterverpflichtungen in München nachzukommen, die aber nie mehr als ein paar Tage in Anspruch nahmen. Keine Stunde länger als unbedingt nötig, blieb sie in München. Die beiden Jahre ihrer militärischen Dienstzeit auf der Ehrwalder Alm hat sie als einen ihrer glücklichsten Lebensabschnitte empfunden.

1946 war sie wieder als Frau Vogel in »Sturm im Wasserglas« zu sehen. Ende 1947 und Anfang 1948, wenige Wochen vor Valentins Tod, traten Liesl Karlstadt und Karl Valentin wieder gemeinsam auf. Dann verpflichtete der Film sie für kleinere Rollen, man konnte sie im Werbefunk hören und als Mutter in der allsamstäglichen, gemütvollen Radiosendung »Familie Brandl«. Am 20. Juli 1960 starb Liesl Karlstadt in Garmisch an einem Gehirnschlag.

Damals, 1911, kostete es Karl Valentin einige Mühe, die ehrgeizige Soubrette Elisabeth Wellano zu überreden, seine Partnerin zu werden. Das Singspielhallenensemble, dem die Wellano angehörte, löste sich auf und sie schloß sich einer etwas obskuren Truppe an, die eine Tournee durch Europa und bis in den vorderen Orient plante. Ihres Bleibens bei dieser Truppe war nicht lange, denn Valentin schilderte der jungen Tragödin die Gefahren einer solchen Tournee,

Liesl Karlstadt während der Dreharbeiten zu dem Film *Die verkaufte Braut*, 1932

Die Raubritter vor München (Uraufführung Kammerspiele, München 1924)

Plakat zu *Vorstadttheater,* Goethe-Saal 1931 (Plakat: toscano)

die möglicherweise einen Mädchenhandel vertuschen sollte, in derart schaurigen Farben, daß sie es endlich doch vorzog, in München zu bleiben und Partnerin des inzwischen bekannten Komikers zu werden.

»Partnerin« ist nur ein schlichter Sammelbegriff für all das, was Liesl Karlstadt bald für Karl Valentin wurde: Co-Autorin, Co-Regisseurin, Geliebte, Organisatorin, Psychiaterin, Souffleuse. Ebenso wichtig wie das Soufflieren war das Improvisieren. Valentin hat sich nie sklavisch an seine Texte gehalten, sondern hat, trotz seines präzis einstudierten Spiels, der Improvisation breiten Raum gelassen. Liesl Karlstadt erwies sich schnell als eine Meisterin der Improvisation, den aberwitzigsten Einfällen Valentins zeigte sie sich auf der Bühne wie im Privatleben gewachsen. Zum Thema soufflieren und improvisieren hat sich Liesl Karlstadt einmal wie folgt geäußert: »Er hat die siebenundzwanzig Jahre, wo wir zusammen gearbeitet haben, jeden Tag, bevor der Vorhang aufgegangen ist, bei jedem Stück, was wir schon hundert- und zweihundertmal gespielt haben, gesagt: ›Gelt, wissen tu ich gar nix. Du sagst mir jedes Wort ein.‹ Sag ich: ›Ja, das mach ich.‹ Und das hab ich auch siebenundzwanzig Jahre lang gemacht. Ohne, daß man es im Publikum gemerkt hat. Aber dazu will ich noch sagen: die allerbesten Einfälle, die witzigsten Sachen sind dann erst während der Aufführung entstanden, wenn die Leute gelacht haben. Nur ist da so viel verlorengegangen, denn, wenn er guter Laune war, und gutes Publikum da war, die ihn verstanden haben, dann ist ihm so viel Neues eingefallen, und unter dem Spielen hab ich mir gedacht ›Das muß ich mir merken, das muß ich mir merken‹, und er auch – und wenn wir fertig waren, haben wir vielleicht von zehn Witzen bloß mehr einen gewußt.«[6])

Leider ist von Valentins Improvisationskunst heute nichts mehr überliefert, da er sich in seinen Filmen ziemlich genau an seine Textvorlagen hielt und bei Schallplattenaufnahmen sogar vom Manuskript ablas. Die Theateraufführungen ein und desselben Stückes wichen dagegen oft so stark voneinander ab, daß hin und wieder der Ruf laut wurde, »man« solle Abend für Abend mitstenografieren, doch war offenbar niemand bereit, sich dieser Mühe zu unterziehen.

Vieles und Widersprüchliches ist über Liesl Karlstadts Anteil an Valentins Schaffen geschrieben worden. Sicher ist, daß sie die Anregung zu dem Dialog *In der Apotheke* (das monströse Wort Isopropilprophemilbarbitursauresphenildimethildimenthylaminophirazolon war ihre Erfindung) und zu dem Einakter *Der Firmling* lieferte. Wir dürfen auch annehmen, daß zahlreiche Textstellen in den meisten Theaterstücken Valentins Liesl Karlstadt zu verdanken sind, nur läßt sich heute nicht mehr festmachen, um welche Textstellen es sich da handelt.

Zu den ersten Proben erschien Valentin meist nur mit einigen Dialogfragmenten oder allenfalls mit einem Konzept, das ein Stück in seinen groben Umrissen festlegte, und selbst wenn er, was selten genug der Fall war, mit einem fertigen Manuskript aufwartete, hieß das noch lange nicht, daß er nun auch das Stück als fertig oder endgültig ansah. Er war ein Regisseur ganz in Sinne Bert Brechts, ein Regisseur und Stückeschreiber, der jeden Vorschlag erprobte und ihn, wenn er ihm gut erschien, akzeptierte. Was er an Miniszenen mitbrachte, war bereits vorher auf Wirksamkeit geprüft worden. Neuentstandenes las er zunächst im Familienkreis vor, konnte niemand lachen, wurde der Text verworfen. Die meisten Anregungen bezog Valentin von Liesl Karlstadt. »Sie hatte sich so sehr in die Besonderheiten seines Wesens eingelebt, daß sie mit seinem Gehirn dachte und mit seiner Phantasie Dialoge und Szenen erfand«, bemerkt Theo Riegler in seiner Liesl-Karlstadt-Biografie. Valentins Stücke waren ständig Änderungen unterworfen. Während der Proben wurde geändert,

Der Firmling, Film 1934 (Foto: Hilbinger)

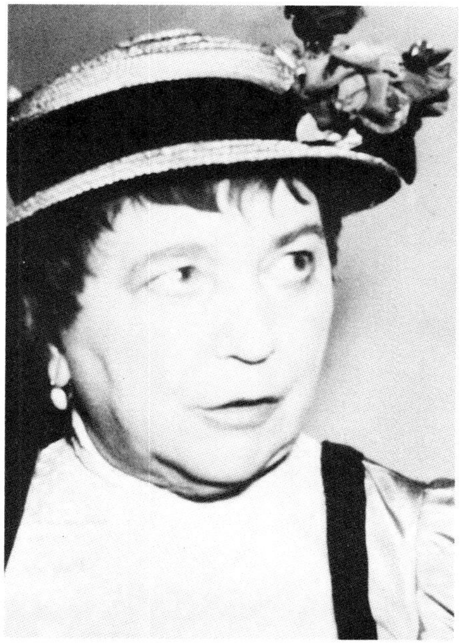

Liesl Karlstadt als *Obsthausiererin*

Ein Sonntag in der Rosenau (Foto: Hilbinger)

zu Hause – mit Vorliebe nachts – wurde wieder und wieder neu gestaltet und bei den Aufführungen, wie gesagt, unermüdlich improvisiert.

Wie tastend und unsicher, wie wenig festgelegt Valentin ein neues Stück erarbeitete, wird deutlich, wenn man weiß, daß er manchmal eine Rolle, die er für sich selbst vorgesehen hatte, einem anderen Schauspieler überantwortete, um seinerseits einen Part zu spielen, der ursprünglich einem Mitglied seines Ensembles zugedacht war. So hatte er sich im *Ritter Unkenstein* zuerst die Titelfigur zugedacht, um dann nach vielen Proben zu der Einsicht zu gelangen, daß er als Recke Heinrich einen größeren Lacherfolg würde erzielen können. In dem Zweiakter *Brillantfeuerwerk oder ein Sonntag in der Rosenau* spielte er zunächst den Wirt. Nachdem aber diese Urfassung seines vielleicht poetischsten Stücks beim Publikum nicht so recht ankam, schrieb er eine stark veränderte Neufassung, die ihm die Rolle des feschen Soldaten zuwies.

Als er den *Ritter Unkenstein* umschrieb, ließ er die Rolle der Kunigunde weitgehend unangetastet, da er seiner neuen Bühnenpartnerin, Annemarie Fischer, nicht die gleiche Flexibilität wie der Karlstadt zutrauen durfte.

Konzipierte Valentin ein neues Stück, wurde ihm die Arbeit natürlich dadurch erleichtert, daß Liesl Karlstadt auf kein bestimmtes Rollenfach festgelegt war. In anderen Worten, sie war in der Lage, jeden Typus mit immer gleicher Sicherheit darzustellen. Valentin war, meiner Ansicht nach, der bessere Schauspieler, noch feiner in seinen Mitteln, noch differenzierter und präziser als die Karlstadt, aber sie war zweifellos vielseitiger.

Im *Bittsteller* spielte sie mal den Geheimrat, mal dessen unerträglichen Sohn Bubi, als der Herr Kapellmeister in *Tingeltangel* überzeugte sie ebenso wie als Firmling in der gleichnamigen Tragikomödie oder als alternde Kleinbürgerin im *Theaterbesuch,* nicht weniger gekonnt spielte sie einen Lehrbuben *(Der reparierte Scheinwerfer),* eine Bäuerin *(Großfeuer),* einen Impresario *(Sturzflüge im Zuschauerraum),* eine Wirtin *(An Bord),* den Trommlerbuben Bene in *Die Raubritter vor München,* einen Clown *(Die verhexten Notenständer),* eine Rundfunksprecherin *(Im Senderaum).*

Trotz dieser Vielfalt der Charaktere hatte Liesl Karlstadt meist doch nur *eine* Funktion zu erfüllen. Rudolf Bach hat das knapp und treffend in seinem Buch »Die Frau als Schauspielerin« dargelegt: »In dieser merkwürdigen, doppelbödigen, leise unheimlichen Welt ist Liesl Karlstadt sozusagen das Diesseits, der Tag, das Maß, das Umgrenzte, Natürliche, Vernünftige, das Bürgerliche, der Verstand bis hinab ins Nüchterne, der Gegenpol aller lächelnden oder melancholischen oder bissigen Narretei. (. . .) Stets aber ist sie der ›normale‹ Widerpart, an dem der Funke des valentinschen Urnonsens sich erst entzündet – sozusagen der Sancho Pansa zu dem Don Quichote Carl Valentins.«

Die meisten Valentin-Karlstadt-Dialoge bewegen sich in der Tat auf zwei Ebenen: der wütend-verbohrten, scheinlogischen, oft un-sinnigen Valentins und der bodenständigen, in den Grenzen normaler Vernunft bleibenden Karlstadts. Mit boshafter Konsequenz stellt Valentin eine scheinbar hinreichend definierte Welt in Frage. Liesl Karlstadt will es nicht einsehen, ihr genügt der »gesunde Menschenverstand«. Im Kontrast jener polaren Ebenen liegt oft die Wurzel komischer Effekte, zumal die Karlstadt nie müde wird, auf alle Argumente, und seien sie noch so hirngespinstig, ernst und »vernünftig« einzugehen. Man denke nur an den berühmten Dialog, in dem es darum geht, ob es ein Zufall sei oder nicht, wenn man sich auf der Bahnhofstraße über einen Radfahrer unterhält und im selben Moment einer daherkommt. Als die Karlstadt sich empört weigert, diese lächerliche Episode als Zufall anzuerkennen, sagt Valentin: Sie ham halt a andre Weltanschauung. Aber keiner wird mit der Weltanschauung des anderen fertig, bemüht sich auch gar nicht erst zu verstehen, sondern ist im Gegenteil bestrebt, dem Partner die eigene Ansicht aufzunötigen.

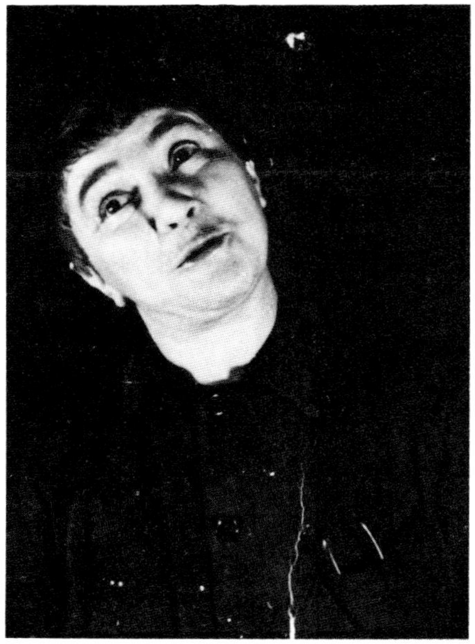

Der reparierte Scheinwerfer, Aufführung bei Benz 1937 (Fotos: Hubmann)

Diese Technik der Dialogführung wurde oft als dialektisch bezeichnet, was nicht weniger als falsch ist, da die Dialektik danach strebt, einen Gedanken in Bewegung zu halten, neuen Inhalten zu eröffnen, während bei den Dialogen zwischen Valentin und Karlstadt das Gegenteil zu beobachten ist: sture Beharrlichkeit auf beiden Seiten. Komisch, aber beim besten Willen nicht dialektisch.

Valentins großes Glück war, daß er Liesl Karlstadt entdeckt hatte, Liesl Karlstadts großes Glück war, daß sie von Valentin entdeckt wurde. Sie war Valentins kongeniale Bühnenpartnerin und hat bei der Entstehung der meisten Stücke anregend mitgewirkt, doch war sie ansonsten schriftstellerisch kaum kreativ. Nur drei Manuskripte sind bekannt, die ihrer Feder entstammten: »Geschäftsheirat«, ein schwaches Valentin-Plagiat, der hinreißend blödsinnige Monolog »Verein der Katzenfreunde« und eine Parodie auf Hitler-Reden, ein Kuriosum, das hier erstmals veröffentlicht wird. Titel: »Die deutsche Laugenbretzel«.

»Volksgenossen und Volksgenossinnen!

Wiederum hat es sich gezeigt, daß der Nationalsozialismus nicht nur zur Erhaltung, sondern auch zur Ernährung des Volkes dient. Es gab einmal eine Zeit, in der das gesamte deutsche Volk von der Existenz einer Laugenbretzel noch nicht die geringste Ahnung hatte. Ich wußte, was es bedeutete, einen ohnmächtigen Kampf um die deutsche Laugenbretzel auf mich zu nehmen. 14 Jahre lang habe ich gekämpft, und Gott der Allmächtige wollte es, daß ich wie immer als Sieger hervorging. Es war in den bitteren Jahren der Systemzeit, als ein internationales Juden- und Verbrechertum den Absatz der deutschen

Simmerl: Da hab i's früher schöner ghabt, da war i in der Lehr bei einem Waffelbäcker, da ham ma de Waffeln gmacht, de wo ma ins Gfrorne einetaucht. Aber der Moaster hat mich nach vier Wochen schon nausgschmissn, weil i sämtliche Waffeln, die er backa hat, glei gfressn hab, der hat gar nix mehr zum Verkaffa ghabt.

Laugenbretzel zu vernichten drohte, und wiederum waren es einige mutige, tapfere, beherzte Männer, die die Kultur der Laugenbretzel hinaustrugen in alle deutschen Gaue und der Erfolg davon war ein einzigartiger Siegeszug der bisher verachteten Laugenbretzel. Die deutsche Laugenbretzel ist nicht nur gesund, sie ist auch bekömmlich – dem deutschen Arbeiter, dem deutschen Bauern, dem deutschen Studenten, und nicht zuletzt gedenk ich der deutschen Frau – der deutschen Mutter. Parteigenosse Dr. Goebbels hat schon in seiner ersten großen Propagandarede auf der Hochzeit zu Kanaan die Bedeutung der deutschen Laugenbretzel hervorgehoben und somit ist es Ehrenpflicht sämtlicher nationalsozialistischer Verbände und Formationen, sich in Zukunft nur von deutschen Laugenbretzeln zu ernähren – und dann wird sich endlich auch der Katholizismus zur deutschen Laugenbretzel bekennen müssen, ob er nun will oder nicht. Hier heißt es biegen oder brechen. Heil – Heil – Heil!«

MICHAEL SCHULTE

Anmerkungen zu Liesl-Karlstadt-Kapitel

1) zitiert nach der Hörfunksendung: »Das Leben beim Wort genommen. Wortteile von Liesl Karlstadt« von Josef Müller-Marein. Mit freundlicher Genehmigung des NDR.
2) Theo Riegler: »Das Liesl Karlstadt Buch«. München 1961. S. 71
3) Rudolf Bach: »Die Frau als Schauspielerin«. Tübingen 1937. S. 81
4) Theo Riegler, a.a.O. S. 57
5) »Karl Valentins Filme«. München 1978. S. 92
6) Josef Müller-Marein, a.a.O.

Wie ich Volkssänger wurde

Falk und Fey, Möbeltransportgeschäft in der Vorstadt Au, Entenbachstraße 63/1 links, dort erblickte ich das Licht der Welt. Mit vier Jahren absolvierte ich den Kindergarten, mit sechs Jahren steckte man mich widerspenstig in die Volksschule an der Klenzestraße. Meine Schulzeit war für mich eine siebenjährige Zuchthausstrafe, so gern ging ich in die Schule. Hierauf kam ich in die Lehre, in die Möbelschreinerei von Jos. Hallhuber in Haidhausen und hobelte, sägte, leimte, nagelte – bis ich Geselle wurde. Als solcher verdiente ich mir dann fünf Jahre lang wöchentlich 20 bis 25 Mark. Nachdem ich auch noch bei verschiedenen anderen Münchner Schreinermeistern Gastspiele gegeben habe, entwendete ich bei dem letzten Meister einen Nagel, schlug ihn in die Wand und hing an demselben das goldene Handwerk der Schreiner für immer auf.

Ich fabrizierte mir selbst ein großes Orchestrion mit fast zwanzig Musikinstrumenten aller Art, welche ich durch eigenen Mechanismus fast alle zu gleicher Zeit spielte. Mit diesem Musikapparat reiste ich in verschiedenen Städten Deutschlands und holte mir damit keine Lorbeeren. Arm wie eine Kirchenmaus kehrte ich mit meinem Musikapparat von der Fremde wieder heim und spielte im ehemaligen Esterhazykeller, ganz früher Hirschbräuhalle im Färbergraben, allabendlich mit meinem Musikapparat und bekam dafür eine Gage von fünfzig Pfennig pro Abend. In einem Anfall von einem Löwenbräubierriesenrausch zerstörte ich mit einem Holzhackel meinen ganzen komplizierten Musikapparat. Nach dem Tode meines Vaters mußte meine Mutter unser schönes Anwesen in der Au wegen Hypothekenlast so hergeben, daß uns beiden fast nichts mehr blieb. Sie übersiedelte in ihre Heimat nach Sachsen und ich stand als armer magerer Teufel allein in München, wohnte vier Jahre lang im Handwerksburschenkasino Gasthof Stubenvoll – Fremdenbett à 30 Pfennig pro Nacht.

Mein Brot verdiente ich mir während dieser Zeit mit Zitherspielen und Sonntags ging ich mit der Komikergesellschaft Franz Erlacher hinaus in die Provinz. Im Jahre 1907 standelte ich, besser gesagt, ich durfte nach einer Volkssängervorstellung im ehemaligen Baderwirt an der Dachauerstraße ein Stegreifsolo machen, erzählte eine saudumme Geschichte von einem Aquarium, spielte Zugharmonika und hatte mit diesen eigenartigen Originalvorträgen einen nicht voraus geahnten Erfolg. Jetzt bekam ich sofort ein Engagement im Frankfurter Hof in der Schillerstraße und war dort mit meiner Originalnummer als Schwerer Reiter die Sensation. Meine wirtschaftliche Not hatte ein Ende. – Nach meinem Auftreten im Frankfurter Hof gastierte ich nebenbei

Karl Valentins Hochzeit mit Georg Rückert, Film 1912

noch im Simplizissimus, Serenissimus, Benz. 1914 lernte ich im Frankfurter Hof meine Partnerin Liesl Karlstadt kennen. Mit ihr war es möglich, das bekannte Tirolerterzett »Alpenveilchen« mit Valentin, Flemisch, Karlstadt herauszubringen, und alle, die es gesehen haben, werden sich gerne erinnern an das komische Bauerndeandl, das in höchst gschamiger Weise das Lied vom Edelweiß sang. 1915 übernahm ich die Direktion Wien-München im Hotel Wagner. Hier fabrizierte ich viele Einakter und Soloszenen, wie Theater in der Vorstadt, das lustige Tingel Tangel usw. . . . . .

Später folgten Engagements im Annenhof, Serenissimus, Kammerbrettel, Charivari (Hotel Germania) und Boccaccio, Benz, Monachia . . ., 1922 wurde ich von den Münchner Kammerspielen zu Nachtvorstellungen verpflichtet. Ein abendfüllendes Theaterstück »Die Raubritter vor München« war der Anlaß, daß ich auch von der Direktion des Schauspielhauses, Münchner Theaters, Colosseums und zuletzt Deutschen Theaters verpflichtet wurde. Heute mime ich im Apollotheater an der Dachauer Straße, und für Monat Februar 1928 ist mir ein Antrag vom Nationaltheater München gemacht worden. Aber ich werde denselben dankend ablehnen, denn ein altes Sprichwort heißt: Je höher man steigt, desto tiefer fällt man herunter —— und das will ich vermeiden.

»Karre, rauch doch nicht diese Zigarre«

Über Benz berichtet Karl Valentin

32 Jahre nach dem deutsch-französischen Kriege 1870/71, also im Jahre 1902, trat ich zum ersten Male bei Benz auf und gleich nach dem Auftreten sofort wieder ab. Mußte ich doch vor meinem Solo dem Herrn Besitzer Benz zuerst meine drei Vorträge vorsingen. Der Humorist Hermann Strebel war bei diesem Akt auch mit anwesend und als ich in meinem Zungenfertigkeitkouplet »Was man alles machen kann« – die Stelle passierte – »der Hafner macht den Hafen und das Kind, das macht hinein«, da schrie mich Direktor Benz an wie ein Feldwebel: »Was fällt Ihnen ein, bei meinem Elite-Publikum, solche Schweinereien usw.« Die anderen zwei Vorträge traute ich mir nun gar nicht mehr zu singen, denn ich hatte als Anfang schon das dezenteste herausgesucht. Es blieb also nur bei der Probe, aber ich war überglücklich, bei Benz wenigstens Probe gesungen zu haben, denn das war in der Münchner Artistenwelt schon ein Ereignis. Tatsächlich hatte das Haus Benz in ganz Deutschland einen Weltruf (alle ersten Kapazitäten wie Karl Maxstadt, Papa Geis und die ersten Berliner Varietéstars waren bei Benz engagiert)!

Hotel Wagner, »Wien-München«, 1915

Im Jahre 1911 war ich abermals bei Benz engagiert und sollte da mit meiner neuesten Nummer als Schwerer Reiter mit dem Holzpferd ein einmonatliches Gastspiel geben. Bei den Proben am Nachmittag erblickte Papa Benz vor der Bühne meine große Trommel, die ich zum Auftreten benütze – er wäre beinahe aus der Haut geschlüpft – raus mit der großen Trommel aus meinem Haus, im Hause Benz eine große Trommel, das wäre ja eine Katastrophe. Die Trommel mußte weg. Zwischenzeit 1911-1919. Von 1919 bis heute – was wäre das Haus ohne große Trommel, dem Symbol der Jazzmusik – aber so ändern sich die Zeiten. Zwei Monate lang sang und blies ich mit dem dicken Bombardon den schweren Reiter zum allgemeinen Gaudium.

Für 1. August 1914 war ich wieder bei Benz engagiert. Eine Revue »Im Lande der Kastanien« sollte einstudiert werden, mehrere Nachmittage wurde fest geprobt, bei der sechsten Szene, die im Parkett spielte, kam ich als spanischer Stierkämpfer auf einem Pferd aus Pappe geritten, zwei Pikkolos schlüpften in das Innere des Pferdes und trugen mich mit kühnen Sprüngen dem ebenso aus Pappe lebend dargestellten Stier entgegen – mitten im Kampfe ein Trommelwirbel aus der Ferne? . . . Wir unterbrachen die Probe und eilten auf die Straße, da stand, von einigen Passanten umgeben, ein Trommler, der den schaurigen Wirbel geschlagen hatte, und neben ihm ein Sergeant, der folgendes vorlas: »Im Namen Seiner Majestät, König Ludwig III. von Bayern – Frankreich hat heute an Deutschland den Krieg erklärt usw.« Schweigend gingen wir

Beim Schminken zur Aufführung von *Vorstadttheater,* im Apollo 1928

in das Haus zurück, die Probe war aus, und acht Tage später gingen schon mindestens zehn Männer aus dem Hause Benz hinaus und sangen mit Blumen geschmückt: »Ich hatt' einen Kameraden.« Vierzehn Tage nach Ausbruch des Krieges durfte, um den in der Heimat weilenden Artisten, Schauspielern usw. Verdienstmöglichkeit zu geben, wieder gespielt werden mit der Bedingung, zeitgemäße Darbietungen zu bringen. Jeder Theaterdirektor empfahl vaterländische, patriotische Darbietungen zu bringen. Auch ich mußte, obwohl es eigentlich von mir als Blödsinn-Interpret niemand gewohnt war, auch ernste Sachen bringen, so unter anderem eine Kriegsmoritat. Der Erfolg war groß und zwei Monate sang ich als Komiker traurige, ernste Vorträge. Da kam wieder ein Befehl von der Direktion, man soll den Humor walten lassen in schwerer Kriegszeit und die Menschen aufheitern mit lustigen Darbietungen und das war gut, wir haben es am besten erlebt, als wir bei 120 Lazarettvorstellungen den kranken, verwundeten Soldaten mit unseren humoristischen Darbietungen gute Dienste geleistet haben. Einige große Persönlichkeiten der Münchner Hofbühne trugen den kranken Soldaten blutige Schlachtgedichte vor und wir machten ihnen im Gegensatz, lustige, harmlose Späße vor, und da meinte ein Hauptmann im Marslazarett, indem er mir die Hand drückte: »Ihre Sachen sind die beste Medizin für unsere kranken Soldaten.«

Noch etwas über Papa Benz selbst. – Ich frug einmal seinen ältesten Oberkellner: Wie kommt es, daß Herr Benz einen Tag so überaus freundlich ist mit mir und am andern Tag schaut er mich gar nicht an? – Ja, sagte der, das richtet sich ganz nach dem Geschäft. – Er war das Gegenteil von Hans Gruss – wenn Herr Direktor Gruss im Deutschen Theater lächelnd und lieb in die Garderobe kam, wußten wir bestimmt, daß das Theater leer war. Tobte er aber auf der Bühne wie ein Wilder, war ausverkauft. – Papa Benz war eine originelle Persönlichkeit, klein, dick, körperlich auf der Höhe, nur einen geistigen Defekt hatte er aufzuweisen, er hatte den Umbaufimmel. – 30 Jahre lang wurde umgebaut, mal außen, mal innen, bald war die Bühne in der Ecke, dann wieder in der Mitte, bald spielte die Musikkapelle rechts der Bühne, dann wieder links davon, plötzlich wurde wieder vor der Bühne gespielt. Wenigstens spielten die Artisten und Künstler auf der Bühne und die Musik vor der Bühne, das war wenigstens noch normal, plötzlich trat eine neue Idee des Kabarettinhabers ein, die Musikkapelle spielte nun auf der Bühne und die Künstler traten im Zuschauerraum auf, die Zuschauer erhielten Seitenplätze. Der Zuschauerraum wurde so oft renoviert und umgebaut, daß die Geschäftsleute wie Maurer, Maler, Schreiner, Dekorateure usw. vom Hause Benz allein eine Existenz hatten und ich rechne mit Bestimmtheit, wenn die Nachkommen heute dieses Geld auf einem Haufen beisammen hätten, was diese Umbauten gekostet haben, so könnten diese alten Privatiers wohlgemut in die Zukunft schauen.

Bei Benz

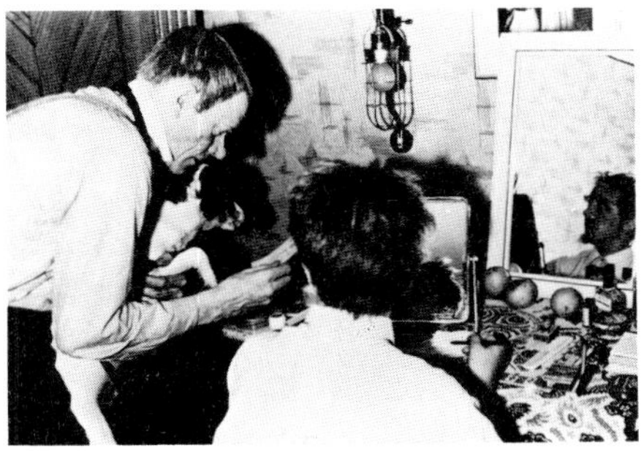

Das Panoptikum der Künste

Die Bestrebungen der Künste seit den 20er Jahren, sich zu einem Gesamtkunstwerk zu vereinen, finden im Valentin-Panoptikum ihren adäquaten Niederschlag. Im »Anti« zur traditionellen Vorstellung von Kunst transportiert das Gesamtkunstwerk der Dadaisten und Surrealisten die Kritik an der Gesellschaft, die die klassischen Werte der Künste unbesehen protegiert. Im ersten Aufschrei der Avantgardisten werden Staffelei und Buch beiseite geräumt. Sie bedienen sich aus dem unerschöpflichen Fundus der gegenständlichen Welt mit Zitaten, Gegenständen, ordnen diese unter Berufung auf die Offenheit des Zufalls mit den Mitteln der Collage und Montage neu und zeigen auf diese Weise das wahre Gesicht dieser Gesellschaft. Im provozierten Skandal, Flugblatt, öffentlichen Auftritt, in eigener Ausstellungsorganisation, Beteiligung an politischer Diskussion sind die Künstler Handelnde und begreifen sich auch so.

> Der Dadaist kämpft gegen die Agonie und den Todestaumel der Zeit. Abgeneigt jeder klugen Zurückhaltung, pflegt er die Neugier dessen, der eine belustigte Freude noch an der fraglichsten Form der Fronde empfindet. Er weiß, daß die Welt der Systeme in Trümmer ging, und daß die auf Barzahlung drängende Zeit einen Ramschverkauf der entgötterten Philosophien eröffnet hat. Wo für den Budenbesitzer der Schreck und das schlechte Gewissen beginnt, da beginnt für den Dadaisten ein helles Gelächter und eine milde Begütigung[1]).

Neben der Einsicht in die Auflösung der Systeme ist Dadaisten und Valentin die daraus hervorspringende Haltung des anarchistischen Narren gemeinsam, die das Chaos sucht und sich dort entlädt. Allerdings ist die Gleichung Valentin = Dadaist nicht unbedenklich aufzustellen, trotz paralleler Einsichten und Aktionsformen wie Montage, Lautdichtungen und Destruktion[2]). Ausgangspunkt und Beweggründe sind anders. Die Dadaisten sehen sich in allen ihren Aktionen immer in der Rolle des Künstlers. Sie sind Clowns und Dandys zugleich.

> Kurz: der Dadaist ist als »moderner« Narr der Dandy, der als Wahnsinniger mit dem Wahnsinn der Gesellschaft spielt, deren »billige Erstarrnis« zum »Spiegel wird, vor dem er leben und sterben muß«. Denn er zieht seine »Erhabenheit« aus einer ständig kontrollierten Askese, die ihn nicht dem Zugriff der Wirklichkeit aussetzt[3]).

Diese Bewußtheit von der eigenen Haltung und die daraus resultierende Distanz läßt den provozierenden Skandal zum Kalkül werden, der in der Ironie Duchamp's ihren Höhepunkt erreicht. Valentin ist diese Rolle des Künstler-

Plakat zu Valentins Panoptikum von Hermann Roth (1873–1955)

Dandy fremd. Er ist der Volkskomiker, dessen einziges Kalkül handwerkliche Vollkommenheit ist. Er probiert die Widersprüche an sich selbst ohne Distanzierung aus. Er provoziert keinen Skandal. Er ist ein Skandal.

Kunst zielt zunächst auf die Sinne. Da sich Valentin mit seinem Panoptikum fast ausschließlich mit ihnen auseinandersetzt, sind auch die Künste dort präsent. Doch werden die Künste nicht absolut gesetzt, wie der Dadaismus es mit der Formel »Kunst ist Leben, Leben ist Kunst« anstrebt, sondern sie sind nur ein Teil der Systeme neben Wissenschaft, Technik, Verkehr usw. Dem Besucher der »Ersten Internationalen Dada-Messe« in Berlin 1920, die in ihrer Art der Präsentation (Hängung vom Boden bis zur Decke, Nebeneinander von Schrifttafeln, Bildern, Objekten) Analogien zum Valentin-Panoptikum aufweist[4]), ist bewußt, daß es sich hier um Kunst handelt, oder er stellt sich zumindest die Frage, ob es sich hier noch um Kunst handele. Dem Besucher des Panoptikums ist das einerlei. Er sucht das Lachen, das der Name »Valentin« verbürgt. Die moderne Kunst wird dabei nicht geschont.

Alexander Mette berichtet, daß sein Gedicht, welches neben Hans Arps »Wolkenpumpe« und Schillers »Glocke« unter dem Titel »Gedichte. Einst und Jetzt« in einem Rahmen ausgestellt sind (Kat.-Nr. 31).

> (. . .) zur allgemeinen Belustigung zu den Veranstaltungen im Lachkeller des öfteren parodistisch vorgetragen (sei). Über sprachliche Extravaganzen und die Neigung zu Wortneubildungen kamen sich unsere Auffassungen aber etwas entgegen, und es interessierte ihn (Karl Valentin, d. Verf.) auch, daß ich eine Arbeit über Beziehungen zwischen Spracheigentümlichkeiten schizophrener und dichterischer Produktion veröffentlicht hatte. Ich gewann den Eindruck, daß er sich darüber ein bißchen grüblerisch amüsierte. Ähnlich schien mir seine Reaktion auf die Eröffnung zu sein, daß ich beruflich Nervenarzt war[5]).

Es ist unzulässig, Valentin mit seinen Parodien auf die moderne Literatur mit der Verhöhnung und den Bücherverbrennungen der Nationalsozialisten gleichzusetzen. Valentin ist sich seiner Beziehung zur zeitgenössischen Kunst viel zu sehr bewußt, wie seine Versuche in dieser Richtung und die Aussage von Alexander Mette bezeugen. Der Titel »Gedichte. Einst und Jetzt« ist eher lakonisch; ohne weiteren Kommentar werden die Gedichte gegenübergestellt. Daß Valentin nicht seine eigenen Versuche ausgestellt hat, sondern die Originale zitiert, kommt einer Ehrung dieser Dichtung gleich, die inmitten des nationalsozialistischen Deutschlands unter dem Schutzmantel des Lachens einer breiteren Öffentlichkeit zugänglich gemacht wird.

Leider haben sich Aufnahmen dieser Parodien nicht erhalten. Aber hört man sich heute Valentins Rezitation seiner »Vereinsrede« an[6]), kann man sicher sein, daß Valentin den Ton dieser Gedichte meisterlich getroffen hat. Hier liegt

Ludwig Greiner, Raritäten aus Valentins Panoptikum. Valentin-Musäum

RARI-TÄTEN
Schöne Kröten
• zu verkaufen •
500 Stück 2.- MK.
K. Valentin
→ Planegg-Villa
Auerhahn von d. Au
Mit diesem Ei entdekte Kolumbus Amerika
Damen Salon
• Donderer •
Fürstenfelder Hof
mondän mit Haarmonokel
Guck Kasten
ODOL von Pharao aus d. Cheops-Pyramide
der Stein auf dem Mariechen saß
Hosenknopf vom Goliat
u. vom David
VESUV
RAUCHEN VERBOTEN
aus der Steinzeit
Aufgehts z. Schichtl
Tiefsee Ungeheuer
nicht lesen
Nicht füttern
Naus möcht i!

auch keine Ablehnung moderner Literatur zugunsten einer blinden Verehrung der klassischen vor. In Valentins Stück »Im Senderaum« wird Schillers »Glocke« zum Anlaß eines chaotischen akustischen Spektakels[7]). Gerade die bürgerliche Kultur und ihre Vermittlung werden von Valentin attackiert. Ich verweise auf seine Monologe und Stücke »Der Theaterbesuch«[8]), »Im Gärtnertheater«[9]), »Quo vadis«[10]), »Das Lied vom Sonntag«[11]), »Mozart«[12]), »Ein verhängnisvolles Geigensolo«[13]). Im Panoptikum ist die Erfolgsoperette »Das weiße Rössel« personifiziert als abgemagerter Gaul (Kat.-Nr. 78 I).

Befremdlich mag auch Valentins »Original Gemälde«: »Kaminkehrer bei Nacht« unter dem vermutlichen Ankündigungstitel »›Entartete‹ Kunst mit Stiefelwichse gemalen von Karl Valentin« (Kat.-Nr. 33) erscheinen. In das auf den ersten Blick monochrom schwarze Gemälde ist die Kontur eines Kaminkehrers unter einem Sichelmond eingedrückt. Nach der Fotografie im Stadtarchiv München ist der Farbauftrag so dick, daß es sich tatsächlich um Stiefelwichse handeln dürfte. Es ist kein abstraktes Gemälde, sondern man sieht karikaturhaft das, was der Titel verspricht. Die abstrakte Monochromie entpuppt sich als Idylle, auf der der Begriff »entartet« bedrohlich lastet. Die offizielle Nazimalerei ist ein Rückgriff auf die traditionelle Ölmalerei, die seit dem Kubismus von der Avantgarde negiert wird. Der Vorzug der Ölmalerei besteht in der dauerhaften Fixierung realistischer Details. Sie eignet sich daher besonders zur Darstellung von Besitz, Macht und Ideologie[14]). Der Bauer, der Soldat, der Held, der Führer, der nackte Arier, die Historie repräsentieren großformatig die Ideologie des Nationalsozialismus[15]). Valentin – als Komiker Feind jeglicher Ideologien – ist gewiß kein Widerstandskämpfer. Er hält sich aus der Politik heraus, weil ein Engagement in ihr gleichzeitig auch das Akzeptieren ihres Systems fordert.

> Er ist dagegen, ohne je wirklich zu bekämpfen, wogegen er ist. Und zwar aus einem Grund, den er ganz offen eingesteht – aus Angst. Einem verblüfften Reporter sagt er nach '45 auf die Frage, was er getan hätte, wenn man ihn aufgefordert hätte, Parteimitglied zu werden: »Ja, doch! Wenn's sein müssen hätt natürlich, weil ich eben Angst gehabt hätt, wissen S', Angst!«[16])

Diese Angst macht ihn listig. Er weiß, daß eine Malerei, die von sich behauptet, alles darstellen zu können, ideologisch korrumpierbar ist. »Einen Maler, der sich rühmte, alles zu können, forderte er heraus, ›ein Stück Aluminium‹ zu zeichnen«[17]). So bedient sich Valentin der Gestenhaftigkeit des Dadaismus. Sein unverfänglich-witziges Bild »Der Kaminkehrer bei Nacht« wird von ihm selbst als »entartet« in Anführungsstrichen deklariert. Sein Schöpfer denunziert sich selbst, solidarisiert sich mit den Entarteten und zeigt,

Ludwig Greiner, Karl Valentins Zoo. Valentin-Musäum

K.VALENTIN ZOO
Karl Valentin
Kanalstrasse 8/II Grh.
Telefon 22445.

daß die Malerei des Faschismus die eigentlich entartete ist, daß der heroische Schein der Ölmalerei im Dienste einer militärischen Diktatur nichts anderes ist als Schminke für die blankgewichsten Stiefel der Soldaten.

Ludwig Greiner, Das Gespenst im Burghof

> Valentins Art, hellwach jahrzehntelang fortzufahren, der verhaßten Welt in einer ausschließlich kulinarischen Weise den Kampf anzusagen, hat viel mit der resignativen Grundhaltung des lebenslangen Nur-Wissenschaftlers Adorno gemein: Es gibt kein richtiges Leben im falschen. Auch seine mitunter kulturfeindlichen, selbst gegen das Emanzipatorische der Technik gerichteten Aversionen teilt er mit diesem. Bei vollem Bewußtsein der Falschheit der Welt auf einer ausschließlich geistigen Produktion zu beharren, die sich mit eben dieser Welt auseinandersetzt, dies hinterläßt in Valentins Werk eine spezifische Spur[18]).

In der Auseinandersetzung mit den Künsten dieser absurd gewordenen Welt weist Valentin auf ihr Verstummen, an dessen Grenze der Dadaismus operiert. Dieser gelangt mit der Zertrümmerung der traditionellen Formen der Kunst an die Peripherie des Verstummens, wie es beispielsweise das Lautgedicht zeigt, doch entwickelt er eine neue zeitgemäße Art des Sagens.

Im Panoptikum schweigen gerade die Künste, die am lautesten reden: die Musik und der Film. Die Loreley, die der Sage nach durch ihre Schönheit und ihren Gesang die Rheinschiffahrt verunsicherte, kommt hier als alte Frau zur Ruhe (Kat.-Nr. 64 I). Ihre Attribute: der Kamm für die Schönheit des goldenen Haares und die Harfe, liegen ausgedient daneben. In einer Rundfunkübertragung der ›Loreley‹ singt Valentin mit zitternder, dünner Bronchitis-Stimme die Neufassung des Heine-Liedes:

Ein Schiffer, ein bildschöner Jüngling,
fährt oft mit dem Kahn hier vorbei,
er liebt nur ein einziges Wesen,
er liebt nur mich, die Loreley.
Da kommt er schon wieder gefahren,
was willst denn, du närrischer Tropf,
wenn du dich net glei aus dem Staub machst,
dann wirf i dir d'Musik an Kopf![19])

Karl Valentin als Loreley, 1927

Das deutsche Nationalheiligtum hat ausgesungen. Nicht einmal der Mythos bleibt, wie ihn unzählige Kitschpostkarten reproduzieren. Nach seiner Betrachtung der Loreley-Parodie Erich Kästners stellt Jürgen Kolbe die Frage: »Sollte es so zu Ende gehen? Hätten denn also die Barden den volkstümlichen Ohrwurm der Herren Heine/Silcher so in Blut und Boden gedröhnt, daß am Ende nur Spott und Wut bleiben?«[20]) Betrachtet man die »verblühte Schönheit«

im Panoptikum in ihrer ganzen Häßlichkeit, kann man diese Frage mit »ja« beantworten. Aus dem Reich des Mythos ist sie in das stumme Reich der Toten übergegangen und kann vielleicht wie die Geister-Trommel nur noch »täglich von 12-1 Uhr Mitternacht« (Kat.-Nr. 107) gehört werden.

In einem kleinen Kinozuschauerraum sitzen zeroplastische Zuschauer und warten auf einen Film, der nie gezeigt wird (Kat.-Nr. 122 I). Die Sinnestäuschung dieses »Expanded Cinema«[21]) verweist auf einen stummen Protest Karl Valentins. Seit Beginn seiner Komikerlaufbahn bemüht sich Valentin um seinen Film. »Er war es leid, in Filmen aufzutreten, in denen andere ihm vorschrieben, auf welche Weise er komisch zu sein habe«[22]). Er will sein eigener Filmproduzent sein und seine Ideen verwirklichen, dem Medium Film angemes-

Kinosaal mit Wachsfiguren als Publikum

sen und keine Abfilmung von Theaterstücken. Einige der Filme, in denen Valentin mitwirkt, werden von den Nazis wegen »Elendstendenzen« verboten[23]). In seinem Lied »Karl Valentins Filmpech« heißt es:

Vor Geiselgasteig – steht der Valentin,
er steht vor den Toren – selten war er drin.
Er hätte so gute Filmideen – doch wolln
die Herrn ihn nicht verstehn,
trotzdem er arisch ist –
trotzdem er arisch ist.[24])

Die Leinwand bleibt leer. Der Zuschauerraum wird zum stummen Denkmal der unerfüllten Sehnsucht Karl Valentins, einen eigenen Film zu realisieren.

1972 zeigt Marcel Broodthaers in Düsseldorf seine »experimentelle Ausstellung« »Der Adler von Oligozän bis heute«[25]). In der bewußten Nachfolge Duchamps und Magrittes werden dort Gegenstände, Gemälde, Plastiken, Reklame, Kleidungsstücke etc. seines »Musée d'Art Moderne, Département des Aigles, Section des Figures« gezeigt. Der rote Faden, der sich durch die Ausstellung zieht und die Auswahl der Exponate begründet, ist die Figur des Adlers.

Der Unterschied zwischen Kunstgegenstand und Alltagsobjekt ist aufgehoben. Jeder ausgestellte Gegenstand trägt zusätzlich zur Verdeutlichung dieser Aufhebung den Vermerk: »Dies ist kein Kunstwerk«. Die Ausstellung ist eine

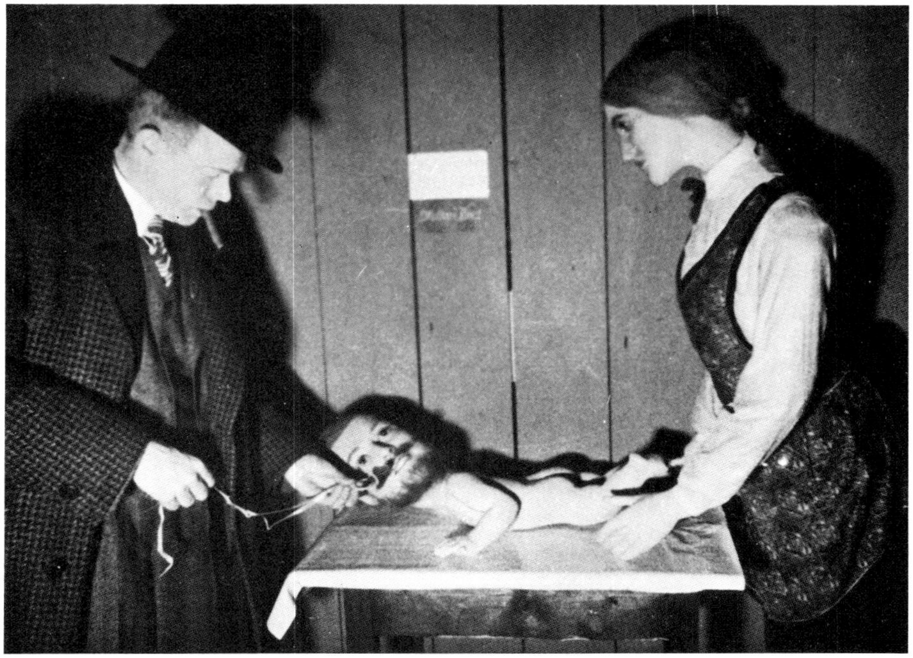

Valentin neben der »verpfuschten Verjüngungskur«

Dokumentation der Intentionen Magrittes und Duchamps, daß jeder Gegenstand durch seine »Definition« zum Kunstgegenstand werden kann und umgekehrt. Da es technisch unmöglich ist, die ganze Welt in ein Museum zu verfrachten, beschränkt sich Broodthaers thematisch. Er problematisiert das Verhältnis von Gegenstand zum Kunstgegenstand. Im Panoptikum des Karl Valentin finden sich zwei Exponate, die auf eine ähnliche Art dieses Verhältnis

um 1940 (Foto: Karl Wolter)

ohne den theoretischen Unterbau Duchamps illustrieren: ein Bierkrug mit dem Schild »Bitte nicht berühren!« (Kat.-Nr. 7) und ein Ofen mit dem Vermerk »Ofen kein Ausstellungsprojekt. steht nur so da« (Kat.-Nr. 74). Beide Beschriftungen verweisen auf die mögliche Existenzform eines Alltagsgegenstandes als Kunstobjekt, und als solches wird er definiert. In der Reflexion auf das Museum wird Valentin zum Archäologen seiner Zeit und Kultur.

um 1940 (Foto: Karl Wolter)

Liesl Karlstadt: »Es kann aber auch einem Einheimischen etwas fremd sein!« Karl Valentin: »Gewiß, manchem Münchener zum Beispiel ist das Hofbräuhaus nicht fremd, während ihm in der gleichen Stadt das Deutsche Museum, die Glyptothek, die Pinakothek und so weiter fremd sind.«[26])

Zum Schluß der »Fremdenrundfahrt« heißt es:

Liesl Karlstadt: »Wir fahren durch die Maximilianstraße ein kleines Stück östlich, biegen rechts ein, und vor Ihren Augen erblicken wir das Symbol der Kunststadt München, das Hofbräuhaus.« Karl Valentin und Liesl Karlstadt: »Hier rufen wir aus: eins, zwei, drei – gsuffa!«[27])

Hinter dem unscheinbaren Bierkrug mit dem Schild »Bitte nicht berühren« verbirgt sich mehr als eine witzige Auseinandersetzung mit dem Museum: die Kritik an diesen Kathedralen des ausschließlichen bildungsverpflichteten Sammelns und Bewahrens des kulturgeschichtlich gewordenen Erbes ohne Vermittlung zur Hofbräuhauskultur, die Einsicht in die Musealisierung der Gegenstände der Alltagswelt und die kulturpessimistische Apokalypse eines imaginären utopischen Heimatmuseums, in dem als letzte Reliquie der bierfreudigen Münchener Kultur ein Bierkrug ausgestellt ist. »Bitte nicht berühren!«

So kann praktisch jeder Gegenstand in das Panoptikum gelangen und sich der ureigenen Gesetzmäßigkeit Valentins unterwerfen. Die Banalität der dort ausgestellten Objekte und ihre Unterschiedlichkeit verweisen auf diesen Tatbestand. Hier liegt auch die Parallele zur Unendlichkeitsproblematik seiner Stücke. Sie verdoppelt sich in der potentiellen unendlichen Vielfalt der Gegenstände, die das Panoptikum füllen könnten. Sie sind Bruchstücke einer verkehrten Welt, die die ganze Welt meinen und über diese Welt hinaus in das All vordringen (Kat.-Nr. 96). Im Mikrokosmos einer objekthaft absurden Welt erscheint der Makrokosmos.

Michael C. Glasmeier

Ludwig Greiner, Der Menschenfresser. Valentin-Musäum

Anmerkungen

1) Hugo Ball: Die Flucht aus der Zeit. in: Richard Huelsenbeck (Hrsg.): Dada. Eine literarische Dokumentation. Reinbek bei Hamburg 1964. S. 154
2) vgl. Michael Schulte: Karl Valentin. Reinbek bei Hamburg 1968. S. 114
3) Hanne Bergius: Der Da-Dandy – Das ›Narrenspiel aus dem Nichts‹. in: Tendenzen der Zwanziger Jahre. (Katalog) Berlin 1977. Bd. 3, S. 21
4) vgl. Abbildung in: Raoul Hausmann: Am Anfang war Dada. Hrsg. von Karl Riha u. Günter Kämpf. Steinbach/Gießen 1970. S. 125
5) in: Bertl Valentin: »Du bleibst da, und zwar sofort!« Mein Vater Karl Valentin. München 1971. S. 136
6) vgl. Schallplatte: Karl Valentin. Das große Erinnerungsalbum 1. Folge. Telefunken TS 3140/1-2
7) vgl. Alles von Karl Valentin. München 1978. S. 498ff.
8) vgl. Alles von Karl Valentin. a.a.O. S. 472ff.
9) vgl. Alles von Karl Valentin. a.a.O., S. 26ff.
10) vgl. Alles von Karl Valentin. a.a.O. S. 70ff.

11) vgl. Schallplatte: Karl Valentin. Die alten Rittersleut. Telefunken 6.21323 AF
12) vgl. Alles von Karl Valentin. a.a.O. S. 245ff.
13) vgl. Michael Schulte/Peter Syr (Hrsg.): Karl Valentins Filme. München 1978. S. 157ff.
14) Auf diesen Sachverhalt verweist John Berger in seiner Studie: Sehen. Das Bild der Welt in der Bilderwelt. Reinbek bei Hamburg 1974. S. 78ff.
15) vgl. Kunst im 3. Reich. Dokumente der Unterwerfung. (Katalog) Frankfurt/M. 1974
16) André Gerely: Der Volkssänger als Volksfeind. in: Karl Valentin Fundsachen I. Film 76. S. 9
17) Wilhelm Hausenstein. Die Masken des Komikers Karl Valentin. München 1976. S. 22
18) André Gerely. a.a.O. S. 9
19) Alles von Karl Valentin. a.a.O. S. 182
20) Jürgen Kolbe: Ich weiß nicht was soll es bedeuten. Heinrich Heines Loreley. München 1976. S. 44
21) vgl. Hans Scheugl/Ernst Schmidt jr.: Eine Subgeschichte des Films. Frankfurt/M. 1974 (= Edition Suhrkamp). Bd. 1, S. 225f.
22) Enno Patalas: Vor Geiselgasteig stand der Valentin. in Karl Valentin Fundsachen II. a.a.O. S. 11
23) vgl. Bertl Valentin: a.a.O. S. 156
24) ebd. S. 157
25) vgl. Marcel Broodthaers: Der Adler von Oligozän bis heute. (Katalog) 2 Bände. Düsseldorf 1972
26) Alles von Karl Valentin. a.a.O. S 231
27) Alles von Karl Valentin. a.a.O. S. 472

Die Geschichte des Valentin-Panoptikums

So ersetzt oft die höchste Wärme die höchste Kälte oder Apathie; und unter der Täucherglocke einer heftigen Idee – sei es eine fixe oder eine leidentschaftliche oder eine wissenschaftliche – stecken wir beschirmt vor dem ganzen äußern Ozean.

Jean Paul: Die unsichtbare Loge.

»Begeistert ist das Publikum von Valentin's Panoptikum! Das originellste Museum der Welt! Täglich im Hotel Wagner, Sonnenstr. 23. Eintritt 60 Pfg. Kinder & Militär die Hälfte. Wochentags von $4–12^{h}$ nachts, Sonntags von $4–12^{h}$ nachts.«

Am 21. Oktober 1934 eröffnet Karl Valentin in den Kellern des Hotels Wagner sein Panoptikum. Neben dem »Kolosseum« ist das in dem Hotel Wagner beheimatete Kabarett »Wien-München« seit 1911 einer der Hauptspielorte Valentins. Die Idee Valentis ist es, über seine Szenen und Stücke hinaus seinen Einfällen eine museale Dauer zu verleihen. So werden in langwieriger und kostspieliger Arbeit die Keller des Hotels Wagner in »Grusel- und Lachkeller« verwandelt. Ein Restaurationsbetrieb mit dem Namen »Die Hölle« ist angeschlossen. Beteiligt an diesem Unternehmen sind neben Valentin Liesl Karlstadt, bei der Valentin einen Kredit aufnehmen muß, die Gebrüder Wagner als Hauseigentümer und der Universitätsplastiker Eduard Hammer, der mit seinen Wachsplastiken das Panoptikum entscheidend beeinflußt und mitträgt.

Emil Eduard Hammer stammt aus einer oberpfälzischen Wachsbildnerfamilie, die durch das ganze 19. Jahrhundert hindurch erfolgreich arbeitete und ihre Tradition an die Söhne weitergab. 1838 wird der Wachsbossierer Josef Hammer von Ludwig I. zum Hofwachsplastiker ernannt. Sein Sohn Johann Hammer »gilt als der Erfinder der lebensgroßen Wachsfiguren, die man vor der Jahrhundertwende auf allen Schaustellungen sah«[1]). Emil Eduard Hammer leitet neben seiner Tätigkeit als Universitätsplastiker (Herstellung von anatomischen Wachsplastiken und Modellen für medizinische Universitäten in aller Welt) das 1894 eröffnete gigantische »Internationale Handelspanoptikum und Museum« in der Münchner Neuhauser Straße 1. Neben dem Grévin-Panoptikum in Paris (gegründet 1882), Madame Tussaud's Wachsfigurenkabinett (gegründet 1835) in London und dem Berliner Panoptikum hat nun auch München neben dem Jahrmarktspanoptikum ein eigenes festes Haus der Volksbildung und des Vergnügens. Wie alle Panoptiken des 19. Jahrhunderts besteht auch das Münchner »Internationale Handelspanoptikum und Museum« aus einer Mischung von Wissenschaft, Abnormitäten, Geschichtsdarstellungen, Trivialitäten und Folterkammer.

Der ganze Komplex kann seine Affinität zum Repräsentationssystem der Gründerzeit nicht leugnen. Kaiserkult und Fortschrittsglaube (Mechanik und Elektrizität, Medizin) gründen sich auf eine pathetisch stilisierende und beruhigende Aneignung von Geschichte (»Gefoltert wird bei uns nicht mehr«) und

Karl Valentins Museum in der Sonnenstraße

offensichtliche Erotik. Diese Fülle und Künstlichkeit findet sich in den Wohnungen des Bürgertums der Gründerjahre wieder mit ihren schweren Vorhängen, Teppichen und Nippes und in den Kaufhäusern und Weltausstellungen. Das Panoptikum dient als verlagerte gute Stube, als verfügbar gemachte artifizielle Geschichtsmaschine. Daß diese Stätten der Volksbelehrung sehr

Mit Prof. E. E. Hammer in dessen Atelier, Schwanthalerstraße 59 (Foto: Beyschlag)

erfolgreiche Unternehmen waren, beweisen die mannigfachen Gründungen von Panoptiken in den Zentren der europäischen Länder während der zweiten Hälfte des 19. Jahrhunderts.

1902 muß das »Internationale Handelspanoptikum« nach einem Brand geschlossen werden. »Die Sammlung wurde nach Saarbrücken verkauft und dort einzeln an Schausteller abgegeben, im Weltkrieg 1914/18 wurde das Wachs als Rohstoff beschlagnahmt und zu Seife verarbeitet.«[2]) In Deutschland hat nur das Hamburger Panoptikum die Weltkriege überlebt. Das Musée Grévin in Paris kann noch besichtigt werden und Madame Tussaud bringt ihre Prominenten-Zeroplastiken laufend auf den neuesten Stand. Nach dem Zweiten Weltkrieg finden u. a. in Berlin und Hamburg Neugründungen statt.

Karl Valentin versichert sich der Mitarbeit Eduard Hammers, richtet aus dessen alten Beständen (40–50 Kisten, die am Lagerhaus Ostbahnhof lagern)[3]) sein Panoptikum ein und reichert es mit eigenen Ideen und Objekten an. Er übernimmt dabei die Konzeption des alten »Internationalen Handelspanoptikums«. Das wächserne Inquisitionstribunal und die Folterszenen scheinen sich fast vollständig in den Kisten erhalten zu haben und brauchen nur noch neu aufgestellt zu werden. Die übrigen Wachspuppen werden über den »Grusel- und Lachkeller« verteilt aufgebaut.

Der »lehrreiche« Teil besteht aus Valentins Einfällen. Er nimmt der ursprünglich ernstgemeinten Geschichtsdarstellung des Hammer-Panoptikums

Werbezettel

seine Würde, indem er jedes beliebige Objekt zu einem geschichtlichen Objekt erhebt: »Der Apfel, in den Adam biß« (Kat.-Nr. 3), »Der Stein, auf dem Mariechen saß« (Kat.-Nr. 95, III). Erfinder unsinniger Produkte werden zu berühmten Persönlichkeiten hochstilisiert, und aus der Sammlung naturhistorischer Präparate wird »Karl Valentin's Zoologischer Garten« (Kat.-Nr. 120). Ferner bringt Valentin hier seine historische Postkartensammlung von Volkssängern und Volkssängerlokalen unter. Wie im Hammer-Panoptikum kann der Besucher auch hier einen Restaurationsbetrieb aufsuchen.

Die Polizeidirektion hat gegen die Eröffnung des Panoptikums nichts einzuwenden, »soweit sich dieses Unternehmen im Rahmen des Gesetzes zum Schutz der nationalen Symbole bewegt und überhaupt damit in dem heutigen Geist nicht in Widerspruch kommt«[4]). In der Polizeiakte vom 22. Oktober 1934 heißt es: »Anläßlich der Besichtigung des Museums vom 20. I. M. hat sich kein Anlaß zu nennenswerter Beanstandung ergeben. Es wurde lediglich die Wegnahme des Stehkreuzes auf dem Tisch des Femegerichtes und die Verdeckung der Brustteile der halbnackten Frauenfigur (neben dem Tisch) verlangt. Darstellungen von Krankheiten wurden nicht gezeigt. Das Museum ist als eine Sammlung von gruselig wirken sollenden Kabinetts und humoristischen Darstellungen in Plastik, Wort und Bild, in echt Valentinscher Aufmachung anzusprechen«[5]). Die Obrigkeit ist einverstanden. Aber der Erfolg bleibt trotz

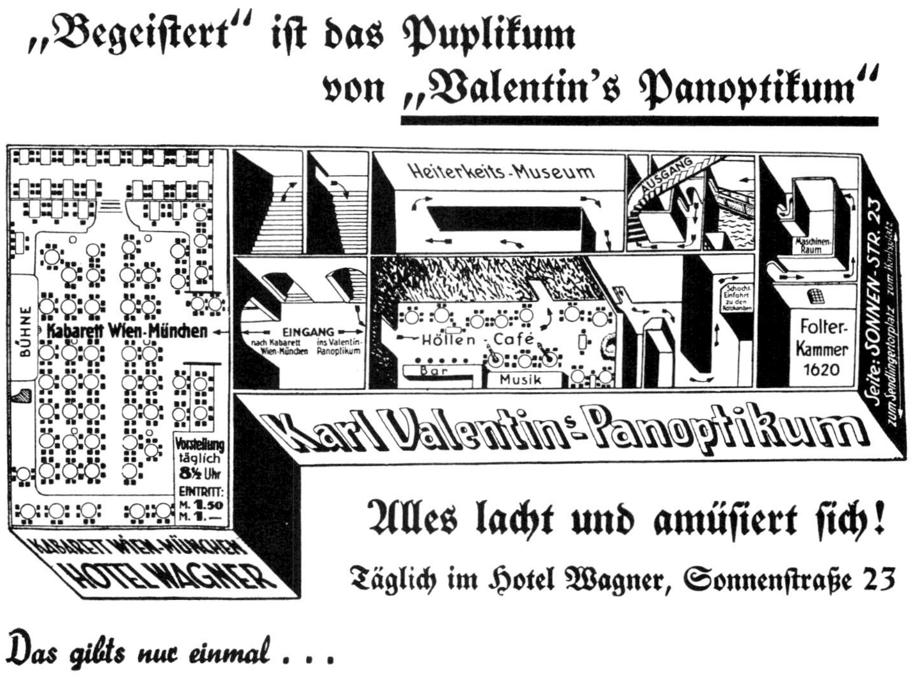

Werbezettel mit Grundriß des Panoptikums

der Berühmtheit Karl Valentins, trotz positiver Presseresonanz und Werbung aus. Über die Gründe kann man nur Vermutungen anstellen. Die »exzentrischen Öffnungszeiten« hatten gewiß keine Schuld[6]). Es ist eher anzunehmen, daß die Idee eines Panoptikums dem Publikum im Zeitalter von Film und Rundfunk veraltet vorkommt.

Am 31. Dezember 1934 läuft die Konzession für das Panoptikum ab. »Am 4. Mai 1935 eröffnete Karl Valentin erneut, der Erfolg blieb aus, so daß am 16. November endgültig geschlossen werden mußte.«[7]) Karl Valentin hat sein ganzes Geld in dieses Unternehmen gesteckt und damit verloren. »Liesl Karlstadt litt sehr heftig an den Folgen dieses wenig lukrativen und ihrem Geschmack nicht entsprechenden Schauerkellers. Sie wurde häufig von Depressionen heimgesucht und erlitt im April 1935 einen Nervenzusammenbruch.«[8])

Trotz dieses Mißerfolges in jeder Hinsicht (persönliche Erfolglosigkeit, finanzielle Probleme, Schwierigkeiten mit seiner Partnerin Liesl Karlstadt) gibt Valentin nicht auf, sondern eröffnet mit Martin Wegmann zwei Jahre später am 18. Juni 1937 erneut sein Panoptikum im Färbergraben 33. »Es ist nicht mehr das alte Panoptikum, sondern eine Neufassung dieser Schmunzel- und Gruselschau, die nicht ihresgleichen hat.«[9]) Die Konzeption bleibt die alte: die Mischung aus Gruselkeller und Schaukabinett mit witzigen Objekten und zeroplastischen Genre-Gruppen. Im wesentlichen werden die Objekte des Panoptikums im Hotel Wagner hier wieder installiert. Über den Erfolg dieses neuerlichen Versuches beim Publikum gibt es keine Informationen. Immerhin

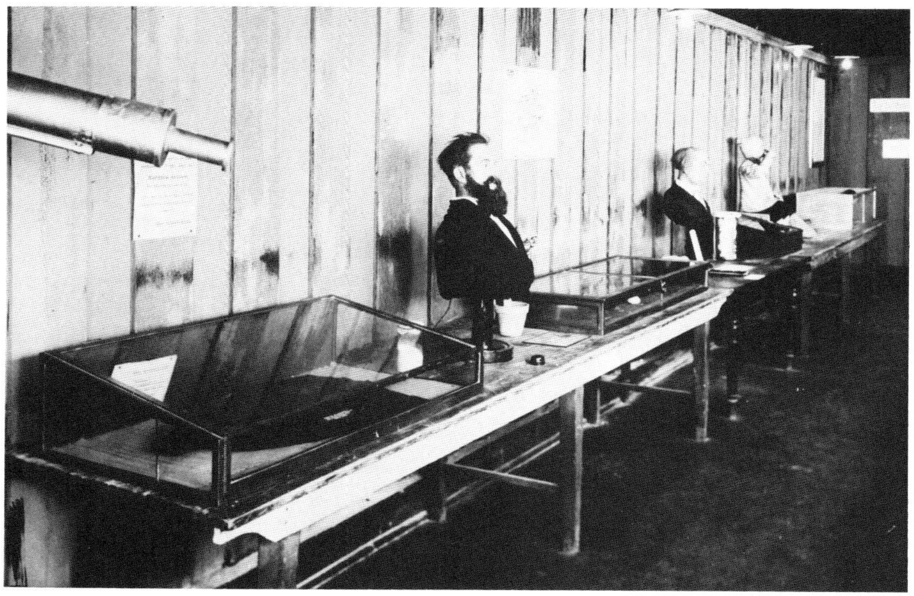

Blick ins Panoptikum

Zeichnung von Ludwig Greiner ▷

Bittewritergehen
Blick zur Milchstraße
Eine blendende Sache

hält sich dieses Panoptikum länger als das nur knapp ein Jahr der Öffentlichkeit zugängliche im Hotel Wagner. 1937 erweitert Karl Valentin sein Programm, indem er dem Panoptikum einen Spielort für seine Stücke hinzufügte. Aus dem Panoptikum wird die legendäre »Ritterspelunke«: Panoptikum, Kneipe und Kabarett an einem Ort. Seit dem 17. Juli wird hier täglich der »Ritter Unkenstein« aufgeführt. Nach jeder Aufführung führt Valentin nicht nur erklärend sein Publikum durch die Räume des Panoptikums. Er erschreckte sein Publikum im Gruselkeller zusätzlich, indem er durch Kettenrasseln und andere derartige Geräusche den Effekt des Schreckens forciert. Die Verbindung von Kellerraum, Dämmerlicht, schaurigen Szenen und akustischer Überhöhung löste beim Publikum eine Art Panik aus, die sich in Schreckensschreien entlud.[10]) Zusätzlich veränderte Valentin fast täglich Beschriftung und Standort der Exponate.

Die Brutalität des Zweiten Weltkrieges macht dem Ganzen ein Ende. ». . . am 30. November 1940 lachten die Münchner und auch die Nicht-Münchner zum letzten Mal in Karl Valentins Ritterspelunke am Färbergraben 33.«[11])

Über den Verbleib der Objekte des Panoptikums kann nichts in Erfahrung gebracht werden. Der von Karl Valentin in einem Brief an den Münchner Oberbürgermeister Karl Fiehler vom 20. 2. 1940 beklagte Verlust des Bühnenfundus steht damit nicht im Zusammenhang, da es sich hier ausschließlich um Bühnenrequisiten handelte, die aufgrund einer Umwandlung der Lagerräume in einen Luftschutzkeller von Valentin verschenkt, verkauft oder zerstört wurden.[12]) (Auch Herr Münz vom Stadtarchiv München, Herausgeber von »Geschriebenes von und an Karl Valentin«, konnte mir auf meine Anfrage nichts Definitives mitteilen.[13]) Nach dem Krieg finden sich in dem Nachlaß zwei klägliche Überreste. »In einem Schuppen im Garten stehen die letzten Trümmer aus seinem Gruselkeller, der ›Daamische Ritter‹ und die Überbleibsel von Mister Roll, dem Erfinder der Rollgerstensuppe.«[14]) Ob die noch erhaltene Riesentrommel Karl Valentins (heute im Valentin-Musäum) mit der im Panoptikum befindlichen »Geistertrommel« identisch ist, bleibt unklar.

Innenansicht der Ritterspelunke

1958 veranstaltet der Kunstmaler und zeitweilige Mitarbeiter Valentins, Hannes König, zur 800-Jahres-Feier der Stadt München eine erste große Valentin-Ausstellung aus den Beständen des Valentin-Archivs der Sammlung Niessen (heute Theatermuseum Porz-Wahn). Hier wird 10 Jahre nach dem Tod des Komikers ein umfassender Einblick in die Überreste seines Schaffens ermöglicht. Ein ausführlicher Katalog erscheint, der das Werk seit den Anfängen von 1907 beschreibend vorstellt.[15]) Damit wird aber auch deutlich, daß nur noch wenige Dokumente seines langen und intensiven Lebens vorhanden sind. Diese traurige Situation versucht Hannes König zu überspielen, indem er mit großem Eifer ein Valentin-Musäum in Isartorturm einrichtet. Hannes König

Joppe des Hausmeisters Sebastian Weber . . .
(Kat. 52)

will mit dem am 19. September 1959 eröffneten »Musäum« den Geist des Valentinischen Panoptikums bewahren. Neben den verschiedenen Leihgaben u. a. des Stadtarchivs, der Stadtbibliothek, der Valentin-Tochter Bertl Böheim, dem Nachlaß des Josef Rankl (Bühnenmeister Valentins), Leben und Wirken dokumentierend, rekonstruiert Hannes König einige Objekte aus dem Panoptikum. Die Intention ist valentinisch, aber ausgeführt werden nur Objekte, die leicht nachzubilden sind. Eine möglichst getreue Rekonstruktion des Panoptikums wird nicht angestrebt, Hannes König beschränkt sich darauf, der Idee Karl Valentins nachzueifern, oder vielmehr seiner Vorstellung davon. Unter der Katalognummer 17 (Vater und Sohn) im ersten Ausstellungskatalog des Musäums schreibt er: »(Bei dieser Gelegenheit weisen wir darauf hin, daß alle Ausstellungsnummern nach Ideen Valentins verwirklicht wurden, die dieser bereits 1928 in seinem Lach- und Gruselkeller zeigte)«[16]). Abgesehen davon, daß das erste Panoptikum Valentins erst 1934 eröffnet wurde, zeigt das Musäum aus unerfindlichen Gründen unter dieser Katalognummer statt der zwei geschlossenen Regenschirme, die im Panoptikum einmütig eben wie »Vater und Sohn« an der Wand hängen, zwei aufgespannte Regenschirme (Kat.-Nr. 84). Nur im geschlossenen Zustand wird klar, daß es sich hier nicht allein um ein niedliches »groß und klein«-Prinzip handelt, sondern daß ein Attribut vermenschlicht wird.

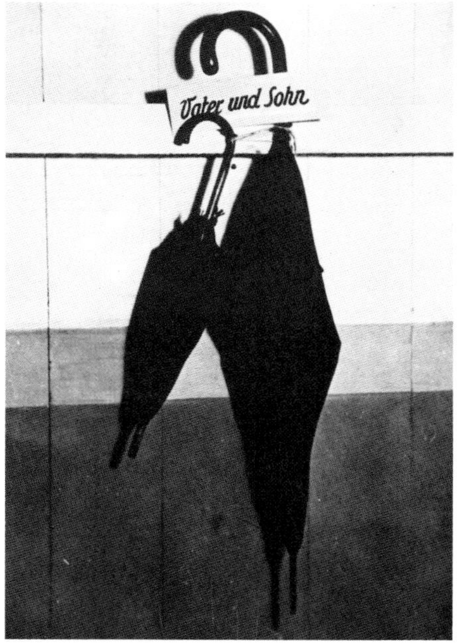

Kat. 84

»Der Kaminkehrer bei Nacht« (Kat.-Nr. 33) ist im Musäum einfach auf den Putz gemalt und ein Rahmen lose darüber gehängt. Der Gemäldecharakter verschwindet und damit die inhaltliche und ästhetische Bedeutung des Objekts.

Wie die beiden Beispiele zeigen, reicht es nicht aus, nur eine Idee der Ideen Valentins zu präsentieren. Valentin selbst war in all seinem Tun ein sorgfältiger Handwerker. Außerdem war das Valentin-Panoptikum geordnet wie ein ordentliches Museum. Abbildungen der Räumlichkeiten aus dem Münchner Stadtarchiv zeigen, daß jedes Objekt genügend Umfeld hatte, sich neben anderen zu behaupten. Die Ausstellungsstücke waren ausgebreitet.

Zusammenfassend läßt sich sagen, daß das Valentin-Musäum in München kein Unternehmen ist, das die »Ideen« Karl Valentins und seines Panoptikums der Nachwelt anschaulich macht. Vielmehr tritt das Gegenteil ein: Die Kraft Valentins wird gebrochen zugunsten des schnellen Witzes, der weitergehende Folgen im Kopf des Betrachters verhindert. Daher der Versuch einer Rekonstruktion des ursprünglichen Valentin-Panoptikums.

MICHAEL C. GLASMEIER

Anmerkungen

1) Erwin und Elisabeth Münz (Hrsg.): Geschriebenes von und an Karl Valentin. München 1978. S. 183
2) Münz, a.a.O. S. 184
3) vgl. Brief von Hammer an Valentin. in: Münz, a.a.O. S. 185
4) Münz, a.a.O. S. 187
5) Münz, a.a.O. S. 196
6) Michael Schulte: Karl Valentin. Reinbek bei Hamburg 1968. S. 52. Hier irrt Michael Schulte. Die Öffnungszeiten waren nicht von »7 bis 12 Uhr nachts«, sondern »4 bis 12 Uhr nachts«.
7) Münz, a.a.O. S. 187
8) Schulte, a.a.O. S. 52
9) Münz, a.a.O. S. 217
10) Mitteilung aus einem Gespräch mit Annemarie Fischer, der damaligen Partnerin Karl Valentins
11) Bertl Valentin: »Du bleibst da, und zwar sofort!« Mein Vater Karl Valentin. München 1971. S. 144
12) vgl. Münz, a.a.O. S. 245f.
13) Antwortschreiben vom 8.5.1979
14) Siegfried Sommer: »Goggs« und Regenschirm. in: Süddeutsche Zeitung. 9.2.1950
15) vgl. Karl Valentin und die Münchner Volkssänger. (Katalog) München 1958
16) Valentin-Volkssänger-Musäum. (Katalog) München 1960. S. 6
17) Valentin-Volkssänger-Musäum, a.a.O. S. 2

Im Panoptikum. Rechts die Guillotine

Rekonstruktion eines Katalogs des Valentin-Panoptikums oder Catalogus rerum tam artificiosarum, quam naturalium – tam antiquarum, quam recentium – tam exoticarum, quam domesticarum.

Vorbemerkung

Von Tagesanbruch bis in die späte Nacht, solang irgendein Mensch um den Weg ist, denkt das Objekt auf Unarten, auf Tücke. Man muß mit ihm umgehen wie der Tierbändiger mit der Bestie, wenn er sich in ihren Käfig gewagt hat; . . .
Friedrich Theod. Vischer: Auch Einer.

Die folgende Rekonstruktion eines Panoptikumkatalogs versucht zu retten, was zu retten ist. Der Katalog ist enzyklopädisch nach Gegenständen geordnet. Die Vielfalt und Gegensätzlichkeit der einzelnen Objekte sollen dadurch anschaulich werden.

Die räumliche Trennung zwischen Lach- und Gruselkeller innerhalb des Panoptikums ist aufgehoben, nicht um dem enzyklopädischen Prinzip die Treue zu halten, sondern um den fließenden Übergang zwischen den einzelnen Räumlichkeiten deutlich zu machen, das Nebeneinander von äußerster Brutalität und irrwitziger Komik, das auch die Dialoge und Szenen Valentins bestimmt.

Die Quellen für eine Rekonstruktion sind sehr beschränkt. Der Versuch eines Kataloges stützt sich hauptsächlich auf Ankündigungsplakate, zeitgenössische Berichte, Zeitungsreportagen und Fotos. Die im Valentin-Musäum rekonstruierten Objekte sind eingearbeitet. Die Exponate im Färbergraben und im Hotel Wagner werden nicht getrennt aufgeführt, da im einzelnen kaum noch zu unterscheiden ist, welche Objekte sich wo befanden. Im wesentlichen wiederholen und ergänzen sich die Exponate beider Panoptiken.

Nach dem Stichwort folgt die Titelangabe und, falls möglich, eine Beschreibung und Erläuterung des Objekts. Quellenangaben, Rekonstruktions- und Abbildungsnachweise schließen sich an. Bei einigen Exponaten konnten Sinn und Ausführung nur vage oder überhaupt nicht ermittelt werden. Trotzdem ist Vollständigkeit angestrebt.

Folgende Institutionen haben mich bei meinen Recherchen unterstützt: das Stadtarchiv München, die Monacensia-Abteilung der Stadtbibliothek München, das Theatermuseum Porz-Wahn bei Köln. Dank gebührt ebenfalls Ulrich Kurowski, der mir bereitwillig sein Material zur Verfügung stellte, der Familie Brand, die mich während meiner häufigen Aufenthalte in München beherbergte, meinen Berliner Freunden Rolf Annuß, Peter Bork, Wolfgang Schmidt, Günter Schönfelder, Andreas Seltzer und natürlich meinen Eltern.

Werbezettel für den Lach- und Gruselkeller Karl Valentins

Quellen

Der Quellennachweis wird im Katalog nur stichwortartig wiedergegeben. Die Kürzel werden hier durch *Kursivschrift* kenntlich gemacht.

a) Karl *Valentin:* Karl Valentins Selbstbiographie. In: Pallmann, Gerhard (Hrsg.): Karl Valentins Panoptikum. München 1952. S. 5-14

Schulte, Michael (Hrsg.): Karl Valentin. *Sturzflüge im Zuschauerraum.* Der gesammelten Werke anderer Teil. München 1969

Schulte, Michael (Hrsg.): *Das große Karl Valentin Buch.* München 1973

Schulte, Michael (Hrsg.): *Alles über Karl Valentin.* München 1978

Valentin-Musäum. Katalog. München o.J.

Valentin-Volkssänger-Musäum. Münchens Curiositätenschau im Isartor Tal. Katalog. München 1960

Münz, Erwin und Elisabeth (Hrsg.): Geschriebenes von und an Karl Valentin. München 1978

Valentin, Bertl: »Du bleibst da, und zwar sofort!« Mein Vater Karl Valentin. München 1971

Schulte, Michael: Karl Valentin. In Selbstzeugnissen und Bilddokumenten. Reinbek bei Hamburg 1968

Buschor, Ernst: Museumsdirektor Karl Valentin. In: Karl Valentin's gesammelte Werke. München 1961. S. 419-425

Mette, Alexander: (Erinnerung an Karl Valentin). In: Valentin, Bertl: »Du bleibst da, und zwar sofort!« Mein Vater Karl Valentin. a.a.O. S. 133-137

Vogler, Erna: Deutschlands klassischer Komiker. Karl Valentin zum Gedächtnis. in: Aufbau. Nr. 4, 1948

Jerven, Walter: Hier lacht Karl Valentin! In: Münchner Illustrierte Presse. Nr. 44, 1935

Anonymus: Der Stein auf dem Mariechen saß . . . Das originellste Museum der Welt. *Süddeutsche Sonntagspost.* 4. Nov. 1934

Anonymus: Bei Valentin im Grusel-Keller . . . *Das illustrierte Blatt.* Nr. 1 1935(?)

Anonymus: Valentinische Unterwelten. In: *Münchner Zeitung.* 23.10.1934. In: Münz, Erwin und Elisabeth (Hrsg.): Geschriebenes von und an Karl Valentin. a.a.O. S. 196-197

Anonymus: Du lachst mit! Vergnügter Bummel durch das Valentin-Museum. *Nordbayerische Zeitung.* 22. Jan. 1938

Ihering, Herbert: (Das Valentin-Panoptikum). In: Pallmann, Gerhard (Hrsg.): Karl Valentin's Lachkabinett. München 1950. S. 21-22

Reichmann, Monika: Valentins Musäum. In: Merian. Nr. 12. 24. Jahrg. S. 91–93

Hausenstein, Wilhelm: Die Masken des Komikers Karl Valentin. München 1976

Keller, Josy: (Das Valentin-Panoptikum). In: Bayerland. August 1967. S. 26-29

b) Ludwig *Greiner:* Entwürfe für Karl Valentin's Panoptikum. Schautafeln. Ausgestellt im Valentin-Musäum München. Vgl. Valentin-Musäum. (Katalog) a.a.O. Kat.-Nr. 75

c) Fotografien und undatierte Zeitungsausschnitte aus dem *Stadtarchiv* München.

Fotografien, Zeitungsausschnitte und Zeichnungen im *Theatermuseum* Porz-Wahn bei Köln

Abkürzungen

T. = Titelnachweis und Quellenangabe
R. = Rekonstruktionsnachweis.
A. = Abbildungsnachweis

Der Wirt und Zeichner Ludwig Greiner

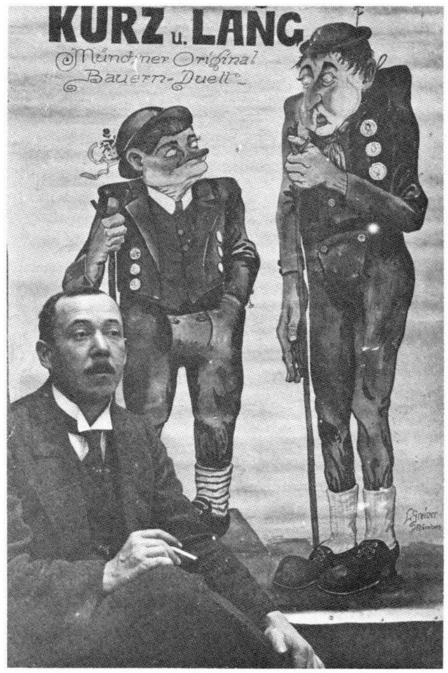

Kat. 2

1. Alpen
Aussicht auf die Alpen, leider zugemauert
Teilweise zugemauertes kleines Alpendiorama.
T.: Valentin-Volkssänger-Musäum, Kat.-Nr. 51 – R.: Valentin-Musäum

2. Anstreicher
»Ein vorhangverhängter Ausgang führte ins Freie, nicht ohne Hindernis: man stieß gegen eine Bockleiter, auf der ein Anstreicher tätig war; unachtsamerweise hatte er seinen Farbkübel auf den Boden ausgegossen.« (Buschor, S. 422) Diese Wachsfigur oben auf der Leiter ist eine der typischen Stolper- und Verunsicherungsfallen des Panoptikums. Gleichzeitig ist der Anstreicher Symbol für das Unfertige, Veränderbare: ein Museum, in dem der Anstreicher permanent tätig ist.

3. Apfel
Der Apfel, in den Adam biß! oder *Von diesem Apfel hat Adam runtergebissen*
T.: Greiner. Valentin-Musäum. Kat.-Nr. 72 – R.: Valentin-Musäum

4. Bank
Deutsche Bank 1922
Valentin beklebte eine von ihm selbst gezimmerte Sitzbank mit Inflationsgeld. Bertl Valentin bezeichnet diese Bank als »Inflationsdenkmal« (Bertl Valentin, im Abbildungsteil).
T.: Münz, S. 190 und S. 219 – R.: Museum des Geldes. (Katalog) Düsseldorf 1978. Kat.-Nr. V/11 – A.: Bertl Valentin, Süddeutsche Sonntagspost, Museum des Geldes

5. Beamtenschweiß
Ein Tropfen Beamtenschweiß
Ludwig Greiners Entwurfzeichnung zeigt einen bebrillten, glatzköpfigen Herrn, der staunend, mit weit geöffnetem Mund, den Tropfen in einem Glas betrachtet.
T.: Greiner

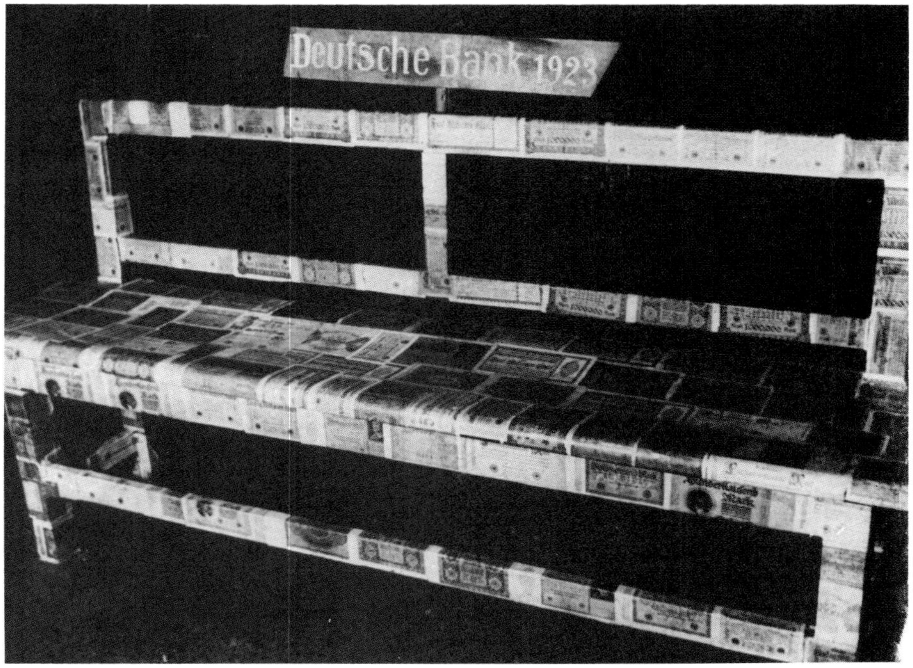

Kat. 4

6. Beduine
Wenn Sie dem Beduinen beide Hände drücken, und dabei in den Spiegel schauen, verändert sich Ihr Gesicht
Die Wachsfigur eines Beduinen hält sitzend beide Hände vorgestreckt. Auf seiner Brust ist ein kleiner Spiegel angebracht. Was passiert, wenn man die Aktionsanleitung befolgt, bleibt ein Geheimnis. »Nun wir werden nicht verraten, was sich da ereignet, aber wir wissen bestimmt, daß sich das Gesicht des Beschauers verändert.« (Das illustrierte Blatt).
A.: Stadtarchiv, Das illustrierte Blatt

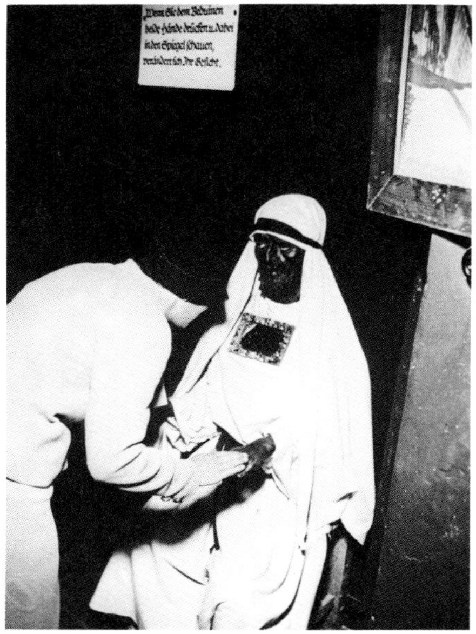

Kat. 6

7. Bierkrug
Bitte nicht berühren!
»Valentin wahrt die Würde des Museums, indem er vor ein Bierkrügel ein Schild setzt: Bitte, nicht berühren! Das tut in München gut. Wenn man durch die anderen Münchener Museen gewandert ist, dann freut man sich, wenn man sich ein bisserl drüber lustig machen kann.« (Süddeutsche Sonntagspost).
A.: Süddeutsche Sonntagspost

8. Bleistift
Mit Motor. Funktion unbekannt.
T.: Theatermuseum

9. Briefkasten
Endlich. Das Postministerium zerbricht sich Jahrzehnte die Köpfe, um das Rätsel zu lösen, wie man die Briefkästen anstreichen soll. Hier ein praktischer Vorschlag
Die Vorderfront des Briefkastens ist mit einem verschiedenfarbigen Rautenmuster bemalt. Die beiden Seiten tragen ein Wolkenmuster. Über dem Briefkasten hängt eine Karikatur: Sechs Herren an einem runden Tisch denken nach (angedeutet durch Fragezeichen über ihren Köpfen). Die Karikatur trägt den Titel: »Die wichtigste Frage der Gegenwart.«
A.: Stadtarchiv

Kat. 11

10. Briefmarke
Kuvert mit gefälschter Briefmarke.
T.: Theatermuseum

11. Brücke
Henkersbrücke
Auf der hölzernen »Henkersbrücke« überquert der Besucher den Burgteich. In der Mitte der Brücke ist eine Vorrichtung angebracht, die den durch die düsteren Räumlichkeiten verunsicherten Besucher einsinken läßt. »Man kam dann in eine Abteilung mit dämmeriger Beleuchtung. Als eine Brücke passiert wurde, gab sie plötzlich nach, so daß man im Halbdunkel in etwas unbestimmbar Modriges – wie in einen Sumpf – zu versinken glaubte.« (Mette).
T.: Münz, S. 190, S. 219, S. 220. Valentin, S. 12 – A.: Stadtarchiv, Bertl Valentin, Nordbayerische Zeitung, Münz, S. 193

Kat. 12

12. Damenbad
Blick in ein Damenbad. (Nur für erwachsene Kinder) oder *Nur für Erwachsene! Blick in's Damenbad*
»Da die Alten mit einer gewissen Vorliebe badende Menschen zur Darstellung brachten, erregte eine Bretterwand mit einem Astloch und der Beischrift »Blick ins Damenbad« meine Aufmerksamkeit, aber der Einblick war enttäuschend, denn man sah nur wieder eine zweite Bretterwand, vor deren Astloch sich eine Gruppe wächserner Männer drängte; mit welchem Erfolg, bleibt ungewiß.« (Buschor).
A.: Stadtarchiv

Kat. 13

13. Dampf
Kalter Dampf einer Schnellzuglokomotive
T.: Valentin-Volkssänger-Musäum, Kat.-Nr. 40 – R.: Valentin-Musäum

14. Drache
Der feuerspeiende Drache in Tätigkeit (von der Feuerpolizei genehmigt)
T.: Münz, S. 220 – A.: Das illustrierte Blatt

15. Dreschflegel
Im Katalog des Valentin-Musäums findet sich zu diesem Objekt folgende Anmerkung: »Außenministern aller Länder zu Auseinandersetzungen aller Art warm empfohlen.«
T.: Valentin-Volkssänger-Musäum, Kat.-Nr. 28 – R.: Valentin-Musäum

16. Ei
I.) Mit diesem Ei entdeckte Kolumbus Amerika
Das Ei trägt die Aufschrift »Fröhliche Ostern«.
R.: Valentin-Musäum – T.: Greiner

II.) Nest mit ungelegten Eiern
R.: Valentin-Musäum, Kat.-Nr. 78

III.) Eierstock
». . . einen Stock mit zwei in einem Netz befindlichen Eiern« (Nordbayerische Zeitung).
T.: Nordbayerische Zeitung

IV.) Regenwurmei
T.: Nordbayerische Zeitung

Kat. 16 II und 94

17. Entdecker
I.) Entdecker der Rollgerstensuppe
Wachsbüste
T.: Schulte – R.: Valentin-Musäum, Kat.-Nr. 27

II.) Entdecker des Wannenbades oder *Wachsbüste aus Wachs von dem Entdecker des Wannenbades*
T.: Münz, S. 220 – R.: Valentin-Musäum, Kat.-Nr. 6 unter dem Titel »Empfenzeder, der Erfinder des Wannenbades«

Kat. 17 I

18. Enthaupteter
Im Raum mit der Guillotine ist auch ein Ergebnis ausgestellt: eine Figur ohne Kopf im tadellosen Anzug.
R.: Theatermuseum

19. Erbschaft
Die Erbschaft (hochkomisch) oder *Die Heimkehr der Liliputaner*
Die Anregung für diese komplett aufgebaute Szene bezog Valentin aus seinem gleichnamigen Stück »Die Erbschaft«. Dieses Stück wurde von Jakob Geis 1936 verfilmt und im gleichen Jahr wegen »Elendstendenzen« verboten. Ein völlig verarmtes Ehepaar (Karl Valentin u. Liesl Karlstadt) bekommt die Nachricht, eine Erbschaft in Form einer Schlafzimmereinrichtung gemacht zu haben. Daraufhin verschenken sie ihre alte Einrichtung an den Hausmeister, der daraus Brennholz macht. Aufgrund einer Namensverwechselung wird ihnen eine Liliputanereinrichtung geliefert, die ihnen schließlich wieder abgenommen wird. Zum Schluß des Filmes schlafen beide auf dem Boden.

Im Panoptikum wurde der groteske Gegensatz zwischen dem Ehepaar und den winzigen Betten – im Film versucht sich Valentin in eines der Betten hineinzulegen – noch gesteigert, indem neben den Liliputanerbetten ein wächsernes Riesenehepaar aufgestellt wurde. »Die Liliputanerleutchen sind bereits gestorben und deswegen nicht mehr zu sehen. Aber ihr kleines Liliputanerlexikon, ihre Liliputanerbettchen, ihr Liliputanerbierkrügelchen stehen herum und eben betreten zwei Riesen den Raum. Sie sind die einzigen Erben. Valentin hätte die Riesen gern in die Liliputanerbetten gelegt: Aber dann kommen vielleicht die Sittlichkeitsschnüffler und sagen, das ist unanständig. Darum stehen die Riesen in Überlebensgröße da.« (Süddeutsche Sonntagspost). Der zweite Titel »Die Heimkehr der Liliputaner« läßt eine andere Deutung zu: »Plötzlich ist das junge Paar emporgeschossen und hat überlebensgroße Formen angenommen. So stehen sie nun in ihrer Wohnung mit den kleinen Betten und Möbeln.« (Jerven)
T.: Münz, S. 190 u. S. 219, A.: Stadtarchiv.

Kat. 19, Zeichnung von Ludwig Greiner

20. Fahrstuhl
Schachtfahrt zu den unterirdischen Gewölben (Katakomben) oder *Freifahrt in den 65 m tiefen Schacht*
»Er (Valentin, d. V.) macht die Tür eines kleinen Kabninetts auf. Es sieht aus wie ein richtiger Fahrstuhl, ein kleines Fenster gewährt den Blick auf eine rote Backsteinmauer. Ein gezackter Blitz warnt vor ›Lebensgefahr‹, und ein unheimliches Motorengeräusch erinnert daran, daß wir bereits fahren. ›Wir fahren jetzt 15 Meter runter‹. Beim Aussteigen stellte ich aber doch fest, daß sich der Aufzug gar nicht von der Stelle bewegt hatte.« (Nordbayerische Zeitung).
T.: Münz, S. 190, S. 219, S. 220

21. Feigenblatt
Feigenblatt Evas (mit 17 und mit 54 Jahren) (?)
T.: Valentin-Musäum, Kat.-Nr. 45 – R.: Valentin-Musäum

22. Fernrohr
Gerichtet auf ein offenes Fenster mit dem Schild: »Blick zur Milchstraße«.
T.: Theatermuseum

23. Flinte
Ins Korn geworfene Flinte
T.: Bertl Valentin S. 133

24. Flugzeug
»Der Verächter der Eisenbahnen und Dampfschiffe erwies sich auch als Verächter der Flugzeuge. ›Die Sachen sind doch noch gar net richtig ausg'arbeitet‹, sagte er (Valentin, d. V.) mit vorwurfsvollem Blick, und aus ihm sprach der erfahrene Konstrukteur. ›Was is dös scho für a Maschine, wenn's an solchen Spektakel macht?‹ Dabei drückte er auf einen Knopf, und ein Flugzeug, das zu unseren Häupten an der Decke aufgehängt war, setzte mit einem ohrenbetäubenden Lärm seine Propeller in Bewegung. Ich konnte mich freilich des Gedankens nicht erwehren, daß diese Geräuschpalette mit einigen zusätzlichen grellen Farben untermischt war.« (Buschor).

25. Floh
Joseph Floh von Ägypten
T.: Greiner

26. Folterkammer
Folterkammer aus dem Jahre 1600. Hexenpeitschung. Folterwerkzeuge etc. oder *Folterkammer vor 400 Jahren*
Neben mannigfachen Folterwerkzeugen des Mittelalters, denen man heute noch in einigen Heimatmuseen begegnet, konnten hier nachgestellte Folterszenen erlebt werden, selbstverständlich mit Wachspuppen. Ein junges Mädchen kniet vor den 4 Kapuzenmännern der Inquisition. Über sie wird gerade das Urteil gefällt. Auf dem mit einem Tuch behängten Richtertisch befinden sich die entsprechenden Attribute: zwei Kerzen und ein Totenkopf. Vor dem Tribunal hängt ein Schild: ». . . du sollst so dünn gefoltert werden, daß die Sonne durch dich durchscheint.« Drei Folterknechte sind schon am Werk: einer peitscht eine halbnackte Gefangene aus; ein Mann wird an den Händen gebunden die Decke hinaufgzogen; der dritte Folterknecht ist im Begriff, einem vornehmen jungen Herrn die Finger abzuhacken. »Man sieht Folterszenen in einer mittelalterlichen Architektur. Auf dem Oktoberfest war uns die Geisterbahn nicht gruselig genug. Hier im Museum,

Kat. 16

in dem man das Fürchten lernen kann, bittet man die Geisterbahn um Entschuldigung.« (Süddeutsche Sonntagspost).
T.: Münz, S. 190, S. 219, S. 220 – A.: Stadtarchiv, Süddeutsche Sonntagspost, Münz, S. 201, Bertl Valentin

27. Franzose
Gefangener Franzose
»Eine kleine Kiste, die mit einem Drahtgitter und einem Vorhängeschloß versperrt ist, darin liegt ein Franzosen-Schraubenschlüssel.« (Bertl Valentin, S. 138).
T.: Valentin-Musäum, Kat.-Nr. 79. – R.: Valentin-Musäum – A.: Stadtarchiv, Katalog Valentin-Musäum

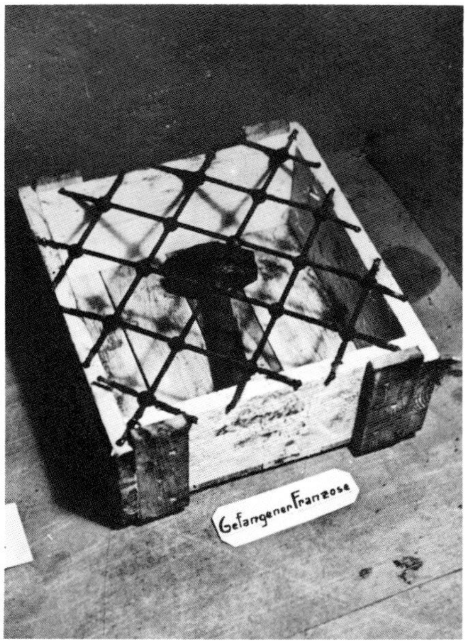

Kat. 27

28. Fußball
Der Fußball von Max Schmeling
T.: Münz, S. 220

29. Futurismus
Wahrscheinlich wurde dieser Ismus von Valentin nur als Schlagwort in seinen Programmankündigungen benutzt. In den zeitgenössischen Berichten finden sich keine Hinweise auf eine objekthafte Umsetzung.
T.: Münz, S. 190 u. S. 196

30. Der Unheimliche Gang
Dieser Gang führte zur Henkersbrücke. Sicherlich war er mit schauerlichen Dingen gefüllt, wie Ratten, Gebeine, Spinnen etc.
T.: Münz, S. 219

31. Gedicht
Gedichte. Einst und Jetzt
»In höchstes Erstaunen versetzte uns dann aber das Nebeneinander von drei Gedichttexten, die unter der Überschrift ›Einst und jetzt‹ in einem Rahmen vereinigt waren, weil der eine von ihnen mich (Alexander Mette, d. V.) zum Verfasser hatte. Auf einen Ausschnitt aus Schillers ›Glocke‹ folgte ein Ausschnitt aus Hans Arps ›Wolkenpumpe‹ und dann das ein Jahr zuvor in der Zeitschrift ›Der Sturm‹ von mir erschienene ›Lyrische Portrait‹.« (Alexander Mette). Mettes Erinnerungen sind unrichtig. Die Zeitschrift »Der Sturm« existierte schon seit 1930 nicht mehr. Es finden sich aber im Jahrgang 1925 dieser Zeitschrift mehrere Gedichte, in denen das Wort »Portrait« im Titel erscheint: »Porträt E. L.«, »Porträt K. L.« (beide in der Juli/August-Nummer) und »Porträt H. P.« in der November/Dezember-Nummer.

Hans Arp: Die Wolkenpumpe (Auszug). In: H. A.: Gesammelte Gedichte. Zürich 1963, S. 58
in jener zeit bemalten sich die menschen noch nicht perspektivisch als blaue grotte gondel oder schiefer Turm
der edelweißwurm mit allen friesen der welt umwunden trug wannen voll gekämmtem gras und haar auf der zunge
bälge aus marmelstein
tannenzapfen liehen sich vogelflügel und fischschuppen vor den spiegeln pflegten die schnecken und hermaphroditen ihre lippen
auf den wendeltreppen saßen die sterne mit ohrringen
die quallen mit wasserköchern und die wale mit brennenden kronleuchtern und trompeten und bliesen daß die echos zersprangen

Alexander Mette: Porträt H. Sp.

Umottert spell
Kopf rosa zartpastell
und kneife Augen
kniff kneift kneif der Mund
und spell das Haar fluh ätherblond versprengt
versprengt der Blick
versprengt und hell der Blick
versprengt verspringt der Kopf
breit und versprengt der Kopf
und wölber Schädel warmlichtrot spreng in den Aether spreng versprengt
sprüht Blitz
versprüht in nerve Blitze
strohhellverklirrt
knirr kneif Geknister nervig ätherhell und blondverblichen kniff.

Kat. 32: Gugelmann. Zeichnung von Ludwig Greiner

Kat. 34

aus dem süßen taugras zimmerten sie köpfe hütten und tanzplätze für die steinmetzen
die glitzernden engel drehten sich in ihren angeln
die gläsernen eulen reichten sich den tod von schnabel zu schnabel
die bolzen der geteerten waren gedengelte rosen
die köder der angler waren segler voll folterkammern
die härenen morgen- mittag- und abendteurer legten grundsteine
T.: Mette

32. Geister
Alte und neue Geister
Ein spezielles Ausstellungsobjekt zu diesem Thema konnte nicht ermittelt werden. Es gab mehrere Geistergestalten, z. B. den Gugelmann.
T.: Münz, S. 190 u. S. 219

33. Gemälde
»Entartete« Kunst mit Stiefelwichse gemalen von Karl Valentin
Ein entsprechendes Bild taucht in den Quellen nicht auf. Der Titel wird sich auf das Bild *Kaminkehrer bei Nacht* beziehen. Die Rekonstruktion im Valentin-Musäum mit dem Zusatztitel »Original Gemälde K. Valentins« besteht aus einer rechteckigen auf die Wand gemalten schwarzen Fläche, über die lose ein Rahmen gehängt wurde. Die Vorstellung, daß es sich ursprünglich um ein monochromes Gemälde handeln könnte, muß aufgegeben werden. Ein Foto im Stadtarchiv München zeigt, daß in das Schwarz eine Schornsteinfegeridylle eingedrückt wurde: Kaminkehrer mit Leiter und Zylinder unter dem Sichelmond. Die Dicke der aufgetragenen Farbschicht läßt die Vermutung zu, daß das Bild tatsächlich mit »Stiefelwichse gemalen« wurde.
T.: Greiner, Münz, S. 220 – R.: Valentin-Musäum, Kat.-Nr. 15 – A.: Stadtarchiv

34. Geruchstäuschung
Rose riecht nach Petroleum/Petroleumkanne nach Rosenduft
Die Rekonstruktion des Valentin-Musäums verwendet statt der Rosen Maiglöckchen. Außerdem sind Blume und Kanne nicht wie im Original getrennt aufgestellt, sondern die Blume steckt in der Kanne. Das Geruchsobjekt hat seinen Sinn verloren.
T.:: Stadtarchiv, Valentin S. 14 – R.: Valentin-Musäum, Kat.-Nr. 65 – A.: Stadtarchiv

35. Gespenst
Das Gespenst im Burghof
T.: Münz, S. 190 u. S. 219

36. Glasnagel
Der Glasnagel. Vor Gebrauch uns fragen! oder *Glasnagel (vor Nachahmung wird gewarnt!)*
T.:Valentin-Volkssänger-Musäum, Kat.-Nr. 22. Valentin-Musäum, Kat.-Nr. 70. – R.:Valentin-Musäum

37. Glocke
Kuhturmglocke
Eine Kreuzung aus Turm- und Kuhglocke.
T.: Valentin-Volkssänger-Musäum, Kat.-Nr. 49 – R.: Valentin-Musäum

38. Göttin
»Er (Valentin, d. V.) führte mich vor die Göttin auf dem Piedestal. Ich gestand, nichts Besonderes hinter ihr zu finden. ›Die Augen!‹ sagte er, ›Sie müssen ihr gerad in die Augen schauen!‹ Ich folgte der Anweisung, während er heimlich einen Hebel bediente, der den plötzlichen Sturz der Statue auslöste. Valentin weidete sich an meinem überflüssigen Seitensprung: eine geschickt angebrachte

Kette im Rücken der Figur hielt den Sturz auf, kurz bevor das Haupt des Betrachters zerschmettert werden konnte.« (Buschor). Es hat sich bei dieser Statue wahrscheinlich um die Germania gehandelt.

39. Grünanlage
Ein Grasbüschel in einem Topf mit dem Schild *»Bitte den Rasen nicht betreten!«*
T.:Reichmann – R.: Valentin-Musäum

40. Guckkasten
I.) Eine blendende Sache
T.: Stadtarchiv

II.) Hier sehen Sie in das Innere des Simplon Tunnels
T.: Das illustrierte Blatt – A.: Das illustrierte Blatt

41. Guillotine
Die letzten Augenblicke des Raubmörders Peter Kürten (Hinrichtung mittels Guillotine).
Diese Maschine war Teil der Folterkammer. Unter der Guillotine lag ausgestreckt auf dem Bauch der wächserne Mörder, während sich ein Kapuzenmann an den Füßen zu schaffen machte. Neben der Guillotine stand das Reklameschild »Kopfschmerzen jeder Art beseitigt unter Garantie sehr rasch Scharfrichter Wuchtig.« (Bertl Valentin). Falls Karl Valentin seinem Publikum den Mechanismus der Maschine nicht selbst erläuterte (Nordbayerische Zeitung), tat dies der Gehilfe des Nachrichters Johann Reichart namens Donderer. Das wurde Donderer vom Bayerischen Staatsministerium verboten, und er wurde entlassen. »Der bisherige Nachrichtergehilfe Donderer wird künftig zur Vollstreckung von Todesurteilen nicht mehr herangezogen werden.« (Brief des Justizministeriums vom 4. 12. 1934 in: Münz, S. 201). Die Guillotine im Panoptikum war äußerst brisant, da sie der damals noch benutzten Maschine in Stadelheim bis aufs Haar glich. Die Polizeidirektion München wollte das Zeigen der Guillotine zunächst untersagen, unterließ dies aber, um kein Aufsehen zu erregen. Valentins Bauplan wurde von der Polizei eingezogen (Vgl. Münz, S. 201 f). Später stellte Valentin das Holzgerüst der Guillotine in seinem Garten in Planegg auf. ». . ., daß's Enkelkind was zum Spielen hat. San fei zwoahundert Personen mit 'köpft word'n.« (Hausenstein, S. 45).
T.: Münz, S. 190 u. 219. Valentin, S. 11 f. – A.: Münz, S. 201

42. Hackklotz mit Axt und Holzschraube
Steuermethoden Einst und Jetzt
T.: Valentin-Musäum, Kat.-Nr. 67 – R.: Valentin-Musäum

43. Hellseher
T.: Münz, S. 190 u. S. 219

44. Henne
Henne persönlich auf einem BMW-Mottorrad
Eine ausgestopfte Henne auf einem Motorrad
T.: Nordbayerische Zeitung

45. Hölle
Die Hölle. Märchenhafte Ausstattung. Ab 11 Uhr abends Nacht-Kabarett
Die Hölle war die zum Panoptikum im Hotel Wagner gehörende Schankstube mit einer Kabarettbühne. »Und zuguterletzt entläßt dich das Museum in die ›Hölle‹ selber, die alte Wagnergrotte, die mit Meergreis und Hexen und Drachen, Fledermäusen, die im Licht von ›Pechfackeln‹ flattern und der verführerischen Bar zum wunderbaren Sumpfen eingerichtet wurde. Sogar für die Höllenmusik ist ein Podium eingerichtet.« (Münchner Zeitung).
T.: Münz, S. 219 – A.: Stadtarchiv

Kat. 38, Zeichnung von Ludwig Greiner

Kat. 40 I

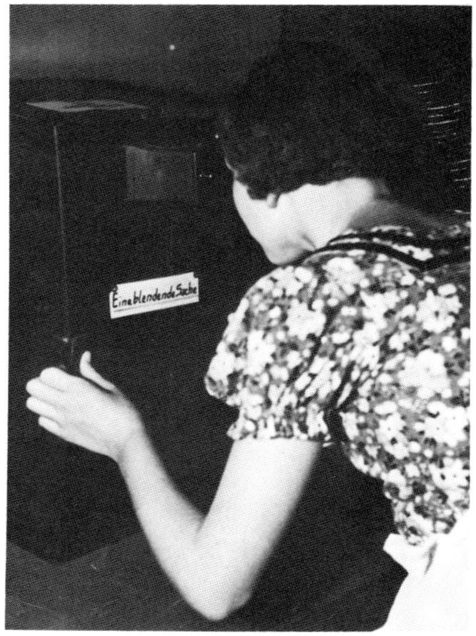

Kat. 41, Zeichnungen von Ludwig Greiner

46. Holzhaus
Haus für Drucksachen
Wahrscheinlich ein typisches Toilettenhäuschen mit Herz in der Tür.
T.: Theatermuseum

47. Hosenknopf
Hosenknopf vom Goliath und vom David
T.: Greiner

48. Hosenträger
Außer Betrieb
T.: Valentin-Musäum, Kat.-Nr. 66 – R.: Valentin-Musäum

49. Hund
I.) Ein ausgestopfter Schäferhund, der am Eingang einer der Abteilungen des Panoptikums lag: Eine Stolperfalle (Nordbayerische Zeitung).
II.) Auf einem Foto im Abbildungsteil des Buches von Bertl Valentin sieht man neben dem Bett mit dem Taucher einen an einem Vogelhäuschen angeketteten Hund. Neben dem Vogelhäuschen steht eine richtige Hundehütte. Titel ist nicht mehr auszumachen.
A.: Bertl Valentin.

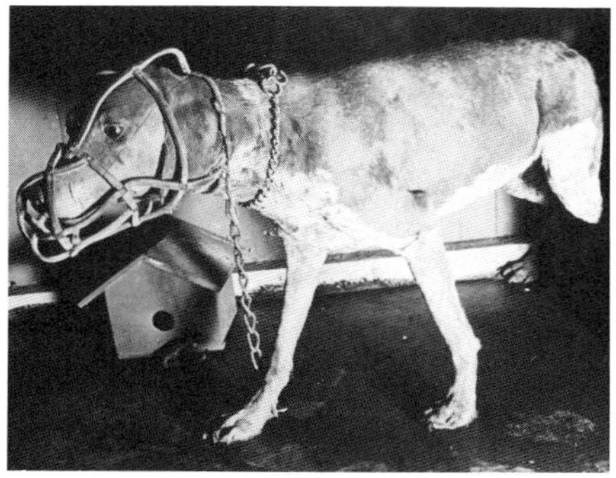
Kat. 49

Kat. 49, Zeichnung von Ludwig Greiner

50. Hungerkünstler
»Auch der Hungerkünstler Sukki ist zu sehen, der sich vor einem herrlich gedeckten Tisch mit Geflügel, Trauben, indischen Schwalbennestern und anderen Delikatessen selber dem Hungertod ausliefert.« (Valentin)
T.: Valentin, S. 13

51. Hut
Ein alter Hut
T.: Valentin-Musäum, Kat.-Nr. 10 – R.: Valentin-Musäum

52. Joppe
Joppe des Hausmeisters Maier, die er trug, als er seine Frau kennen lernte
T.: Valentin-Musäum, Kat.-Nr. 10 – R.: Valentin-Musäum

Kat. 56

Kat. 57

Kat. 59

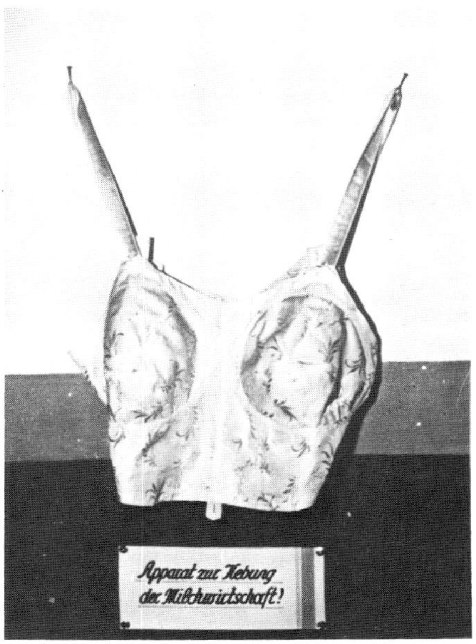

53. Kabinett
Kabinett nur für Erwachsene
Was sich hinter diesem Titel verbirgt, ist unklar. Es ist vielleicht jener Mann mit abgestreiften Hosen »hinter einer verschwiegenen Tür« (Nordbayerische Zeitung). Im Valentin-Musäum findet sich eine Tür mit dem Schild »Zutritt nur für Erwachsene«. Öffnet der Besucher die Tür, grinst ihm ein anderes Schild entgegen: »San Sie aber neigierig!«
T.: Münz, S. 190 u. S. 219 – R.: Valentin-Musäum Kat.-Nr. 25

54. Kinderbild
I.) Achtzigjähriger Greis im Alter von einem Jahr
Neben dem Schild die Fotografie eines Kleinkindes.
T.: Mette

II.) Jugendliches Kinderbild Valentins. Rahmen ist etwas zu groß, in der Annahme, daß das Kind hineinwächst, so groß gewählt
T.: Valentin-Musäum, Kat.-Nr. 57 – R.: Valentin-Musäum

55. Kinderpuppe (weiblich)
Eine hundertjährige Frau in ihren jungen Jahren
T.: Stadtarchiv – A.: Stadtarchiv

56. Kinderwagen
Keine Mutter mehr nötig; Kind kann allein ausfahren
Ein motorisierter Kinderwagen mit Handkurbel, Kühlerhaube, Nummernschild, Hupe, Lampe und Steuerrad. »Ein Kinderwagen mit einem Säugling in den Kissen und einem Motor am Räderwerk dokumentiert die Errungenschaft, daß jedes Kind nunmehr im Wägelchen keine Begleitung mehr brauche, weil es allein ausfahren könne.« (Mette).
T.: Vogler – A.: Das illustrierte Blatt

57. Knabe
Sah ein Knab ein Röslein stehen
»Auf einem kleinen, giftgrünen Rasenplatz erblühte – ganz einsam – eine Rose. Sie wuchs mitten aus dem Gras heraus, schlank und rot. Ein kleiner Junge, in gutem, neuem Anzug – wie aus einem Schaufenster frisch herausgenommen – stand davor und beugte sich leicht hinab zu dem Wunder. Ein erklärendes Schild an der Wand: ›Sah ein Knab' ein Röslein stehn.‹« (Vogler).
T.: Vogler – A.: Das große Karl Valentin Buch, S. 300

58. Kohlenschaufel
Blühender Kohlenschaufelstiel. *Professor Fluidum erfand ein sensationelles Blumendüngemittel, das sogar diesen Kohlenschaufelstiel zum Blühen brachte*
T.: Valentin-Musäum, Kat.-Nr. 11 – R.: Valentin-Musäum

59. Korsett
Apparat zur Hebung der Milchwirtschaft oder *Praktische Vorrichtungen für Damen zur Hebung der Milchwirtschaft*
T.: Stadtarchiv – R.: Valentin-Musäum, Kat.-Nr. 82 – A.: Stadtarchiv

60. Kunstflieger
Kunstflieger Udet. Plastik – leider nicht fertiggeworden
T.: Münz, S. 190 u. 219 – A.: Valentin-Musäum

61. Leistenbruch
Zerbrochene Holzleiste.
R.: Valentin-Musäum

62. Liliputaner
Urenkel von Napoleon
»Ein täuschend echter Liliputaner aus fleischfarbenem Gummi sitzt da in einer Uniform, die zwischen Hofzwerg und Portier schwankt.« (Süddeutsche Sonntagspost). »Natürlich erschrickt man, denn die Figur, die so ernst in der Ecke sitzt und die man genau betrachten will, bewegt sich plötzlich, weil sie nämlich ein wirklicher Mensch ist.« (Jerven).
T.: Münz, S. 190 u. S. 219 – A.: Stadtarchiv, Jerven

63. Löwenkopf
Nicht füttern!
Bronzener Türlöwenkopf.
R.: Valentin-Musäum – A.: Stadtarchiv

64. Loreley
I.) Die Loreley als verblühte Schönheit
Valentins »ewige Jungfrau« Loreley ist sichtlich gealtert. Das Gesicht ist runzelig, das goldene Haar verwildert. So hockt sie mit der Harfe in der Hand auf einem Felsblock und illustriert treffend Valentins gleichnamige berühmte Heine-Parodie. Akustisch wird der Alterungsprozeß durch ständiges Husten zwischen den einzelnen Strophen und zitternde Stimme signalisiert: »Saubronchitis«. (Auf dem Doppelalbum »Karl Valentin/Liesl Karlstadt«. Ariola 8955 XBW). Valentins Loreley-Obsession macht auch vor der eigenen Person nicht halt. Er maskiert sich vollständig als die grotesk, krank und unheimlich anmutende Jungfrau mit dem goldenen Haar, die in der Maskenfotografie nicht auf einem Felsen sitzt, sondern auf einem mittelalterlichen Piedestal. (Vgl. Schulte, S. 110).
T.: Münz, S. 220 – A.: Das illustrierte Blatt

II.) Harfe und Kamm der Loreley
Eine Rekonstruktion des Kammes befindet sich im Valentin-Museum. Er ist überdimensioniert, um die »goldene Pracht« zu meistern.
T.: Greiner – R.: Valentin-Musäum, Kat.-Nr. 38.

Kat. 62

Kat. 64 I

Kat. 68

Kat. 71

65. Luft
Berliner Luft
Marsch »Berliner Luft« von Paul Lincke
Ein Behälter für Tonwalzen mit obiger Aufschrift.
T.: Süddeutsche Sonntagspost – R.: Valentin-Musäum, Kat.-Nr. 39 – A.: Süddeutsche Sonntagspost

66. Mausefalle
Einer Katze zum Verhängnis geworden.
T.: Theatermuseum

67. Mäuseturm
Mit einer Ratte.
T.: Theatermuseum

68. Meereswellen
Gesammelte Meereswellen
»Der Historiker konnte sein Auge weiden an der ersten Meereswelle, die unser Ozeanflieger in seinem geschichtlichen Standardflug überquerte; sie war in einem nassen Sack untergebracht.« (Buschor). Der Titel und die Beschreibung Buschors stimmen nicht überein. Das Plakat für das Panoptikum kündigt »Gesammelte Meereswellen« an, während Buschor nur von einer einzigen »historischen« Welle spricht.
T.: Münz, S. 220.

69. Mickymaus
»Man tritt in ein Lachkabinett und sieht eingekerkert: – Mickymaus.« Merkwürdigerweise findet sich für dieses ungewöhnliche Schaustück nur eine kurze Anmerkung bei Herbert Ihering. Ihering schreibt weiter von »der Zartheit, mit der eine gefangene Mickymaus als Symbol der gefangenen Heiterkeit dargestellt wird.« (Ihering).

Kat. 72

70. Nagel
An diesen Nagel hängte Karl Valentin 1902 seinen Beruf und wurde Volkssänger
Das Objekt ist die wörtliche Umsetzung eines Satzes aus Valentins Selbstbiographie: »Als ich ungefähr vierzehn Jahre alt war, durfte ich einmal mit meinem Zitherlehrer das Kolosseum in München besuchen. Dort trat damals der Gesangshumorist Karl Maxstadt auf, ein besonderer Liebling des Münchener Publikums. Ich war so begeistert, daß ich beschloß, die Schreinerei an den Nagel zu hängen und in seine Fußstapfen zu treten.« (Alles von Karl Valentin, S. 149).
T.: Keller – R.: Valentin-Musäum, Kat.-Nr. 5 – A.: Keller

71. Nasenbohrmaschine
Elektrischer Apparat für Kinder zum Nasenbohren
Eine wächserne Knabenpuppe mit Wollmütze und Mantel bohrt sich mit einem elektrischen Bohrapparat in der Nase. Die Batterie befindet sich in der Brusttasche des Pullovers.
T.: Münz, S. 220 – A.: Sturzflüge im Zuschauerraum

72. Natur
Tragischer Irrtum der Natur oder *Campingplatz für Schildkröten*
Schildkröten auf einem Vogelhaus
T.: Greiner – R.: Valentin-Museum, Kat.-Nr. 26

73. Odol
Odol von Pharao aus d. Cheops Pyramide
T.: Greiner

74. Ofen
Ein Zimmerofen zur Erzeugung von Wärme oder *Ofen kein Ausstellungsprojekt, steht nur so da*
T.: Münz, S. 220, Stadtarchiv – A.: Stadtarchiv

Kat. 74

75. Ohr
Ohr eines Kurzsichtigen
Überproportionierte Nachbildung eines Ohres
T.: Valentin-Musäum, Kat.-Nr. 84 – R.: Valentin-Musäum

76. Parkplatz
Auf diesem Parkplatz befanden sich u. a. zwei Kaufmannswaagen, ein Bollerwagen, ein Tretroller und ein Motorrad.
T.: Münz, S. 190 u. S. 219 – R.: Valentin-Musäum, Kat.-Nr. 12 – A.: Jerven

Kat. 76, Zeichnung Ludwig Greiner

77. Pech
Ein Stück Pech
T.: Theatermuseum

78. Pferd
I.) Weißes Rössl in seinen alten Tagen
Die plastische Umsetzung der Erfolgsoperette »Das weiße Rössel« von Ralph Benatzky. Diese Operette wurde in München so häufig gespielt, daß nur noch ein alter, trauriger Klepper im Panoptikum zu sehen war.
T.: Bertl Valentin S.138

II.) Der Renngaul »Sturmwind« mit Jockey und Arterienverkalkung
T.: Münz, S. 220

79. Riesenspinne
»Da war die greuliche Riesenspinne, die einem aus undurchsichtigem Dunkel ins Gesicht fegte.« (Hausenstein S. 45)
T.: Valentin S. 13

80. Rittergruft
Die uralte Rittergruft
T.: Münz, S. 190

81. Schachtel
Eine alte Schachtel war auch mal jung
Alter Pappkarton
T.: Valentin-Musäum, Kat.-Nr. 77 – R.: Valentin-Musäum

82. Scheunenbrett
Mit Einschüssen von der Belagerung des Hauptmanns Kneissl
T.: Theatermuseum

83. Schilder
Überall waren an den Wänden zur weiteren Verwirrung des Publikums Schilder angebracht:

Kat. 78 und 83, Zeichnung Ludwig Greiner

Nicht lesen!
Zu tief angebrachtes Schild, nach dem der Betrachter sich bücken mußte.
T.: Greiner

Eingang, Rundgang, Durchgang, Stuhlgang, Ausgang
T.: Reichmann – R.: Valentin-Musäum

Auf geht's zum Schichtl
Schichtl hatte auf dem Oktoberfest in München ein von Valentin sehr geschätztes Theater mit Musikanten und Artisten. Besonders beliebt waren die Reden Schichtls vor seiner Bude, um das Publikum anzulocken. Ein Beispiel findet sich in Valentins Stück »Das Oktoberfest« (Alles von Karl Valentin, S. 425ff.).
T.: Greiner

90jährige in Begleitung ihrer Eltern Eintritt frei
T.: Reichmann – R.: Valentin-Musäum

Vorsicht Maus
T.: Reichmann – R.: Valentin-Musäum

Hier siehst du ganz tolle Sachen, halb zum gruseln, halb zum lachen
A.: Münz, S. 201

84. Schirm
Vater und Sohn
Ein großer und ein kleiner Schirm nebeneinander.
T.: Valentin-Musäum, Kat.-Nr. 32 – R.: Valentin-Musäum – A.: Bertl Valentin

85. Schlüssel
Schlüssel des Siegestores
T.: Valentin-Musäum, Kat.-Nr. 31 – R.: Valentin-Musäum – A.: Keller

86. Schneeplastik
Eine wunderbare zerronnene Schneeplastik oder *Schneeplastik. Ausgeführt vom Bildhauer Otto Müller. Durch Aufstellung in diesem warmen Raum, ist sie uns leider zerronnen*
Kunstvoll gearbeitete Schneeplastiken waren in den 20er und 30er Jahren in München sehr beliebt. Die »zerronnene« Version im Panoptikum besteht aus einem Metallbehälter mit Wasser.
T.: Münz, S. 220, Stadtarchiv – R.: Valentin-Musäum, Kat.-Nr. 37

87. Schnippchen
T.: Bertl Valentin, S. 133

88. Schwämme
Feuer-Bade-Gummischwämme, ungiftige Schwämme, aber trotzdem ungenießbar
T.: Valentin-Musäum – R.: Valentin-Musäum

89. Schwiegermutter
Hier geht die Schwiegermutter um! oder *Die weiße Frau geht um*
Eine dürre, weißverhängte Gestalt schwebt hinter Verliesgittern.
T.: Münz, S. 190, S. 219, S. 220, Das illustrierte Blatt – A.: Münz, S. 192, Das illustrierte Blatt

90. Sonnenstrahlen
Stahlkassette mit getrockneten Sonnenstrahlen, dieselben können wegen Lichtempfindlichkeit nicht gezeigt werden
R.: Valentin-Musäum

91. Spinnweben
Valentin beschäftigte »etliche hübsche Kunstgewerblerinnen . . . . . . mit der Anfertigung der ›Spinnweben‹« (Süddeutsche Sonntagspost).

92. Sprache
Die weggebliebene Sprache
T.: Bertl Valentin S. 133

93. Der Stab Moses
u. er schlug an einen Felsen u. sprach: so da habt ihr Wasser. u. seither gibts Sodawasser!
T.: Greiner

94. Stehkragen
Liegender Stehkragen
T.: Valentin-Musäum, Kat.-Nr. 63 – R.: Valentin-Musäum

95. Stein
I.) Aus der Steinzeit
Stein in Glasvitrine
T.: Greiner

II.) Der Stein mit dem David Goliath tötete
»am Stein, mit dem David den Goliath derwarf, kleben noch Haare und Blut, . . .« (Münchner Zeitung)
T.:Greiner

III.) Der Stein, auf dem Mariechen saß
T.: Süddeutsche Sonntagspost – R.: Valentin-Musäum, Kat.-Nr. 14 – A.: Valentin-Musäum

96. Stratosphäre
Professor Piccard in der Stratosphäre. 16000 Meter hoch. Leider im Nebel, deshalb nicht sichtbar
Graue Fotografie.
T.: Stadtarchiv

97. Strohhalm
Der Strohhalm, an den ein Ertrinkender sich klammert
T.: Schulte, S. 52

98. Stuhl
Zwischen 24^{00} und 0^{30} reserviert für K. Valentin. (?)
Leerer Ohrensessel
R.: Valentin-Musäum

99. Stuhlgang
Stuhlgang plastisch dargestellt (geruchlos)
Sich nach hinten scheinperspektivisch verjüngender Schaukasten mit einem gemalten Gang, an dessen Ende ein Stuhl steht.
T.: Münz, S. 220 – R.: Valentin-Musäum, Kat.-Nr. 28

100. Taschentuch
Taschentuch des letzten Grunwalter Raubritters
R.: Valentin-Musäum

Diese Schneeplastik war am Karlsplatz im Winter 1936 modelliert und 8 Tage ausge=stellt. Ich kanfte dieselbe für mein Museum und leider ist sie zerronnen.
Hier unten in der Schale ist noch das Schnee=plastikwasser zu sehen.

Karl Kümmel, Augsburg IO, Brunnenstrasse 22/0
Peter Wallbrunn, München, Oberanger IO/II
Verfertiger der Schneeplastik
Valentin-Karlstadt am Karlsplatz 1936

Kat. 86

101. Taucher

I.) Weil der Taucher seinen Schlüssel zerbrochen hat, muß er in voller Ausrüstung zu Bette gehn

»In einem bürgerlichen Paradebett mit Klöppelspitzen lag ein Taucher, aber wohlverstanden: in voller Apparatur – er hatte den Schlüssel zu seiner Rüstung verloren und sich daher mit Taucheranzug und allem übrigen Zubehör schlafen legen müssen. (Vergißmeinnichtblaue Augen blickten über ›gepflegten‹ blonden Schnurrbart durch die Fensterchen des Helms).« (Hausenstein S. 46)

T.: Süddeutsche Sonntagspost, Valentin, S. 13–14 – A.: Bertl Valentin, Süddeutsche Sonntagspost, Valentin-Musäum, Kat.-Nr. 9

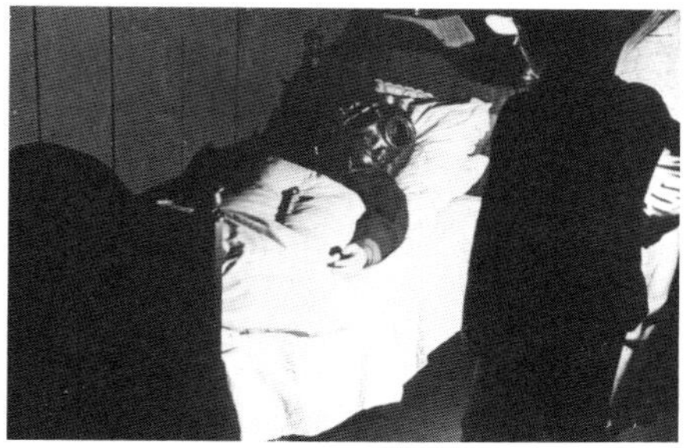

Kat. 101 I

II.) Tiefseetaucher bei Regenwetter

Taucher in Ausrüstung mit Regenschirm

T.: Münz, S. 220

102. Teich

Siehe »Brücke«.

103. Telefon

Der erste Telefon-Apparat aus dem Jahre 1850, Sprechweite 40 cm

T.: Münz, S. 220

104. Tiefseeungeheuer

Alter Stiefel mit weit aufgerissenem Maul im Aquarium.

T.: Greiner

105. Tier

Fischgemsigeldackelentenelsterschlangenhasenkarpfenrollenhirschbartsaurus

Dieses merkwürdige Tier setzt sich zusammen aus den charakteristischen Merkmalen einheimischer Tierarten. Karl Valentin: »Für d'Hinterfüaß is uns nix mehr eingefallen, da ham ma'n einfach auf a Radl g'stellt.« (Münchner Zeitung).

T.: Süddeutsche Sonntagspost – A.: Süddeutsche Sonntagspost

Kat. 101 II

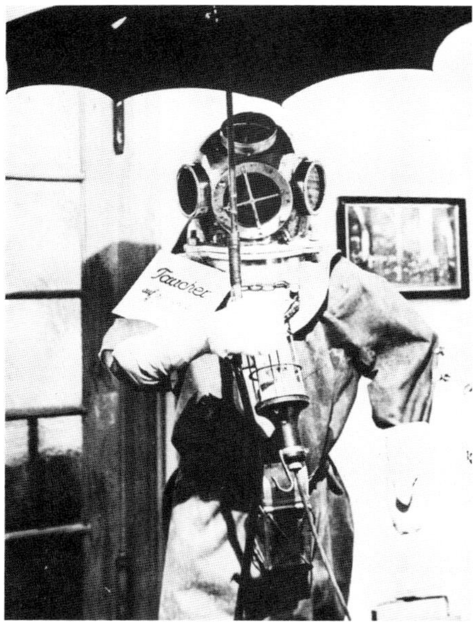

106. Treppe

»Diesmal machte er (Valentin, d. V.) mich mit besonderem Stolz auf das kleine Holzmodell einer Vexiertreppe aufmerksam, deren Stufen in Einzelwürfel aufgeteilt waren und dadurch Klaviaturen sehr ähnlich sahen. Durch Kurbeldrehung konnte man die Treppe in Bewegung setzen. Scheinbar in völlig willkürlicher Auswahl, in Wahrheit nach festem teuflischen Plan versank die eine Hälfte der würfelförmigen Stufenteile wie angeschlagene Tasten in die Versenkung, während die andere Hälfte an ihrer Stelle verharrte. Es entstand ein überaus lückenhaftes, zerpflücktes Bild einer Treppe. Schon der nächste Augenblick brachte eine ganz andere Auswahl der versenkten Würfel, und der übernächste verschob das Bild von neuem. Eine als Treppe manifestierte Katzenmusik! Nur ein genialer, geistesgegenwärtiger Springer hätte diese Treppe ersteigen können. Karl Valentin schilderte die Schwierigkeiten der Berechnung und Ausführung und teilte mir mit besonderer Genugtuung mit, daß sich in Amerika ein Interessent für die Ausführung in Lebensgröße gefunden habe.« (Buschor).

107. Trommel

Geister-Trommel. Trommelt täglich von 12–1 Uhr Mitternacht ganz von selbst einen schaurigen Wirbel. Kann nie gehört werden, da das Museum ab 7 Uhr abends geschlossen ist.

T.: Süddeutsche Sonntagspost – R.: Valentin-Musäum, Kat.-Nr. 90

Kat. 109

108. Tür
Nur für Personen, denen es hier nicht gefallen hat. Hinter dieser Tür sehen Sie diejenige Person, die über alles nörgelt, die alles besser weiß, aber leider nicht besser machen kann
T.: Stadtarchiv

109. Turm
Henkersturm oder *Hungerturm*
»Da fand man den Turm, aus dessen Tiefen der hagere Gefangene dank einem korrespondierenden, sicher von Valentin selbst ausgeklügelten Mechanismus ans Fenstergitter sprang, so oft man vorbeiging.« (Hausenstein S. 45)
T.: Münz, S. 190, S. 219, S. 220. Valentin, S. 12

110. Uhr
Diese Uhr zeigt die gestrige Zeit präzise an.
R.: Valentin-Musäum

111. Vatermörder
Vatermörder, der nicht hingerichtet wurde
Steifer Herrenkragen.
T.: Nordbayerische Zeitung

112. Verjüngungskur
Eine verpfuschte Verjüngungskur
»Ein Baby wurde von einer reizenden Nurse (aus Wachs wie das Baby selbst) hinterwärts mit Puder bestreut; ging man herum, dem Baby ins Gesicht zu sehen, so hatte es einen Vollbart aus dem Typos des Kaiser Friederich des Dritten und auf der Nase einen Zwicker . . .« (Hausenstein S. 45)
T.: Schulte, S. 52, Valentin, S. 13 – R.: Valentin-Musäum, Kat.-Nr. 29 – A.: Schulte, S. 52, Jerven

113. Vesuv
Vesuv raucht nicht, er weiß, in der Ausstellung ist Rauchen verboten
T.: Keller – R.: Valentin-Musäum – A.: Keller

114. Volkssänger
Im Panoptikum stellt Valentin Teile seiner fotografischen Sammlung von Volkssängern und Volkssängerhallen neben »Büsten von Papa Geis und Junker und Papa Schichtl« aus. (Münchner Zeitung)

115. Wachsplastik
I.) Herzog Heinrich XII. Leider zu nahe an der Dampfheizung
Neben den anderen Wachsplastiken hatte diese sich selbst zum Thema. Die untere Hälfte des Gesichts der herzöglichen Person ist angeschmolzen, und der Wachs bekleckert teilweise den schwarzen Anzug der Büste.
T.: Jerven – A.: Jerven

II.) Der gescheiteste Mann der Welt
Er hat es fertig gebracht, einen Steuer-Erklärungsbogen vollständig, wahr und richtig auszufüllen. Er starb hierauf im Irrenhaus an Gehirnüberlastung.
T.: Theatermuseum

116. Wasserhahn
Auerhahn von der Au
T.: Greiner

117. Wasserleiche
In dem Teich, über den die Henkersbrücke führte, lag eine Wasserleiche. Der Legende nach soll sie so schrecklich gewesen sein, daß sie zum Bruch Valentins mit Liesl Karlstadt geführt haben soll.

118. Zahnstocher
Ein Winterzahnstocher mit Pelzbesatz
Dem Handschreiben eines Herrn Achenbach vom 12.12.1935 zufolge ist der Winterzahnstocher, der heute einige Berühmtheit erlangt hat, keine Originalerfindung Valentins, sondern eine Stiftung jenes Herrn Achenbach. Der Pelz ist Katzenpelz. »Zusammengestellt wurde das Ganze im Laden der Kloster-Drogerie.« (vgl. Münz, S. 203).
T.: Münz, S. 220 – R.: Valentin-Musäum, Kat.-Nr. 72

119. Zehennagel
Nachbildung eines Fußzehs mit Eisennagel
R.: Valentin-Musäum

120. Zoo
Karl Valentins Zoologischer Garten
Schaukasten mit folgenden Kleinsttieren in Schachteln und Gläsern: Frischfliege, Ohrwurm, Schwabe, Nassen, Läus u. Flöh, Ruße, Spinne, Regenwurm, Heuschreck, Kellerschnecke, Schaben, Haberngoas, Wanzen, Wags, Kasfliegen.
T.: Greiner

Kat. 121

121. Zuchthauszelle
Leere Zuchthauszelle ohne Inhalt oder *Aus dem Gefängnis entsprungen*
T.: Münz, S. 219 u. S. 220

122. Zuschauer
I.) Im Panoptikum befand sich ein kleiner Kinosaal. Auf den Stühlen saßen mehrere Wachsfiguren als Publikum. »In einem anderen Raum sah man Zuschauer vor einer Projektionswand sitzen, die auf eine Kinovorstellung zu warten schienen. Sie saßen so still und starr da, daß sehr rasch der Eindruck entstand, es seien Figuren in Lebensgröße. Man unterlag dem beunruhigenden Gefühl, das entsteht, wenn man einer Attrappe oder Statue gegenüber Zweifel hegt, ob man ein Kunstgebilde oder ein lebendiges Wesen vor sich hat.« (Mette).
A.: Das illustrierte Blatt

II.) Überall im Panoptikum standen oder saßen Zuschauer aus Wachs zur ständigen Irritation des Publikums.
T.: Theatermuseum

Expressionistischer Gesang

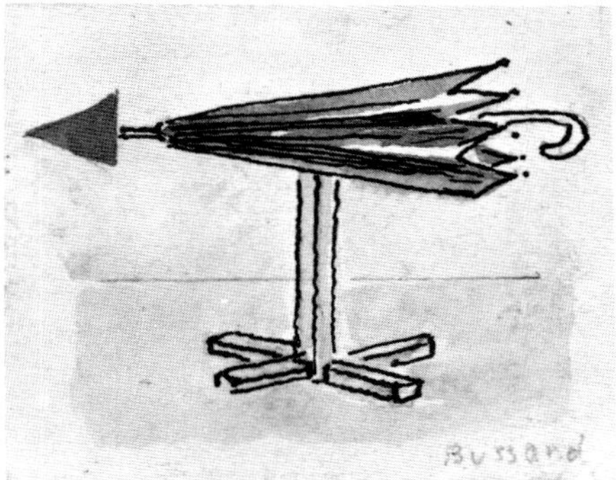

Bussard, Zeichnung von Ludwig Greiner

Überliterarischer Gesang von Karl Valentin

Wie die Maler heute malen
Wie der Dichter heute dicht'
So will ich jetzt humoristeln
Ob es gut ist oder nicht

Kanapee glüht Meeresfreiheit
Lippen blau aus Abendrot
Stille Nacht in Marmelade
Edle Kunst, behüt dich Gott.

A – b – c – d – e – f – g – h
I – k – l – m – n – o – p
Qu – r – s – t – u – v – w – x
Ypsilon – z – f – f – f (drei Pfiffe)

La la la la la la la la
La la la la la la li
Li li li li li li li li
Li li li li li li la.

In der Nacht die Sterne funkeln
Und der Rundfunk funkelt auch
Funkeln tun auch die Karfunkeln
Und ein funkelnagelneuer Anzug auch.

Wer will unter die Soldaten
Der muß haben ein Gewehr
Das muß er mit Pulver laden
Und so weiter und so wei-ter.

Ein Gewitter ist im Anzug
Dieses leuchtet mir nicht ein
Ein Gewitter in der Hose
Das könnt' leichter möglich sein.

Leiser Sturmwind heult in Strömen
Wenn die Katze kikeriet
Und der Vater melkt die Enten
Wenn der Limburger blüht.

Wenn die Blätter leise klappern
Und das Bächlein fließt bergauf
Saust das Dampfschiff durch die Wälder
D'Gemütlichkeit hört sich dann auf.

Wenn die Ringelnatter ringelt
Und die Fischlein gehn zu Fuß
Hört! Die Osterglocken pfeifen
Was sein muß, das muß sein muß.

Hundekuchen frißt die Katze
Und ein Kompass singt Tenor
Und es sinkt der Barometer
Das kommt jedem spanisch vor.

Wenn die Reblaus rebiglauselt
Und das Dünnbier ist zu dünn
Billige Heimat sei gegrüßet
Mei' Vater war a Weanerin.

Sauerkraut ist kein Getränke
Denunzieren tut ein Schuft
'S beste Flugzeug wär' ein Unsinn
Gäb's im Freien keine Luft.

Ob es heiß ist oder kälter
Ob es warm ist oder weit
Ob es kühl ist oder lustig
Ja, so ändert sich die Zeit.

In Berlin, in Prag und Hamburg
Auch in Bremen und Bayreuth
Auch in Salzburg und am Chiemsee
Und auch in Holzapfelskräut.

Und zum Schlusse muß ich schlusseln
Nehmet eure Händ' in d'Hand
Schlagt dieselben oft zusammen
Das wird dann Applaus genannt.

Hausverkauf

Valentin: (zum Käufer:) Guten Tag, Sie wünschen?
Käufer: Ich komme wegen dem Haus.
V: Sie meinen wegen dem Häuschen?
K: In der Zeitung steht Haus.
V: Nein, es ist ein kleines Haus, ein Häuschen.
K: Ah, ein Häuslein, ein Häuselchen, ein Häuseleinchen. Steht das Häuschen im Freien?
V: Da steht es doch!
K: Ich komme auf das Zeitungsinserat; Sie haben doch das Haus zu verkaufen; ist das hier das Haus?
V: Jawohl! Ich verkaufe es ungern, aber ich bin froh, wenn ich es los bin.
K: Wieviel Stockwerke hat das Haus?
V: Keines, nur Parterre.
K: Ist es bewohnt?
V: Momentan nicht, weil ich heraussen stehe.
K: Wieviele Zimmer?
V: Nur eins – dafür keine Treppe, kein Stiegenhaus.
K: Ist das hier eine ruhige Gegend?
V: Jawohl, im Winter hören Sie nicht einmal das Auffallen der Schneeflocken; aber dafür gibt es im Sommer viele Ameisen, aber die gehen ganz leise.
K: Wie steht es mit den Abortverhältnissen?
V: Abort ist keiner im Haus.
K: Ja, aber wenn man . . . . . .
V: Der Wald ist 5 Minuten von hier entfernt.
K: Ja, aber bei Nacht?
V: Auch nur 5 Minuten.
K: Wann sind Sie in dieses Haus eingezogen?
V: Einen Tag später.
K: So früh schon! – Und wie ist es mit der Beleuchtung? Gas oder elektrisch?
V: Im Haus und im Freien – überall elektrisch!
K: Ich sehe aber nirgends eine elektrische Leitung.

V: Nur elektrische Taschenlampe, brennt überall.
K: Wie alt ist das Haus schon?
V: Weiß nicht, hab noch nicht gefragt.
K: Sind Hypotheken drauf?
V: Nein, nur ein Kamin.
K: Was bedeuten diese 4 Zimmerwände?
V: Das sind Stützen.
K: Für was?
V: Fürs Hausdach.
K: Ist Ungeziefer im Haus?
V: Nein, ich bin noch Junggeselle.
K: So – so!
V: Jawohl!
K: Legen Sie . . .
V: Ich nicht!
K: Einen Moment . . .
V: Bitte!
K: Legen Sie . . .
V: Nein – aber meine Hühner.
K: Legen Sie Wert darauf, daß das Haus bald verkauft wird?
V: Nein – sofort – in sofortiger Bälde!
K: Kaufen Sie sich dann wieder ein neues Haus?
V: Niemals mehr! Ich suche ein altes 1000 Meter tiefes Bergwerk zu mieten.
K: Und das wollen Sie dann bewohnen?
V: Selbstverständlich!
K: Das ist ja unheimlich!
V: Schon – aber sicher!
K: Vor wem?
V: Vor Meteorsteinen.
K: Aber Meteorsteine sind doch ganz selten.
V: Schon – aber bei mir geht die Sicherheit über die Seltenheit.

Von Karl Valentin 1940.

Karl Valentin mit Guido Thielscher

»A oids Buidl vo München is mehra wert ois a Brillant« – oder: Karl Valentins Altmünchner Bildersammlung

Karl Valentin vor seinen auf Kartons aufgezogenen Fotos; Aufnahme aus den Münchner Neuesten Nachrichten 1936. Originalunterschrift: »Mit der Lupe auf Kuriositäten-Suche«

Jede Darstellung Karl Valentins bliebe unvollständig, würde man nicht auch seiner Sammelleidenschaft einige Zeilen widmen. Wer das Glück hatte, Valentin vor dem Krieg in seiner Wohnung am Mariannenplatz 4/II aufsuchen zu dürfen[1]), der wähnte sich weniger im Heim eines Künstlers, als vielmehr im Magazin eines Archivs. Kisten und Kästen waren angefüllt mit Dokumentationsmaterial, das Valentin mit unermüdlichem Eifer und ohne Rücksicht auf die finanzielle Belastung zusammengetragen hatte. Objekt der Sammeltätigkeit war ohne Zweifel einmal der Sammler selbst. Von Anfang an hatte es Valentin – wie soviele andere Künstler – stets als eine Selbstverständlichkeit angesehen, alle Plakate und Programmzettel, die über ihn und seine Kunst handelten, aufzuheben, desgleichen die Fotos seiner Filme zusammenzutragen und alle ihn betreffenden Zeitungsberichte auszuschneiden und zu ordnen. Gesammelt wurden auch die im Handel befindlichen Valentin-Karlstadt Schallplatten, registriert wurde das Repertoire, wie auch die einzelnen Auftritte eine genaue Auflistung erfuhren.

Die Beschäftigung mit der eigenen Person führte Valentin auch zu familiengeschichtlichen Recherchen und Materialsammlungen, bei denen die Belege zum »Milieu« seiner Ahnen einen breiten Raum einnahmen. In dieser Hinsicht zeigt sich bereits, daß bei Valentin die durchaus verständliche Sorge um den künstlerischen Nachruhm von einer ausgeprägten historischen Neigung begleitet wurde, daß es ihm weniger um eine »Buchführung« zur Person, als vielmehr um die Einbindung seiner Erscheinung und Entwicklung in geschichtliche Prozesse ging. So schien die eigene Person mit der Zeit immer mehr aus dem Mittelpunkt seiner Interessen zu rücken und an ihre Stelle die Beschäftigung mit großen und kleinen Vorgängern und Berufskollegen zu treten. In der von ihm zusammengetragenen Bildchronik der Münchner Volkssänger finden sich nahezu lückenlose Nachweise der Komiker, die in München einmal aufgetreten sind.

Außen- und Innenbilder sämtlicher Münchner Theater, Programme und Bilder der Darsteller waren ihm ebenso ein Sammlungsanliegen, wie Bildunterlagen für die vielen Altmünchner Originale, denen er sich besonders verbunden fühlte. Als es Valentin gelang, alle Fotografien, die von »Hammers-Panoptikum«[2]) erhalten geblieben waren, zu erwerben und damit die Erinnerung an eine einst sehr populäre grotesk-kuriose Volksunterhaltung zu sichern, hatte er als historischer Dilettant ein einzigartiges archivisches Gespür unter Beweis gestellt. Selbstverständlich dienten ihm die abgebildeten Schauerszenen auch als Vorlagen für den eigenen »Lachkeller«, ebenso wie die eifrig aufgespürten und zu Hause abgelegten alten Programme einstiger Varietés und Vergnügungsstätten seinen Ideenfundus nicht unwesentlich bereicherten – doch war eine berufsbezogene Auswertung nicht das eigentliche Anliegen. Valentin ging es vielmehr um die Bewahrung und Betreuung kultureller Randgebiete, die bisher der Aufmerksamkeit der Kulturbeamten entgangen waren, deren Breitenwirkung aber die Resonanz der offiziellen Bildungsstätten um ein Vielfaches übertraf. So stellt er einmal fest: »Kein Archiv, keine Staatssammlung hat sich noch ernstlich gemüht, eine namhafte Sondersammlung über das gesamte Theater- und Vergnügungswesen der Stadt München anzulegen, obwohl es sich bei dieser Sammlung um ein ganz wichtiges Kulturwerk handelt. Mein Bestreben ist Lücken, welche in großer Nachlässigkeit unsere Archivmänner von damals verursacht haben, einigermaßen wieder gutzumachen, indem ich unter Zuhilfenahme mehrerer großer Historiker zu erforschen suche, was noch zu erforschen ist.«[3]) Valentins Aufgeschlossenheit für die Bildrelikte kleinbürgerlichen Vergnügens – seine berühmte Kitschpostkartensammlung darf hier nicht unerwähnt bleiben – macht ihn zum einsamen Vorläufer einer heute fast schon wieder übertrieben um die Erforschung der »Alltagskultur« ringenden Generation von Wissenschaftlern.

Aufnahme des Viktualienmarktes um 1880; rechts im Bild die Südfront des alten Frauenspitalgebäudes von Hl. Geist, das 1885 abgebrochen wurde

Viel wichtiger als alle bisher geschilderten Sammelaktivitäten aber wurde für Valentin eine auf alten Fotografien basierende Dokumentation seiner Heimatstadt München selbst. Nichts scheint auf ihn eine größere Faszination ausgeübt zu haben, als das Ausfindigmachen vergilbter Lichtbilder und das ausgiebige Betrachten der darauf festgehaltenen Häuser, Straßen, Plätze und Menschen.

»A oids Buidl vo München is mehra wert ois a Brillant«[4]), dieser Ausspruch Valentins, den uns Sigi Sommer überliefert, zeugt von einem beispiellosen Weitblick.

Seit ca. 1925 befindet sich Valentin auf der Jagd nach alten Fotos. Alle gesundheitlichen Beeinträchtigungen vergessend, verfolgt er meist per Taxi die Spur eines noch abgängigen Bildnachweises und der Erwerb einer fotografischen Rarität, z. B. der Wiedergabe eines abgerissenen Wirtshauses, macht ihn zum zufriedensten Menschen.

»Ob er wieder glücklich zurück ist von seinem Eroberungszug?« Wir brauchen die Frage nicht zu stellen. Ein Blick auf den Tisch, an dem er mit seiner großen Lupe in der Hand vor ausgebreiteten Lichtbilder-Reihen sitzt, gibt uns die Antwort. So ganz und so glücklich in seinem lieben München ist zur Stunde kein zweiter Münchner. Sein mit dem Vergrößerungsglas bewaffnetes Auge sucht die einzelnen Bilder nach Einzelheiten ab, die ihm bisher entgangen sein könnten. Und schon sitzen wir daneben und dürfen mitsuchen . . .«[5]).

Aufnahme des Karlstores um 1850; der Mittelturm wurde 1857 bei einer Pulverexplosion zerstört. Rechts, von Valentin angekreuzt, der Eingang zum Gasthof Oberpollinger

Auf gelben Karton aufgeklebt und exakt beschriftet reihen sich viele hunderte von fotografischen Aufnahmen, die teilweise noch in die Frühzeit der Lichtbildkunst zurückgehen, aneinander. Dabei ist Valentin Sammeln und Bewahren niemals Selbstzweck, unermüdlich sinniert er auch über den volksbildenden Inhalt seiner Mappen und Kartons. So verfolgt er u. a. den Einfall, an besonderen Baudenkmälern und wichtigen Plätzen der Stadt Abzüge seiner Bilder anbringen zu lassen, um Wandel und Veränderung an Ort und Stelle vor Augen führen zu können. Immer wieder weist er auf den pädagogischen Wert solcher stadtgeschichtlichen Bildquellen hin, wie ein von ihm selbst verfaßtes Promemoria beweist: »Wenn man die städtischen historischen Sammlungen, wie Stadtmuseum am Jakobsplatz und das Stadtarchiv in der Winzererstraße so genau durchwühlt wie ich, so bemerkt man, daß zwar aus den früheren Jahrhunderten viel mehr Material an Bildern vorhanden ist, als gerade aus der Zeit 1850–1900. Diese obengenannte Zeitspanne 1850–1900 ist noch dazu die Zeit der Photographie und trotzdem hat man es leider versäumt, viele alte, der Neuzeit zum Opfer gefallene Stadtmauern, Türme, Gebäude etc. vor dem Abbruch im Bilde festzuhalten. Man könnte solche Menschen, die ein altes ehrwürdiges Haus abreißen lassen oder den Auftrag dazu erteilen nur Idioten nennen, wenn sie es unterlassen, von einem solchen Immobil vorher noch ein Bild anzufertigen. Gerade München hat in dieser Weise von allen deutschen

Aufnahme von der Nordostecke des Justizpalastes mit sog. »Klemensschlößl« um 1895. Dieses Gebäude, das zuletzt von der Kadettenanstalt benutzt wurde, diente während der Erbauung des Justizpalastes 1892–97 als Bauhütte und wurde dann abgebrochen

Städten am meisten gesündigt. Die einzige Entschuldigung, die es dafür gibt, ist vielleicht ›das Bier‹, für welches die damaligen Stadträte mehr Interesse hegten, als für die alten Häuser der Stadt. Meine Aufgabe ist es nun, die noch im Privatbesitz befindlichen Fotos zu gewinnen und zu einer Sammlung zu vereinigen, in welcher ich die Stadt München wieder aufbaue, aber nicht in Stein, sondern in Papier, um dadurch unseren Kindern und Kindeskindern zeigen zu können, wie es vom 18. bis zum 19. Jahrhundert in München ausgesehen hat. Mit Unterstützung von einigen Münchner Historikern hoffe ich mein Vorhaben zu verwirklichen, der Anfang ist gemacht«[6]).

Valentins stadtgeschichtliche Bildersammlungen waren vereinzelt Gegenstand von Lichtbildervorträgen[7]), teilweise wurden sie auch für kleinere Ausstellungen eingesetzt[8]). Ein ganz besonderes Anliegen war Valentin das Zustandekommen einer aus öffentlichen und privaten Beständen gespeisten großen Ausstellung »Alt-München in der Fotografie 1850–1900«, für deren Vorbereitung er 1933 ein eigenes Komitée gründete, dem u. a. Oberbürgermeister Dr. Scharnagl, wie auch dessen NS-Amtsnachfolger Fiehler, städtische Sammlungsleiter, wie Dr. Hanfstaengl (Kunstsammlungen), Dr. Held (Stadtbibliothek), Schießl (Historisches Stadtmuseum) und eine große Anzahl prominenter Persönlichkeiten des öffentlichen Lebens angehörten[9]). Den Komitéemitgliedern kündigte Valentin ihre Aufgabe folgendermaßen an: »Die Mitarbeit des Komitées besteht nur darin, an einer Sitzung im Restaurant ›Drei Rosen‹ am Rindermarkt teilzunehmen, um darüber zu diskutieren, auf welche Art und Weise es möglich ist, die im Privatbesitz befindlichen Fotografien für die Ausstellungszwecke leihweise zu erhalten«[10]). Die große Ausstellung kam zwar nicht zustande, doch verstand es Valentin sehr gut, bei kleineren Bild-Präsentationen das Interesse der neuen Machthaber auf sich zu lenken, was ein sehr herzlich gehaltener Brief des neuen Oberbürgermeisters Fiehler vom 2. August 1933 an den Künstler beweist[11]):

»Sehr geehrter Herr Valentin!

Am vergangenen Montag hatte ich Gelegenheit, Ihre Ausstellung Alt-Münchner Bilder zu besichtigen. Ich war überrascht über die Reichhaltigkeit der Sammlung und konnte mich davon überzeugen, mit welch großer Liebe und tiefem Verständnis Sie sich der Aufgabe, Bilder aus Münchens Vergangenheit der Nachwelt zu erhalten, unterzogen haben. Ich gratuliere Ihnen zu Ihrem Erfolg. Viel Interessantes und Schönes habe ich bei Ihnen gesehen und danke Ihnen noch besonders für das freundlichst mir zugeeignete Buch, das mir ein liebes Andenken sein wird.

Nun möchte ich mich aber doch auch gern für Ihre große Liebenswürdigkeit erkenntlich zeigen. Sie haben durch Ihre Vorträge schon manchem Griesgram das Lachen wieder beigebracht. Lachen soll aber auch gesund sein. Viele Zwerchfelle haben Sie erschüttert und zahllose Lachmuskeln in Bewegung gesetzt. Daher gestatte ich mir, Ihnen 2 Karten für Wien–München, wo z. Z. der berühmte Humorist Karl Valentin und seine nicht minder bekannte große Partnerin Liesl Karlstadt auftreten, zur Verfügung zu stellen. Es müßte doch reizend sein, wenn Sie einmal eine Valentiniade vom Zuschauerraum sich anhören könnten. Ich glaube sicher, daß Ihnen diese Vorstellung gut gefallen wird. Einmal im Jahr sollten Sie doch auch den Genuß des stillen Zuhörers und Betrachters einer Originalkomikervorstellung haben, weshalb ich mir erlaube, Ihnen die beiden Karten für Sie und Ihre Begleitung anbei zu übersenden. Leider habe ich nicht das Vergnügen, mit Ihnen an einem Tisch beisammen zu sitzen, da ich für einige Zeit von München abwesend bin. Ich hoffe aber bestimmt nach meiner Rückkehr einer Vorstellung beiwohnen zu können und mich einmal wirklich auslachen zu können; denn wie gesagt, Lachen ist gesund und stärkt die Nerven. Mit den besten Grüßen bin ich

Ihr
gez. Fiehler, Oberbürgermeister«

In den folgenden Jahren »fleht« Valentin immer wieder[12]) die Münchner über Pressemitteilungen und Annoncen an, »bei der kommenden Entrümpelung in den Kästen oder im alten Speicherglump Nachschau zu halten«. So stark hat sich inzwischen sein Sammeleifer auf das Lichtbild fixiert, daß er ausdrücklich darauf hinweisen läßt: »Also nochmal: keine Oelgemälde, Zeichnungen, Aquarelle, Kupferstiche usw., sondern nur Photographien und Ansichtskarten von Altmünchen«.[13])

Schwärmerisch malt er die Reaktion des Publikums aus: »So bin ich überzeugt, daß viele, viele Münchner mit großem Interesse die nicht gemalten, sondern wirklich fotografierten Gassen und Häuser von Alt-München besichtigen würden und dabei dazu sagen: ›Jessas da schau her, der alte Sterngarten; da bin i als Kind a no drin g'sessn mitn Vater um a 1885 rum und da schau her Alte, s'Gasthaus zum Kappler in der Maffeistr., wo jetzt der schöne kunstvolle Bogen über d'Strassen ummageht beim Lodenfrey, ah, ah und durch dös Gassl bin i immer durch, wenn i in d'Schul ganga bin. Dös is ja gar der alte ›Noggergarten‹ beim Salvatorkeller und dem alten Nockerberg«.[14])

Seit der Mitte der dreißiger Jahre wächst bei Valentin die Erkenntnis, daß nur eine systematische und zentrale Erfassung des gesamten Münchner Fotomaterials die Voraussetzung für das notwendige breite öffentliche Interesse liefern kann. Er denkt jetzt konkret an eine, wie auch immer gestaltete, Vereinigung

Valentin war zwar selbst ein begeisterter Fotoamateur, hat aber keine eigene Dokumentation über München angelegt.

Zu den wenigen erhaltenen Aufnahmen von der Hand Karl Valentins zählt das Bild seines Hundes Bobsi

der privaten und öffentlichen Fotosammlungen – »Verkuppelung« nennt er diese Zusammenfassung – und schreibt in der Angelegenheit unterm 12. April 1937 einen Brief an den Reichspressechef Max Amann, in den viele leidvolle Forschererfahrungen einfließen[15]):

»Sehr geschätzter Herr Reichs-Pressechef Amann!

Betrifft: Zusammenkuppelung aller in München existierenden Alt-Münchner Photographiensammlungen zu einer Gesamtsammlung.

Ein leicht verständliches Beispiel zur Erklärung des langjährigen Zustandes:

Ich will z. B. wissen was vor, sagen wir 50 Jahren an Stelle des heutigen Armeemuseums im Hofgarten für ein Haus gestanden hat. Man sagt mir ›die alte Hofgartenkaserne‹. Gut! Wie sah die aus, wo bekomme ich von diesem Haus eine genaue Photographie? Ich gehe auf die Suche, zuerst ins Stadtmuseum (Jakobsplatz). Zufällig ist hier trotz des reichhaltigen Bestandes nur ein kleines Aquarell vorhanden. Von hier aus wandere ich hinunter bis nach Milbertshofen ins Stadtarchiv, auch hier ist nur ein Plan und einige Urkunden aufzutreiben. Von hier aus schickt man mich wieder in die Stadt ins Hochhaus, in welchem eine mustergültige Sammlung Alt-Münchner Photos (Eigentum von Oberbaurat Probst) zur Besichtigung, aber leider nicht zur öffentlichen, existiert. Auch hier ist seltsamer Weise von diesem alten Gebäude kein Lichtbild zu erlangen. Am nächsten Tag gehe ich wieder auf die Suche. Ich denke an die Sammlung Rehse, aber dort wird mir erklärt, daß hier nur politische Ereignisse, historische Zeitungen und dergl. zur Ansicht gesammelt würden und ich wandere weiter in die Münchner Neuesten Nachrichten, Alt-Münchner Privatsammlung von Stuffler, welche im Jahre 1931 von der Familie Stuffler an die Münchner Neuesten Nachrichten verkauft wurde. Auch hier ist mein Durchsuchen von 5000 Photos ohne Erfolg gewesen. Zuletzt suchte ich noch in der Privatsammlung des alten Münchner Stadtphotographen Georg Pettendorfer, der in ungefähr 50 Jahren die ganze Stadt München, jede Straße, jeden Platz fotografiert hat, und hier finde ich endlich eine Photographie von der alten Hofgartenkaserne. 3 Tage nahm diese Suche in Anspruch. Wäre es nicht möglich diese Sammlungen zu einer Sammlung zu vereinigen? Mit Hilfe einer modernen Kartothek wäre es ein leichtes, irgend ein gewünschtes Bild in kürzester Zeit besichtigen zu können.

Die Sammlung im Stadtarchiv besteht aus 70 großen Riesenbüchern, von denen einige Bände ein Gewicht von nahezu einem halben Zentner besitzen, eine schwächliche Person kann nur unter Zuhilfenahme einer anderen Person mit diesen schweren Büchern hantieren.«[16])

Mit Sicherheit trug sich Valentin schon damals mit dem Gedanken, die erhoffte Vereinigung der Bestände durch eine – wie auch immer geartete – Übertragung seiner Sammlung an die Stadt München zu befördern. Daß dabei in erster Linie ideelle Gesichtspunkte maßgebend waren, darf angenommen werden – wenngleich er später auch Geld für seine Bilder verlangt und erhalten

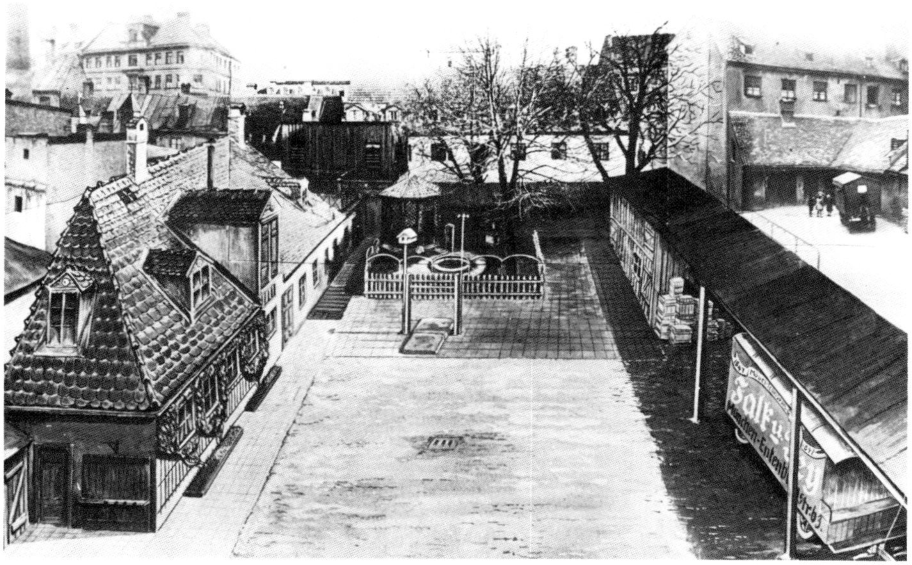

Elterliches Anwesen Falk und Fey um 1900; Innenhof mit umgebenden Gebäudeteilen gezeichnet

hat. Beweis für diese ideelle Grundeinstellung ist u.a. das Konzept eines der vielen Sammelaufrufe des Künstlers[17]), worin er beschwörend bemerkt: »Möge jeder Privatsammler, der sein wertvolles Gut bei seinen Erben nicht in guten Händen weiß, rechtzeitig eine Verfügung treffen, daß die Bilder geschenkweise oder zur Betreuung der Stadt übergeben werden«. Seine Ängstlichkeit vor eventuellen Katastrophen brachte ihn in diesem Zusammenhang auf die Idee, der Stadt München zu empfehlen, Originalfotos und Reproduktionen aus solchen Schenkungen getrennt aufzubewahren, damit sie nicht der nämlichen Gefahr ausgesetzt würden.

Für eine Abgabe seiner Privatsammlungen kamen unter den städtischen Sammlungen, sowohl das Stadtmuseum (mit gutem Fotomaterial), das Stadtbauamt – Forschungsstätte für die Baugeschichte der Hauptstadt der Bewegung – mit einer gutsortierten Sammlung und nicht zuletzt das Stadtarchiv in Frage, wo man seit dem ausgehenden 19. Jahrhundert eine Fülle von Lichtbildern als Beilagenmaterial zur Stadtchronik aufbewahrte.

Daß bei dem 1939 tatsächlich erfolgten Verkauf das Stadtarchiv das Rennen machte, hängt in erster Linie damit zusammen, daß Valentin darauf spekulierte, daß das größte Interesse an seinem für die bauliche Entwicklung Münchens einmaligen Material beim Stadtbauamt – Forschungsstätte für die Baugeschichte der Hauptstadt der Bewegung – bestehen müsse. Als der Direktor des Stadtmuseums, Schießl, erfuhr, daß Valentin mit dem Stadtbauamt in Verhandlungen eingetreten war, konnte er seine Enttäuschung nicht verbergen. Er unterrichtete die »Forschungsstätte«, daß er jahrelang den mündlichen Zusicherungen Valentins vertraut habe, er werde nach seinem Ableben die Bildersammlungen dem Museum überlassen. Allein aus diesen Überlegungen heraus habe die Museumsleitung Valentin die Vervielfältigung von hunderten im Museum befindlichen Fotos und Stichen kostenlos gestattet. Schießl empfiehlt deshalb grundsätzlich nur einen Ankauf der nicht in städtischen Sammlungen befindlichen Stücke, um dadurch den Preis empfindlich zu drücken, bzw. die Anfertigung von Reproduktionen dieser Bilder[18]).

Aufnahme der Entenbachstraße gegen Ende des 19. Jahrhunderts mit Valentins »Kinderbewahranstalt«

Valentin selbst erklärte gegenüber einem Vertreter der »Forschungsstätte«, daß er nicht daran denke, seine Sammlungen dem Stadtmuseum testamentarisch zu überlassen. Zudem befänden sich unter den ca. 900 Altmünchner Aufnahmen nur 150–200 Abzüge von Vorlagen des Stadtmuseums. Er äußerte sich dabei erstmals, warum er auf ein finanzielles Äquivalent bestehen müsse: »Herr Valentin betrachtet die Sammlung als Rückhalt für das Alter, da er sich, wenn er nicht mehr auftreten kann, mit Artikelserien, Bildveröffentlichungen über Alt-München und Herausgabe eines Buches ein Einkommen verschaffen will«[19]).

Glück für Valentin – und nicht zuletzt Glück für die Stadt München –, daß die hinsichtlich des Kaufpreises eher zurückhaltende »Forschungsstätte« mit ihren Bildersammlungen im Mai 1939 dem Stadtarchiv angegliedert wurde, weshalb die Verhandlungskompetenz an dieses Amt überging. Der Direktor des Stadtarchivs, Dr. Schaffer, erkannte wohl als einziger den wirklichen Wert der angebotenen Bildserien und nützte die Gelegenheit, den inzwischen umfangmäßigen Vorsprung seiner Fotosammlungen gegenüber den Sammlungen des Stadtmuseums weiter auszubauen. Valentin war in seinen Preisforderungen von ursprünglich 10000 RM auf 20000 hochgeklettert (jetzt allerdings unter Einschluß weiterer Sammlungsteile), was Dr. Schaffer in nicht geringe Verhandlungsnöte brachte.

Eine Bestätigung besonderer Art erfuhr Valentin zudem, als Ende Juni 1939 der »Führer« im Künstlerhaus (Lenbachsaal) in einem sog. Guckkasten die Stereoskopaufnahmen seiner Sammlung besichtigte, anerkennende Worte dafür fand und Professor Heinrich Hoffmann damit beauftragte, die 50 Stereobilder durch entsprechende Aufnahmen aus der Gegenwart zu ergänzen[20]) und

Zeitungsannonce

beide Serien im Münchner »Panorama«[21]) in der Kaufingerstraße 31 ständig zur Ausstellung zu bringen, »damit die Münchner die Entwicklung der Stadt München naturgetreu und plastisch erleben können«.

Ob dies die einzige Besichtigung Valentinischer Sammelstücke durch Hitler blieb, ist schwer zu sagen, da Valentin selbst auch auf eine anders datierte Begegnung Bezug nimmt als er die hohe Meinung des »Führers« in einem eigens gedruckten Zettel der Direktion des Stadtmuseums zur Kenntnis bringt[22]).

Das Stadtmuseum hatte Ende März 1939 eine Sonderausstellung: »100 Jahre Photographie in München, 1839–1939« eröffnet, bei der Valentins Sammlungen nicht besonders berücksichtigt wurden und er lediglich mit seinem Stereo-Guckkasten als Leihgeber erwähnt wird[23]).

Zu diesem Zeitpunkt stand jedoch Valentin – wie schon berichtet – in konkreten Verhandlungen mit der »Forschungsstätte« und seit Mai 1939 zeichnete sich eine Einigung mit dem beim Ankauf inzwischen federführenden Stadtarchivdirektor Dr. Schaffer ab.

Im Anhang eines an Bürgermeister Dr. Tempel gerichteten Briefes in dieser Angelegenheit[24]) befindet sich ein »Verzeichnis meiner gesammelten Kulturwerke von 1905 bis heute«:

»1. Das Münchner Volkssängertum, ca. 1225 Original Fotos von verstorbenen und heute noch lebenden Volkssängern und Volkssängergesellschaften.
2. Sämtliche Münchner Vergnügungsstätten, wie Theater, Varietés, Kabaretts, Zirkusse, Panoramas etc. seit ungefähr 1600.
3. Die alte Stadt München um 1860 mit noch nie gezeigten Originalfotografien.
4. Die alte Stadt München um 1860 in 200 farbigen Glas-Diapositiven für Lichtbildervorträge.
5. 150 Stereoskopbilder Alt-München von 1850–1900, welche in einem automatischen Guckkasten besichtigt werden können.
6. Münchner originelle Persönlichkeiten, sogenannte Stadtoriginale, vom 17. Jahrhundert bis heute, in Fotos und Zeichnungen und in farbigen Diapositiven mit Text zu Lichtbildervorträgen.
7. Sammlung sämtlicher in Hammers Panoptikum, Neuhauserstraße, von 1893–1908 ausgestellten Gegenstände und Abnormitäten.
8. Ansichtspostkarten-Sammlung von 1880–1910 (Extra Kitsch-Postkarten, Ausstellungszwecke).
9. Ein Kitschpostkarten-Album über König Ludwig II.«.

Zu trennen gedachte sich Valentin von den Nummern 1–7, die Nummern 8 und 9 waren ihm laut eigenhändigem Vermerk unverkäuflich. Als Preis vermerkte er für die Nummer 1 eine Summe von 10000 RM, für Nr. 2 eine Summe von 15000 RM und für die Nummern 3–7 eine Summe von 20000 RM. Diese Preisgestaltung war – wie man später auch seitens des Stadtarchivs anerkannte – nicht unrealistisch, da er für die einzelnen Stücke oft bis zu 20 RM bezahlt hatte.

Im Juni 1939 ordnete Bürgermeister Dr. Tempel an, die Sammlungen Valentins ins Stadtarchiv zu bringen, damit er sie dort persönlich in Augenschein nehmen könne[25]). Archivdirektor Dr. Schaffer wurde beauftragt, die entsprechenden Schritte zu veranlassen. Doch der stets vorsichtige und mißtrauische Valentin konnte sich nicht dazu verstehen, seine Kostbarkeiten so mir nichts dir nichts in die Winzererstraße transferieren zu lassen, weshalb Dr. Schaffer in einer Stellungnahme dem Bürgermeister berichten mußte: »Er ist zu ängstlich und fürchtet, es könne auf dem Transport irgendein Unfall geschehen, der die Sammlung gefährdet«. Valentin habe deshalb angeregt, der Bürgermeister solle die Sammlung in seiner Wohnung am Mariannenplatz besichtigen. Dr. Schaffer konnte bestätigen: »Die Sammlung Valentin ist mit großer Liebe zusammengetragen und in blechbeschlagenen Kisten verwahrt . . . Herr Valentin hängt an der Sammlung mit der Liebe eines Sammlers und hat dafür wohl Geld ausgegeben, wie es für ähnliche Stücke in der Regel nicht bezahlt wird. Herr Valentin weiß aber auch, daß er sehr seltene bzw. einzigartige Stücke in seiner Sammlung hat«.[26]) Der von Valentin für den Hauptteil der Sammlung nunmehr geforderte Kaufpreis von 20000 RM (vgl. weiter oben Nr. 3–7) konnte von Dr. Schaffer zunächst auf 18000 RM heruntergedrückt werden, wurde dann aber bei der Ratsherrn-Beratung über den Ankauf im Rathaus am 8. August 1939 »mit Rücksicht auf die Verdienste, die Herr Valentin als Künstler ohne Zweifel für die Stadt München sich erworben hat« in voller Höhe akzeptiert[27]). Ein nicht unwichtiges Argument für den Ankauf war auch hier das von Hitler geäußerte Interesse an der Sammlung. Die übernommenen Materialien wurden zunächst auf dem Speicher des Stadtarchivs hinterstellt. Da es sich als notwendig erwies, die Sammlung einer Sichtung und Ordnung zu unterziehen, stellte Valentin zwei Arbeitskräfte zur Verfügung, die in gemeinsamer Arbeit die Bilder und Platten reinigten, sortierten und verzeichneten. Die von Valentin erstellten Auflistungen[28]) der Papierabzüge, Negative und Dias prüfte ein Beamter des Stadtarchivs nach; Abweichungen wurden durch Streichungen bzw. Einfügungen vermerkt.

Nach Unterzeichnung des Verkaufsvertrags am 28./29. August 1939[29]) gestaltete sich das Verhältnis Stadtarchiv–Valentin plötzlich schwierig. Valentin ging allem Anschein nach – entgegen dem Wortlaut des Verkaufsvertrags – von der Voraussetzung aus, daß Abzüge »seiner« Bilder ihm auch nach dem Verkauf noch für Ausstellungen und Reproduktionen zur Verfügung stünden

Möbeltransportgeschäft Falk und Fey um 1900; stark retuschierte Außenansicht

und hatte dabei nicht mit der Unerbittlichkeit der Bürokratie gerechnet, die nach vollzogenem Eigentumsübergang keine Bindungen mehr zwischen dem Sammler und seinen ehemaligen Sammlungsgegenständen akzeptieren wollte. Eine amtliche »Vormerkung« des damaligen Sachbearbeiters im Stadtarchiv vom 6. Juni 1940 hält in dürren Worten einen der problematischen Besuche Valentins in der Winzererstraße fest; die beiden Welten, die dabei aufeinanderstießen, werden in diesem Dokument besonders anschaulich:

»*Betrifft:* Herrn Karl Valentin.

Am 29.5.1940 gegen 3 Uhr nachmittags wurde ich, während ich die Aufsicht über die Umzugsarbeiten im Ostflügel der Hofumbauten des Stadtarchivs leitete, von Fräulein S. persönlich verständigt, daß Herr Karl Valentin mich im Hauptgebäude zu sprechen wünsche. Ich möchte zu diesem Zweck heraufkommen. Ich beauftragte Fräulein S., Herrn Valentin zu sagen, *er* möge zu mir in den Hof herunterkommen, da ich die Umzugsarbeiten nicht verlassen wollte. Herr Valentin rief mir darauf aus dem Fenster des Zimmers von Fräulein S. scherzhafterweise in den Hof zu: ›Landsturmmann X antreten!‹ Auf meinen Zuruf, er solle herunterkommen, erschien er im Hof und wollte mir eine Anzahl von Stereoskop-Bildern, die er einem größeren Briefumschlag entnahm, übergeben. Auf meine Frage, was die Bilder kosteten, erklärte er: ›Nichts‹. Er wolle dafür nur von den ihm vom Stadtarchiv abgekauften Bildern eine Anzahl

Kopien anfertigen lassen. Ich erklärte Herrn Valentin, das ginge nicht; zuständig sei der Archivdirektor, an den er sich wenden möge. Herr Valentin fragte mich nach dem Namen des Archivdirektors und erklärte: ›Dann nehme ich die Bilder wieder mit‹. Bei der Verabschiedung forderte er mich auf, das neue Stück in der Ritterspelunke zu besuchen, das nicht mehr lange laufe, weil der Hauptdarsteller einrücken müsse«.

In einer Beschwerde an den Ratsherrn Reinhard, den Leiter des städtischen Kulturamtes, vom 5. August 1940, weist Valentin u. a. auch darauf hin, daß das Stadtarchiv ihm die leihweise Überlassung seiner Diapositive für eine Wohltätigkeitsveranstaltung des Kriegs-Winterhilfswerkes abgeschlagen habe und man ihm gegenüber geäußert habe: »Der Kauf ist nun einmal abgeschlossen, Sie haben von jetzt ab keinerlei Rechte mehr, aus dieser Sammlung Bilder vorübergehend zu entnehmen, gleichgültig zu welchem Zweck«[31]). Doch blieben diese und auch spätere Vorhaltungen an die Adresse der Stadt ohne jede Wirkung. Am 13. August 1942 bedeutete ihm Stadtschulrat Bauer in Vertretung des Oberbürgermeisters nochmals[32]): »Mit diesem Vertrag ist gleichzeitig das ausschließliche Recht der Bilderveröffentlichung, Beschreibung und Verwertung an die Stadt übergegangen. Es ist sehr erfreulich, daß Sie nicht nur mit Ihrem Humor, sondern auch mit der Sammlung, die früher in Ihrem Besitz war, die Soldaten zu erfreuen wünschen. Wie hoch die Stadt Ihre Sammlungen schätzt, können Sie aus dem Preis ermessen, der seinerzeit hierfür bezahlt wurde. Sie werden aber auch verstehen, daß die Stadtverwaltung bedacht ist, eine so teuere Sammlung besonders bei den jetzigen Zeitläufen sicher untergebracht zu wissen.«

Die in einem Brief an den Schriftsteller Hermann Roth vom 20.02.1948 enthaltene Feststellung Dr. Schaffers: »Herr Valentin hat nachher immer wieder versucht, von den verkauften Sachen Dubletten herstellen zu lassen, um sie irgendwie zu verwerten«[33]) ist ausschließlich am juristischen Sachverhalt orientiert. Sie verkennt völlig die menschliche Seite dieser »Erwerbsgeschichte«. Einmal die Unmöglichkeit eines inneren Abstandes, zum anderen Valentins »Mission« der historischen Bildberichterstattung. Wie die geplante »Verwertung« in Wirklichkeit aussehen sollte, das darf abschließend Valentin selbst berichten: ». . . so gestatte ich mir, Ihnen wenigstens den Vorschlag zu unterbreiten, die Sammlung des öfteren in einem sich hierfür am besten geeigneten Saal, wie z. B. im Kolosseum in vollkommen uneigennütziger Weise zeigen zu dürfen, um damit insbesondere auch unseren verwundeten Soldaten gegen eine verhältnismäßig ganz geringe Gebühr von 0,10 oder 0,20 RM, welche lediglich zur Deckung der eventl. in Frage kommenden Unkosten für die Saalbenützung in Betracht kommen könnte, eine kleine Freude zu bereiten«[34]).

Am Ende also ein Mißklang, ein totales Mißverstehen. Dies kann heute –

Gaststätte Herzogpark gegen 1910; Personengruppen im Vordergrund aufgeklebt. Die Aufschriften auf den Fotos sind in der Regel von der Hand von Valentins »erster und einziger Sekretärin« Eva Friedrich. Nach ihrer Auskunft stammen die Montagen überwiegend von dem für Valentin arbeitenden Zeichner und Bühnenmaler Ludwig Greiner; für die Retuschen kommen auch professionelle Fotografen in Frage.

nach 40 Jahren – nur tief bedauert werden. Zumal inzwischen auch die Archivare zu begreifen beginnen, daß es eben nicht genügt, Dokumenten- und Bilderschätze zu horten und nach immer neuen Prinzipien umzuordnen, sondern daß daneben gerade die Vermittlung der Inhalte durch Publikation und Ausstellung zum vornehmsten Teil des beruflichen Auftrags gehört.

Eine Anmerkung noch zu Valentins Foto-Verständnis: Überlieferungstreue erwartete er in der Regel nur von der abgebildeten Bausubstanz. Wenn jedoch »unvollkommene« Aufnahmen – gemeint sind hier insbesondere öde Biergärten und leere Wirtshäuser – Valentin zuwenig historische Atmosphäre vermittelten, wurde das Idealmilieu durch geschicktes Überkleben mit anderen Bildausschnitten und durch oft gewagte Retuschen eingearbeitet. Ein Charakteristikum von Valentins Sammlung, dessen Interpretation über den Rahmen dieser Abhandlung hinausführen würde. Doch soviel spürt man beim Blättern in Valentins Fotos: bloße Belege waren sie ihm nicht. Er wollte sie wahrscheinlich auch gar nicht einmal so sehr ausdeuten – er wollte sie nachleben und nachgenießen.

Die Retusche diente dabei weniger zum »Schönen«, sie sollte vielmehr Phantasien und Erinnerungen fixieren, Vergangenheit gestalten. Der geminderte Dokumentationswert wird aufgewogen durch die gesteigerte Wirklichkeit der Montagen.

Die Beschäftigung mit Altmünchner Fotos war für Valentin mit Sicherheit mehr als ein »Hobby« in unserem heutigen Sinn. Die faszinierenden Bilder der

Au, Am Entenbach um 1870, Stereoskop-Bild

»nicht gemalten, sondern wirklich fotografierten« Häuser, Gassen, Plätze, Theater und Wirtschaften haben tief auf ihn eingewirkt. »Jessas, da schau her, der alte Sterngarten: da bin i als Kind a no drin g'sessn mitn Vater um a 1885 rum . . .« – Valentin selbst ist es, der das sagt. Und dann hält er lange Zwiesprache mit den Bauten und Menschen von damals.

RICHARD BAUER

Anmerkungen

1) Vgl. die Zeitungsartikel »Valentins Münchner Bilderbuch«, in: Münchner Neueste Nachrichten Nr. 336 vom 06. 12. 1936 und »Karl Valentin zu Hause« in: Völkischer Beobachter Nr. 189 vom 08. 07. 1937.
2) 1894 hatte der kgl. Universitätsplastiker und Präparator E. Hammer gemeinsam mit dem Schausteller C. Gabriel ein »Internationales Handelspanoptikum« eingerichtet, das bis 1902 existierte. Valentin erwarb 1934 von E. Hammer umfangreiches Wachsfigurenmaterial und eröffnete selbst ein Panoptikum, das aber sehr schnell wieder einging.
3) zitiert nach »Karl Valentin zu Hause«, siehe Anm. 1.
4) Sigi Sommer, Der Vale, in: Was sag'n jetzt Sie zum Karl Valentin, Meinungen und Erinnerungen, München 1982, o. S.

5) »Valentins Münchner Bilderbuch«, siehe Anm. 1.
6) Stadtarchiv München, Archiv 445.
7) z.B. Vortrag des Kunsthistorikers Dr. L. Waagen für den Stadtverband Groß-München e.V. am 07.12.1936 im Kreuzbräu vlg. Münchner Neueste Nachrichten Nr. 339 vom 09.12.1936. Eine Vorführung der Lichtbilder für den Stadtverband Groß-München fand auch am 23.05.1939 im Kolosseum statt; Stadtarchiv München, Archiv 445.
8) Schon im August 1927 ist eine Ausstellung über Münchner Volkssänger und Singspielhallen in der Gaststätte »Drei Rosen« am Rindermarkt nachzuweisen. Neben Karl Valentin wird auch Lisl Karlstadt als Mitveranstalterin genannt; vlg. Bayer. Staatszeitung Nr. 177 vom 04.08.1927 und Münchner Neueste Nachrichten Nr. 213 vom 07.08.1927.
9) Sammlung von Verpflichtungserklärungen zur Mithilfe, Stadtarchiv München, Archiv 445.
10) Vermerk, der auf allen maschinenschriftlich vorgeschriebenen Verpflichtungserklärungen erscheint.
11) Stadtarchiv München, Archiv 445 (Abschrift), Valentin hatte Fiehler erstmals am 08.05.1933 zu einer Sammlungsbesichtigung eingeladen, worauf Fiehler am 10.05.1933 einen persönlichen Besuch nach telefonischer Voranmeldung ankündigte.
12) z.B. Aufruf in der Münchner Zeitung Nr. 213 vom 01.08.1934, Aufruf in der Münchner Zeitung Nr. 239 vom 27.08.1937 und im Völkischen Beobachter Nr. 240 vom 28.08.1937.
13) So im Aufruf in der Münchner Zeitung Nr. 213 vom 01.08.1934
14) Maschinenschriftliches Konzept für einen Zeitungsaufruf unter dem Titel »Karl Valentin besucht das städt. Bauamt« Stadtarchiv München, Archiv 445.
15) Stadtarchiv München, Archiv 445 (Abschrift).
16) alle im Brief genannten Einzelsammlungen werden – mit Ausnahme der Sammlung Rehse (Bayer. Hauptstaatsarchiv München) – heute im Stadtarchiv München aufbewahrt.
17) Stadtarchiv München, Archiv 445; desgleichen ein Konzept mit folgendem Text: »Unaufhaltsam ist das Geschick der alten Stadt. Wo heute noch ein traulicher Winkel ist, da steht morgen mit der Reisschiene gerade ausgerichtet ein neuer Häuserblock, langweilig und gleichgültig, daß Gott erbarm; wo ein idyllischer Vorgarten mit prächtigen Kastanienbäumen gestern noch das Auge erfreute, da erhebt sich heute knallbunt nach Geschäftstüchtigkeit und Benzin riechend eine Tankstelle mit und ohne Garage. Die neue Zeit, der Geist unserer sport- und verkehrswütigen Tage drückt der Stadt ihren Stempel auf. Bald wird man nicht mehr wissen, wie die alte Stadt ausgesehen hat und wenn wir unseren Enkeln vom gemütlichen München von einst erzählen, werden wir froh sein, wenn wir das Heute und Einst im Bilde aufzeigen können. Gute Freunde Münchens haben sich deshalb zusammengetan um das München von heute und ehemals wenigstens im Bild zu retten. Vieles bewahrt die Maillinger-sammlung und das Stadtarchiv; indessen fehlen noch die Bilder aus dem Privatbesitz, die durch langes Herumliegen womöglich verdorben werden oder zu Verlust gehen. An alle Freunde Alt-Münchens ergeht deshalb das Ersuchen, Bilder von Straßen und Häusern Münchens, möglichst auch von ihrem Haus selbst, zu Photo-Schaja zu bringen, wo sie kostenlos photographiert und der Sicherstellung zugeführt werden. Auf diese Weise besteht Hoffnung, die Ansicht unseres schönen München der Nachwelt zu übermitteln.«
18) Brief Schießls vom 31.12.1938 im Stadtarchiv München, Archiv 381.
19) Anlage zu einem Bericht der »Forschungsstätte« vom 09.02.1939 an Baudirektor Meitinger, Stadtarchiv München, Archiv 381.
20) Bericht darüber in einem Brief Valentins an Bürgermeister Dr. Tempel vom 07.08.1939, Stadtarchiv München, Archiv 445. Der »Auftrag« Hitlers wurde übrigens nie realisiert.
21) Das »Panorama International« in der Kaufingerstr. 31/1 war 1890 gegründet worden und vermittelte mit kolorierten stereoskopischen Bildern aus dem Gebiet der Heimat- und Erdkunde nützliche geographische Kenntnisse. Da in den Zwanziger und Dreißiger Jahren der Besuch durch Schulklassen stark zurückging, hatten die Besitzer einen schweren Existenzkampf zu bestehen. Sie wiesen die Stadt in verschiedenen Eingaben – zuletzt 1941 – immer wieder auf ihre schlechte finanzielle Situation hin, wurden aber offiziell nicht unterstützt. Der

einzige Helfer war Karl Valentin, der viele Jahre hindurch einen monatlichen Zuschuß von RM 40 gewährte. Vgl. Stadtmuseum München, Akt Panorama International, Abgabe Stadtmuseum.

22) Stadtarchiv München, Archiv 445:
An die Direktion des Historischen Stadtmuseums.
Der Führer und Reichskanzler Adolf Hitler besichtigte am 18. November 1939 [?] die große Alt-Münchner Stereoskopsammlung von Karl Valentin im Künstlerhaus zu München, in einem sogen. Guckkasten. Der Führer war begeistert von diesem schönen Kulturdokument und beauftragte Herrn Professor Heinrich Hofmann, er solle dafür sorgen, daß in jeder Groß- und Kleinstadt alle alten Stereoskopbilder von Privat gesammelt werden und zwar von 1850–1900, die ständig zur Ausstellung kommen, damit die junge Generation Gelegenheit hat, einen Blick in die Vergangenheit der deutschen Baukunst zu tun.
Den Grundstein zu dieser Arbeit habe ich gelegt. Seit Jahren sammle ich diese alten Bilder. Durch ständige Kaufanzeigen in der Münchner Presse erhielt ich solche alte Stereoskopbilder aus aller Welt. Davon verwerte ich nur die Münchner Bilder und alle andern, z. B. Berlin-Hamburg-Dresden-Leipzig etc. schicke ich an die betreffenden Museen in diesen Städten kostenlos. Dafür will ich weder einen Dank noch Ersetzung der Portospesen, sondern lediglich eine Bestätigung, daß das Museum die Bilder erhalten hat. Eine Bitte hätte ich jedoch. Sollten sich im Besitz des Museums oder Privatkreisen Stereo-Bilder aus Alt-München befinden, so wäre ich dankbar, wenn Sie mir dieselben zukommen ließen.
Wenn Sie in ihrem Museum einen Guckkasten aufstellen wollen, in dem 50 Stereo-Bilder durch Handdrehen gezeigt werden können, so würde ich Ihnen den Rat erteilen, in Ihrer Stadtzeitung eine kleine Annonce zu bringen. Sie werden dann bestimmt einen solchen Guckkasten im Preis von RM 5,– bis RM 10,– erhalten.
Mit deutschem Gruß
Karl Valentin
München, Mariannenplatz 4/2.

23) Vgl. Artikel in den Münchner Neuesten Nachrichten Nr. 85 vom 26.03.1939.
24) wie Anm. 20
25) Vormerkung (Abschrift) für Archivdirektor Dr. Schaffer vom 19.06.1939, Stadtarchiv München, Archiv 445.
26) Ebd. Schreiben Dr. Schaffers (Abschrift) an das Hauptverwaltungsamt vom 28.06.1939. Der Besuch von Bürgermeister Dr. Tempel bei Valentin fand dann am 02.08.1939 statt.
27) Auszug aus der nichtöffentlichen Beratungssache mit den Ratsherrn vom 08.08.1939 im Stadtarchiv München, Archiv 381.
28) Davon haben sich mehrere gleichlautende Ausfertigungen erhalten, Stadtarchiv München, Archiv 381 und 445.
29) Originalverträge Stadtarchiv München, Archiv 381 und 445.
30) Stadtarchiv München, Archiv 445.
31) Ebd.
32) Abgedruckt in: Geschriebenes von und an Karl Valentin, hrsg. von Erwin und Elisabeth Münz, München 1978 S. 270.
33) Stadtarchiv München, Archiv 445.
34) Ebd. Schreiben (Abschrift) an Oberbürgermeister Fiehler vom 18.07.1942.

Mit der »radiowelt« um 1940 (Foto: Wolter)

Haben Sie Hörer?

Karl Valentin war ein Skeptiker aller modernen Technik gegenüber. In der Szene *Im Senderaum* führt er quasi zur eigenwilligen Illustration dieses Skeptizismus vor, wie ein Mann – zum ersten Mal mit dem technischen Apparat eines Rundfunkstudios konfrontiert – mit seinem naiven Verständnis den Vortrag von Schillers *Lied von der Glocke* durch zu wörtlich genommenen Einsatz der Geräuschmittel akustisch erschlägt. Das im Motto vorgeführte Spiel mit Doppeldeutigkeit sowie Valentins Aktionen als spontan eingestellter Hilfsinspizient beim Gedichtvortrag, die mit seiner oft eingesetzten komischen Methode des Wörtlichnehmens spielen, weisen diese Szene als Original-Valentin aus.

Dennoch hatte der Autor ausgerechnet wegen dieses Einakters einen Urheberrechtsstreit mit einem R.J., der ein Bühnenstück *Hinter den Kulissen des Rundfunks* verfaßt hatte und Valentin des Plagiats beschuldigte. Das Berliner Reichsgericht sprach Valentin frei und schrieb in der Urteilsbegründung, »daß die Szene *Im Rundfunksenderaum* eine eigenartige selbständige Schöpfung ist.« Und weiter: »Anklänge in den angewandten Mitteln sind zwar vorhanden, jedoch durch die Verschiedenheit der Leitgedanken, denen die Kunstmittel dienen, so an unterschiedliche Zwecke gebunden, daß keine unfreie ›Bearbeitung‹, sondern ›freie Benutzung‹ anzunehmen ist.«[1])

Erwin Münz schreibt zu diesem Fall: »Wesentlich sei also, daß zu einem ernsten Werk unabsichtlich Unsinn getrieben werde, ohne Bezugnahme auf die Eigentümlichkeit des Hörspiels oder des Rundfunks, die bei dem Konkurrenzstück von R.J. gerade erst das Komische ergebe.«[2]) Eigenartig ist nur, daß im Buch des Ehepaars Münz auf den Seiten 300 und 301 eine Liste mit 29 Valentin-Szenen aus einem Original-Programm abgedruckt ist, wo *Im Senderaum* unter der Nr. 14 steht, mit der Fußnote: »Außer bei Nr. 14 stammen alle Ideen und Texte von Karl Valentin und Liesl Karlstadt.«

Dies ist – soweit bekannt – der einzige Fall, wo Valentins Originalität gerichtlich angezweifelt wurde. Valentin stellte Scherereien mit dem Rundfunk auf die Bühne; er sollte sie auch im Leben bekommen.

Als eine der ganz wenigen Münchner Komiker aus der Volkssängerepoche machten Valentin und Karlstadt Rundfunkaufnahmen. Durfte Valentin sich schon der erste Münchner Filmpionier nennen, so kam er auch in Kontakt mit dem anderen neuen Medium Funk. Plattenaufnahmen von ihm wurden schon 1928 gemacht (von Liesl Karlstadt sogar schon 1919). Wieso diese Zeitspanne bei dem Komikerpaar auftaucht, läßt sich heute nicht mehr erklären. Es bleibt

K.V.: Haben Sie Hörer?
L.K.: Wie?!
K.V.: Ob Sie vielleicht Hörer haben?
L.K.: Sie haben aber eine komische Aussprache. Ja natürlich, Hörer haben wir nach vielen Tausenden.
K.V.: (deutet an seinem Kopf an, was er meint) Nein, einen brauch ich nur.

Karl Valentin als Geräuscheimitator in *Im Senderaum,* Aufführung im Kabarett der Komiker, Berlin 1936

offen, ob Valentin sich von Anfang an nur mit Scheu dem Mikrofon näherte. Aufzeichnungen seiner Szenen für den Rundfunk begannen dann 1937. Während des Dritten Reiches entstanden 10 Aufnahmen für die Schallplatte und 74 Rundfunkaufzeichnungen.

Da bis zu Beginn des Dritten Reiches die Volkssängerunterhaltung – ihre Protagonisten wie ihre Auftrittsorte, die Singspielhallen – weitgehend verschwunden war (Valentin feierte noch Erfolge im Varietétheater Colosseum und Weiß Ferdl amüsierte Touristen in der »Platzl«-Bierhalle), mußten die überlebenden Komiker beinahe zwangsläufig sich auch an die neuen Medien Funk und Film verkaufen. Ab den dreißiger Jahren führte für die Münchner Komiker kein Weg am Rundfunk vorbei, auch nicht am gleichgeschalteten

Der Sprecher: Hört ihr's wimmern hoch vom Turm?
(Karl Valentin läßt auf der Vogelpfeife Lerchengezwitscher ertönen) Der Sprecher: Das ist Sturm!
(Karl Valentin schaltet die kleine Windmaschine ein)

Im Senderaum/Der Antennendraht (Uraufführung im Deutschen Theater, München 1926)

Reichssender. Valentin-Aufnahmen aus den Jahren 37–41 konnten unter den gegebenen Umständen natürlich nicht mehr seine proletarische Haltung, seine sozialkritischen Töne und seine Hinweise auf elende materielle Verhältnisse enthalten. Aber wer die folgenden Titel kennt *(In der Apotheke, Das Lied vom Sonntag, Verkehrsordnung, Semmelnknödeln, Der komische Salat, Die Heirats-*

annonce), merkt, daß Valentin es doch gut verstand, seine Unsinns-Logik und Wortklauberei (was ja gerade eine sehr mediengerechte Form der Komik ist) auf Konserve zu bannen. Angaben, wie oft diese Aufnahmen gesendet wurden, sind nicht mehr zu erhalten.

A: Du hast ja aa damals an Blödsinn dahergredt, wias d' gsagt hast, da Hitler hat a Glück ghabt, daß er net Adolf Kräuter ghoaßn hat, sonst hättn ma schrein . . . müssen ›Heil Kräuter‹!

Mit zunehmendem Alter war Valentin mehr und mehr auf die Rundfunkaufnahmen angewiesen, weil die Kriegszeit ja keine Engagements mehr bot. Ab 1941 trat Valentin nicht mehr auf bis Kriegsende. Aber er wurde offensichtlich auch immer unzufriedener mit dem Sender. »Wenn mir privat Ihr Humor schon recht frohe Minuten bereitet hat, so habe ich jetzt Ihre Arbeiten einzuschalten in ein Programm, das nicht einzelnen Stämmen, sondern dem ganzen Deutschen Volke Freude und Entspannung bringen soll . . . Es gehört sich ein Fingerspitzengefühl besonderer Art dazu, zu prüfen und zu erwägen, was man sagen kann, was unverfänglich ist, was auch im Ausland gehört werden kann ohne zum Schaden des Reichs zu werden und vieles andere mehr«, so lautete ein Brief des Reichssenders München vom 3.2.43 (wie alle folgenden Schreiben aus dem obenerwähnten Buch des Ehepaars Münz entnommen), worin auch wieder altbekannte Vorurteile über die nur Bayern verständliche Komik Valentins mitschwingen.

Valentin war nie ein Widerstandskämpfer, wie er auch nicht zum Propagandisten für Hitler umschwenkte. Seine abstrakte Art der Sprachzerlegung, die auf kein gesellschaftliches Thema angewiesen war, gestattete es ihm, auch in der Hitlerzeit weitgehend unbeschadet für den Reichsrundfunk zu produzieren und populär zu bleiben.

Es gab aber in den Sendeanstalten auch Zweifel, ob der Rundfunk Valentins komische Art richtig repräsentieren konnte; ein weiteres Vorurteil. Bruno Aulich schrieb am 2. März 1945 noch: ». . . braucht Karl Valentin zur vollen Wirkung seiner Persönlichkeit die Optik, und die fehlt natürlich bei uns . . . Eine künstlerische Wirkung, wie die von Ihnen erstrebte, hängt zu viel im augenblicklichen Erleben drin, als daß man sie beliebig lang als Konserve auflegen könnte, und aus diesem Grunde wäre eine Polemik von Ihnen gegen den Rundfunk, wie Sie sie in der Feldpostzeitung durchführen wollten, nicht richtig«. Es ist aus diesen Dokumenten also ersichtlich, daß Valentin nie recht zufrieden war mit dem Rundfunk, wenn auch bis zu seinem Tode über 100 einzelne Aufnahmen im Münchner Funkhaus zustande kamen.

Der sofort nach dem Krieg geschaffene Sender Radio München stand unter der Schirmherrschaft und Leitung der amerikanischen Besatzungsmacht. Der amerikanische Programmdirektor, Leutnant Klaus Brill, war von Valentin sehr eingenommen. »Vielen Dank für Ihre Manuskripte. Wunderbar! Von Ihren noch nicht gesendeten Platten können wir sicher auch eine ganze Menge verwenden«, schrieb er am 29.9.45 an Valentin. Es kam eine Komiker-

Karlstadt: Du sagst doch, daß du nicht einheizen willst, weil du das Holz für den nächsten Winter aufsparen willst.
Valentin: Ja nur dann, wenn ich im nächsten Winter kein Holz bekomm.
Karlstadt: Oh, nächsten Winter bekommst du Holz genug, weil wir da hoffentlich wieder Kohlen bekommen.

Als Volksredner

Sendereihe ins Programm, das *Zehnerl-Kabarett,* aber da stellte sich Valentin quer. »Beim Zehnerl-Kabarett mitzuwirken habe ich keine Lust«, schrieb er am 24.6.1946, weil »auswärtigen« Humoristen nach seinem Geschmack zu viel Sendezeit eingeräumt wurde. Er war also so frei, nicht jedes beliebige Angebot in dieser Hungerzeit anzunehmen. Allgemein paßte Valentin auch nicht so ins Konzept der Nachkriegszeit, da sein Zynismus zuungunsten seiner allgemein gewohnten Komik zugenommen hatte. Nun kamen zwar die antifaschistischen Szenen zum Vorschein wie das am 17.10.46 (sic!) aufgenommene *Verstehst nix von der Politik,* aber zugleich kam auch schonungslose Kritik an der Nachkriegszeit und ihren Mangelerscheinungen, wovon z.B. *Geht in die Wälder* Zeugnis ablegt.

Valentin war ein sehr verbitterter Komiker geworden, zudem auch sehr krank. Im Juni 1946 schrieb Helmut M. Backhaus aus der Unterhaltungsabteilung von Radio München: »Wir unsererseits können uns dagegen nicht entschließen, Ihre von früherer Zeit stammenden Schallplatten heute wieder zu senden, da wir sie für nicht ganz geeignet für unser Programm halten. Wir möchten noch einmal betonen, daß wir zu einer Zusammenarbeit mit Ihnen sehr gern bereit sind, sofern Sie uns neues Material zur Verfügung stellen.« Diese Absage kann sich nicht allein auf vermeintlich deplaziert wirkende Aufnahmen aus der Hitlerzeit beziehen, da ja bis auf eine Ausnahme alle Schallplatten vor dem Dritten Reich aufgenommen worden waren.

Immerhin wurden ab dem 30.7.46 noch an sieben Terminen neue Aufnahmen auf Band gezogen. So entstand die Serie *Alles dreht sich um Karl Valentin,* die nach 5 Monaten abgesetzt werden mußte. Wie Kurt Wilhelm, der zu der Zeit für Radio München arbeitete, berichtet, mußte die Reihe wegen Hörerprotesten aufgegeben werden. »Nein, damals haben die Münchner ihren Valentin wahrlich nicht geliebt und stolz waren sie schon gleich gar nicht auf ihn.« Damit werden die Spekulationen, daß allein den Rundfunkgewaltigen der Schwarze Peter zuzuschieben ist, erheblich entkräftet. Zu Lebzeiten wurde Karl Valentin mit dem Rundfunk nicht mehr glücklich. »Daß der Valentin selber gedacht hat, die Amis hätten ihn abgelehnt, lag daran, daß man ihm die Wahrheit nicht sagen wollte. Wir wollten ihm die Enttäuschung ersparen, daß seine Landsleute ihn erledigten.«[3)] Die Tonaufnahmen Valentins erwiesen sich als Spätentwickler. 1963 schrieb Sigi Sommer in der *Süddeutschen Zeitung:* »Noch lagern allerdings die vierzig Kilometer langen, lustigen Bandnudeln auf schmale Rollen gewikkelt, in den Regalen des Tonarchivs.« So ließen erst in den letzten 20 Jahren Männer wie Jimmy Jungermann, Fred Rauch und Emil Vierlinger in ihren Sendungen Valentin Gerechtigkeit widerfahren als Funkinterpret, indem sie die ganze Palette seiner Tonaufnahmen vorstellten. Dies geschah jedoch auch noch im betont bayrisch-volkstümlichen Rahmen. KLAUS PEMSEL

Anmerkungen:

1) Entscheidungen des Reichsgerichts in Zivilsachen, 121. Bd., Berlin & Leipzig 1928, S. 71 u. 72
2) Erwin u. Elisabeth Münz (Hrsg.): Geschriebenes von und an Karl Valentin, München 1978, S. 109
3) Die Zitate von Kurt Wilhelm sind aus dem Buch Was sag'n jetzt Sie zum Karl Valentin, München 1982

Moritat mit Annemarie Fischer, der Nachfolgerin Liesl Karlstadts (Foto: Hilbinger)

Telephon-Anruf zur Geburtstagssendung:

Text von Karl Valentin – Mai 1942

Valentin: (ruft Reichssender an):
(In der Spielleitung schrillt das Telephon)

Spielleitung: Reichssender München hier!

Valentin: Valentin hier! Bin schon daheim!

Spielleiter: Was heißt *schon?* – Ihre sechs Platten sind schon gelaufen!

Valentin: Wohin!

Spielleiter: Wohin ist eine dumme Frage! Die Platten sind bereits abgespielt. Wir können doch unsere Hörer nicht solang warten lassen, bis Sie gemütlich nach Hause gehen!

Valentin: Ich bin garnicht gemütlich nach Hause gegangen! Ich bin mit der Straßenbahn gefahren.

Spielleiter: Ja, ja, Sie wohnen eben so weit.

Valentin: Ich wohne nur 4 Haltestellen weit. Ich habe aber 14 fahren müssen, bis ich wieder aus dem Gedränge herausgekommen bin.

Spielleiter: Das ist ja nun gleich!

Valentin: Das ist durchaus nicht gleich!

Spielleiter: Naja, jedenfalls Ihre Schallplattensendung haben Sie überhört – daran ist nichts zu ändern.

Valentin: Dann lassen Sie halt meine Schallplatten an meinem nächsten Geburtstag wieder laufen!

Spielleiter: Wann ist Ihr nächster Geburtstag?

Valentin: Genau um ein Jahr später!

Spielleiter: In welchem Jahr sind Sie denn eigentlich geboren?

Valentin: Achtzehnhundertzwei . . . (Telefon schrillt)

Spielleiter: Halloh, Halloh! – Unterbrochen!
(Fräulein vom Telephonamt spricht dazwischen) Ein Ferngespräch aus Berlin, bitte einhängen!

Spielleiter: Zu dumm – gerade im vorigen Jahrhundert sind wir unterbrochen worden. Liebe Hörerinnen und Hörer, jedenfalls habe ich herausgefunden, daß Karl Valentin im neunzehnten Jahrhundert geboren wurde und das muß uns für heute genügen.

Schlußmusik.

Karl Valentin in seinem Haus in Planegg, um 1940

Der eintausendneunhundertzweiundvierzigste Juni

Der Juni bringt uns wie bekannt statt der Wonne den Sommer. Derselbe geht aber erst am 21. Juni an, weil er den Frühling ablöst. – Die Ablösung sieht man natürlich nicht, weil es nachts 12 Uhr finster ist; es sei denn, es schiene der Vollmond. Selbst dann würde man diese Jahreszeitenablösung nicht sehen, weil gerade soetwas etwas unsichtbares ist. Der Sommer trifft auch ganz pünktlich am 21. Juni ein; auch wenn es, wie es oft ist, noch kalt ist. Eine alte Bauernregel aus einem alten Kalender findet hier seine Bestätigung:

Ist es im Juni heiß oder kalt,
Steh'n viele Bäume im Tannenwald.
Tun keine Bäume im Walde steh'n
Ist von dem Wald keine Spur zu seh'n.

Den Übergang von dem Frühling auf den Sommer in der Nacht vom 21. Juni merkt man nicht plötzlich an der Temperatur, sondern nur an den menschlichen Einrichtungen z. B.: Aufstellung von Anlagebänken im Freien; Abstellung der 21. Juni, nachts 12 Uhr (also bei Eintritt der warmen Jahreszeit) sofort die Dampfheizung abzustellen, selbst wenn es die Gäste im Juni noch ab und zu friert. Aber kann denn da der Herr Direktor was dafür, daß der Sommer ausgerechnet am 21. Juni beginnt?

Im Juni beginnt auch die Baderei in den Bädern. Für diejenigen, die nicht schwimmen können, genügt zuhause eine mit Wasser gefüllte Badewanne. Für Schwimmer ist die Badewanne nicht geeignet! Aber auch Nichtschwimmer können im Freien ein Bad nehmen – ein Sonnenbad. Im Sonnenbad kann man nicht untergeh'n, weil es nicht tief ist; im Sonnenbad ist noch kein Mensch untergegangen – im Gegenteil. Die Sonne *selbst* geht unter, wenn es Abend wird. Daß es beim Baden im Freien zweierlei Nässen gibt, wissen viele nicht; aber ich habe etwas Ähnliches erlebt: Ich badete einmal im Starnbergersee – der See liegt im Freien, das ist allbekannt, ich schwamm in den See hinaus, plötzlich fing es bald zu regnen an. Regenschirm hatte ich keinen dabei – was war die Folge – ich wurde zweierlei naß; durch das Seewasser und durch das Regenwasser. Wegen dem Regen schwomm ich sehr schnell an das Ufer hinaus; durch diese Anstrengung schwitzte ich furchtbar. Der Schweiß rann mir am Körper

Als Mars in *Drei Stunden im Himmel* (Uraufführung im Monachia 1921)

empor. Der Schweiß ist auch etwas Flüssiges, genau wie das Seewasser und das Regenwasser und hiemit so, war ich dreierlei naß.

Und wer sowas Unsinniges schreibt, den nannte man früher – im Volksmunde – einen »damischen Ritter« – wie solcher am Bilde hier zu sehen ist.

Text von Karl Valentin – Mai 1942

Die Filme Valentins

Mit Adolf Gondrell (links) und Weiß Ferdl (Mitte) in *Der Tobis Trichter. Volkshumor aus den deutschen Gauen.* Film 1941

Statt eines Vorworts

I.

Tobis-Trichter. Humor aus deutschen Gauen. In einem heruntergekommenen, schmutzigen Wirtshaus sitzen drei mißmutige Herren, »Münchens berühmteste Komiker«, Adolf Gondrell, der Weiß Ferdl, Valentin.

In Gondrells Sketch wird mit dem Antisemitismus gespielt. »Buchhandlung Wallenstein, vormals Friedländer.« »Der ewige Jude – Vom Winde verweht.« –

Der Weiß Ferdl, begleitet von einem Chor klappriger, zahnluckerter Greise, besingt mit forcierter Aufgeräumtheit eine Soldatenbraut namens Resei.

Valentin und Karlstadt in der Apotheke. Das Kind von sechs Monaten, das nichts sagt. »Es ist so verstockt.« Die beiden reden mit betonter Gleichgültigkeit von den Schmerzen des Kindes, als sei dieses ein x-beliebiges Ding. Sie nahmen ja auch schon Kindsmord auf die leichte Schulter. »Er legt das Kind auf den Boden und sticht ihm mit dem Säbel in den Bauch. Sie: . . . den wenn ma a bißl mit'n Säbel in Bauch neisticht, dann fangt er gleich zum Bläcken an.« Das Medikament Isopropilprophemilbarbitursauresphenildimethildimenthylaminophirazolon, eine weitere Großleistung deutscher Chemie.

Die Komiker legen am Schluß mit Buchstaben das Wort E.N.D.E. Nichts anderes ist auch die message dieses Tobistrichters. Jede Einstellung verspricht den Zusammenbruch, auf den der Zuschauer dann noch ein paar Nächte lang warten muß. Und das Kind wird bis dahin auch schon tot sein.

II.

In den Spar-Filmen brechen Valentin und Karlstadt mit so unlustiger Eile zur Bank auf, als erhielten sie dort mit der Quittung zugleich auch die Zusicherung der alsbaldigen Abwertung.

III.

Valentin hat Max Ophüls auf die Gefahren des Lutschens an Grashalmen aufmerksam gemacht: Strahlenpilz, herausoperierte Zunge . . . In einem Brief vom 1.10.1932 muß dann Ophüls dem Valentin gut zureden. »Mit großer Freude habe ich Ihr ganz ausgezeichnetes Manuskript gelesen. Sie müssen mir nun bloß Zeit lassen, daß ich mich dafür hier verwende, besonders, da ich es doch keinesfalls aus der Hand geben will; und andererseits auch nichts überstürzen will.« – »Das Material bleibt in meiner Hand und Sie können ohne Sorge sein und ich gebe Ihnen sofort Nachricht . . .« Fünf Monate später ist Ophüls gezwungen, Deutschland zu verlassen. Was Valentin und Ophüls wohl gemeinsam war: das Bewußtsein dessen, daß Zeit vergeht, die Sorge um den rechten Augenblick, auch das Wissen um die Chance, die nie wiederkommt.

IV.

Bruno Frank glaubte, die Besetzungspolitik Max Reinhardts so umschreiben zu müssen: »Es hieß unter den Spottlustigen, daß niemand auf seinem Theater eine große Rolle zu tragen bekomme, der nicht stammle, lisple oder eine hohe Schulter habe.« Am 19.10.1923 versichert die Theateragentur Frankfurter, »daß Professor Max Reinhardt sich direkt und durch mich die größte Mühe gab, Herrn Valentin für eine wichtige Rolle in ›Turandot‹ bei den Aufführungen in den Redoutensälen in Wien zu gewinnen.« Valentin trat nicht bei Reinhardt auf. Über eine spätere Reinhardt-Inszenierung der »Turandot«, 1926 im Salzburger Festspielhaus, wird berichtet: »Die Premiere entwickelte sich derart komisch, daß sie buchstäblich kaum mehr auszuhalten war. Waldau, Moser, Romanowsky, Homolka, Pallenberg raubten einander schonungslos die Pointen. Die Abgänge verzögerten sich immer mehr. Sieger blieb Pallenberg.« Wäre auch der andere große Ensemblezerstörer, wäre auch noch Karl Valentin, etwa als der Scharfrichter, aufgetreten, mit der Großen Salzburger Schlechtwettermaschine, einem Riesenfrigidaire (mit Guckfenster wie bei einer Waschmaschine) in dem die Delinquenten von kindskopfgroßen Hagelkörnern totgeschlagen worden wären, diese Darstellung mit ihrer grand-guignol-haften Realistik hätte eine Panik ausgelöst. Menschen wären zuschaden gekommen. Valentin, der den Vorgängen mit stoischem Grinsen beigewohnt hätte, als gingen sie ihn nichts an, wäre entkommen. Doch Festspiele hätte es in Salzburg nie mehr gegeben.

Der Kunstradfahrer, um 1915

V

Fahrrad/Hochrad. Hugh Kenner schreibt: »Betrachte den Radfahrer, wie er dahinfährt, den erhabensten Könner, wie er die Fortbewegung verklärt, die selbst des empfindenden Körpers erhabenstes Können ist. Die unendliche Vollkommenheit der Kette zu betrachten, deren Glieder sich andauernd um das Zahnrad legen, ist ein ewiges Vergnügen; darüber nachzudenken, daß ein bestimmtes Kettenglied abwechselnd am Ort bleibt, in bezug auf einen Radzahn, und dann in Bewegung ist, in bezug auf den gleichen Radzahn, ohne Unterbrechung zwischen den beiden Zuständen, bedeutet, sich in einer Art von tröstlichem Mysterium zu versenken. So erfüllt sich, was die Schlange Eva versprach: Et eritis sicut dii; und es ist nichts als gerecht, daß, während diese Worte geschrieben werden, ein Veteranen-Radrennfahrer, von Beckett zeitweise mit Interesse verfolgt, quer durch Frankreich fährt, kahlköpfig, ein ›Stayer‹, oft auf guten Plätzen in lokalen und nationalen Meisterschaften, Vorname nebensächlich, Familienname Godeau, natürlich nicht anders ausgesprochen als Godot.«

(Picasso macht aus einem Fahrradlenker ein Ziegengehörn, Pansgehörn. Die Fahrradkunststücke von W.C. Fields und Jacques Tati.)

Valentins Hochradnummer – 3x3x der gleiche Vorgang, mit Glockengeläute, Via dolorosa/Todesfahrt durch Nacht und Nebel – verhält sich analog zu einer Heiligen Handlung.

Et eritis sicut dii: der Filmemacher kann Toten immer wieder zur Auferstehung verhelfen – der Panoptikumsdirektor kann Noch-Lebende in Todesstarre präsentieren.

ULRICH KUROWSKI

Mein Filmpech

Die *Münchner* haben es wahrscheinlich längst vergessen, daß ich in ihren Mauern der erste Filmunternehmer Bayerns war. Denn ein Filmatelier mit künstlichem Licht habe ich schon 1912 in München eingerichtet. Ich ließ mir aus Frankfurt die soeben neu erfundenen Jupiter-Filmscheinwerfer kommen, fünf Stück an der Zahl. Sie kosteten ein paar tausend Mark. Fünfhundert Mark mußte ich anzahlen, den Rest in Wechseln, die jeden Monat fällig wurden. In einem Käselager des Kaufmanns Bernbichler in der Pfisterstraße im Rückgebäude direkt am Platzl neben dem Hofbräuhaus entstand also Münchens erstes Filmatelier. All mein sauer erspartes Geld steckte ich hinein, um ein Filmgroßindustrieller zu werden.

Aber nach sechs Monaten war ich schon rettungslos verkracht. Das erste, was gekracht hat, und zwar gleich am ersten Tag, waren die fünf nagelneuen Jupiterlampen. Ich packte sie eigenhändig aus und stellte sie tadellos ausgerichtet in Reih und Glied nebeneinander. Wie ich mich ihres Anblicks freute, erblickte ich am Boden meines Ateliers ein langes, altes Brett, das meinen Schönheitssinn störte. Ich packte es an einem Ende hoch und hob es auf. Aber schon war das Unglück geschehen. Der erste Scheinwerfer schwankte und fiel auf den zweiten, der zweite auf den dritten, der dritte auf den vierten und der

Mit Liesl Karlstadt im Filmatelier Peter Ostermeier

vierte auf den fünften – bis sie sämtlich zerschmettert auf dem Steinfußboden lagen. Denn ich hatte die Lampen zufällig alle auf das gleiche Brett gestellt.

Mein erster Stummfilm hieß »Valentins Hochzeit«. Darin ging es schon ziemlich wild zu. Später habe ich mit Peter Ostermeier den Film »Der Schreibtisch« gemacht. Darin bekam ich in der Maske eines Büroschreibers ein Stehpult geliefert. Aber es war mir zu hoch. Ich nahm eine Säge und machte die Füße kürzer. Leider hatte ich sie nicht alle in gleicher Höhe abgeschnitten, und

E. Reinicke, Der neue Schreibtisch.
Münchner Bilderbogen Nr. 1018,
Verlag Braun & Schneider, München 1981

das Pult wackelte. Ich muß also den zu langen Fuß wieder kürzer machen. Aber in der Eile erwische ich den falschen und schneide den ohnehin kürzeren noch kürzer. So schneide und schneide ich, bis aus dem Stehpult nur noch ein Sitzpult geworden ist. Als dieses aber nun wiederum wackelt, schneide ich die Beine noch kürzer, bis ich nicht mehr mit dem Stuhl darunter Platz habe, sondern mich auf den Boden setze und in den Boden ein Loch machen muß, um meine langen Beine hindurchzustecken. Und nun kann ich endlich anfangen zu schreiben.

Der neue Schreibtisch, Film 1914/15

Später habe ich sogar Münchens erstes Freilichtatelier auf einer grünen Wiese gegenüber dem Ostfriedhof aufgebaut. Dann haben wir im Ersten Weltkrieg, wieder mit Peter Ostermeier, einen Streifen »Erbsen mit Speck« gedreht, der mir in besonders fürchterlicher Erinnerung geblieben ist, denn seitdem kann ich auch dieses Gericht nicht mehr riechen.

Ich habe einen neuen Lehrer in einer Dorfschule zu spielen und wurde in dieser Eigenschaft von den Bauern reihum eingeladen. Sie hatten sich irgendwie in die Vorstellung verrannt, daß mein Leibgericht Erbsen mit Speck sein sollte. Das gab es nun jeden Tag eine ganze Woche lang für mich. Auch in der Zeit des Ersten Weltkrieges war es gar nicht so einfach, ein ordentliches Bauerngeräuchertes herbeizuschaffen. Aber schon am dritten Tage, als ich das Gericht wieder aufgewärmt vorgesetzt bekam, konnte ich kaum mehr einen Löffel davon hinunterwürgen. Diese Quälerei hat eine volle Woche gedauert. Aber wie gesagt, dieses Leibgericht kann mir seitdem gestohlen werden.

Einmal sollte ich bei einer Filmaufnahme aus einem Friseurladen hinausgeschmissen werden. Voller Dreck saß ich auf dem Straßenpflaster, und Hunderte von Neugierigen, die sich damals eine Filmaufnahme keinesfalls entgehen lassen wollten, standen um den Schauplatz herum. Da es eine Freilichtaufnahme war, mußten wir auf die liebe Sonne warten. Und die hatte sich eben schamhaft hinter einer Wolke verkrochen, als wir sie am notwendigsten brauchten. Wir mußten also ausharren, bis sie wiederkam, und einige Minuten später flog ich erneut zum Friseurladen hinaus. Aber auch die spaßige Wolke schob sich wieder vor die Sonne, und mit der Aufnahme war es abermals Essig. Wir mußten diese wenigen Meter Aufnahme vier- oder fünfmal wiederholen. Ich war das vom Film ja schon gewöhnt. Aber viel mehr als die neckische Wolke ärgerten mich die Saububen, die jedesmal schrien: »Uh, jetzt hat er's wieder net kenna, jetzt muaß er's noch mal machen!«, wenn der Regisseur bat: »Noch mal, Herr Valentin!«

Filme ansehen ist wirklich angenehmer als Filme fabrizieren. 1921 wurde ich einmal während einer Filmaufnahme vor vielen tausend Menschen auf dem Oktoberfest zwanzig Meter hoch in die Luft gezogen. Dabei hatte man mich übrigens völlig unfachgemäß in einen schmalen Riemen geschnallt und mit einem Flaschenzug hochgewunden. Obgleich ich nur fünfundfünfzig Kilo wog, schnitt mir der schmale Riemen derart in meine Eingeweide, daß ich hinunterschrie: »Ich halt's nicht mehr aus!«

Aber darauf nimmt man im Film keine Rücksicht. Es wurde weitergedreht, als sei nichts geschehen. Mir traten vor Schmerzen fast die Augen aus den Höhlen. Und nun mußte sich noch meine Partnerin Liesl Karlstadt an meine Füße hängen und wurde gleichfalls einige Meter zusammen mit mir in die Höhe gehißt. Fast ohnmächtig wurde ich in ein Auto gehoben und konnte nur mehr die Worte stammeln: »Nie mehr filmen, mir gangst!«

Aber bekanntlich heilt die Zeit alle Wunden, und ich habe trotzdem noch manchen Filmstreifen gedreht. »Der Sonderling« war mein letzter stummer Film. Und dann folgten noch eine ganze Menge Tonfilme: »Orchesterprobe«, »Im Photoatelier«, »Theaterbesuch«, »Das verhängnisvolle Geigensolo« und viele andere. Sogar in zwei abendfüllenden Spielfilmen haben wir mitgewirkt, meine Partnerin Liesl Karlstadt und ich. »Donner, Blitz und Sonnenschein« und »Kirschen in Nachbars Garten« waren ihre Titel.

Leider sind meine letzten Tonfilme »Musik zu Zweien«, »Bittsteller«, »Die

Die verhexten Notenständer, Gastspiel im Kabarett der Komiker in Berlin 1929/30. In dieser Zeit entstand die Werkaufnahme vom »I. Tonfilm Karl Valentins und Liesl Karlstadts«

Bei den Aufnahmen zum Film *Ewig Dein* mit Regisseur Erich Engels, 1938

Erbschaft« und »Der Antennendraht« noch nicht einmal uraufgeführt worden. Die Filmgewaltigen des Dritten Reiches haben aus ihnen eine Elendstendenz herausgeschmeckt, die ihnen nicht behagte. Nachdem so viele unserer Häuser in Schutt und Asche gesunken sind, dürfte freilich kein Grund mehr vorhanden sein, meine letzten Filme dem deutschen Publikum vorzuenthalten. Aber wer weiß, wohin die Zelluloidstreifen inzwischen geraten sind . . .

(Aus: Alles von Karl Valentin, Piper Verlag, München 1978)

Bei den Dreharbeiten zu *Ewig Dein*, 1938

Und er filmt doch!

Kr., der Film-Kritiker der »Frankfurter Zeitung«, fragt im Dienstag-Abendblatt ganz erstaunt: Warum macht Valentin keine Filme mehr?

Ich kann die Frage beantworten, denn ich habe in eben diesem Augenblick mit Valentin über das Thema gesprochen. Die Antwort ist einfach: Weil die deutsche Film-Industrie mit einem Darsteller von Valentins Format nichts anfangen kann. Warum kann sie mit ihm nichts anfangen? Weil sie Kitsch machen muß. Warum muß sie Kitsch machen? Angeblich, weil nur Kitsch Erfolg hat. Ich halte das – ebenso wie Valentin – für einen Trugschluß. Dieser große Humorist könnte Filme machen wie in Deutschland keiner außer ihm und in Amerika nur Charlie. Aber er kann sie nicht machen, weil das schöne Geld für Dreck hinausgeworfen werden muß, der nur darum zieht, weil nichts Besseres gemacht wird. Und Besseres wird nicht gemacht, weil – (siehe oben).

Im übrigen macht Valentin aber doch Filme; noch in diesem Monat fängt er an. Er hat es mir eben gesagt und ich freue mich, seinen schätzungsweise dreiundzwanzig Millionen Verehrern diese beruhigende Aussicht eröffnen zu können.

(Peter Scher in: Frankfurter Zeitung vom 3.5.1929, zitiert nach Fundsachen 2, herausgegeben vom Münchner Filmzentrum – Freunde des Münchner Filmmuseums e.V., Redaktion Ulrich Kurowski)

Zuban-Zigarettenbild aus der Reihe »Bunte Filmbilder«

Bei den Aufnahmen zum Film *Die Erbschaft*, 1936

Valentin im Filmpalast

Seit Jahr und Tag hat der Filmpalast keine solchen Menschenmassen mehr gesehen wie in den letzten Tagen, seit der aus dem Apollotheater ausquartierte Karl Valentin mit Liesl Karlstadt eingezogen ist. Eingezogen zwar nur als Spuk auf der Leinwand, als zaundürrer unfreiwilliger »Hochzeiter«, der schließlich auf der Jagd nach dem während des Hochzeitsessens entflohenen Vogel von seiner schwerwiegenden Frau »dadruckt« wird, und als Oktoberfestbesucher, der sich von seiner Alten zu einem hübschen kleinen Mäderl abzweigt und nun von ihr überall verfolgt wird, im Rad-Karussell, auf der Rutschbahn, im Photographenatelier, schließlich auch noch in die Luft hinauf, in die seine zappelnde Gestalt auf den Schwingen bunter Luftballons entschwindet.

Aber Valentin ist, wenn auch unsichtbar, so doch persönlich im Filmpalast, nämlich zur Bedienung seines Tonfilms. Eine Sache, die auch wieder in eine Jagd ausgeht, nämlich in die Jagd um die Hobelbank in der Zimmermannswerkstatt, die mit allem handwerklichen Komfort ausgestattet ist. Man hört Hunderte verschiedener Geräusche, fallende Bretter, Suppenlöffel, Säge, Laufschritte usw.; sehr deutlich ist das, was gesprochen, was gezankt wird; und sogar durchaus synchron. Also hundertprozentiger Tonfilm, auch darin, daß das Geräusch aus dem Bild zu kommen scheint. Und auch hundertprozentiger Valentin. Dann gibts auch noch den Annoncen-Valentin: die Valentinische Lichtreklame läuft ab, mit neuen tollen Zusammenstellungen. Von den verschiedenen Toren, durch die man nach der Vorstellung zu gehen aufgefordert wird, weil Tag und Nacht geöffnet, ist jetzt gerade das Isartor daran.

Die vier Valentin-Nummern bilden den Abschluß der zuletzt noch in Nürnberg, im Phöbuspalast von 2000 Menschen mit ungeheurem Lachen aufgenommenen, für den Filmpalast zugunsten des Zweitschlagers »Der Grenzjäger« leider etwas gekürzten Folge alter Filme »Aus der Kinderstube des Films«, die Walter Jerven, der Unternehmer, Regisseur und Mit-Autor der neuen Valentin-Großfilmproduktion, als Ansager bewußt ältesten Stils überaus komisch erläutert.

(Aus: Münchner Neueste Nachrichten, 15. Apr. 1929)

Aus *Im Photoatelier*

Aus *Der Sonderling*

Mit Liliputaner im Panoptikum

Karl Valentin: Schriften zum Kino

I

Wußten Sie schon . . .?
. . . daß München heute 76 Kinos hat, gegen gar keine vor 100 Jahren?

II

Das Regenwetter wird oft mit Sauwetter, Hundswetter betitelt. Die Theater-, Kino- und Kaffeehausbesitzer haben derlei Ausdrücke noch nie über ihre Lippen gebracht.

III

Die Hauptsache ist schließlich doch, daß der Schönschreibunterricht in den Volksschulen nicht mit dem Walchenseekraftwerk in Fühlung kommt, denn der städtische Knabenhort hat alle Hebel in Bewegung gesetzt, daß eine abermalige Erweiterung des Potsdamer Platzes nur dann zustandekommen darf, wenn sämtliche Kinos in Berlin in Freudenhäuser verwandelt werden.

IV

A-a-a-de Opern, daß i net rutsch, da geh i scho tausendmal lieber in d'Auermühlbachlichtspiele. Aber mir könna doch heut mit unsern sichtbaren Pomp net in an Vorstadtkino auftaucha.

V

Trotzdem in der ganzen Gegend kein Haus zu erblicken war, stand mitten in dieser Kleinstadt ein Kino, welches sehr schlecht besetzt war – ein Mensch saß drin – die Besitzerin selbst.

VI

Ein Freund von mir hatte einen langhaarigen, schneeweißen Zwergpinscher. Dieses Vieh glich seinem Aussehen nach mehr einer Portion Putzbaumwolle, als einem Hund. Wenn der Pianist Josef Ortner zum Stammtisch des »Tritschvereins« in den Gasthof »Stubenvoll« kam, fehlte auch sein treuer Begleiter nicht und lag am Boden zwischen den Tischbeinen. Einmal gab es geschnittene Nudelsuppe, aber die meine war kochend heiß und von den länglichen dampfenden Nudeln blieben mir schon beim ersten Löffel welche an den Lippen hängen. »Heiß!« schrie ich, »oha!« und wollte mir das verflixte Zeug schnell mit einer Serviette vom Mund wegwischen. Es war aber keine am Tisch. Da sah ich den Hund am Boden, packte ihn und putzte mir damit den Mund ab. Das war im Jahre 1906, da wußte noch keiner etwas von Charlie Chaplin . . .

VII

Daß ein Mensch, der bereits das Diesseits verlassen hat, nicht nur im Jenseits, sondern auch im Diesseits und nicht nur seelisch, sondern genau wie er gelebt hat, weiterlebt, habe ich erst im Kino in einem älteren Film gesehen, in welchem ein vor Jahren verstorbener Filmschauspieler seine Rolle heute noch spielt. Es gibt also in unserer Gegenwart zwei Weiterleben nach dem Tode: eines im Jenseits, und eines im Kino.

Alles oder nichts

Valentin war ein eifriger Sammler. Er besaß ungefähr 25 000 Kitschpostkarten, die einmalig waren. Eine weitere Sammlung bestand aus alten Aufnahmen von historischen Bauten Münchens seit Erfindung der Photographie. Auch eine Anzahl früherer Bilder Münchner Humoristen und aller Originale, sowie bekannter Alt-Münchner Vergnügungsstätten gehörte dazu.

Eines Tages trat Valentin an mich heran und bat mich, Hitler zu veranlassen, diese Sammlung käuflich zu erwerben. Gerne kam ich seinem Wunsche nach. Hitler zeigte sich interessiert, nur wollte er eine genaue Liste und ein Preisangebot haben.

Da aber begannen die Schwierigkeiten. Valentin verlangte für seine Sammlung hunderttausend Mark. Ich erklärte ihm, für diese gewiß nicht geringe Summe müsse man schon den Inhalt der Sammlung genau kennen. Valentin deutete aber nur auf die Kisten: »Hier ist alles drin – wozu viel aufschreiben?«

Davon war er nicht abzubringen. Ich teilte Hitler mit, daß man bei der Eigenwilligkeit Valentins die Katze im Sack kaufen müsse. Hitler war einverstanden, doch stellte er die Bedingung, daß Valentin mit dem Geld keine Filmproduktion finanzieren dürfe. Er war der Ansicht, die *Valentiniaden* eigneten sich nicht zum Verfilmen.

Ich teilte Valentin die Botschaft mit und war der Annahme, er würde sich freuen, einen so großzügigen Käufer für die obskure Sammlung gefunden zu haben. Da kam ich aber schlecht an! »Glauben S', i möcht die Sammlung verkaufen«, sagte er, »wenn i koa Geld für meinen neuen Film brauchen tät?« Valentin blieb in diesem Punkt unnachgiebig. Hunderttausend in bar, und ohne Bedingungen! Hitler wollte ihm jedoch helfen und machte einen neuen Vorschlag: »Er bekommt von mir 30000 Mark bar und eine Lebensrente von monatlich 1 000 Mark. Damit kann er sich einen sorgenfreien Lebensabend gestalten.«

Dieser Vorschlag erschien mir sehr großzügig. Valentin hörte mich jedoch gelassen an und sagte dann in der ihm eigenen Art: »Sagen S' dem Herrn Führer einen schönen Gruß, wenn er mir die hunderttausend Mark net auf einmal gibt, dann soll er sich sei Geld am Huat aufisteckn! I bin wie er – alles oder nichts!«
Es blieb bei – nichts.
(Aus: Heinrich Hoffmanns Erzählungen, in: Münchner Illustrierte, 25.12.54)

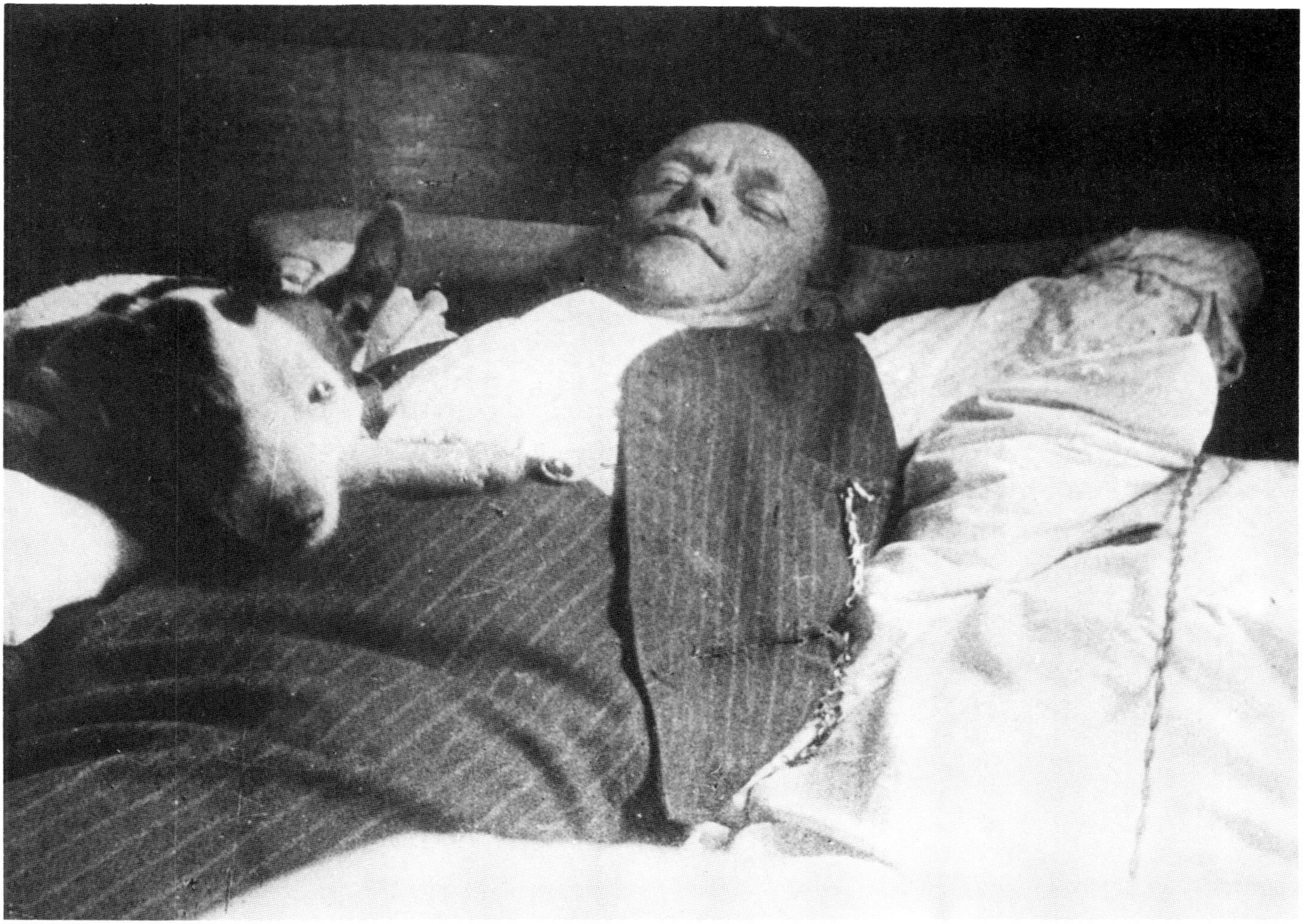

Mit seinem Hund Bobsi in der Wohnung am Mariannenplatz, um 1920

Mit meiner zweiten Frau traf ich einmal mit Valentin zusammen, weil ihn mein künstlerisches Urteil über das Zeichentalent seines bereits als Kind verstorbenen Bruders interessierte. Wir sollten deshalb zum Kaffee kommen und bei diesem Anlaß auch die Zeichnungen besichtigen.

Als wir die drei Stockwerke zu Valentins Wohnung auf dem Mariannenplatz emporstiegen, empfing er uns bereits am Treppenabsatz. Ein Stahlhelm thronte schief auf seinem Kopf, auf einer Trompete schmetterte er uns in absichtlich falschen Tönen das Horst-Wessel-Lied entgegen. Dann hielt er, nach einem grotesk-zackigen Gruß mit erhobener Rechten, eine kurze Ansprache unter Zuhilfenahme des gesamten Wortschatzes der Nationalsozialisten und fügte am Ende hinzu: »Nix für ungut, i kann's net besser, aber i werd's scho no lernen!« (Aus: Heinrich Hoffmanns Erzählungen, in: Münchner Illustrierte 25.12.54)

Karl Valentins Hochzeit

Mit einem Blumensträußchen in der Hand folgt Valentin einer Heirats-Annonce; die riesengroße und voluminöse Dame, die die Tür öffnet, reagiert blitzschnell und zieht den dürren Kandidaten wie eine Spinne in ihre Wohnung. Da ist kein Entkommen mehr, weder am Kaffeetisch noch am Sofa, und schon findet die Hochzeit statt – eine Materialaktion mit Saucen und Torten. In diesem Chaos kommt auch noch der Kanarienvogel aus, die Gäste nehmen die Verfolgung auf. Die Jagd nach dem Tier, das bald nicht mehr zu sehen ist und dennoch die Bewegungen der Verfolger ständig lenkt, führt hinaus ins Grüne, aufs Land; schließlich stürzt Valentin, und sein frisch angetrauter Koloß fällt auf ihn. Da ist er so platt, daß man ihn mit der Schubkarre nachhause bringen muß.

Valentin übertreibt ein bißchen, wenn er in »Mein Filmpech« schreibt, er wäre der erste Filmunternehmer Bayerns gewesen, denn schon 1907 hatte Peter Ostermayr in München sein Filmatelier eröffnet. Aber immerhin stand er zwei Jahre vor Chaplin zum ersten Mal vor der Kamera (1912), und sein Debut kann sich durchaus mit den Anfängen Charlies messen – nimmt man die vorhandene, vermutlich zweite Fassung des Films zum Maßstab. Anregungen dürften vor allem von den Arbeiten Max Linders gekommen sein; auch daraus erklärt sich, wie Valentin und Chaplin zu ähnlichen Bildern und Motiven finden: nicht nur zum Slapstick-Topos der Verfolgungsjagd. 1914 hat Chaplin mit *Tillie's Punctured Romance* ebenfalls einen Film über einen schmächtigen Mann und eine körperlich heillos überlegene Frau gedreht. Valentin spielt dabei die physische Unterlegenheit des Mannes noch viel energischer aus, besetzt die Frauenrolle mit dem voluminösen Georg Rückert und läßt dem gewalttätig geheirateten Mann nicht die geringste Chance. Selbst die Jagd nach dem Kanarienvogel läßt dem Helden keine Chance zur Flucht, er wird am Ende buchstäblich erdrückt vom Übergewicht seiner Gattin. Die Bewegung selbst wirkt noch absurder als ähnliche Jagden im amerikanischen Slapstick, weil Valentin den Gegenstand der Verfolgung bald nicht mehr ins Bild bringt und die Verfolger damit eines sichtbaren Motivs ihrer Bewegung beraubt. Nun jagen sie wie amoklaufende Schmetterlingsjäger durchs Grüne, und wer am Ende wirklich wie ein entflogener Vogel eingefangen wird, ist kein anderer als der unglückliche Bräutigam selbst, dem dann auch nur mehr die Aussicht auf einen Käfig bleibt. Brecht muß, als er 1919 seine »Kleinbürgerhochzeit« schrieb, noch gute Erinnerungen an Valentins Film gehabt haben.

Der neue Schreibtisch

»Mein erster Stummfilm hieß ›Valentins Hochzeit‹. Darin ging es schon ziemlich wild zu. Später habe ich mit Peter Ostermeier den Film ›Der Schreibtisch‹ gemacht. Darin bekam ich in der Maske eines Büroschreibers ein Stehpult geliefert. Aber es war mir zu hoch. Ich nahm eine Säge und machte die Füße kürzer. Leider hatte ich sie nicht alle in gleicher Höhe abgeschnitten, und das Pult wackelte. Ich mußte also den zu langen Fuß wieder kürzer machen. Aber in der Eile erwische ich den falschen und schneide den ohnehin kürzeren noch kürzer. So schneide und schneide ich, bis aus dem Stehpult nur noch ein Sitzpult geworden ist. Als dieses aber nun wiederum wackelt, schneide ich die Beine noch kürzer, bis ich nicht mehr mit dem Stuhl darunter Platz habe, sondern mich auf den Boden setze und in den Boden ein Loch machen muß, um meine langen Beine hindurchzustecken. Und nun kann ich endlich anfangen zu schreiben.« (Aus: Karl Valentin, »Mein Filmpech«, in »Alles von Karl Valentin«, Piper Verlag, München 1978).

Auch hier läßt Valentins Maske, ein großer Schnauzbart und eine sehr lange Nase, die Katastrophe schon durchschimmern, bevor sie überhaupt geschieht. Die Szene selbst wird dann zum pas de deux für einen Dürren und ein Stehpult, eine Bewegungsgroteske von genialer Umständlichkeit. Die Tücke des Objekts erweist sich den Angriffen des Büroschreibers und seiner Säge als durchaus ebenbürtig: ein Duell wird da ausgetragen, bei dem Valentins tragisch dürre Figur in dem Stehpult ihre vierbeinige optische Entsprechung findet. Gerade deswegen bleibt die mit irrer Konsequenz zu Ende gespielte Idee auch als Etüde unweigerlich an den Darsteller gebunden; ein anderer hätte, auch bei ähnlich souverän bewußter Körpersprache, in dieser Rolle wenig Chancen und würde das Ganze wohl zwangsweise auf einen Witz reduzieren.

Die lustigen Vagabunden

Karl Valentin spielt einen trotteligen Polizisten, den zwei Landstreicher ununterbrochen provozieren und überlisten; vergeblich versucht er die beiden zu fangen und wird schließlich ziemlich systematisch fertiggemacht.

Valentins Variante des Slapstick-Topos unterscheidet sich von den vergleichbaren Arbeiten der amerikanischen Slapstick-Comedy vor allem durch die Bereitwilligkeit des Komikers, die Späße auf seine eigenen Kosten funktionieren zu lassen. Sein Polizist wird als Verfolger unversehens zum Verfolgten, er selbst ist das Opfer der Jagd. Wo Keaton oder Chaplin von Cops gejagt wurden und nur gegen eine zu große numerische Übermacht zu unterliegen drohten, wo sie sich als Opfer der Ordnung und ihrer Vertreter Komik und Profil erkämpften, da verfährt Valentin ungleich komplizierter, begibt sich gleichzeitig in die Rolle des Polizisten, verspottet sich selbst als Gesetzeshüter und übernimmt auch noch die Funktion des Opfers. (Wenn Chaplin hingegen in die Polizeiuniform schlüpft, dann macht er den schlimmsten Ganoven der *Easy Street* listig und allein zum Lämmchen!).

Valentin stellt seine komische Figur ganz der Verhöhnung zur Verfügung, versteckt sich beispielsweise hinter Latten und Stangen, um gleichzeitig seine klapperdürre Erscheinung und den dünnen Verstand des Uniformierten zu betonen. »Ich weiß nicht einmal, was ein Feldwebel ist! Ich weiß nicht einmal, was ein Webel ist . . . Lasset mich also daheim. Ihr werdet ohne mich auch zurechtkommen!«, schrieb Valentin in Kriegszeiten an die Soldaten. Er stand tapfer quer zur Richtung der Ordnung, die ihm vorgesetzt wurde.

Optisch ist dieser vor allem in Totalen angelegte Film nicht weniger komisch als die zur gleichen Zeit entstandenen amerikanischen Verfolgungsjagden; das Spiel mit Bewegung und Stillstand, mit der Auflösung horizontaler Bewegungen in vertikale, etwa beim Kampf um eine Wippe, verrät ein erstaunliches Gespür für visuellen Rhythmus. Valentin selbst zeigt hier schon seine nie aufgegebene Freude an Kostümen, an angeklebten Bärten, Nasen und Frisuren: er hat dies in seinen Filmen so konsequent fortgesetzt, daß man daraus auf ein starkes Bedürfnis nach Maskierung schließen muß, so, als hätte er immer nur »incognito« auf der Bühne und vor der Kamera seinem Publikum gegenübertreten wollen. Daß er sich mit allen Mitteln gegen die Anwesenheit seiner Tochter in seinen Vorstellungen gewehrt hat, unterstreicht diese Vermutung nachdrücklich.

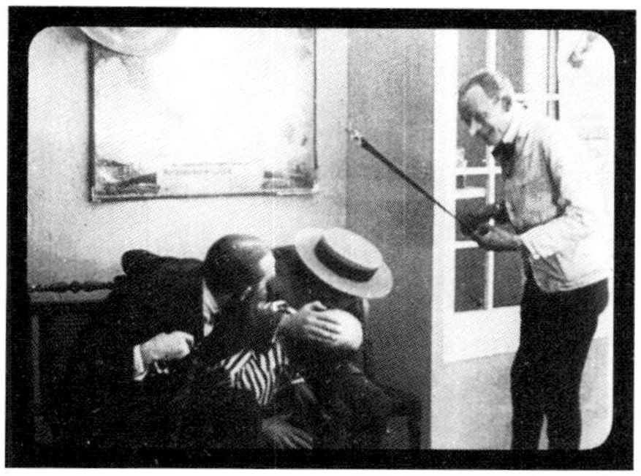

Die Mysterien eines Frisiersalons

In einem Frisiersalon, der auf einem Speicher an der Münchner Tengstraße eingerichtet ist, vollzieht sich im Jahr 1922 höchst Merkwürdiges: *etwas, wovon nicht gesprochen werden darf,* ein Mysterium bzw. eine Folge von Mysterien, voll von Blut, von Opfer, von Qualen. Alle Beteiligten verrichten ihre Taten, als ob diese das Selbstverständlichste wären. Ein Friseurgehilfe, dessen Aufgabe das Barbieren ist, läßt seine Kunden warten. Sie, deren Bärte urwaldartig wuchern, werden vom Besitzer des Salons beschwichtigt. Vielleicht kommt einmal der günstige Augenblick . . . Einem Menschen mit großem Furunkel gelingt es, zu dem trägen Gesellen vorzudringen. Der beseitigt das Geschwür mittels einer Kneifzange. Dann bittet ein Herr mit Professoren- und Demagogentitel den Gesellen, ihn anhand eines mitgebrachten Plakates zu frisieren. Doch der Geselle verwechselt die Vorlage mit einer anderen. Der Professor sieht aus wie ein zopfiger Chinese. Große Wut, große Scham auf seiten des prahlerischen Akademikers. Zur gleichen Stunde malträtiert die in den Professor vernarrte Tochter des Salonbesitzers die Geliebte des Professors. Sie fesselt die Dame an einen Frisierstuhl, quält diese mit den subtilsten Methoden, malt ihr schließlich mit schwarzer Farbe Striche auf die Beine, streicht diese also gewissermaßen durch. Der Gefolterten gelingt die Flucht in hockender Haltung, den Rock über die Verunstaltungen gezogen. – In einem Cafe bedeckt der Professor seine bizarre Frisur mit dem Hut eines Gastes. Protest des Hutbesitzers, Beleidigungen, Duellforderung. – Der Duellgegner besucht den Frisiersalon. Der Geselle, etwas nervös, schneidet ihm mit dem Rasiermesser den Kopf ab. Dann befestigt er den Kopf mittels Bandagen wieder am Rumpf. Der Kunde lebt, sagt: »Meine Antwort ist die Kugel«, streckt den Gesellen nieder. Es folgt das Duell. Die Frisiersalonbesitzerstochter hakt einen Angelhaken an den Kopf des Duellgegners. In einem für den Professor gefährlichen Augenblick wird das angepappte Haupt weggeangelt. Großes Happy-End. Der Frisiergeselle lebt plötzlich auch. Er holt die Kugel aus seiner Weste. – Dies kann keine komplette Schilderung alldessen sein, was in jenen Tagen auf dem Speicher an der Tengstraße geschah. Ich erinnere mich an einen Sarg, in dem allerhand Unpassendes befördert wird usw.

In einem Brief aus dem Jahr 1923 erzählt Bertolt Brecht seinem Mentor Herbert Ihering etwas von einer Mitarbeit an »kleinen Filmchen« mit Erich Engel, Karl Valentin, Blandine Ebinger, Hans Leibelt und Erwin Faber.

Kurt Horwitz in seinem Vorwort zu Band II der Gesammelten Werke von Karl Valentin (Sturzflüge im Zuschauerraum): »Anfang der zwanziger Jahre drehten wir einen kurzen, natürlich stummen Film, auf dem Speicher eines Privathauses an der Tengstraße. Idee und Teile eines Manuskripts waren von

Brecht und Valentin. Regie führte Erich Engel, und es spielten Karl Valentin, Liesl Karlstadt, Blandine Ebinger und ich. Was in dem Film vorging und was aus ihm wurde, weiß ich nicht mehr. Ich erinnere mich nur daran, daß Karl Valentin einen Friseur und Liesl Karlstadt dessen Lehrbuben spielte. Ich stellte einen Herrn mit schwarzem Vollbart dar, dem im Frisierladen der Kopf abgeschnitten wurde. Dieser Kopf mußte als ein abgeschnittener im Film gezeigt werden. Deshalb stellte man in der Akademie einen Abguß her, dem dann ein schwarzer Vollbart angeklebt wurde. Die Prozedur war unangenehm, aber mein abgeschnittener Kopf gefiel uns sehr. Er wurde mir nach der Beendigung des Films als Geschenk überreicht, und er stand noch längere Zeit, zur Belustigung meiner kleinen Tochter, in meiner Wohnung herum. Einfache, makabre Gebräuche!«

Lange ist an einer Beteiligung Brechts an dem Valentin-Film *Mysterien eines Frisiersalons* gezweifelt worden. Der Bericht von Kurt Horwitz bestätigt diese Beteiligung. In einem irrt Horwitz: die Karlstadt spielt keinen Lehrbuben, sondern den Furunkelmenschen. Im Kino Camera in Ostberlin konnte ich den Film kürzlich sehen. Folgende Besetzungsliste kann jetzt als sicher gelten: Karl Valentin (Friseurgeselle), Blandine Ebinger (Friseursalonbesitzerstocher), Erwin Faber (Professor), Kurt Horwitz (der Geköpfte), Liesl Karlstadt (Furunkelmensch), Hans Leibelt (Besitzer).

Karl Valentin trug in *Die Mysterien eines Frisiersalons* seine Maschinen- und Geräteobsession. Ein Frisiermesser kann selbstverständlich ein Scharfrichterschwert sein und eine Angelrute ein Mittel zum Kopfabreissen. Brechts Verdienst dürfte sein, daß er den Valentin radikalisierte. In keinem Film habe ich den Valentin so beieinander, so konsequent, so ohne Hypochondrie gesehen. Valentin ist ganz der weiße Clown, der Clown, vor dem man Angst hat. Und daß Clowns auch Mörder sein können – siehe Chaplin, Keaton, Langdon – wissen wir. Warum Valentin nicht? (Bekannt, daß Frisiersalons potentielle Mordstätten sind. Jeder Barbier ein Henker.) – Die Geschichte (oder die Geschichten, die Mysterien) des Films haben keine Parallele in der deutschen Filmgeschichte jener Jahre; *Mysterien eines Frisiersalons* ist denkbar undeutsch und gleicht eher einer französischen Filmburleske aus dem Jahre 1904, in dem beispielsweise ein wütender Bürgersmann seine widerspenstige Gattin tottrampeln kann. In der Gestaltung bleibt der Film hinter Caligari, ja hinter Griffith zurück. Kein Rauch, kein Nebel, keine verwinkelten Kulissen. Die Montage spielt keine Rolle, jedenfalls keine interpretierende. Der Film wird erzählt im Nach-und-Nach der Geschehnis-Stationen (wie es einem Mysterienspiel entspricht). Action, Action, die Kamera in Augenhöhe, ich bin überzeugt, daß *Die Mysterien eines Frisiersalons* Howard Hawks gefallen würden. Damals aber mußte der Film altertümlich wirken. Absicht? (Mitte der

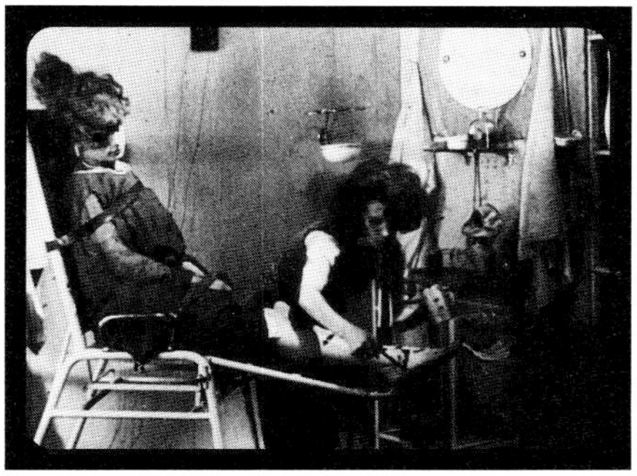

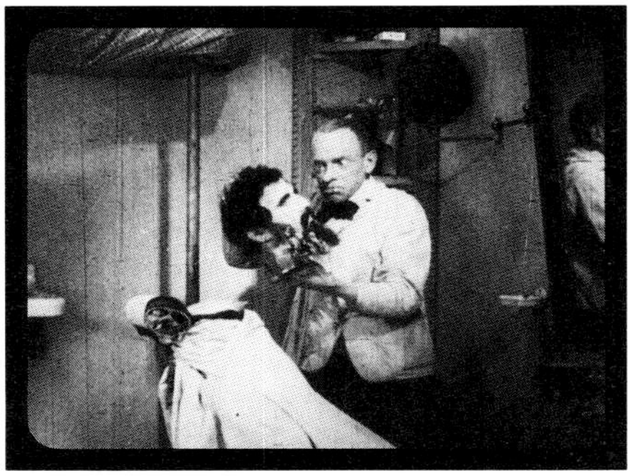

fünfziger Jahre, als Wolfgang Staudte die *Mutter Courage* verfilmen sollte, kam es zu Auseinandersetzungen zwischen dem Regisseur und dem Dramatiker, weil Brecht nicht mehr benutzte Filmverfahren verwenden wollte. Das wäre ein Zurück zu Edison, empörte sich Staudte.

Der Brecht, der in seinem Frühwerk Exotik und Archaik beschwor und benutzte, bei »Baal«, bei »Von des Cortez Leuten«, im gigantischen Machtkampf »Im Dickicht der Städte«, dieser Brecht sah im Kino auch nur einen Fundus, eine Schatzgräberhöhle. Aus »Die unwürdige Greisin«: »Das Kino war vor dreißig Jahren noch nicht, was es heute ist. Es handelte sich um elende, schlecht gelüftete Lokale, oft in alten Kegelbahnen eingerichtet, mit schreienden Plakaten vor dem Eingang, auf denen Morde und Tragödien der Leidenschaft angezeigt waren. Eigentlich gingen nur Halbwüchsige hin oder, des Dunkels wegen, Liebespaare.«

In den Frisiersalon tat Brecht hinein, was ihm am Polypol-Kino gefiel, nicht was er für kinogemäß hielt. *Mysterien eines Frisiersalons* ist ein unreiner Film, weil mehr als von filmischer Dynamik von einem literarischen Kalkül bestimmt. Das macht ihn gleichzeitig zum Unfilm und zum Überfilm. Letzteres, weil er trotz objektiver Altertümlichkeit eine übers Entstehungsjahr hinausgehende Modernität besitzt. Brechts Überinstrumentierung, das Gejagte der Geschehnisse erscheinen wie ein Sammelsurium. Messer und Angelrute bekommen zeitweise größere Wichtigkeit als die Akteure, die dann nur noch zappelnde Hampelmänner sind. Sammelsurium: das meint auch die Zusammenstellung von Heterogenem: Frisierstuhl und Revolver, Messer und Angelrute. Hier finden surrealistische Vermählungen statt. Valentins Messer ist mit jener Klinge verwandt, mit der Luis Bunuel ein Auge zerschneiden ließ. Auch wird in *Mysterien eines Frisiersalons* mit Kastrationsangst gespielt. Wie Samson wird dem Professor mit den Haaren auch jede Kraft geraubt. Das Durchstreichen der Frauenbeine ist eine Sterilisation. (Das Bein der Frau ist ihr Penisersatz, das wissen wir aus der Psychoanalyse, auch von Bunuel.) »Einfache, makabre Gebräuche!« Dieser Frisiersalon ist die Verschanzung von ewigen Kindern, die die irrationalen Rituale der Gesellschaft noch einmal nachvollziehen. Warum nicht köpfen, warum nicht foltern? Warum nicht? »Ich verurteile dich zum Tode des Ertrinkens«, heißt es bei Kafka. Und in »Aufstieg und Fall der Stadt Mahagonny«: ». . . weil du meine drei Flaschen Whisky Und meine Storestange nicht bezahlt hast Darum wirst du zum Tode verurteilt . . .«

Mysterien eines Frisiersalons ist das genaue Gegenteil aller Tyrannenfilme, die Siegfried Kracauer beschreibt. Die Macht von »Caligari« und »Nosferatu« reicht nicht bis zur Phalanx dieses phantastischen Salons. Überhaupt stellt dieser Film von Brecht/Valentin/Engel die Raster Kracauers infrage. Denn hier war etwas, was sich dem allgemeinen Sog entgegenstemmte. Aus einem

Speicher an der Münchner Tengstraße streckte ein Team von Filmunerfahrenen seine Hände nach dem Weltfilm, nach romanischem und kalifornischem Licht aus. (Der alte Erich Engel soll sich der *Mysterien eines Frisiersalons* geschämt haben, obwohl sie doch sein einzig freier, heiterer, subversiver Film sind.)

(Ulrich Kurowski in Film-Korrespondenz 4/1975)

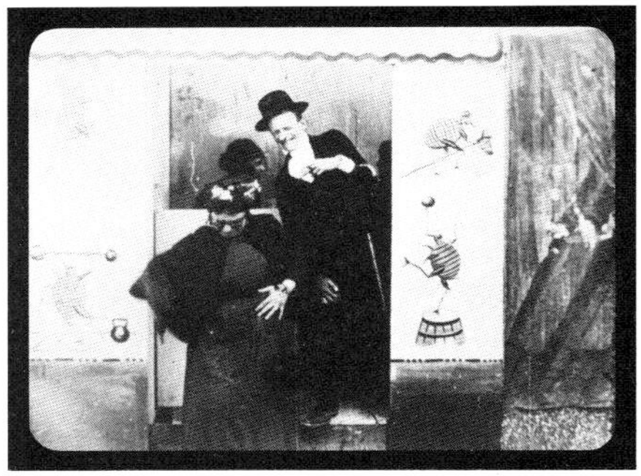

Karl Valentin und Liesl Karlstadt auf der Oktoberwiese

Mit einer Virginier im Mund und Gamaschen über den Schuhen lümmelt Valentin hinter der »Sportzeitung« am Schreibtisch. Seine reichlich umfangreiche Gemahlin (Liesl Karlstadt) bekommt einen Hut geliefert. Möglicherweise verabredet sich Valentin insgeheim mit dem attraktiven Mädchen, das die Hutlieferung besorgt und aussieht wie das weibliche Gegenstück zu Rudolph Valentino. Wenig später spaziert das Ehepaar auf dem Oktoberfest herum, besucht eine Bude mit »Menschenfressern«, in der ein Indianer Valentin als Demonstrationsobjekt für seine Fertigkeiten als Messerwerfer verwendet; der jedoch rächt sich, indem er die malerische Rothaut als weißhäutigen Perückenträger entlarvt, worauf der Entlarvte der Karlstadt an den Hut geht. Im Spiegelkabinett hält sich das komische Duo den Bauch vor Lachen, im Flohzirkus machen sie unangenehm engen Hautkontakt mit den Akteuren; im Karussell und im Hippodrom bemüht sich Valentin vergeblich darum, in Fahrtrichtung zu sitzen, und nach einem vergeblichen Fluchtversuch bei den Toiletten entkommt er seiner Frau, weil er sie am Lukas beim Ausholen mit dem Holzhammer knockout geschlagen hat. Valentin trifft sich mit dem weiblichen Valentino, und das Mädchen wird mit seinen Amüsier-Ansprüchen leicht ungemütlich. Im Riesenrad greift die Karlstadt an, das Pärchen flieht und wird quer durchs Oktoberfest verfolgt. Valentin besteht listig einen Boxkampf gegen einen lebenden Fleischberg und hängt am Ende ganz schön in der Luft, weil er sich an einem Bündel losgekommener Luftballons festhält.

Die erhaltene Kopie des Films wirkt unvollständig; vielleicht hinterläßt gerade deswegen die Dramaturgie den Eindruck der Zufälligkeit, der Brüchigkeit. Man sieht eine Ansammlung lose oder gar nicht verbundener Nummern unterschiedlicher Qualität, die teilweise nur wie die illustrierte Version eines Wortwitzes funktionieren. Daß bei der Verfolgungsjagd mitunter der Zeitraffer verwendet wird, spricht auch nicht gerade für das Vertrauen der Macher in die Originalität dieses Films. Szenisch fällt ihnen vor allem Naheliegendes ein, Flohzirkus, Jucken und Kratzen etwa, und der Slapstick-Topos des Boxkampfs zwischen David und Goliath erreicht keineswegs die physische Präzision der möglichen Vorbilder. Vielleicht hat sich Valentin im Trubel dieser Szenen selbst nicht besonders wohlgefühlt – wie anders wäre es zu erklären, daß bei der

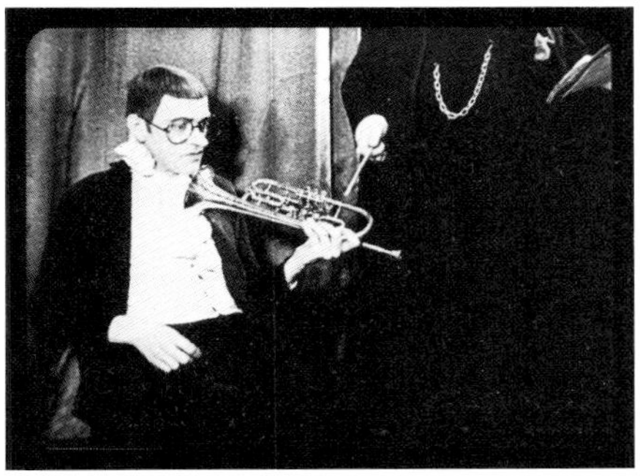

Verfolgungsjagd ein Ort wie das Topogan weit weniger genützt wird als etwa die Rolltreppen in den Kurzfilmen Chaplins. Als Zuschauer bekommt man sehr schnell den Eindruck, daß sich Valentins Filmego auch in der Gegenwart des attraktiven Mädchens sehr schnell unwohl fühlt und viel lieber gänzlich ungestört hinter seiner Virginier vor einer Maß Bier sitzen würde.

Karl Valentin als Musikal-Clown

Valentin kommt mit einer Zither auf eine kleine Bühne, packt das Instrument in einen auf einem Tisch liegenden Kasten, schließt ihn, denkt nach, holt die Zither wieder heraus, stellt sie auf den Tisch, räumt den Kasten weg, beginnt zu spielen, unterbricht sein Spiel und holt Notenfetzen aus der Tasche, die zerknüllt sind wie ein lang benütztes Taschentuch. Er läßt sich von den angeschlagenen Zithersaiten eine Zigarette in den Mund schleudern, putzt seine Brille, indem er ein Taschentuch dort durchzieht, wo normalerweise die Gläser sind; dann mißt er auch noch seine Noten und die Saiten und Bünde der Zither mit einem Meterstab nach und fndet nie zu einem richtigen Spiel. Anschließend sieht man ihn als Trompeter im Streit mit seinem Dirigenten (Liesl Karlstadt); er beanstandet dessen schief sitzende Fliege, rutscht wie betrunken steif vom Stuhl, horcht in den Trichter der Trompete hinein und klemmt sich das Instrument schließlich unters Kinn, als wäre es eine Geige. Nach einem kurzen Intermezzo mit Valentin und Liesl Karlstadt als Bläserduo sieht man den Komiker mit einer Pauke herumfuhrwerken, den Bierkrug stets in greifbarer Nähe, und den Dirigenten rasend machen.

Diese in einer nicht unbedingt vollständigen Kopie erhaltenen Szenen sind Vorstufen zu den Filmen *Orchesterprobe* und *Der Zithervirtuose;* sie belegen auch, wie Valentin, der seine Nummern in erster Linie auf der Bühne erfand und entwickelte, an seinen Einfällen weiterarbeitete, bis er zu einer perfekteren Lösung gelangte. Der Etüdencharakter dieser Szenen wird auch durch die Nähe und Unbeweglichkeit der Kamera unterstrichen – es ist, als hätte man Valentin bei einer Generalprobe vor einem Theaterauftritt gefilmt. Auch *Die verhexten Notenständer* sind hier schon szenisch angedeutet. Verblüffend dabei ist, wie Valentin hier als Stummfilmnummer präsentiert, was auf der Bühne und in späteren Kinofassungen ohne Ton nicht denkbar wäre. Dabei wirkt er schon komisch, wenn er nur an der Zither sitzt und spielt, auch wenn keine einzige Note zu hören ist. Dennoch hatte es seine Berechtigung, daß er diese Szenen später als Tonfilmversionen wiederholte und ausbaute – im Zusammenhang der Nummern entsteht schließlich Komik auch dadurch, daß er als Musikclown die Instrumente, mit denen er spielt, dann eben doch überraschend souverän beherrscht.

Der Sonderling

Sieht man von *Der Feuerwehrtrompeter,* der vermutlich für die Vorführung mit Ton bestimmt war und nur als ungeschnittenes Muster existiert, einmal ab, dann ist *Der Sonderling* Karl Valentins letzter Stummfilm – und zugleich sein erster abendfüllender Spielfilm. Er scheint sich dabei seiner komischen Wirkung bereits traumhaft sicher zu sein, gleichzeitig indes wirkt er keineswegs darauf erpicht, die komödiantischen Aspekte seiner Rolle in den Vordergrund zu bringen.

Still und sanft spielt Valentin hier einen Briefmarken sammelnden Schneidergesellen und umgibt ihn mit einer solchen Aura der Einsamkeit, daß die Frau

Karl Valentin als Schneidergeselle und Trus van Aalten als Anni in *Der Sonderling*

seines Meisters darin ein Plätzchen zu suchen beginnt. Vom »schwarzen Einser« träumt er, und die Chefin finanziert heimlich seinen Traum, kauft ihm die seltene Marke für hundert Mark und klebt sie ihm unbemerkt in sein Album. Ein eher unangenehmer Kunde hat zur gleichen Zeit eine Weste in die Schneiderei gebracht und darin einen Hundertmarkschein vergessen, der

Der Sonderling, Stummfilm 1929

plötzlich verschwindet. Natürlich verdächtigt die Polizei den Gesellen, und der »schwarze Einser« im Album reicht ihr aus als Indiz für eine Verhaftung. Zwar klärt sich der Irrtum auf, doch der sensible Sonderling kommt mit der Erfahrung des Knasts, die er als Schande empfindet, nicht zurecht: mehrere Selbstmordversuche mißlingen ihm, bis ihn eine Einladung der Meisterin zum Motorradfahren wieder das lebensnotwendige Fürchten lehrt. Er ist gerettet.

Der Sonderling, der Unangepaßte, scheint gegen die Normen seiner kleinbürgerlichen Umwelt von vorneherein keine Chance zu haben; was sich ihm als Freude anbietet, führt stets und unerbittlich zum Fiasko. Das unverhoffte Kaffeestündchen, zu dem ihn die Meisterin einlädt, verspricht Glück mit Guglhupf und Puderzucker und die Zuwendung einer Klasse, der er nie und nimmer angehören könnte. Die Erwartung zwingt dem nach innen Versponnenen ein Lächeln nach außen, das zu einem Kindergeburtstag gehört – eine erinnerte Seligkeit. Doch Frau Meister darf die gute Tat, die ohnehin nicht ganz uneigennützig geschieht, nur im Verborgenen vollbringen, und das wiederholte Auftreten einer schikanösen Kundin, wegen der der gedeckte Kaffeetisch mehrfach zu verschwinden hat, löst dann das Desaster aus, das der unsichere und nur verschämt bereite Gast gerade noch vermeiden konnte: die physische Destruktion des gedeckten Tisches. Noch konsequenter funktioniert schließlich die Katastrophe, die sich aus dem Geschenk der teuren Briefmarke entwickelt, als wäre ihr Besitz für den Schneidergesellen ein Akt verwerflicher Hybris. Haarscharf führt die bittere Ironie der Szenen im Gefängnis und der anschließenden Selbstmordversuche am sozialen Melodrama vorbei, das eigentlich nur deswegen nicht die Oberhand gewinnt, weil das Opfer viel zu tragikomisch aussieht, um von dieser Welt sein zu können.

So tief empfindet der Sonderling die Schmach der Haft, daß er auf die Erklärung eines Wärters »Sie sind unschuldig« nur mehr mit der Frage »warum?« reagieren kann und anschließend die bürgerliche Ordnung nur noch als Bedrohung empfindet; jeder Polizist, überhaupt jeder scheinbar Unbescholtene, wird nun zum Gegenstand seiner Angst.

Sensibler, verwundbarer hat sich der sonst so störrische Komiker vielleicht in keinem anderen Film dargestellt. In der Mimik überaus zurückhaltend – die brave Kurzhaarfrisur mit Mittelscheitel und die künstlich verlängerte Nase sind für seine Erscheinung im Grunde unwichtig – erweckt er mit wenigen unerwarteten gestischen Kuriositäten den Eindruck des Absichtlichen; wenn Valentin da die Beine verschränkt als wären sie die Schlangen des Laokoon, wenn er eine Jacke anzieht als würde die sich dagegen zur Wehr setzen, sieht das aus, als wolle er ganz verstohlen seiner Umwelt eine Freude bereiten. So angewandt, wird Komik auch zur rituellen Handlung, mit der der Sonderling sein eigenes Überleben beschwört.

Der Sonderling, mit Georg Rückert

Die verkaufte Braut

Als Zirkusdirektor Brummer

»I mag net«, sagte er, als ich mit ihm in Verhandlungen eintrat. »Im Kino – i hab amal dös g'sehen, da muß einer durch den Schornstein krabbeln oder ins Wasser springen – dös mag i net. I unterschreib Ihnen nur was, wenn's das hineinschreiben, daß i net ins Wasser springen oder durch ein Schornstein muß. Außerdem – dös Photographiern mag i aa net. Diese Apparate . . . Un wenn S' wollen, daß i spiel, i kann net sag'n, was gedruckt is; dös müssen S' mir immer vorher sag'n, was i sag'n soll. Und allein sag'n kann i's aa net, da bleib i steck'n. Das Fräulein muß es mit mir sag'n.« Das Fräulein war eine dicke Mamsell, die immer seit Jahr und Tag mit ihm auftrat und die immer einhalf, wenn er nicht mehr weiter wußte in seinen kleinen Szenen, die er sich alle selbst ausgedacht hatte. Aus seiner Gedächtnisnot entstanden diese Dialoge. Sie heißt Liesl Karlstadt. Er lebte mit ihr wohl schon dreißig Jahre zusammen, aber weil sie nicht verheiratet waren, nannte er sie immer noch respektvoll »das Fräulein». Aus seiner Verdöstheit und bauernhaften Melancholie fielen dem Karl Valentin groteske Lustigkeiten ein, voller Philosophie und Tiefsinn. Er spielte in meinem Film den Inhaber eines kleinen Wanderzirkus. Er nahm das sehr echt. Als der wirkliche Zirkus auf dem Gelände in der Vorbereitungszeit aufgebaut wurde, half er bei den Arbeiten mit. Er hatte das Gefühl, er gehörte ihm. An einem Morgen stand er da im Nebel, eine traumhafte Sancho-Pansa-Gestalt, und malte auf das Zelt: »Wer diese Leinwand zerschneidet und wird dabei erwischt, wird bestraft.«

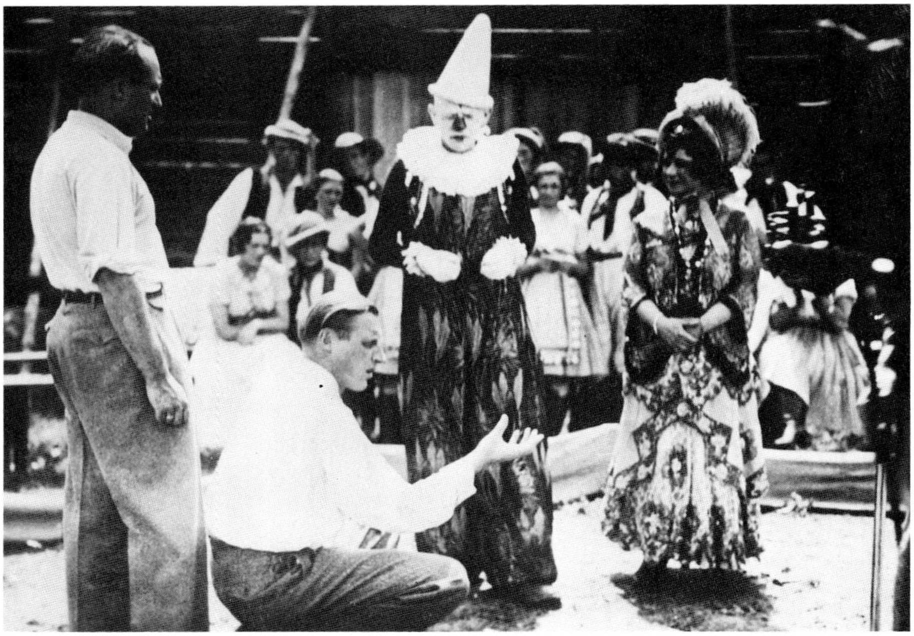

Liesl Karlstadt und Karl Valentin bei den Dreharbeiten zu *Die verkaufte Braut* mit Regisseur Max Ophüls, 1932

Direktor Brummer und Frau während der Vorstellung in ihrem Zirkus

Als wir über die Gage mit ihm sprachen, meinte er: »Viel Geld brauch i net, weil i net weiß, was i damit anfangen soll. Das Fräulein hab i eh, der Doktor hat mir verboten, mehr Bier zu trinken als drei Glas pro Tag – einen Sohn hab i im Gefängnis. I mag ihn net, un hinterlassen will i ihm nix.«

Beim Drehen führte ich mit ihm so Regie, wie er es vorgeschlagen hatte. Ich erklärte ihm die Situation der Szene. Zum Beispiel so: »Jetzt kommt der Dorfschulze und will von Ihnen Steuern haben. Die haben Sie nicht bezahlt, als im letzten Jahr Ihr Zirkus hier war, und jetzt haben Sie Angst, wenn Sie sie nicht bezahlen, daß Sie nicht spielen dürfen. Aber Sie haben kein Geld.« Währenddessen kam der Dorfschulze herein, der Valentin rief das Fräulein und sagte, was ihm gerade einfiel. Auf alle Fragen, die an ihn gerichtet wurden, fand er seine eigenen Antworten. Als es ihm zu bunt wurde und zu lange dauerte, haute er dem Dorfschulzen eins über den Kopf. Verborgen hinter den Wänden der Dekoration standen in vier verschiedenen Richtungen vier Kameras und drehten, was vor sich ging. So kam etwas zustande, was wohl Ähnlichkeit hatte mit den improvisierten Spielen der herumreisenden Komödianten des Mittelalters.

(Aus: Max Ophüls, »Spiel im Dasein. Eine Rückblende«, Stuttgart, Goverts Verlag, 1959)

Autogrammkarte mit eingedrucktem Text: »Karl Falentin«, 1938

Karl Valentin, der Humorist, und die versteckten Witzmacher

Wer Karl Valentin schon gehört hat und ihn kennt, der weiß, daß sein Humor wie seine Komik vor allem im allgemein Menschlichen und hier wieder im Naiven wurzeln. Nie aber ist Valentin Satiriker und am allerwenigsten auf politischem Gebiet. Und deshalb ist es auch Unsinn, Valentin politische Witze in den Mund zu legen, zu denen er innerlich keinerlei Beziehung hat. Die also schon aus diesem Grunde gar nicht von ihm stammen können. Da es aber immer schon Leute gegeben hat, die sich nicht getrauen, für die Scherze, die sie erzählen, auch einzustehen, so schieben sie die Verantwortung dafür gewöhnlich einem in der Öffentlichkeit bekannten Humoristen oder Komiker zu.

Auch Valentin leidet unter solchen Witzmachern und verwahrt sich mit Recht in aller Form dagegen. Er wird auch, wenn es die Gelegenheit gibt, gegen derartige Witzmacher gerichtlich vorgehen. Valentin will vor allem ein Volkssänger und Humorist sein, dessen sehr wichtige und einzige Aufgabe es ist, das Publikum lachen zu machen und dadurch der Förderung der Lebensfreude zu dienen, deren Stärkung ja nicht zuletzt im allgemeinen Interesse gelegen ist.

(o.V., in: Abendblatt, München, 21. Dezember 1933)

Im Fotoatelier

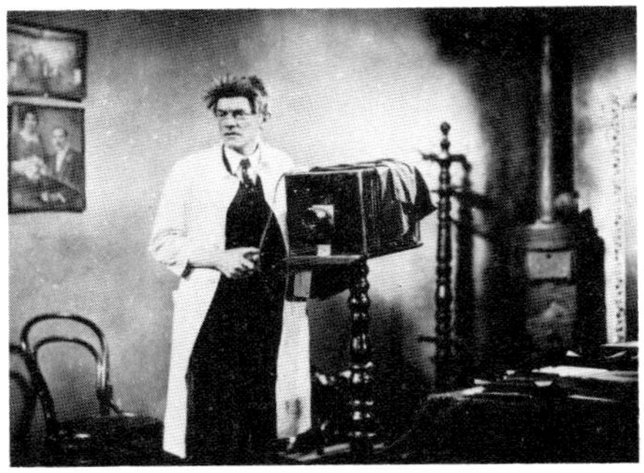

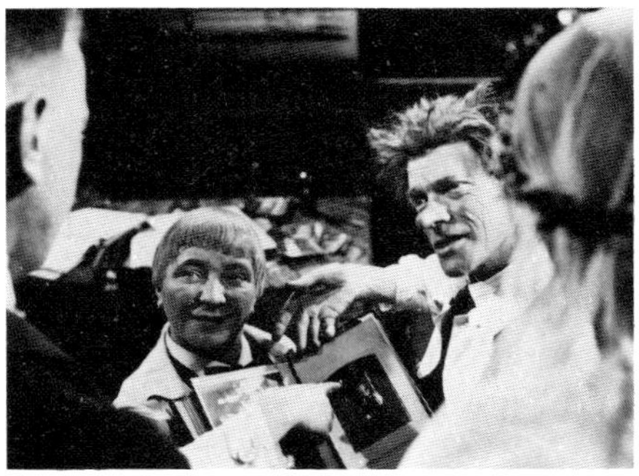

Karl Valentin als Geselle und Liesl Karlstadt als Lehrling arbeiten bei einem Fotografen in einem höchst altmodisch eingerichteten Studio. Der Meister, den sie weder respektieren noch mögen, verreist für zwei Tage. Kaum ist er aus dem Haus, wird gefaulenzt und trotz Verbot im Atelier geraucht, auch die mehrmalige kurzfristige Rückkehr des Chefs – vor der endgültigen Abreise – bringt die beiden nur vorübergehend aus der Ruhe. Wider Erwarten taucht doch Kundschaft auf. Zunächst will eine umfangreiche ältere Frau ihr Enkelkind fotografieren lassen und läßt sich vom Gesellen nicht dazu überreden, »zu einem richtigen Fotografen« zu gehen. Sie soll ihr Enkelkind ausziehen, versteht die Aufforderung falsch und beginnt sich zum Schrecken der beiden Fotografen zu entkleiden. Ein vernünftiges Bild bringen sie nicht zustande. Der nächste Kunde ist ein Scharfrichter, der auch für eine Ablichtung nicht freundlich schauen will und auf die Versuche, ihn zum Lächeln zu bringen, mit finsterem Grimm reagiert. Dann steht ein Brautpaar vor der Türe; der Bräutigam ist so groß, daß er im Türrahmen kopflos wirkt und erst nach Öffnen des Oberlicht-Fensters den Raum betritt. Geselle und Lehrling versuchen die verwegensten Arrangements, um die Braut mit ihrem Riesen ins Bild zu bekommen – sie schrecken dabei auch vor reichlich sportlichen Positionen nicht zurück. Der Meister wird bei seiner Rückkehr seine schlimmsten Befürchtungen übertroffen sehen.

Fotograf Heinrich Hoffmann über Valentins Atelier-Stück: »Dazu hatte ihn sein Besuch bei mir inspiriert. Ich war erstaunt, mit welcher Beobachtungsgabe er alle Details wahrgenommen hatte, um sie nun verzerrt und in grotesk übersteigerter Form wiederzugeben. Der Sketch spielte in einem Provinzatelier, und Valentin warf mit photographischen Fachausdrücken nur so um sich. Ich erinnere mich noch an eine Szene. Liesl Karlstadt, Valentins unverwüstliche Partnerin, sagte zu ihm, daß die Platte von Frau Maier zerbrochen sei, sie müsse nochmals zur Aufnahme kommen. Darauf Valentin: ›Das ist nicht notwendig, die Frau Meier kenn ich so gut, die photographier ich auswendig!‹«

Im Fotoatelier funktioniert nach ähnlichen Gesetzen wie *Im Senderaum;* es geht vor allem auch um den Kontrast, den Valentin zu den Gegebenheiten der Szene produziert. So entfernt sich die Komik Valentins bei *Im Senderaum* immer mehr von der Sprache, gegen die sich dort sein Destruktionstrieb richtet. *Im Fotoatelier* hingegen ist da eher von den Dialogen abhängig, die als Kontrast zur optischen Erscheinung der Szene unentbehrlich sind. Bezeichnenderweise verzichtet Valentin auch darauf, die Ergebnisse der fotografischen Versuche des Duos unmittelbar ins Bild zu bringen – der Zuschauer weiß auch so, was Geselle und Lehrling da angerichtet haben. Da reicht schon eine einzige Frage

Valentins, dem hier die Haare wirr zu Berge stehen, an die Brautpaar-Kundschaft: »Muß denn der Kopf unbedingt drauf sein?« Daß sich die beiden mit allen Mitteln vor der Arbeit drücken, ist auch klar – bei dem Typ von Meister, der sonst immer alles selbst gemacht hat und seine Angestellten die Kulidienste verrichten ließ, bekommt diese Haltung ohnehin ihre Berechtigung. Und von den Kunden, die während der Abwesenheit des Meisters das

Im Photoatelier, Tonfilm 1932. Karl Valentin als Geselle, Liesl Karlstadt als Lehrbub (Foto: heros)

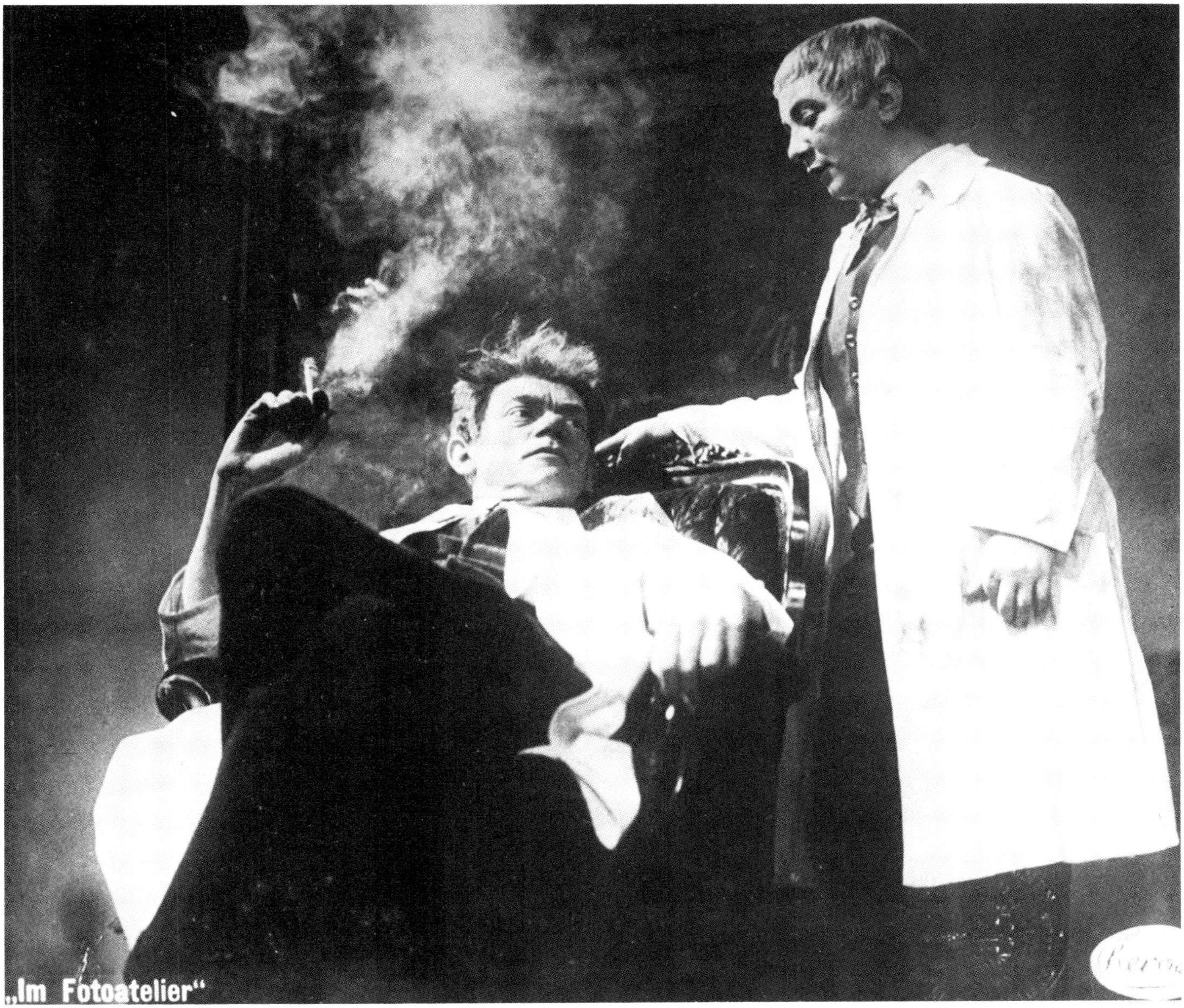

Atelier betreten haben, wird bestimmt keiner ein zweites Mal auf diese dumme Idee kommen. Insofern ist *Im Photoatelier* auch ein genüßliches Rachestück an allen Chefs dieser Welt. Als Valentin den Scharfrichter vor dem Fotoapparat zur Aufnahme vorbereitet, sagt er finster lächelnd: »Ich möchte Sie hinrichten!«

Der Meister kommt zurück. (Foto: heros)

rechts: aus einer Aufführung im Apollo-Theater, 1929

unten: aus einer Aufführung im Kabarett der Komiker, Berlin 1929

Orchesterprobe

In einem kleinen Orchester sitzend läßt sich Karl Valentin von einem Kollegen zum Schimpfen auf den Kapellmeister anstiften und bemerkt in seinem Eifer nicht, daß dieser längst eingetroffen ist und alles mithört. Er überhört, daß der Anstifter der Schimpferei plötzlich opportunistisch in Lob verfällt und gibt sich, nachdem ihn der Kapellmeister (Liesl Karlstadt) erbost zur Rede stellt, kaum die Mühe zu glaubwürdigen Ausreden. Verstohlen in sich hinein lächelnd provoziert er weitere Diskussionen, die er mit aufreizendem Starrsinn führt und hinauszögert, macht den Kapellmeister immer wieder auf seine unter dem Kragen verrutschte Fliege aufmerksam und hält den fehlenden Rhythmus provozierend für einen Kollegen, bis er sich korrigiert: »Nein, Reisberger heißt der!« Den nächsten Musikeinsatz unterbricht er, um zu erklären, daß er sich mit dieser Unterbrechung getäuscht habe, aber dann ist sein Hosenträger wirklich abgerissen. Der energischer werdende Dirigent fordert seine Musiker nun auf, nur so zu spielen, wie er dirigiere, worauf Valentin grinsend prophezeit: »Des gibt a Gaudi!« Wenn dann der Kapellmeister den Taktstock durch die Luft reißt, stößt er sich jedesmal die Zähne am Mundstück der Trompete an. »Hoffmanns Erzählungen« provozieren ihn zu einem Kalauer-Wortspiel mit »Hofmannstropfen«, dann greift er zur Geige, fuchtelt mit dem Bogen an der wieder verrutschten Fliege des Kapellmeisters herum, liefert diesem ein grandioses Fechtduell und verwickelt ihn erneut in Diskussionen: man könne nicht sehen, daß der Paukenspieler nicht da ist, weil man einen Abwesenden nicht sehen könne. Schließlich folgt der berühmte Disput, ob es ein Zufall ist, wenn man von einem Radfahrer spricht und im gleichen Augenblick einer dahergefahren kommt. Das Finale läßt Valentin wie einen Irrwisch mit der Pauke, mit Kastagnetten und anderen Schlaggeräten (einschließlich Maßkrug) ein musikalisches Chaos anrichten.

Auf einer Ebene schildert *Orchesterprobe* Variationen des Zweckentfremdens: Eine Besteck-Gabel wird als Stimmgabel verwendet, ein Geigenbogen und ein Taktstock als Florett, eine Trompete als Megaphon, ein Begriff (Rhythmus) als Name. Noch mehr aber geht es hier um das Verhältnis eines Angestellten zum Chef, eines Künstlers zur Obrigkeit – und, damit untrennbar verbunden, zur eigenen Arbeit. Genau die aber versucht hier Valentin, den Bierkrug in Reichweite, durch hartnäckiges Diskutieren systematisch hinauszuzögern. Die Aufforderung, nicht mehr oder weniger zu spielen als auf den Notenblättern stehe, kommentiert er mit »mehr auf keinen Fall«. Zum Gehorsam ist er offensichtlich nur dann bereit, wenn es zum Nachteil des befehlenden Kapellmeisters geschieht. Wieviel Spaß der aufmüpfige Musiker an jeder Störung hat, demonstriert er in der hinreißenden Fechtszene, Geigenbogen

gegen Taktstock: genüßlich imitiert er sportliche Bewegungen, legt die freie Hand auf den Rücken, eröffnet mit einem Ausfallschritt, und alle seine Bewegungen, bis hin zur Deponierung der Geigenbogenwaffe in eine imaginäre Scheide am Hosenbund, werden von parodistischer Eleganz gelenkt. Sein Spiel muß hier als geniale Mischung zwischen präziser Vorausplanung und spontan erfundenen Improvisationen entstanden sein, und dabei kommt Valentin offensichtlich so in Fahrt, daß er kaum noch zu bremsen ist und manche Einfälle sogar blitzschnell wiederholt, was die Aufsässigkeit seines Verhaltens gegenüber dem Kapellmeister nochmals betont. *Orchesterprobe* entstand, auch dies sollte man nie übersehen, in dem Jahr, als die Nazis an die Macht kamen: der Film handelt auch von einem individualistischen Querulanten, der sich seine eigenen Meinungen nicht austreiben läßt, der am Ende inmitten des Orchesters sein eigenes Tempo spielt und es auch gegen den Taktstock des Dirigenten behauptet, und der das Wort »Marsch« so hinterlistig wiederholt, bis es klingt wie »'m Arsch«. »Sehen Sie«, hat Herbert Achternbusch über Valentin gesagt, »so gefährlich ist der.«

Es knallt

Ein wenig könnte dies die Valentin'sche Version von Chaplins *The Idle Class* sein. Als Kunstschütze Josef Maria Anton Xaver Fürst läßt er sich von Herrn Schwalbe zu einem Auftritt bei der Heiratsvermittlerin von Gobelinski (Adele Sandrock) überreden. Daß er dort als Ersatz für den Großwild jagenden Fürst Hochheim einer reichen Amerikanerin gefallen soll, interessiert ihn nicht; allein die Aussicht auf eine Mahlzeit hat ihn schon überzeugt. »Bei Ihnen soll's anständig zu Essen geben«, so beginnt er seinen Auftritt in der Hotelsuite. Er zieht bei Tisch seinen Rock aus, schlürft hinreißend seine Suppe und könnte wohl auch ohne den denunzierenden Eingriff seiner eifersüchtig antrabenden Chefin aus dem »Secktparadies« seine wahre Identität nicht wesentlich länger verheimlichen.

Valentin, den der Hunger zu Leuten treibt, mit denen er nichts zu tun haben kann, das ist das Thema dieses Films, der ihm auf skurrile Weise Gelegenheit gibt, die eigene Künstlerexistenz zu reflektieren – als Kunstschütze. Im Spiegel visiert er seine Ziele an, verfehlt einige der Luftballons und erklärt grinsend, daß er die anderen beim nächsten Mal treffen würde. »Von keiner Gage kann man nichts abziehen«, entgegnet er den Drohungen seiner Chefin und macht sich auf den Weg zum versprochenen Essen. Und er bleibt instinktiv mißtrauisch gegenüber den geladenen Snobs, wenn er ständig um seinen Rock nebst Tascheninhalt besorgt ist. Was jenseits seiner Auftritte geschieht, vorher und nachher, bleibt dem Kunstschützen Valentin, der seine Treffer gern auf mehrere Tage verteilt, völlig gleichgültig. Dem Zuschauer eigentlich auch.

Der Theaterbesuch

Kuckucksuhr und Würstel mit Kraut eröffnen die Szene in Großaufnahmen. Liesl Karlstadt eröffnet dem in einem Ohrensessel sitzenden Karl Valentin, daß sie von der Nachbarin etwas geschenkt bekommen hätte – und hält ihm die geschlossene Faust hin. Nach einigen kuriosen Rateversuchen erfährt er, daß es sich um Theaterkarten für »Faust« handelt. Der Streit kann beginnen; zunächst durch das Mißtrauen des grantelnden Ehemanns gegenüber der Nachbarin, dann wegen seiner Rechthaberei in der Frage der Anfangszeit. Hektik bricht aus: »Wir hab'n noch nicht gegessen; wird hab'n noch nicht getrunken . . .«, sagt Valentin, und stellt hartnäckig einen Rasierspiegel so verkehrt vor sich auf, daß dieser immer wieder umfällt. Dann zieht er mit dem Kamm einen Scheitel auf seiner Glatze, weil er's so von Jugend auf gewohnt sei. Das Essen löst einen Kleinkrieg um die größere Wurst aus, die Gabeln des Ehepaares verhaken sich. Valentin ißt vor dem Spiegel: dann habe er zwei Portionen. Gemeinsam arbeiten die beiden an einer Nachricht für den Sohn, bei der die mit Floskeln gespickte Anrede nicht weniger verquer formuliert wird als die Informationen über sein Abendessen. Schließlich stellen sie den Spiegel so auf den Tisch, daß der Sohn bei seiner Rückkehr darin den ungünstiger plazierten Brief entdecken kann. Die Versuche, theatergemäße Kleidung anzulegen, bringen die Unordnung erst so richtig in Gang. Mann und Frau verbrennen sich an einer Lockenschere, die Suche nach Kragenknöpferl und Schuhen, der Besuch einer Nachbarin, die sich Salatöl ausleiht, das Fehlen eines salonfähigen Hemds und der Notbehelf eines sauberen Vorhemds führen zielstrebig in die Katastrophe, bis der heulenden Frau die Lust vergeht, der Haustyrann aber nicht allein ins Theater will mit zwei Karten – die, das entdecken sie beim Weggehen, erst für den folgenden Tag sind.

In diesem Film gibt es keinen großen Umschwung vom verbalen zum physischen Chaos; regelmäßiger als in anderen Arbeiten Valentins wechseln sich die mündlichen Destruktionen mit den handgreiflichen ab, und eine Katastrophe ist so schlimm wie die folgende. Es geht nicht um die Eskalation einer großen Katastrophe, sondern um die Addition vieler kleiner. Das hat seinen Sinn: dieses Ehepaar, der Haustyrann und sein Opfer, sind geübt im Austragen solcher Kleinkriege, sie halten sie in Grenzen, die den Dauerzustand erst ermöglichen. Gäbe es da noch nennenswerte Entwicklungen, so müßten Konsequenzen folgen – Konsequenzen, die außerhalb der Möglichkeiten der beiden Partner liegen. Dies rechtfertigt noch am ehesten die in zahlreichen Rezensionen unternommenen Versuche, den *Theaterbesuch* ideologisch als Film über oder gegen das Kleinbürgertum zu fixieren und zu vereinnahmen, als wäre Valentin mit einem Programm angetreten. Eher schon geht es auf absurde

Weise um eine soziale Situation, in der der Streit um die größere Wurst doch nur deswegen stattfinden kann, weil von einem Paar Würstchen nicht zwei Menschen satt werden können. Die Theaterkarten überfordern zunächst einmal die materiellen Verhältnisse dieser Figuren, daraus entwickeln sich auch die Probleme wegen der Kleidung. Valentin selbst müßte dabei ohnehin in jedem Zuschauer den Verdacht erwecken, er würde durch seine umständlichen Vorbereitungen den Theaterbesuch insgeheim sabotieren wollen. Er gibt auch nicht den geringsten Anlaß zur Hoffnung, daß der folgende Abend prinzipiell anders verlaufen könnte. Schließlich werden sich bis dahin die Machtverhältnisse nicht ändern, der nörgelnde, despotische Pantoffelpatriarch wird weiter seine Niederlagen, die er im konkreten Umgang mit den Objekten ständig erleidet, mit Herrschaftsansprüchen kompensieren und ungerührt den Kragenknopf suchen und sehen, wenn über seiner Frau die halbe Kommode zusammenbricht – und die hermetische Enge ihrer Wohnung, in die auch jederzeit eine Nachbarin treten kann, wird die Formen des Kleinkriegs perpetuieren. *Der Theaterbesuch* ist kein Film gegen seine Figuren, davor bewahrt ihn auch Valentins Komik: wenn der Haustyrann mit einem Blick auf den Huthaken fragt, wo seine Schuhe sind, dann leitet er durch diese Unvernunft – die einen völligen Mangel an Pragmatik bedeutet – schon wieder die komödiantische Versöhnung mit dem Zuschauer ein.

Streit um die längere Wurst

Im Schallplattenladen

Karl Valentin betritt, mit Ohrenschützern und wollenen Fausthandschuhen, einen Schallplattenladen; er möchte Grammophon-Nadeln schleifen lassen, wird aber vom Vorteil neuer überzeugt, die er dann doch nicht kauft. Dann will er scheinbar Platten kaufen, rund, dunkelschwarz, mit Schall. Auf den Radetzky-Marsch, den die Verkäuferin (Liesl Karlstadt) ihm vorspielt, pfeift er und fragt: »Das war doch nicht der Caruso?« Eine Caruso-Arie findet er wunderherrlich, aber darauf könne man nicht tanzen. Er will eine Platte hören, die »Sanitätslos« oder so ähnlich heißt, singt eine Strophe daraus vor – es ist der Schlager »Seemannslos«. Während die Verkäuferin danach sucht, küßt er ein Starplakat und stößt in eine Trompete. Dem Chef soll er am Telefon eine Melodie vorpfeifen, aber er kann vor lauter Lachen über dessen Namen »Rembremerdeng« nicht pfeifen. »Seemannslos« will er dann doch nicht kaufen, sondern ausrotten. Er verlangt eine viereckige Platte, die er einmal gesehen habe, doch das war dann ein Notenblatt. »Sah ein Knab ein Röslein stehn«, mit einer »Singenden Säge« gespielt, ergreift ihn zu Tränen, aber die Platte ist ihm zu traurig. Die Verkäuferin begeht den Fehler, ihm eine moderne unzerbrechliche Platte vorzuführen. Valentin erschrickt, staunt und beginnt zu testen. Zu viele und vor allem die falschen unterzieht er fasziniert seinem

Bruchtest. Vorübergehend zur Besinnung gekommen, zerbricht er unfreiwillig weitere Platten, bis die Verkäuferin mit den Nerven am Ende ist und ihm erklärt, er solle doch machen was er will: für Valentin ist dies die Erlaubnis, noch weitere Schallplatten zu zerschlagen, abwechselnd auf ihrem und seinem Kopf. Um das Chaos zu vollenden, wirft er schließlich wütend seinen Spazierstock in die Glasscheibe eines Instrumentenschranks.

Im Schallplattenladen wirkt ein wenig wie ein Gegenstück zu Charlie Chaplins *The Pawnshop*. Bei Chaplin ist der Kunde das Opfer, dem der Angestellte genüßlich und detailliert einen Wecker zerstört. Valentin dreht die Situation einfach um, der Kunde triumphiert über den Angestellten, doch die Machtverhältnisse sind prinzipiell die gleichen geblieben: nicht an Personen oder Funktionen gebunden, sondern an die Richtung, in der sich das Geld bewegen soll. Wer zahlt, der tyrannisiert. Bezeichnend ist vielleicht auch, daß Valentin und Chaplin, die sich nicht selten in ihren Filmen Opferrollen zugedacht hatten (*Der Sonderling* und *Der Tramp*), hier mit außergewöhnlicher Genüßlichkeit Destruktionen vollziehen und gegenüber den davon Betroffenen kaum ihre bösartige Freude verhehlen. Beide stellen dabei ja keineswegs negative Figuren oder Eigenschaften bloß, sondern sichern sich auch noch in der Lust an der Zerstörung die volle Sympathie des Zuschauers. Zwar sieht es in Valentins Film vorübergehend so aus, als würden die Schallplatten nur seinem experimentellen Verhältnis zu den Objekten zum Opfer fallen, doch die letzten Szenen, in denen er »macht was er will«, sind eindeutig die destruktivsten. Und wieder einmal geht er dabei gegen die Manifestationen bürgerlicher Kultur in allen Schattierungen los, vom Schlager bis zum verkitschten Volkslied, von der Caruso-Arie bis zum Radetzky-Marsch, denn was es vor seinen Attacken zu hören gab, liegt noch im Laden herum: ein Querschnitt des Angebots. Und als Bürgerschreck empfinden ihn offensichtlich auch die anderen Kunden, die alte Dame, die indigniert den Laden verläßt, oder der seriöse Herr, der noch unter der Türe auf dem Absatz kehrt macht. Wie in vielen seiner Arbeiten (z.B. *Orchesterprobe* oder *Der Antennendraht* u.a.) beginnt die Szene mit vorwiegend verbaler Komik, die Expositionen werden mit Dialogen entwickelt; nachdem der sprachliche Wahnwitz, der oft auch als heilsames Zerpflücken von Begriffen, Konstruktionen und Denkrichtungen funktioniert und eingefahrene Bahnen mit Gegenverkehr belebt, auf einen Höhepunkt getrieben ist, wird die Komik zunehmend wortkarger, Valentin gerät in physische Bewegung, die das endgültige Chaos auslöst.

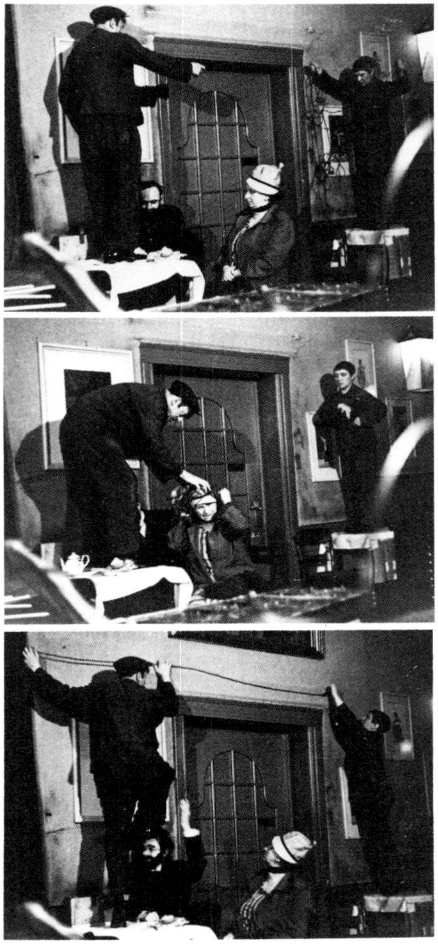

Valentin: So, Simmerl, jetzt wirfst mir den ganzen Draht runter, du brauchst bloß as End halten.

Valentin: Jetzt hat er mir wieder den Draht rübergworfn, i hab doch gsagt, 's End sollst drüben bhaltn.

Der verhexte Scheinwerfer (auch: Der reparierte Scheinwerfer)

Ein Revuemädchen tanzt auf der Bühne eines Vorstadt-Varietés, als einer der beiden Scheinwerfer ausfällt. Ohne den linken Scheinwerfer, könne sie keine Pirouetten drehen, erklärt sie, und hört auf. Während eine Kollegin die Pause zunächst einmal mit dem in schöner Inbrunst vorgetragenen »Erzherzog-Johann-Jodler« überbrückt, wird der Elektriker (Karl Valentin) gerufen; er kommt mit einem Lehrling (Liesl Karlstadt) auf die Bühne und erklärt, daß er vorm Publikum nicht arbeiten könne. »Der Scheinwerfer brennt nicht«, sagt der Chef des Hauses. »Dann ist er nicht eingeschalten«, erwidert Valentin. Der Chef: »Doch!« Liesl Karlstadt: »Warum brennt er dann nicht?« Wenig später Valentin: »Wir sind mehr auf Marine-Scheinwerfer eingearbeitet!« Und er droht damit, eine ganz neue Steigleitung legen und den Hof aufgraben zu wollen, was vielleicht zwei bis 10½ Tage dauern würde. Schließlich läßt er sich doch zur Reparatur drängen. Anfangen heißt dann für ihn, den Lehrling nach einer Brotzeit zu schicken und mit Meterstab und Bleistift die Luftlinie zur Wand abzumessen. »Ein Scheinwerfer, der nicht brennt, ist genau wie irgendetwas«, stellt er fest, und der Lehrling lehnt die Leiter an der Luft an. Nun beginnen kuriose Vortäuschungen von Facharbeit, mit einem Meterstab, mit einem Kabel, das Valentin auf die Galerie wirft und von der Karlstadt wieder zurückgeworfen bekommt, weil er das untere Ende, das auf der Bühne bleiben sollte, nicht festgehalten hat (!). Der Lehrling auf der Leiter tritt auf die Hand des Elektrikers, der will ihn natürlich sofort darauf aufmerksam machen, doch ihm fällt das Wort »Hand« nicht ein. Schließlich legt sich Valentin immer mehr mit Gästen an, die an einem Tisch unterhalb des kaputten Scheinwerfers sitzen, bringt mit dem Kabel Hut und Frisur der Frau in Verwirrung und läßt eine Schraube in ihr Rücken-Dekolleté fallen, die er mit einem Streichholz in der Hand sucht. Am Ende deutet er auf den linken Scheinwerfer: »Den hab'n wir repariert!« und (er deutet auf den rechten) der brennt!«

Der verhexte Scheinwerfer ist vor allem ein Film des Simulierens: Valentin macht Bewegungen mit dem Bleistift in die Luft, als würde er Markierungen anzeichnen, fuchtelt mit dem ständig zusammenklappenden Meterstab herum und behauptet hinterher, eine Länge gemessen zu haben. Er tut so, als würde allein das Werkzeug in der Hand schon seine Kompetenz bestätigen, und wem das nicht paßt, dem begegnet er entweder mit schlimmen Drohungen (»Hof aufgraben«) oder er bezieht ihn tatkräftig in die Auswirkungen seiner Tätigkeit ein – den unangenehmen Gästen direkt vor ihm (nahe Verwandte des Paars im *Firmling!*) latscht er ungeniert auf der Tischdecke herum, und als endlich die gesuchte Schraube aus dem Kleid der Frau herausgefallen ist, erkärt er taktlos laut: »Die ist noch ganz warm!«

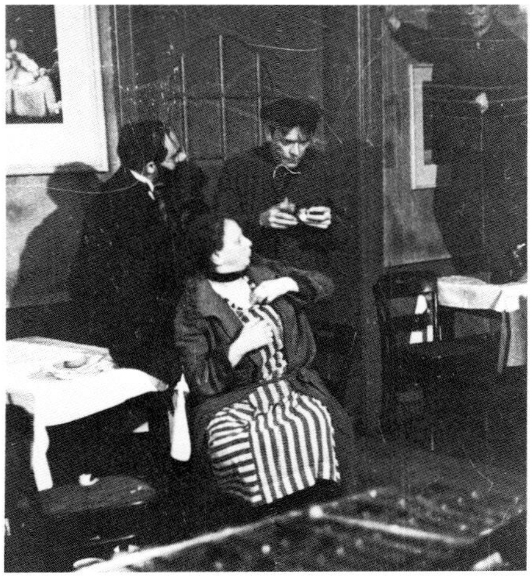

Gast: Alles, was recht ist – Herr Ober, einen anderen Platz!
Valentin: Sie haben auch den ungünstigsten Platz da herin.
Dame: Ah, jetzt ist mir da was reingfalln.
Valentin: Wo is denn das Schräuferl hingfalln?
Dame: Da hinein!

Die lange Jodel-Szene, die mit dem eigentlichen Auftritt Valentins nichts zu tun hat, spricht dafür, daß der Komiker hier seine eigenen Bühnenerfahrungen schildert und persifliert; so wie hier mag es in den Lokalen, in denen er aufzutreten hatte, wohl tatsächlich hergegangen sein. Daß da einer eine Wut auf eitel kommandierende Chefs und arrogante Gäste bekommt, ist bestimmt kein Wunder. So ist, bei aller Vortäuschung und Zweckentfremdung, die Valentin da als Handwerker betreibt, seine Argumentation immer dann gnadenlos logisch, wenn sie Negatives konstatiert. Als er mit einem Prüflicht den Scheinwerfer-Anschluß testet, schließt er messerscharf: entweder ist kein Strom drauf, oder die Probierlampe ist kaputt! Und nicht anders reagiert die Karlstadt auf Valentins Aufforderung, zu prüfen, ob die Lampe brennt: sie hält ein brennendes Zündholz drunter, denn der Glaspalast habe ja auch gebrannt. So destruktiv wie die verbale Logik ist auch die handwerkliche Umständlichkeit der beiden. Herbert Achternbusch zitiert in »Neues von Ambach« eine bezeichnende Dialogstelle: »Was schaust denn so blöd? – I' muaß doch obachtgeb'n, daß i was lern. – Da brauchst nicht obachtgeb'n, das kann i selber net!« Und Achternbusch erinnert sich ironisch: »Auch den Film habe ich in der Schulzeit gesehen (und trotzdem ein Kind gemacht)!« Obwohl *Der verhexte Scheinwerfer* zu den wahnsinnigsten Dialogstücken Valentins gehört, läßt sich die Szene als nur-akustische nicht denken: es ist gerade die Verbindung zwischen dem Simulieren von Handwerk und dem hinterrücks logischen Dialog, aus der sich die Komik ergibt – wie eine sehr scharfe Essenz.

So ein Theater

Karl Valentin bläst Trompete in einem Varieté-Orchester. Als er falsch spielt, beginnt eine gestische Diskussion mit dem Kapellmeister (Liesl Karlstadt), bei der Valentin die Schuld auf einen anderen schiebt. Eine verbale Debatte folgt: der Kapellmeister beschwert sich, daß ihn der Trompeter in einem Postamt nicht gegrüßt habe. Valentin weiß sich zu verteidigen und kontert mit dem Bericht von einem Diebstahl im Postamt; die versteckte Anschuldigung hört auch der Kapellmeister heraus und reagiert empört. Valentin lenkt mit einem Kalauer von einer Siebenerbahn, die eine noch nicht fertige Achterbahn war, ein. Das Orchester setzt zu einem Tusch an, vor dem sich Valentin noch eine Hustenpause ausbittet. Der folgende Auftritt einer Sängerin wird verzögert, weil sich der Vorhang nur ein Stück hebt und eine Dame dahinter nur mit ihrem stattlichen Unterleib sichtbar wird. Ein Tapezierer soll geholt werden, doch Valentin will dessen Anschrift nicht verraten, weil er mit dem Bühnenmeister verkracht ist. Schließlich wird der Vorhang doch hochgekurbelt, die dicke Sängerin beginnt mit ihrem Lied vom verlorenen Glück. Valentin hat inzwischen die Geige genommen und spielt schon wieder falsch; beim Nachstimmen des Instruments springt ihm eine reißende Saite ins Gesicht. Der Tapezierer kämpft sich inzwischen mit einer Leiter durch die Zuhörer und wendet sich immer wieder um – die Leiter bewegt sich knapp über die Köpfe der sich duckenden Gäste. Die Sängerin singt auch dann noch unbeirrbar weiter, als der Tapezierer und der Bühnenmeister auf der Bühne zu reden und zu arbeiten begonnen haben. Valentin findet die Arbeit der Handwerker viel spannender als den Gesang, steigt geigend auf die Bühne und die Leiter; verfolgt von der ununterbrochen dirigierenden Karlstadt schaut er nach oben und bemerkt viel zu spät, daß er den falschen Zopf der Sängerin am Geigenbogen hängen hat. Hastig legt er ihr das Haarteil über den Kopf. Endlich bewegt sich der Vorhang wieder, senkt sich und bricht damit die Nummer der Sängerin mittendrin ab. Der Dirigent geht auf den Geiger los, der tritt dem Souffleur auf die Finger und wundert sich mit dem Dirigenten über das Geschrei. Als der Musiker schließlich nach seinem Anstand gefragt wird, erklärt er, daß er keinen habe.

Wie in *Orchesterprobe* attackiert Valentin hier bürgerliche Unterhaltungskunst und überführt sie einer so faden Feierlichkeit, daß dagegen schon die banalste Störung eine willkommene Ablenkung bedeutet. Valentin spielt falsch, das Pathos der Sängerin und des Lieds klingt falsch – und falsch ist schließlich auch der Zopf, der sie zieren soll. Der kleinste Zwischenfall ist dem Musiker gerade recht, um diese Musik palavernd abbrechen zu können; selbst den Streit mit dem Dirigenten zieht er dem Musizieren vor, das er indes so im Schlaf halbwegs beherrscht, daß er nebenbei spazierengehen kann.

In diesem Film vollziehen sich keine Katastrophen, sondern zielstrebig, wenn auch nicht immer mit sichtbarer Absicht provozierte Destruktionen. Musiknummern verunglücken lautstark, dazwischen verbeißt sich Valentin mutwillig in die hoffnungslos vertrackte Logik seiner Dialoge, mit denen er die Umwelt zu seinem Opfer macht. Gerade hier, in einer seiner aggressivsten Grotesken, sieht man Valentin einmal ganz entspannt vor sich hin lachen. *So ein Theater* wird auch zur eindringlichen Lektion über das Wesen filmischer Komik. Während die Dilettanten des Lustspiels stets mit ungeheuerem Aufwand eine »verrückte« Ausgangssituation herstellen wollen, entwickelt Valentin aus

So ein Theater, 1934. Karl Valentin als Geiger, Liesl Karlstadt als Kapellmeister

unscheinbaren, alltäglichen Dingen plötzlich irrsinnigen, abgründigen Humor. Wahrscheinlich ließe sich die Grundsituation dieser Groteske in jedem beliebigen Konzert oder Theater wiederholen: eine kleine technische Panne, ein Handwerker, der sich damit befaßt, und schon werden sich die meisten Zuschauer nur für ihn interessieren – für einen Vorgang, dem sie im Alltag keine Beachtung schenken würden. Valentin geht dabei freilich einmal auch gegen sich selbst vor, wenn ihm die gerissene Geigensaite eine schmerzhafte Ohrfeige verpaßt. Dabei erzählt dieser Film doch nur von Erfahrungen, die der Komiker selbst bei seinen Auftritten immer wieder gemacht haben muß.

Der Firmling

Als Firmpate bei einer Aufführung des *Firmlings* im Kabarett der Komiker in Berlin, 1928

Schon nicht mehr ganz nüchtern betreten der Firmling (Liesl Karlstadt) und sein Vater (Karl Valentin) ein Weinlokal. Ihr Versuch, an einem kleinen Tischchen Platz zu nehmen, beginnt mit einem Kampf gegen Stühle, Tisch, Vase und Tischdecke, bei dem nicht nur die Objekte mehrfach zu Boden gehen, sondern auch Vater und Sohn. Der herbeigepfiffene Kellner klärt sie darüber auf, daß es kein Bier, sondern Weinzwang gäbe – von dem Valentin zwei Gläser bestellen will. Dann findet er auf der Weinkarte einen »Affenthaler«, den er für eine Abart des Emmentalers hält. Seine Überlegung, wie man den Käse aus der Flasche bekäme, findet der Firmling zum Lachen und bekommt dafür eine Ohrfeige. Der Vater schimpft, während der Firmling schon wieder gegen das gewalttätig unterbrochene Lachen vergeblich ankämpft. Pannen und Mißverständnisse häufen sich; der Firmling bekommt eine Zigarre, der Vater hat sich eine Flasche Likör bestellt, und glücklich singen beide »Schön ist die Jugend«. Der zunehmend betrunkene Valentin verwechselt sein Schnapsglas mit dem Zahnstocherbehälter und hat plötzlich drei Zahnstocher in der Nase stecken; er geht aggressiv auf den Jungen los, der wieder zu singen versucht. Nachdem sich beide beruhigt haben, erzählt der Vater, daß der Junge keinen Firmpaten gehabt hätte, wenn er nicht eingesprungen wäre. Erfolglos habe er auch nach einem Anzug für den Buben gesucht, keiner paßte – und die passenden, wirft

Aus *Der Firmling*, Film 1934

Der Firmling und sein Vater im Weinlokal, Szene aus dem Film

der Firmling ein, waren zu teuer. Schließlich habe er von einem Kriegskameraden einen Anzug geschenkt bekommen, der dessen Sohn gehört hatte. Ergriffen berichtet der Vater von dem Geschenk, steigert sich in heulende Rührung, muß das auch den anderen Gästen im Hintergrund mitteilen und staunt darüber, daß der Anzug paßte, obwohl jener »den Bub'n gar net kennt«. Noch stockbesoffen am Boden liegend wiederholt er diesen Satz, während sich der Firmling längst auf der Toilette übergibt. Erschrocken hilft der Sohn bei seiner Rückkehr dem Vater wieder auf die Beine; der Versuch, die bestellten Makkaroni zu essen, scheitert an einem erneuten Sturz, bei dem der ganze Tisch umfällt. Dann schleppt der Firmling seinen halb bewußtlosen Vater nach draußen, vorbei an den indigniert blickenden Gästen.

Herbert Achternbusch sprach vor 6 Jahren davon, daß *Der Firmling* »wahrscheinlich der beste deutsche Film ist (ich weiß es gewiß)«. Sicher dürfte er der beste Valentins sein – und vor allem der denkbarste, weil das Tragikomische die reine Groteske verdrängt und die zunehmende Trunkenheit des Helden seine Aktionen und Reaktionen weniger absurd als sonst, sondern glaubwürdig und vertraut erscheinen läßt. Schon der erste Kampf mit Tisch und Stühlen ist nicht nur eine komische Nummer, sondern eine logische Möglichkeit des Suffs, und entsprechend reagiert Valentin auf die Herausforderung durch die Objekte. Er stopft wütend herausgefallene Blumen mit der Kerze des Firmlings in die Vase

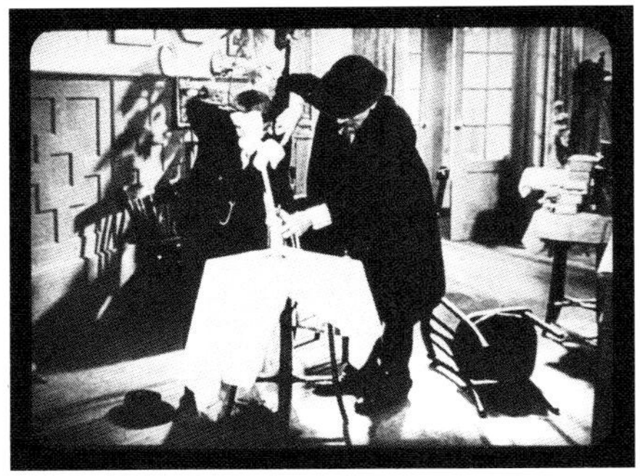

zurück und verwendet dann seinen Regenschirm als Billardstock, um sie wieder vom Tisch zu stoßen. Das ist die Unsicherheit des Unterlegenen, und sein Versuch, sie mit Aggressionen zu kompensieren, wird vom Kellner als Herausforderung jedoch nicht angenommen, sondern ignoriert: wohl weniger, weil der Kunde König ist, sondern weil jener seinen Gast kaum einer Aufmerksamkeit für wert hält. Offensichtlich ist es auch unter der Würde des Kellners, auf den Pfiff des Firmlings in irgendeiner Weise zu reagieren. Dies gibt dem *Firmling* den tragischen Grundton: Der Vater, den Valentin hier vorstellt, ist eigentlich die einzige unter seinen Figuren, die wirklich zu Boden geht und Gefahr läuft, ihre Würde zu verlieren – wenngleich nur die äußere.

Eine kleine Tragödie bahnt sich auch für den Firmling an; der Tag, den er für den schönsten seines Lebens hält, führt zur Erfahrung von Peinlichkeit (der völlig betrunkene Vater), Schmerz (die Ohrfeige, der gewaltsame Sturz vom Stuhl), Überforderung (der Alkohol, die Zigarre), und vor allem von ratloser Einsamkeit: »Jetzt kennt der mich nicht mehr«, sagt er erschrocken, als ihn der Vater mit »Sie« anredet. Aber *Der Firmling* handelt auch von der Einsamkeit eines alten Mannes, der sich zurückzieht in den Rausch, nicht in großer, vitaler Verzweiflung, sondern in schlecht verdrängter Entfremdung. Die Freude über den geschenkten Anzug kann da nur mehr in Erschütterung umkippen. Valentin ist sich dabei der Wirkung seiner Szene so unbedingt sicher, daß er völlig darauf verzichtet, dem Bürgerpärchen im Hintergrund irgendwelche Schändlichkeiten anzulasten; die sind, im Kontrast mit dem Firmling und seinem Vater, allein durch ihr herablassend freundliches Geschau schon widerlich genug. Auch physisch wirkt Valentin weit gefährdeter als sonst, und seine Stürze lassen den Zuschauer wirklich um die Knochen des alten Mannes fürchten; Chaplin und Keaton sind im Vergleich dazu unverwundbare Stehaufmännchen gewesen. Eine Parallele, vielleicht auch konkrete Anregung, läßt sich dennoch feststellen. In Chaplins *The Face On The Barroom Floor* (1914), den Brecht 1921 als das Erschütterndste bezeichnete, was er jemals im Kino sah, sieht man Charlie als betrunkenen Maler zusammenbrechen und im Liegen dann monoman und beharrlich ein Bild seiner verlorenen Geliebten auf den Fußboden zu zeichnen versuchen, nur ist das Ergebnis wirres Gekritzel; genauso betrunken, unbeirrbar und abwesend liegt hier Valentin am Boden und lallt fassungslos sein »wo er den Buab'n doch gar net kennt« vor sich hin: als Bild genau die Tonfilm-Entsprechung zu jenem Stummfilm Chaplins. Und wie der Tramp macht Valentin mitunter das Richtige nur deswegen falsch, weil er die Reihenfolge verdreht; die umgefallene, auslaufende Schnapsflasche verschließt er, mit dem Hals nach unten haltend, mit dem Korken, erst dann stellt er sie wieder aufrecht auf den Tisch. Liesl Karlstadt – auch dies macht die Qualität dieses Films aus – ist hier so gut wie nie, so gleichrangig wie in keiner anderen

Arbeit Valentins; in keinem Moment dient sie nur als Anlaß für die Komik ihres Partners, oder nur als Reibungspunkt, an dem er erst seinen Witz entzünden kann. Ohnehin wirkt die Karlstadt um so besser, je weiter weg von ihr ihre Rollen sind, je freier, verwegener sie aufspielen darf. »Das kommt auch noch, daß du mich runterschmeißt«, sagt Valentin zu ihr im *Firmling*. In Wirklichkeit muß er sie oft böse schikaniert haben – vielleicht steckte in diesem Satz eine Angst dieses grundsätzlich ängstlichen Komikers, die weit über die szenische Situation hinausgeht. Auch der Anlaß, die Firmung des Sohnes, ist ja nicht konkret, sondern nur allgemein als Festtag zu verstehen, denn Valentin läßt den Firmling mit einer Kommunionskerze auftreten und spricht auch im Dialog einmal von »Kommunion«. Unabsichtlich kann diese Vermischung im katholischen Bayern wohl schwerlich geschehen sein – oder stand der unbekannte Regisseur dem Katholizismus so fern, daß er den evangelischen Valentin auf diese schon in der Bühnenszene als Requisiten-Anweisung vorhandene Vermischung nicht aufmerksam machen konnte?

Wer immer dieser Regisseur gewesen sein mag: er filmte die Szene wunderbar klar, geradlinig, mit schnörkelloser Aufmerksamkeit, ganz dem Rhythmus der beiden Akteure hingegeben. »Sie agieren frontal zur Kamera. Die Kamera springt nicht um, die Perspektive bleibt den ganzen Film über. Trotzdem ist hier nicht der Eindruck, als ob das Geschehen auf einer Bühne stattfindet (wie bei *In der Apotheke* überdeutlich), eher, daß dort, wo die Kamera postiert ist, ein Abgrund runtergeht. Wie man bei einem zerbombten Haus in die Zimmer sehen kann.« (Rainer Gansera, in »Filmkritik«, Nr. 236, August 1976). Auch wenn es sich dabei wohl nur um die weniger dramatische Perspektive eines Gastes an einem Tisch vor dem Valentins handelt, die die Kamera einnimmt, das Gefühl stimmt genau: Die inneren und äußeren Bewegungen führen im *Firmling* an den Rand eines Abgrunds, und man ist bei aller Betroffenheit erleichtert, wenn der Junge seinen Vater wegschleppt aus der Nähe der Kamera, hinaus aus dem Lokal.

Der unerwünschte Firmling
Karl Valentin muß aus dem Schaufenster

Seit Wochen und Monaten hing in einem Schaukasten der Sendlinger Straße ein großes Photo, das Karl Valentin und Liesl Karlstadt in ihrer lustigen Szene *Der Firmling* zeigt. Gestern mußte dieses Bild »auf höheren Wunsch« von seinem angestammten Platz entfernt werden, weil man, wie erzählt wird, daran Ärgernis genommen hat. Karl Valentin erschien heute mittag bei uns, um uns den Hergang dieses Bildersturms zu erzählen:

»Der Photograph Hilbinger hat mich und die Liesl Karlstadt vor Jahren als Firmling und Firmpate aufgenommen und das Bild in der Stadt ausgestellt. Vor vier Jahren schon hat irgendwer an dem Bild Ärgernis genommen und wollte, daß es entfernt wird. Aber nix is geschehn. Plötzlich, vor ein paar Tagen, kommt einer daher und verlangt, mir sollten das Bild raustun, weil an der Darstellung des Firmlings Anstoß genommen wurde. Ich hab gefragt: Wieso? Und da sagt man, der Firmling machte so blöde Augen, und das wäre eine Verhöhnung, und das Bild müßte weg. Der Photograph Hilbinger hat das Bild dann aus seinem Schaukasten rausgenommen, weil die Polizei bei ihm angerufen hat und ihm nahegelegt hat, das Bild zu entfernen, da Beschwerden eingelaufen sind. Jetzt ist es heraußen, aber ich laß mir das nicht gefallen. Weil es nix wie Schikane ist, genau so wie die Feuerpolizei keine Ruhe gibt und immer wieder uns neue Schwierigkeiten macht. Auf unsere Stall-Laterne auf der Bühne paßt der Brandinspektor auf, und hinter seinem Rücken brennt der Glaspalast ab. So ist es. Aber jetzt ham mer's satt: Im September gehen wir nach Berlin. Ja, München sieht uns nicht mehr!«

Zu den temperamentvollen Ausführungen Valentins hören wir vom Theaterreferat der Polizeidirektion München: »Da bei uns schon öfter Beschwerden gegen eine öffentliche Zurschaustellung des Firmlingsbildes von Valentin eingelaufen sind, haben wir dem Konzessionsinhaber des Kolosseums, Herrn Hundshagen, und dem Photographen nahegelegt, das beanstandete Bild doch durch ein anderes zu ersetzen, etwa durch das Bild aus den *Raubrittern*. Wir haben aber nur gesagt: es dürfte sich eine Entfernung des Firmlingsbildes empfehlen – verlangt haben wir die Entfernung nicht.«

(Anm. d. Red.: Wie wir erfahren, stehen die Beschwerdeführer in dieser merkwürdigen Angelegenheit ganz allein. Ihre Empfindlichkeit gegenüber der Photographie aus dem bekannten Valentinschen Stücke, das seit Jahren unter dem größten Beifall über die Bühne gegangen ist, wird von keiner kirchlichen Behörde gutgeheißen.)

(o.V., in: Telegrafen-Zeitung, München, 20. August 1931)

Karl Valentin reist von München ab!

Deutschlands grösster tragischer Komiker

Karl Valentin

verläßt München!

1929

Der Zithervirtuose

Ein Conférencier (Adolf Gondrell) referiert über die Zither und stellt den Virtuosen vor: Karl Valentin tritt auf, einen Zitherkasten unterm Arm, den er auf das am Tisch bereitstehende Instrument legt. Er öffnet den Kasten, findet seine Zither nicht; der Conférencier macht ihn auf die Zither unter dem Kasten aufmerksam, Valentin will diese aber nicht als die seine anerkennen. Erst als er die Paßform des Kastens mit der Zither verglichen und an ihr gerochen hat, erklärt er sich bereit zu spielen. Dabei aber muß er den Ansager noch darüber aufklären, daß man »Valentin« nicht »Walentin«, sondern »Falentin« auszusprechen hätte. Dann will er »Liebesperlen« spielen, kramt zerknüllte Notenfetzen aus der Tasche, mißt mit dem Meterstab Noten und Instrument nach, als die ersten Akkorde ziemlich schräg klingen und beginnt erneut zu spielen. Nun kommt er ziemlich souverän durch das Stück, dann geschieht die Katastrophe: er verfängt sich offensichtlich zwischen den Wiederholungszeichen der letzten Notenzeile, spielt bis kurz vor dem Schlußakkord und setzt erneut mit der Coda an, immer wieder und wieder, er findet kein Ende mehr. Der Vorhang senkt sich und hebt sich wieder: da sieht man den armen Zithervirtuosen mit inzwischen wallendem grauen Bart noch immer spielend; noch immer in den Wiederholungszeichen der Coda gefangen findet er kein Ende mehr.

Der Zithervirtuose ist eine weitgehende Wiederholung einer noch stummen Filmszene des *Musikal-Clown,* erweitert freilich um das entscheidende Endlosfinale, dessen Idee eine der wahnsinnigsten ist, die Valentin je gehabt hat. Nun läuft alles auf diesen alptraumhaften Ausgang hin, und selbst die Startschwierigkeiten des Zithervirtuosen, die Verleugnung seines Instruments, wirken im Nachhinein wie eine schlimme Vorahnung der kommenden Katastrophe, der monomanen Gefangenschaft in einer Notenzeile; das Spiel des Virtuosen verfängt sich in lebenslänglicher Besessenheit. Der Film ist auch ein überzeugender Beleg, wie Valentin an seinen Szenen weitergearbeitet haben muß: durch die Möglichkeiten des Tons kommt nicht etwa ein wichtiger Dialog-Gag ans Ende des Auftritts (der in der alten Fassung einfach in den nächsten überging), sondern ein nonverbaler, rein akustisch funktionierender Schluß ohne Ende.

Karl Valentin und Adele Sandrock

Kirschen in Nachbars Garten

Mißt man die Inszenierung des Regisseurs Erich Engels an seinen erklärten Intentionen, so war sie nicht sonderlich erfolgreich: »Ich war mir allerdings völlig darüber klar, daß es keine Kleinigkeit sein würde, Valentin mit seinen Sonderarbeiten in einen Film organisch einzugliedern und ihn entsprechend zu führen. Es stand vielmehr für mich fest, daß ein hundertprozentiger Valentin, wie wir ihn von der Bühne her kennen und lieben, im Film, der sich an die breite Masse wendet und von ihr verstanden sein will, nicht möglich sein würde.«

Karl Valentin blieb Sieger, er hat sich keine Prozente abhandeln lassen und nichts von seiner widerborstigen Individualität preisgegeben; unbeirrbar, störrisch wie eh und je verbeißt er sich in die eigene Komik – und dies ausschließlich zum Vorteil dieses Films, der ohne Valentin nicht mehr wäre als eine unbedeutende Klamotte.

Das Buch erzählt von Hofrat Warrenheim, der sich irgendwo in Oberbayern ein Landhaus mietet; seine Tochter genießt eine mühsam auf Spielfilmlänge verzögerte Romanze mit dem Neffen der neuen Nachbarin, der die Liaison mißfällt. Doch das alte Fräulein Hecht (Adele Sandrock) erlebt noch mehr Kummer und Streit, weil ihr über den Gartenzaun hinwegstinkender Ziegenbock den Nachbarn nicht paßt, weil ihre Hühner die Pflänzchen von drüben fressen und ihre angeblich siamesische Ente ein zwecks Nachwuchs sehnlich erwartetes Ei haarscharf jenseits der Grenze legt, und »wo der Hintern ist, da ist der amtliche Geburtsort des Eies«. Dieser Satz kommt von des Hofrats Diener Karl Valentin, der besagtes Ei voller Genugtuung in die Pfanne haut. »Großzieh'n hab'n die dich woll'n«, spottet er grinsend in Richtung Pfanne.

Die Gefechte zwischen Valentin und der Sandrock bestimmen im Grunde allein die Komik dieses Films; der Linksdenker degradiert alle anderen in dieser Geschichte zu unbedeutenden Chargen, genaugenommen sogar die Liesl Karlstadt. Nur die Sandrock leistet ihm vor Zorn funkelnden Widerstand. Schon vor ihrem ersten Aufeinandertreffen spürt man, daß sich die beiden auf keinen Fall werden ausstehen können – dies übrigens auch außerhalb der Rolle nicht. Der vertrackte Bajuware mit seiner verqueren Bissigkeit und der weit von innen kommenden querulantischen Komik, der selbst der Karlstadt oft die Hölle heiß machte, konnte der Sandrock schwerlich erträglich erscheinen. »Einen merkwürdigen Menschen haben Sie da mitgebracht«, sagt sie indigniert zu ihrem Nachbarn: unverkennbar, wie ernst sie das meint.

Valentin freilich genießt mit provozierender Freude dieses Duell, das gleichzeitig wie eine verschärfte Erweiterung seiner Konfrontation mit Adele Sandrock von *Es knallt* wirkt. Offensichtlich schert er sich nicht im geringsten um den Regisseur Engels, kneift unbekümmert die Augen zu, wenn ihn das

Filmlicht blendet, improvisiert, fällt aus dem Rahmen und wirkt wie ein Wesen aus einer nach anderen Gesetzen funktionierenden Welt. »Fremd ist der Fremde nur in der Fremde«, hat er einmal gesagt, hier spürt man, daß es ihm ernst war mit diesem Satz. Überhaupt spielt er seinen klugen Nonsens aus wie Trümpfe – und ist dann enttäuscht, wenn sie scheinbar nicht stechen. Aber er lauert unbeirrbar auf den nächsten Moment, um sein Gegenüber mit neuen Irrwitzigkeiten zu überfallen, die oft beginnen mit »Ein Bekannter von mir . . .«. Freilich kann man sich dabei gar nicht vorstellen, daß diese Figur in dieser Welt Bekannte hat, und vielleicht hat Valentin das auch geahnt, als er sich einmal korrigierte: »Ein Unbekannter von mir . . .«

Überhaupt hat Valentin die verstörende Logik seiner Sprache voll in den Film eingebracht; auch dies ist ein Indiz, wie er über das Drehbuch triumphierte. Sentenzen wie »ich war früher mal ein junges Kind«, »wenn Ihnen eine Insel zu teuer ist, dann kaufen Sie halt eine Halbinsel« oder »sogar ein eigener Fußboden ist da« (beim Betreten des eben gemieteten Hauses), kann schwerlich ein anderer Autor für Valentin ersonnen haben; schließlich bleibt sich dieser sogar in den Requisiten treu, wenn er etwa partout darauf beharrt, seine Trompete zum Skatspielen mitzubringen. Kein Wunder also, daß in diesem Film alles andere hinter dem Übergewicht des dürren Komikers verschwindet: man wartet, wenn er nicht im Bild ist, immer nur, daß er möglichst bald kommt.

Beim Nervenarzt (Oder: Kalte Füße)

Karl Valentin sucht einen Nervenarzt auf und erzählt ihm – in zwei Rückblenden – den Hergang seiner Verwundungen:

»Valentin geht in eine kleine Bäckerei und sagt, er möchte für einen gewissen Zweck den Buchstaben ›B‹ gebacken haben.

Der Bäcker ist etwas überrascht, sagt aber die Lieferung des Buchstabens für morgen früh zu.

Am nächsten Morgen erscheint Valentin, um sein ›B‹ abzuholen. Er schaut das Kunstwerk an und meint dann ablehnend: ›Naa, a großes ›B‹ hob i bestellt, des da kon i net braucha!‹

Der Bäcker verspricht erneut die Lieferung für morgen früh. Am nächsten Morgen erscheint Valentin pünktlich. Er schaut mißbilligend das große ›B‹ an, gibt es dem Bäcker zurück und sagt: ›Naa, a deutsches ›B‹ muaß i ham, des da kon i net braucha!‹ Der Bäcker kocht vor Wut, verspricht dann aber wieder die Lieferung für morgen früh.

Am nächsten Morgen erscheint Valentin wieder pünktlich, beschaut das ›B‹, zieht dann einen Maßstab aus seiner Tasche, mißt den Buchstaben ab und meint: ›Naa, des ›B‹ muaß genau drei Santimeter höher sei, sunst kon i's net braucha!‹ ›Ja Herrschaftseitn‹, schäumt der Bäcker, ›des hätten S' mir doch vorher sagn kenna! Wia ko i denn des wissn, wia hoch des Ding sei soll!‹

Valentin antwortet lakonisch: ›Hätten S' mi halt gfragt!‹ Der Bäcker steht kurz vor einem Herzinfarkt, er schreit: ›Sie, Herr! Wissen Sie überhaupts, wos des für an Arbat is zweng so an Glump?!‹

Valentin: ›Des is ja mir Wurscht. Des da kon i net braucha!‹ Der Bäcker knurrt: ›Also gut, drei Santimeter höher.‹ Am nächsten Morgen erscheint Valentin wieder pünktlich, nimmt genau Maß und sagt dann zu dem zitternden Bäcker: ›Na endlich – warum net glei a so?‹

Der Bäcker atmet aus tiefstem Herzen auf, daß er diesen Nörgler jetzt endlich los wird. Er nimmt alle Erziehung zusammen und fragt höflich: ›Darf ich es besonders vorsichtig einpacken oder . . .‹

›Naa, naa‹, meint Valentin, ›is net nötig. I iß a so glei!‹ Steckt das ›B‹ in den Mund und verläßt den Laden.«

Erich Engels, der diese Szene in seinen Erinnerungen »Philosophie am Mistbeet« schilderte, erinnerte sich auch an die zweite Rückblenden-Anekdote des Films:

»Da sieht er eine neue Chance. An der Tür spielt sich nämlich ein Drama ab. Ein anderer Gast, der anscheinend gut gegessen hat, kann seine Zeche nicht bezahlen. Der Oberkellner macht kurzen Prozeß. Er packt den Zechpreller resolut beim Kragen und tritt ihm mit aller Wucht ins Hinterteil, so daß der

Mann durch die Tür auf die Straße fliegt. Womit offenbar das Mittagessen bezahlt ist.

Das merkt sich der ausgehungerte Valentin. Er verlangt vom Ober erneut die Speisekarte, überfliegt genießerisch die reiche Skala der verschiedenen Gerichte und bestellt schließlich eine große Portion Gänsebraten, dazu natürlich eine Maß Bier und als Nachtisch einen Eisbecher ›nach Art des Hauses‹.

Der Ober zerreißt sich jetzt um diesen Gast, der an und für sich absolut nicht sehr wohlhabend aussieht. Nach dem Eis wird noch ein doppelter Kognak bestellt, natürlich ein französischer, dazu eine Havanna-Zigarre und ein Löffelchen Natron. Die Gans war doch ein wenig fett. Erst nach zwei weiteren Maß Bier schaut der Gast gänzlich befriedigt in die Runde.

Inzwischen ist das Lokal fast leer geworden. Valentin nimmt seinen Hut, geht zur Ausgangstür, streckt dem Ober sein Hinterteil entgegen und ruft: ›Ober, zahlen!‹« (Aus: Erich Engels, »Philosophie am Mistbeet«)

Von allen filmischen Arbeiten ist diese die einzige enttäuschende, weil sie sich nicht aufs Szenische, sondern allein aufs rein Anekdotische verläßt. »Da ist nun Valentin unter die Fuchtel eines Drehbuchautors geraten. Es bekommt ihm nicht gerade sehr gut. Die Behandlung durch den Nervenarzt macht ihn gewissermaßen unzurechnungsfähig. Und damit verlieren seine Schrullen an Hintergründigkeit. Zwei Rückblenden: Erst tyrannisiert er einen Bäcker mit einer unsinnigen Spezialbrezelbestellung, dann heckt er eine abgefeimte Zechprellerei aus. Es sind Witze, in denen es bald schalkhaft, bald boshaft aufblitzt. Vor allem die verbiesterte Darstellung hat gutes Valentinsches Gepräge. Aber mögen sie auch originelle Einfälle sein, knappe Witze können nun mal nur Fragmente von Valentins Komödiantenkunst sein. Das Lachen setzt nicht tief genug an.«
(In: Evangelischer Filmbeobachter, 1958; sämtliche Zitate zu *Beim Nervenarzt* zitiert nach: Karl Valentins Filme, herausgegeben von Michael Schulte und Peter Syr, Piper Verlag, München 1978)

Die karierte Weste

Nicht gerade fröhlich, aber verspätet beginnt der Trödler Karl Pechkopf (Karl Valentin) seine Arbeit – begleitet vom Nörgeln seiner Frau. Er staubt ab, reißt ein Kalenderblatt ab, und ein zweites Blatt auch noch: nun zeigt der Kalender ein falsches Datum an, den Tag, an dem die Miete fällig ist. Während sich die Frau (Liesl Karlstadt) um die Zahlung und das letzte Geld Sorgen macht, hat Valentin andere Probleme. Damit man den Kalender vom Schreibpult aus sieht, bringt er gegenüber einen Spiegel an. Dies fällt ihm keineswegs leicht, und bei der Aktion geht auch ein prachtvoller anderer Spiegel an der Rückseite der malträtierten Wand zu Bruch. Dann will die Frau ihrem Mann beibringen, was ein Geschäftsmann ist – der kann einem Kunden auch das Gegenteil des Gewünschten verkaufen. Tatsächlich und überraschend kommt ein potentieller Käufer eines Fracks in den Laden. Doch Valentin will sich bewähren und bietet ihm an Stelle des Fracks eine Klarinette an, preist sie und spielt darauf, als wäre er ein bocksbeiniger Pan. Tobend entfernt sich der Kunde. Den nächsten knöpft sich die Frau vor: der will Pulswärmer haben und bekommt eine karierte Weste angedreht – in der der arme Trödler kurz vorher das letzte Geld deponiert hatte. Hinter der Scheibe der zugesperrten Küchentüre muß er dem Vorgang zusehen, auf sein erschrockenes Gestikulieren hin zieht ihm die Frau auch noch den Vorhang vor der Nase zu – um hinterher kräftig in Ohnmacht zu fallen, woraufhin Valentin gleich einen Teil des vom Lehrbub geholten Essens zurückbringen läßt.

Die karierte Weste zeigt deutlich, wie weit die filmischen Arbeiten mit Valentin absanken, wenn andere die Drehbücher schrieben und sich dabei nur auf einige Einfälle des Komikers stützten, um den Rest selber um diese Einfälle herum als Füllung hinzuzuschreiben. So bleibt Valentins komisches Spiel, an das sich die Kamera in ihren Bewegungen zu klammern scheint; daneben gibt es einige wunderschöne Sentenzen Valentin'scher Logik. Als der Lehrbub die komplizierte Angelegenheit mit dem Spiegel einfach dadurch löst, daß er den Kalender an die Stelle des Spiegels hängt, meint Valentin nur lakonisch: »So geht's auch!« Und seinen rechthaberischern Streit mit seiner Ehefrau beendet er für sich damit, daß er zu ihr sagt: »Du hast eben eine eigene Weltanschauung!« Der Rest dieses Films klebt zu sehr am Anekdotischen, als daß sich Valentins Komik hätte entwickeln und entfalten können.

Beim Rechtsanwalt

Ein Mann (Karl Valentin), der offensichtlich vom Land in die Stadt gereist ist, betritt mit seinem Sohn (seiner Tochter? – Liesl Karlstadt) eine Anwaltskanzlei. »In Sachen Peter Oberbichler?«, will der Bürovorsteher wissen. »Nein, des san meine Sachen«, antwortet Valentin mit Blick auf seine Kleidung und läßt sich in einen Diskurs mit dem Bürokraten ein, in dem er sich beharrlich weigert, auf dessen Hypothesen zur Klärung der Lage einzugehen. Schon der Bürovorsteher hängt dauernd am Telefon und spricht nur nebenbei mit den Klienten; noch schlimmer wird's, als der Anwalt selbst eintrifft und ihm Valentin gerade noch erklären kann, daß er eine Hundelebkuchenfeinbäckerei betreibe und von seinem Stiefneffen Peter reingelegt worden sei. Liesl Karlstadt staunt zwar über den Juristen (»wie gut der telefonieren kann!«), aber dem Valentin wird's zu dumm; verstohlen zückt er seinen Stock gegen das Telefon, aber dann müssen sie sich schon verabschieden, weil ihr Zug bald geht. Sie verabschieden sich, ohne eine Chance zur Diskussion ihres Problems gehabt zu haben. »Wir telefonieren's ihm«, erklärt Valentin.

Beim Rechtsanwalt ist keine Groteske, sondern die nur leicht überspitzte Wiedergabe einer alltäglichen Erfahrung. Herbert Achternbusch: »Und dann habe ich die Wiederentdeckung *Beim Rechtsanwalt* gesehen (mit Ton und zwischendurch ohne Ton), und bei meinem Rechtsanwalt Bossi war es genauso, die ganze Zeit hat er telefoniert und nach Verwandten gefragt, damit er weiß, von wem er das Geld holen kann.«

Valentin wird dabei schon früh nervös. Brief, Hut, Brille und Pfeife fallen ihm der Reihe nach auf den Boden, er rettet sich in eine Diskussion über das Ein- und Danebenstecken eines Briefes in eine Manteltasche, flüchtet sich in Wahnsinnsdialoge und Sentenzen wie »Ein Untüchtiger ist niemals so tüchtig wie ein Tüchtiger«, die zumindest für den Bürovorsteher zu hoch sind und begreift am Ende die Situation doch sehr genau, wenn er erkennt, daß der Weg zum Herrn Anwalt vor allem übers Telefon führt. In diesem Film betreibt Valentin nicht die Destruktion, sondern er beschreibt sie, stellt seinen bäuerlichen Klienten als prädestiniertes Opfer dar, nicht nur des betrügerischen Stiefneffen, sondern auch dieses telefonierenden Justizvertreters und seiner Sprache: »Ich komme nie ins Ausland, d'rum kenne ich diese Ausdrücke nicht!« Aber Valentin gibt dem Rechtssucher eine Chance gegen den Rechtsverkäufer, läßt ihn rechtzeitig weggehen, lernfähig, bereit zur Gegenwehr. Und in seinem Gesicht deutet sich die verschmitzte Klugheit des keineswegs dummen Bauern als Grund zur Hoffnung an.

Beim Rechtsanwalt. Eine Bühnenaufführung – vom Fotographen K. Wolter festgehalten. Hotel Wagner, Wien-München 1935

Schlußszene aus »Beim Rechtsanwalt«

R: Tut mit leid, daß Sie so lange warten mußten. Habe furchtbar viel zu tun. – Eine nette Tochter haben Sie.

V: Ja, solchene hab' ich mehr noch.

R: Ja, wieviel Kinder haben Sie denn?

V: Ja, die und noch a Tochter und noch a Mädel.

R: Also drei Kinder.

V: Naa und noch an Bub. Der g'hört aber an Nachbarn.

R: Also doch nur drei.

V: Ja, des kann ich nicht so g'nau sagn. Ich bin immer in der Arbeit, wissen's!

R: Meine Herrschaften, ich habe die Akten schon durchgearbeitet und kann Ihnen heute schon sagen, daß Ihr Fall äußerst günstig steht.

V: Auweh

R: Wichtig für mich ist nur zu wissen, wann dieser Peter Oberbichler das letzte Mal bei . . . (Telephon klingelt) 'Tschuldigen Sie einen Moment bitte! (hebt den Hörer ab) Ja, bitte schön. – Jawohlja, die Akten liegen im Justizpalast. Jawohl, können jederzeit auf den Namen Hirsekorn abgeholt werden. (legt auf) – Entschuldigense-also, wie war die Sache mit dem Peter?

V: Ja, eines Tages kommt der Peter zu uns. (Telephon klingelt)

R: Entschuldigense bitte – (hebt ab) – ja, hallo. Jawohl, der letzte Termin war vergangenen Mittwoch um 9 Uhr.

K: Wie gut der telephonieren kann, gell!

R: Der neue Termin ist angesetzt worden. Sie bekommen Bescheid. (legt auf) – Also, entschuldigen Sie vielmals, Herr Berger. Also, wie war denn die Sache mit dem Peter Obermeier?

V+K: Oberbichler – Oberbichler.

K: Obermeier kennen wir gar keinen.

R: Ja, wie war den das nun mit dem . . .

V: Ja, des war eines Tags, wia g'sagt – eines Tags geh' ich aus'm Haus und schau. der Peter . . .

K: D'Mutter war nicht daheim . . . (Telephon klingelt)

R: Ja, Entschuldigung bitte. – Moment mal bitte. – (hebt ab) – Ja, hallo? Ah, Frau Oputh, jawohl. – Aber gnädige Frau, ich kann ja nichts unternehmen, bevor ich nicht die Akten habe.

K: Jetzt telephoniert er scho wieder.

R: Selbstverständlich bekommen Sie Bescheid. – Jawohl – bitte schön. – (legt auf) – Also entschuldigen Sie, – also, dieser Peter Oberbichler, der war nämlich bei uns hier im Büro und behauptet, daß nicht er, sondern Sie . . .

V: Was, der war scho moi . . .

K: Sie, wann war'n der da? (Telephon klingelt)

R: Augenblick ja, Augenblick ja. – (hebt ab) – Hallo

V: Jetzt telephoniert der scho wieder.

R: Ja, falsch verbunden. 067 bitte. Nein, 067 – ja. (legt auf) Entschuldigen Sie vielmals, Herr Berger. Nun mal ganz in Ruhe, Herr Berger. Wie war die Sache mit dem Peter?

K: Ja, wenn der Peter scho bei Ihnen war, dann . . . (Telephon klingelt)

V: (steht auf, will mit dem Stock auf das Telephon schlagen) Ja, der Sappramemt, Sappramemt . . .

R: Moment, Herr Berger. Augenblick – hallo . . .

V: Jetzt hau' i des Telephon z'samm. Da werd oiwei telephoniert

K: Jetzt müaß ma geh'n. Wir müssen doch noch in die Apotheke und Stuhlzäpfchen kaufen für die Großmutter. Komm, komm! Sie, Sie, unser Zug . . .

R: (ins Telephon) Das geht nicht!

K: Der geht schon!

V: Der geht schon!

K: Jetzt komm, jetzt geh' ma!

R: Moment, Moment, bleim Sie doch noch einen Augenblick hier, meine Herrschaften! – (ins Telephon) Augenblick, Herr Fonsel, – bleib'n Sie doch noch hier, meine Herrschaften, Moment bloß!

V: Wir müaß'n ja geh'n. Unser Zug geht.

K: Komm, Vadda!

R: Nehm'se doch noch'n Moment Platz, Sie kommen gleich dran!

V: Na, mir komma net dran, des hamma g'sehn. Sie telephonier'n immer die ganze Zeit.

R: Aber Sie kommen bestimmt gleich dran, nehmen Sie Platz.

V: Naa, mir kommen net dran. Wissen's was? Mir machen's so wie die andern. – Mir telephonieren's Ihnen.

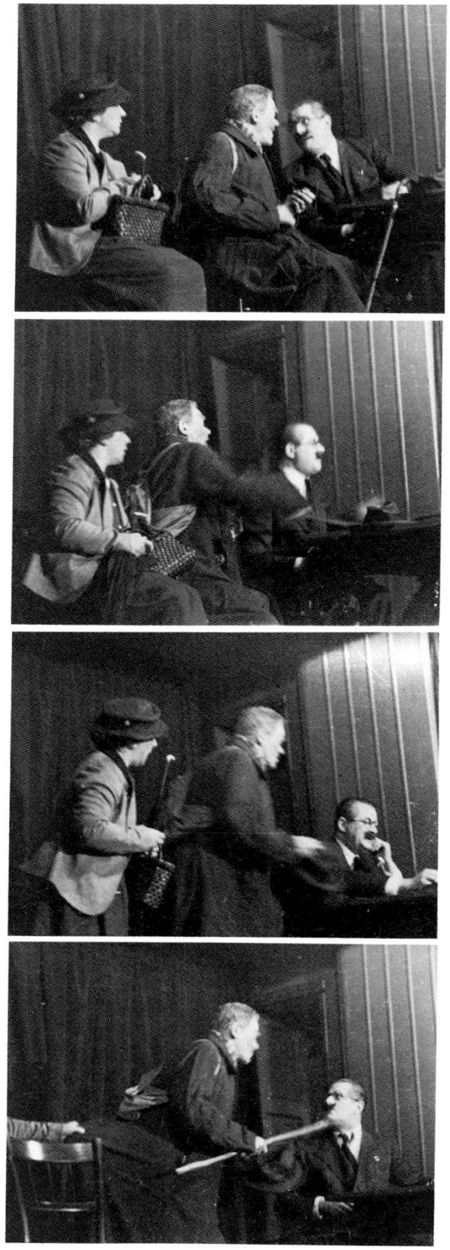

Beim Rechtsanwalt. Aufführung im Hotel Wagner, Wien-München 1935 (Fotos: Wolter)

Musik zu Zweien (Die verhexten Notenständer)

Mit einem Fagott in der Hand schiebt sich Valentin von hinten in den Raum einer Bühne, auf der ein paar Revue-Girls proben. Die Gesten des Direktors, er solle verschwinden, mißversteht er lässig als Aufforderung zum Tanz. Schließlich erklärt Valentin, daß er einen Kollegen erwarte, mit dem er sich hier

bewerben möchte. Liesl Karlstadt kommt mit einer Klarinette, und bevor der Direktor das Duo abwimmeln kann, verwandelt ein Schnitt die beiden in weiß geschminkte Clowns. »Wir beginnen mit dem Anfang«, so kündigen sie ihr Duett an, doch dann verstricken sie sich in einen heillosen Disput über die erste und zweite Stimme, bis der ungeduldige Direktor Noten bringen läßt, kleine für die Klarinette, große fürs Fagott, die sie sich gegenseitig auf den Rücken binden, damit »einer dem andern hint neinschauen kann«. Rettung versprechen die Notenständer, doch die ersten sind der Karlstadt zu groß und dem Valentin zu klein; der zweite wächst ihnen unversehens über den Kopf und sinkt wieder zusammen, der dritte schleudert das Pult zur Decke, der vierte dreht sich jäh um neunzig Grad, erst der letzte hält durch und verbeugt sich gemeinsam mit dem

Liesl Karlstadt und Karl Valentin in *Die verhexten Notenständer*. Filmfassung

Duo zum Applaus für das Duett, das »anläßlich des Einzugs Kaiser Ferdinands XXIII. im Jahre 1325 nachträglich zum Vortrag« gebracht wurde.

Der gegenüber dem Bühnenstück *Die verhexten Notenständer* bis dahin nur unwesentlich variierte Film fügt einen neuen Nachtrag hinzu: Valentin und Karlstadt sitzen in einer Gaststätte und teilen sich zwei Würstchen als klägliche Mahlzeit. Natürlich verzichtet er (wie in *Der Theaterbesuch*) nicht auf einen exakten Längenvergleich, um für sich das größere zu reklamieren. Der Direktor, so erzählen die beiden, hat sie nicht engagiert, sondern an ihrer Stelle zwei

Bühnenaufführung im Kabarett der Komiker in Berlin 1930

leibhaftige Affen ins Programm genommen. Am Nachbartisch beschwert sich ein Gast über eine Fliege im Essen und bekommt sofort ein neues Menü serviert. Valentin spricht den erfolgreichen Gast an: »Verzeihen Sie, ist die Fliege frei?«

Schließt man von den Motiven dieses Films (und einiger seiner anderen) auf die Künstlerbiographie Valentins, dann muß sie von zahlreichen Enttäuschungen und Niederlagen geprägt worden sein; nicht nur, daß hier der Boss einer Bühne dem Komikerpaar sogar zwei Affen vorzieht, nein, schlimmer noch ist der Hunger – ein Motiv, das in den Arbeiten des spindeldürren (angeblich aber auch überaus heiklen) Valentin auffallend regelmäßig wiederkehrt. Auch wenn keine Klasse ihn zu Recht für sich reklamieren dürfte, ihn, der wie ein erratischer Block unbekannter Herkunft in der Landschaft der Münchner Volkskomödianten aufgetaucht ist und insgeheim wohl doch von Chaplin und Keaton mehr gelernt hat als von all den polternden bayrischen Lachkanonen, so stand er doch mit seinem Werk wie mit seiner persönlichen politischen Haltung nie auf der Seite der Bonzen. Der Kampf mit Direktoren und anderen Arbeitgebern durchzieht seine Stücke und Filme.

Daß Valentin in *Musik zu Zweien* noch diesen Niederlagen-Epilog angefügt hat, wo er doch vorher schon nicht nur einen ekligen Theaterchef, einen tückischen Bühnenmeister und die hinterlistigen Notenständer als Gegner hatte, mag ihm auch sein Instinkt angeraten haben: das Eigenleben der Notenständer, nur halbwegs als Intrige des Bühnenmeisters aufgeklärt, muß im Theater weit überraschender und frappierender gewirkt haben als auf der Leinwand, da hier der Zuschauer ganz andere Möglichkeiten des Tricks voraussetzt. Den Bühnengag, wo sich der Notenständer dem abgehenden Valentin gleitend anschloß, hat er weggelassen, um anekdotisch noch eine Steigerung zu finden, die ihrerseits einen konkreten Anlaß hat: die Bühnenaufführung: »Nach der dritten Vorstellung fragte ich Frau Direktor: ›Na, was sagen S' zu unserm Erfolg? Seit drei Tagen immer vollbesetzt und lauter gutes Publikum!‹ – ›Ja, Sie glauben 's nicht‹, erwiderte die Gnädige, ›nach der Vorstellung sagen die Leut allgemein, daß das Essen, besonders der Nierenbraten, bei uns so guat ist wie sonst nirgends.‹ Da hab ich sie gefragt: ›Warum stellen S' nachher kein Nierenbraten auf die Bühne, Frau Direktor?‹«

unten: »Verzeihen Sie, ist die Fliege frei?«

Ein verhängnisvolles Geigensolo

Karl Valentin tritt als großer Geigenvirtuose auf, mit lang fallenden Künstlerhaaren, konzentriert, vergeistigt, mit dem Aussehen Paganinis. Er will »Am Meer« spielen, von »Schuckert«. Beim ersten fälligen Einsatz entdeckt er, daß er noch gar kein Instrument in der Hand hat; zunächst muß überhaupt erst der Schlüssel für den Geigenkasten gefunden werden. Nach langen Schwierigkeiten könnte er endlich beginnen, doch gleich kommt ein Gerichtsvollzieher und will ihm die Violine wegpfänden, weil er mit den Zahlungen von Alimenten im Rückstand sei. Der Virtuose ist erstaunt, daß die Dame namens Marie Kuhberger noch lebt. Im Streit geht das Instrument in Trümmer, das Solo kann nicht stattfinden, obwohl es nun, wie der Musiker bei seinem Abgang meint, gerade so schön gegangen wäre.

Wie die meisten Valentin-Filme, in denen er ein Instrument spielt, handelt auch dieser weniger von Musik als von ihrer Verhinderung. (Wird sie nicht verhindert, wie in *Der Zithervirtuose,* dann entwickelt sich daraus erst recht eine Katastrophe!). Valentin macht die Kunst zu seinem Opfer – und wird hier seinerseits zum Opfer ökonomischer Verhältnisse. Das hat für einen Künstler, wie er einer war, vermutlich eine schmerzhaft erfahrene Folgerichtigkeit, bitter wie das Nachspiel von *Die verhexten Notenständer,* wo sich das Musiker-Duo darüber beklagen muß, daß sie ihr mögliches Engagement buchstäblich an zwei Affen verloren haben.

Das verhängnisvolle Geigensolo zeigt auch den Filmschauspieler Karl Valentin in einem seiner schönsten und größten Auftritte vor der Kamera. »Er tritt auf, verbeugt sich, mit einer scheuen Sicherheit; die großen Hände aus den zu kurzen Jackenärmeln rudern hilflos, verstecken sich am Rücken, kommen wieder nach vorn; wieder verbeugt sich die fadendünne Gestalt, und das Gesicht verschwimmt in äußerster Verlegenheit; die Augen ringen gewissermaßen die Hände in Verzweiflung und wissen nicht worüber. Der Virtuose hat seine Geige vergessen und hat auch dieses vergessen: nur ganz verschwommen ahnt er, daß er hier was soll; und erst im äußersten Moment des Ertrinkens erinnert er sich, stürzt hinab und holt den Geigenkasten. Aber das Schicksal rollt tückisch, wie es begonnen, weiter.«
(Aus: Franz Blei, Das große Bestiarium, München 1963. Zitiert nach Film 1976, Fundsachen I, herausgegeben vom Münchner Filmzentrum – Freunde des Münchner Filmmuseums e.V., Redaktion Ulrich Kurowski).

Straßenmusik

Das Lustspiel von Hans Deppe, nach einem Bühnenstück von Paul Schurek, hat Valentin zu Dreharbeiten nach Berlin gezwungen. Dabei spielt er in der Geschichte von drei armen Straßenmusikanten nur eine kleine Chargenrolle als »Kürassier-Otto«; mit einer Kombination aus simultan gespielten Instrumenten, die an sein altes »Orchestrion« erinnern, und mit Liesl Karlstadt als Sängerin, stapft er traurig durch die Reichshauptstadt, obwohl ihn der Regisseur beim Tingeln mehr Münzen einsammeln läßt als das konkurrierende Trio, dessen Weg ins Establishment er sich indes am Ende anschließen darf. Valentins Auftritt in diesem Film ist tatsächlich ein Trauerspiel – und der deutlichste Beleg dafür, wie man ihn und seine Fähigkeiten verheizt und verschleudert hätte – hätte er sich nicht fast ausnahmslos an seine eigenen Texte und Szenen gehalten. Spaß hat ihm *Straßenmusik* ganz offensichtlich nicht bereitet.

Als »Kürassier-Otto« in *Straßenmusik,* 1936

Donner, Blitz und Sonnenschein

Donner, Blitz und Sonnenschein ist in einigen Motiven ein Remake von *Der Sonderling,* jedoch angesiedelt im Bereich des Heimatfilms. In beiden Filmen gibt ein in einem Kleidungsstück vergessener Hundertmarkschein Anlaß zu Verwechslungen, in beiden muß Valentin für kurze Zeit ins Gefängnis und in beiden spielt er einen Schneider. Wohl ist er inzwischen zum Meister avanciert, ihm und seiner Familie geht es aber noch schlechter als dem armen Gehilfen in *Der Sonderling.* Er ist an den reichen Bürgermeister verschuldet, und dieser droht die gerichtliche Versteigerung des Hauses an, wenn er nicht bezahlen kann. Dieses Schicksal scheint unabwendbar, Valentin läßt es tatenlos auf sich zukommen.

Im Gemeinderat, wo die Erschließung von Heilquellen für den Fremdenverkehr diskutiert werden soll, stellt sich Valentin in die Position dessen, der nichts zu verlieren hat: »I protestier, aus Grundsatz!« Als er abgewiesen wird: »Dann protestier i, daß i net protestieren darf.« Am Vorabend des Termins der fälligen Schuld betrinkt sich der Schneidermeister sinnlos. Seine Antwort auf seine Misere ist nur untätiges Abwarten und ohnmächtiges Schimpfen und Fluchen.

Ein durchfahrender Tanzlehrer, selbst eine sehr heruntergekommene Figur, schenkt der Familie des Schneiders, von deren Elend gerührt, einen Hundertmarkschein, den er gerade in seiner Rocktasche gefunden hat. Später stellt sich heraus, daß es der verlorene Geldschein des Bürgermeisters ist. Vorerst ist die Schuld bezahlt. Neue Komplikationen ergeben sich, als auf dem Grundstück des Schneiders Wasser mit Eisengehalt vermutet wird, der Bürgermeister den Grund kauft und dann wieder verkauft, als dieser sich als angeblich wertlos erweist. Zuletzt ist der reiche Bürgermeister der Betrogene und Valentin mit Geld gesegnet. »Jetzt sind ma übern Berg«, jubelt Liesl Karlstadt. »Jetzt gehts bergab«, ergänzt Valentin und setzt damit gleichsam Distanz zur kitschig-optimistischen Handlung der derben Posse. Durch solche Dementierung eines konventionell aufbereiteten Stoffes vermag Valentin noch dem simpelsten Lustspiel kritische Momente aufzusetzen, was auch seine wenigen schwächeren Filme noch bemerkenswert macht.

(Hans Scheugl, Ernst Schmidt in: Film 1/1968, Friedrich Verlag, Velber)

Die Erbschaft

»Wenn Valentin und Liesl Karlstadt eine Wohnung haben (im Jahr 1936 im Film *Die Erbschaft*) so ist die Lage aussichtslos. Blickt man hinaus – aus dem Dachfenster – sieht man eine Wand oder einen Himmel, keine Hinterhofromantik taucht auf. Zu beobachten ist, was nicht zu sehen ist. – Es soll nichts zu sehen sein. Dennoch wird das Fenster zum Ort der Hoffnung.

Die Lage ist verzweifelt, alles ist gepfändet. Es herrscht bittere Armut. Doch es soll noch schlimmer kommen! Der Gerichtsvollzieher wird angekündigt. In der Wohnung gibt es nur ein pfändbares Möbelstück: das Nachtkästchen. Valentin versucht, es zu retten. Was nun folgt ist typisch Valentin (man kann sagen valentinesk). Die einzige Möglichkeit, das Kästchen zu retten: ›aus dem Fenster hängen‹. Der Gerichtsvollzieher tritt just in dem Moment ins Zimmer, als der Valentin noch mit dem Abseilen beschäftigt ist. Valentin ist gezwungen, sich umzudrehen, und mit dem Seil im Rücken mit dem Gerichtsvollzieher zu verhandeln. Dieser merkt nichts, obwohl ihn der herumhampelnde Valentin erstaunt und der Zuschauer um den verzweifelten Kampf des am offenen Fenster stehenden Valentin weiß. Nach langem Verhandeln wird der Gerichtsvollzieher überzeugt: es gibt nichts zu pfänden.

Das Nachtkästchen ist gerettet. In diesem Augenblick rutscht dem Valentin das Seil aus den Händen und das Nachtkästchen fällt die letzten paar Meter aufs Pflaster, wo es in seine Bestandteile zerbricht. Alles was übrig bleibt ist ein Haufen Bretter. Der Hausmeister steht schon bereit mit der Axt. So hatte die Sache auch sein Gutes: es gibt Brennholz. Valentin spielt hier mit der ›Hoffnung‹ und ›Verzweiflung‹. Die einzigen Aussichten, die sich mit dem Fenster verknüpfen, bestehen in der Möglichkeit, etwas vor demjenigen zu verbergen, der die absolute Macht hat, in das Innerste einzudringen und in Beschlag zu nehmen. Aber im Moment der erreichten Hoffnung, erweist sich alles als umsonst. Und: als alles umsonst war, bleibt wenigstens das Brennholz. Es ist die Verzweiflung, mit der man leben muß und Valentin bringt uns zum Lachen darüber.

Man erkennt sich selbst in den Anstrengungen und der Strenge, die darin liegt, aber sie wird leicht, durch Lachen gelöst. Später fragt die Liesl den Karl, ob er den Herrn Klein gesehen habe und Valentin antwortet darauf: ›Der Herr Klein, gestern hat er noch gelebt.‹

Kein Wunder, daß der Film verboten wurde, 1936 in Deutschland, mit der Begründung: Elendstendenzen.«
(Jürgen Bergs in: Fundsachen 2, herausgegeben vom Münchner Filmzentrum – Freunde des Münchner Filmmuseums e.V., Redaktion Ulrich Kurowski)

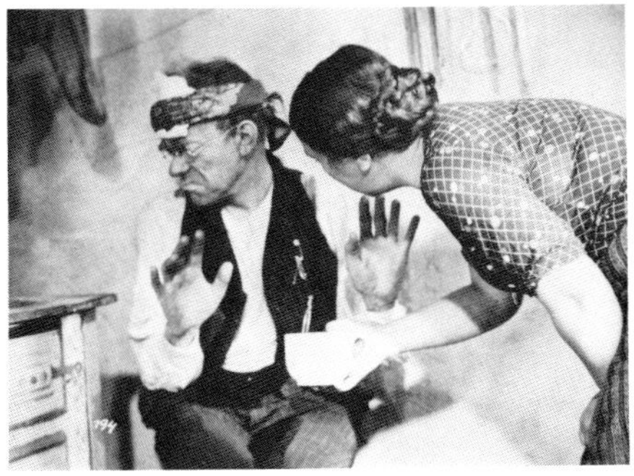

»Es gibt noch Entdeckungen. Eine der erstaunlichsten – in der letzten Zeit und für die deutsche Filmgeschichte – ist ›Die Erbschaft‹ aus dem Jahr 1936, mit Valentin/Karlstadt, Regie und Buch nach einer Idee von Valentin: Jacob Geis. Der Kurzfilm wurde im Dritten Reich wegen ›Elendstendenzen‹ unterdrückt und erlebte seine Uraufführung erst 1976. Für mich ist er der beste Valentin-Film.

Der Nihilismus wird auf die Spitze getrieben. Die armselige Wohnung ist leer. Valentin/Karlstadt bleibt nur noch der Fußboden. Die Karlstadt rät dem Lumpen- und Alte-Zeitungssammler, möglichst ausländische Blätter zu sammeln, weil die größer und dicker seien. Der Hausmeister ist so gezeichnet, daß einem nur das Wort Blockwart einfällt. Es gibt Sprüche wie ›Leute gibts *heute*‹ und ›Ha, Glück muß man *heut* haben‹. Ein blinder Bettler nimmt die schwarze Brille ab und kann plötzlich sehen. Als wären wir in ›M‹ von Fritz Lang. (. . .)

Jacob Geis, der Funktionalist und Jacob Geis, der grantlerische, linksdenkerische, selbstanklägerische Bayer – die Zusammenarbeit mit dem anderen Bayern, mit Valentin, mußte glücklich werden. ›Die Erbschaft‹ ist auch technisch bemerkenswert. Die Kamera steht zuweilen sehr weit von den Vorgängen, erfaßt Räume und Straßenzüge, Einstellungen, wie wir sie aus jener Zeit eigentlich nur bei Renoir kennen. Schade, daß ›Die Erbschaft‹ der einzige Film ist, für den Jacob Geis selbständig als Regisseur zeichnete.«

(Ulrich Kurowski in: Fundsachen 2, a.a.O.)

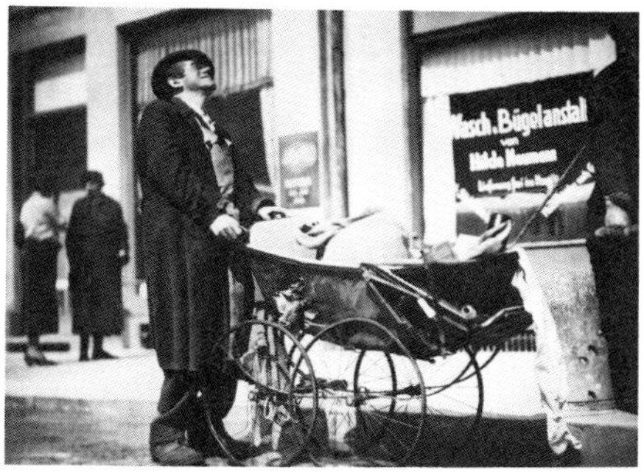

Der Antennendraht (Im Senderaum)

Liesl Karlstadt betätigt sich in einem Senderaum als Moderatorin, bedient den Plattenspieler und spricht eine Absage. Inzwischen hat Karl Valentin auf der Suche nach 25 Meter Antennendraht für seinen bastelnden Freund den Pförtner des Senders abgeschüttelt und betritt den Senderaum. Daß er dort nicht rein dürfte, interessiert ihn überhaupt nicht; sofort entdeckt er eine Drahtrolle und verwickelt die Karlstadt in einen Disput, bei dem er hartnäckig und unbelehrbar den Unterschied zwischen »Sendung« und »Versand« negiert, um zu seinem Draht zu kommen. Weil gleichzeitig der Inspizient verschwunden ist, spannt die Karlstadt den fehlgeleiteten Kunden als Geräuschemacher ein: Valentin soll »eine Kleinigkeit am Tisch machen«, was er zunächst irritiert ablehnt, bis er begreift, daß es sich dabei um die akustische Illustration einer Rezitation von Schillers »Die Glocke« handelt. Beruhte die Komik der Szene bis dahin vor allem auf den verbalen Gags des vertrackten Dialogs, so ändert sich dies schlagartig mit dem Eintreffen des Hofschauspielers. Valentin, der nun die Funktion des Sendemikrophons unerwartet anerkennt, beginnt einen hinreißenden pantomimischen Gesprächsversuch mit dem vor Seriosität und Feierlichkeit strotzenden Schauspieler, um anschließend seinen aufgeplusterten Gedicht-Vortrag systematisch mit Geräuschen zu sabotieren. Mit der Sicherheit eines Schlafwandlers produziert er souverän die haarscharf falsche Untermalung und hat am unweigerlichen Mißbrauch der aufgebauten Geräusch-Geräte (die ohnehin hier keine sinnvolle Anwendung finden können) seinen diebisch geheimgehaltenen Spaß. Zum Auftakt schlägt er gleich einmal die Glocke an, murmelt auf das Stichwort »volksbelebt« »Rhabarberrhabarber . . .« in Richtung Mikro, schüttet zu »Regen« Wasser aus einem Maßkrug in einen Eimer, läßt Vögel pfeifen, kleine und große Winde heulen, Holz knacken, Fenster klirren, schreit im Falsett »Mammaa, Mammaa« zur Textstelle »Kinder jammern«, wirft Blecheimer über die Bühne, während der Rezitator von der Karlstadt längst mit vorgehaltener Pistole zum Weitersprechen gezwungen werden muß. Schließlich hat Valentin eine Sirene so heftig in Gang gebracht, daß vom Text der »Glocke« kein Wort mehr zu verstehen ist und die Sendung abgebrochen wird – »weil der Inspizient verrückt geworden ist«, wie die Karlstadt den Hörern mitteilt.

Obwohl Valentin dieses Chaos scheinbar absichtslos anrichtet, läßt er an der Freude über die Destruktion nicht den geringsten Zweifel aufkommen, zumal der Gedicht-Vortrag in seinem gestelzten Pathos keineswegs weniger lächerlich abläuft als die untermalenden Geräusche. Die Kombination freilich ergibt die Summe der Lächerlichkeit: eine vom Rundfunk praktizierte Vorstellung von Kultur, die sich eben auch darin als Unkultur bloßstellt, daß dem Schiller'schen oben: *Nur nicht drängeln* (Sparfilm II) 1937 oder 1938

unten: *Selbst Valentin macht mit* (Sparfilm I) 1937 oder 1938

Text voller Mißtrauen mit der Additon von Geräuschen zum akustischen Leben verholfen werden soll. In diesem Film ist Valentin nicht nur der tüftelnde Bastler, der mit der Zweckentfremdung von Objekten komische Wirkungen erzielt – und als Ignorant, der unfreiwillig alles falsch machen würde, darf man ihn schon gar nicht sehen. Valentin geht hier konsequent anarchisch gegen eine offizielle Manifestation von Kultur vor, gegen alle falschen Töne setzt er entlarvend seine eigenen falschen ein, die dann eben doch durch ihre zerstörerische Kraft zu den richtigen werden. Daß die Nazis gegen diesen Film einschritten, zeigt eigentlich nur, daß sie ihn besser verstanden haben als viele Zuschauer von heute, die darin nur ein harmloses Gaudium sehen.

Selbst Valentin macht mit. Und: Nur nicht drängeln (Sparfilm I + II)

Selbst Valentin mußte mitmachen bei der Werbung für die Deutschen Sparkassen, in deren Auftrag die beiden kurzen Szenen entstanden. In der ersten verwickelt er als bieder dreinblickender Ehemann seine Gemahlin (Liesl Karlstadt) in einen Dialog, bei dem er Rechenschaft über den Verbleib seines Geldes ablegen muß und die Frau mit der Abkürzung SP verunsichert. Mißtrauisch wird sie, als sie das Buchungszeichen SP weder als Spinat noch als Spargel dechiffrieren kann und Valentin den Argwohn mit Sätzen wie »was ich übrig hab, geb ich halt ihr« oder »freu'n tu ich mich, da gehen ja mehr hin« zu steigern versucht – während der Zuschauer natürlich längst weiß, worum es dabei geht. In *Nur nicht drängeln* steht Valentin mit steifem Kragen ziemlich seriös aussehend vor einem Bankschalter; eine Drängelei entsteht, der Karlstadt fällt die Tasche runter, ein Chaos entsteht, das damit endet, daß Valentin über den Vorteil von Zinsen und Sparkonten aufgeklärt wird. Die Werbefilme enden zeitgemäß: mit einer Apotheose des Sparbuchs.

Irgendwie hat man bei diesen beiden kurzen Szenen schon den Eindruck, als würden sich Valentin und seine Partnerin Mühe geben wollen – schon allein deswegen, weil andernfalls das Produkt noch ärger werden müßte. Die beiden Episoden ließen ihnen jedoch keine Chance, wirklich komisch zu sein; auch die Regie begnügt sich mit der puren Erfüllung des Werbeauftrags; daß Valentin dabei nicht gerade in Hochform kommt, ist logisch. Wie sehr er sich aber in beiden Filmen zum Biedermann hat machen lassen, das tut heute beim Zuschauen richtig weh; eine richtige Wut bekommt man hinterher. Was Chaplin in *Limelight* nur furchtsam beschworen hat, ist Valentin in anderer Form tatsächlich zugefügt worden.

In der Apotheke

Die Szene ist nicht mehr als eine auch von Valentin ohne große Lust gespielte Filmversion eines Textes, der zum Lesen oder Anhören verfaßt wurde. Valentin betritt eine Apotheke, um für sein Kind eine Arznei zu kaufen. Weil er kein Rezept hat, kann er sich auch an den Namen des Medikaments nicht erinnern; komisch ist, wie er den Mangel an Kommunikation mit dem sechs Monate alten Kind beschreibt. Am Ende fällt der Apothekerin auf das Stichwort Beruhigungsmittel die Bezeichnung der gesuchten Arznei ein: Isopropilprophemilbarbitursauresphenildimethildimenthylaminophirazolon.

Mehr als die Parodie monströser medizinischer Wortgebilde hat dieser Film kaum zu bieten. Karl Valentin wäre ein anderer Abschied vom Kino zu wünschen gewesen – aber vielleicht ist dieser der wahrhaftigste für einen Filmbetrieb, der ihn letzten Endes zeitlebens vernachlässigt und verkannt hat.

Die Fragmente

Am Beginn von Valentins Filmen steht ein kurzes Happy-End – eine Szene, die er vor der Kamera nie mehr wiederholt hat: ein Kuß. Man sieht ihn in Frack und Zylinder auftreten, er sieht aus wie ein Brautwerber. Die Umworbene (Liesl Karlstadt, die Valentin 1910 kennengelernt hat) scheint als Hausmädchen zu arbeiten; sie trägt ein weißes Schürzchen und einen Staubwedel wie Insignien ihres Reichs. Valentin flirtet, sie setzt sich auf einen Stuhl, er beugt sich über sie, er küßt sie. Nie wieder hat man ihn so gesehen auf der Leinwand; obwohl – oder weil – er in seinen Filmen fast ausnahmslos Liesl Karlstadt als Partnerin bei sich hatte, verzichtet Valentin von nun an auf das Motiv des erotischen Jagdfiebers, ohne das beispielsweise viele Arbeiten von Chaplin nicht denkbar wären. Bezeichnend auch, daß sich Valentin mit vielen seiner Masken ein Alter zuweist, das ihn vom Interesse am anderen Geschlecht weitgehend befreit. Die wohl eher zufällig, in der Art von Amateurfilmen entstandene Folge von Einstellungen ist unter dem Titel *Karl Valentin privat und im Atelier* aneinandergeschnitten. Man sieht Valentin in einem Zimmer oder sehr engen Studio einen Turm aus zwei Tischen und einem Stuhl bauen, irgendein Glas draufstellen, das dann herunterkippt. Er sägt an einem Stuhlbein herum, er probt und tüftelt kurze Augenblicke lang an irgendwelchen Nummern, eine heißt, lt. Zwischentitel, »Der Einbrecher«. Man sieht Valentin mit Frau und Tochter, dann zusammen mit seiner Mutter und einem Karl Flemisch: ein munteres Trio, Valentin im Dandy-Look lacht, stubst, provoziert, und einige spielerisch

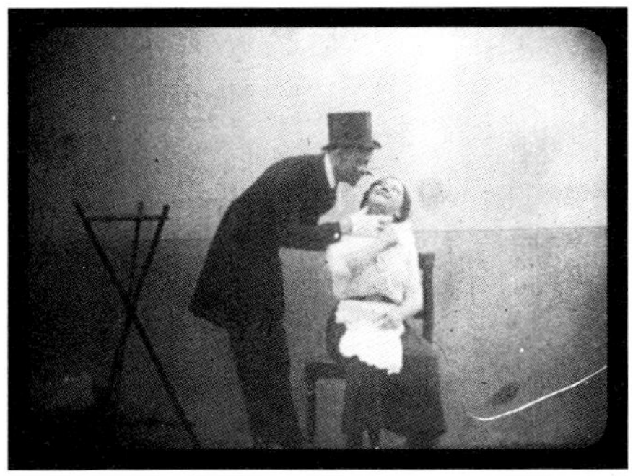

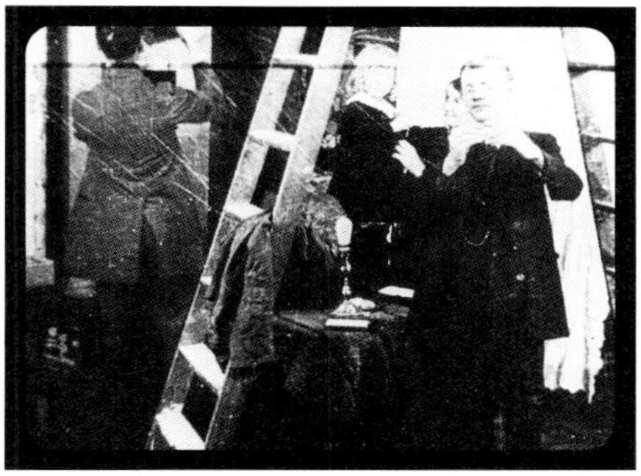

Valentin mit Frau, Tochter und Otto Wenninger. Probe im eigenen Film-Atelier zu *Der Einbrecher*

links: *Der Kuß*, 1913

links: Karl Valentin in seinem eigenen Film-Atelier am Platzl. Eine Filmprobe, aufgenommen mit *einer* Jupiterlampe, 1914

unten: *Mit dem Fremdenwagen durch München*

unten rechts: *Der Feuerwehrtrompeter*

verabreichte Ohrfeigen machen die Runde. Dann Valentin im Stil eines Unternehmers, mit Anzug und Melone, die Hände in den Hosentaschen, wie er vor seinem Häuschen (in Planegg) spazieren geht und seine Blicke durch den eher ungepflegten Garten schweifen läßt. Die Zusammenstellung endet – auch dies verstärkt den Eindruck eines nicht zur Veröffentlichung gedrehten Amateurfilms – mit einer Nahaufnahme von Valentins Hund »Bobsi«; der Köter kläfft, beruhigt sich wieder, fängt wieder an, hört auf, offensichtlich von jemand hinter der Kamera provoziert. Und so geht das einige Zeit weiter.

Mit dem Fremdenwagen durch München war vermutlich eine Rahmenhandlung für einen Lichtbildervortrag über Münchens Sehenswürdigkeiten. Der Vorspann stellt als »1. Erklärer« Herrn Karl Valentin vor, als »2. Erklärer« Herrn (!) Liesl Karlstadt. Man sieht sie kurz einen Cabriolet-Bus besteigen und davonfahren; der zweite Teil zeigt das Duo nach der Rückkehr mit dem Chauffeur. Alle drei leeren auf einen Zug eine Maß dunkles Bier. Herrlich sind die kleinen Porträtstudien von *Karl Valentin* und *Liesl Karlstadt*. Em Ende zieht Valentin mit Hilfe seiner Hände eine fürchterliche Grimasse, um anschließend ganz fein und sanft zu lächeln.

Der Feuerwehrtrompeter ist wahrscheinlich ein stummes, ungeschliffenes Muster eines Films, der schon für die Vorführung mit Ton bestimmt war. Valentin bläst die Trompete, gekleidet als bärtiger, klappriger Feuerwehrmann der Jahrhundertwende; er hält einen langen tonlosen Monolog und schaut durch das Instrument, als wäre es ein Fernrohr. Auch wenn man kein Wort hört: Gott schütze uns vor Feuersbrünsten und einem Feuerwehrmann wie diesem!

Ein nicht identifiziertes *Fragment von 1936* zeigt Valentin, wie er im Frack würdevoll hin- und herschreitet. Der kleine Ausschnitt *Die Nacht der Amazonen* (aus dem Kulturfilm *München 1938*) läßt Valentin als Gast eines Nachtlokals einen kleinen verbalen Spaß treiben – mehr nicht.

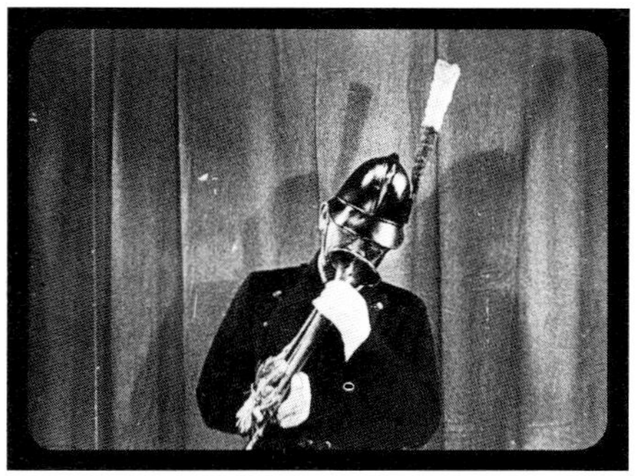

Kommentar zur Filmographie von Karl Valentin

Nach dem derzeitigen Stand der Valentinforschung sind 37 Filmdokumente mit Karl Valentin erhalten; davon sind selbst bei großzügiger Beurteilung allenfalls 26 »Valentinfilme«, d. h. Filme, in denen sich Valentin in seinen Wesenszügen als Kunstfigur adäquat ausdrücken kann. Diese Filme, überwiegend Kurzfilme, stellen heute das filmische Werk von Karl Valentin dar. Fünf erhaltene Filme sind Filme mit Karl Valentin als marginale Erscheinung oder als komische Type, die restigen sechs Filmdokumente sind Filmschnipsel, teils von privatem Charakter, teils Fragmente. Dem stehen, soweit man das überblicken kann, ca. 25 verlorene Filme gegenüber.

Das Schicksal des filmischen Werks von Karl Valentin ist aber wesentlich verwickelter als es diese bloßen Zahlen ahnen lassen. Feststeht, daß Valentin selbst von Anfang seiner Karriere an (etwa seit 1912) ein Kinofanatiker war, dessen Filmarbeiten in keinem Verhältnis zu seinem Interesse am Kino stehen. Einmal, wie wir aus den Erinnerungen von Hitlers Leibfotographen Heinrich Hoffmann wissen, war er sogar bereit, seine geliebte Sammlung von Kitschpostkarten und Altmünchner Ansichten dem Hitler für 100000 Mark zu verkaufen, um einen Film machen zu können; aber der wollte ihm das Geld nur geben, wenn er ausdrücklich versichere, damit keinen Film zu machen!

Die Verbreitung dessen, was Valentin macht, über ein Massenmedium, war speziell in den 30er Jahren zusehends unerwünscht. Valentin wurde direkt und indirekt allein fünfmal von Zensurmaßnahmen betroffen. Sein Film *Die Erbschaft*/1936 erhielt ein Totalverbot wegen Elendstendenzen, Jugendverbot erhielten die Filme *Straßenmusik*/1936, *Der Geizhals*/1934 und *Der Firmling*/1934 (sic!). Der Film *München 1938,* in dem Valentin einen kleinen Auftritt hat, wurde verboten, vermutlich, da in diesem Film – zurecht, und wie zurecht! – die Rolle Hitlers als großer Bauherr des neuen München unterschlagen wurde: »Am 24. Mai 1939 war Premiere des Films im Phöbus-Palast . . . Niemand, auch der Festredner, Oberbürgermeister Fiehler, nicht, konnte ahnen, daß Hans Schweikart, der künstlerische Leiter der Bavaria-Filmkunst, ein Telegramm aus Berlin in der Tasche hatte, das die Aufführung des Films verbot! . . . Die Premiere des München-Films war zugleich sein Finale gewesen. Einige Tage später hieß es, Hitler höchstpersönlich wünsche keine weitere Aufführung. Eine Begründung wurde nicht gegeben. Man kann sie nur vermuten: Im Film folgte dem bekannten Königswort Ludwigs I.: ›Ich will aus München eine Stadt machen, daß keiner sagen kann, er kenne Deutschland, wenn er München nicht gesehen hat‹, eine eindrucksvolle Schnittfolge der

Aber, daß ein Mensch, der bereits das Diesseits verlassen hat, nicht nur im Jenseits, sondern auch im Diesseits und nicht nur seelisch, sondern genau wie er gelebt hat, weiterlebt, habe ich erst im Kino in einem älteren Film gesehen, in welchem ein vor Jahren verstorbener Filmschauspieler seine Rolle heute noch spielt. Es gibt also in unserer Gegenwart zwei Weiterleben nach dem Tode: eines im Jenseits, und eines im Kino.

(Valentin: Im Jenseits)

Vor Geiselgasteig – steht der Valentin
er steht vor den Toren – selten war er drin.
Er hätte so gute Filmideen – doch woll'n die Herrn ihn nicht verstehn,
trotzdem er arisch ist – trotzdem er arisch ist.

* * *

Was Valentin nicht filmen will, sind:
Bayrische Filme – Schuhplattlergestampf,
Rauferei auf Kirchweih – Schmalznudelgedampf,
Zum Kammerfensterln schleicht der Bu-a.
(Valentin: Karl Valentins Filmpech, Melodie: Lili Marleen)

Die Herren Produzenten sind Riesenrindviecher (Valentin)

königlichen Bauten. Von Hitler war weder ein ähnlich gewichtiges Wort, noch ein vergleichbares Bauwerk enthalten. Der architekturvernarrte ›Führer‹ fühlte sich und seine München-Bauten einfach unterbewertet« (Kurt Preis: München unterm Hakenkreuz. Münchner Merkur 26.4.78).

Das Totalverbot der *Erbschaft* von 1936 leitete das Ende von Valentins Filmlaufbahn ein. Filme, die zu diesem Zeitpunkt bereits in Arbeit waren, wurden einstweilen auf Eis gelegt und erst mit bis zu zweijähriger Verspätung der Zensur vorgelegt: *Ewig Dein, Der Antennendraht, Der Bittsteller*. Lediglich 1941 entstand nochmals ein Film, ein abgefilmter Bühnensketch, *In der Apotheke*. In der Fachpresse gab es verschiedene unerschrockene Stimmen, die versuchten, für Valentin eine Lanze zu brechen. So z. B. Bernhard Henning: »Es ist klar, daß jeder Karl-Valentin-Film von ganz anderen Voraussetzungen auszugehen hat, als sonst irgendein komödienhafter Film. Filmische Lustspiele haben erfahrungsgemäß stets die Neigung, ins Schwankhafte hinüberzugleiten. Das wäre die erste große Gefahr für jeden Valentin-Film . . . Karl Valentin ist eine einmalige Erscheinung unter den deutschen Komikern, und mit ihm kann man und soll man keine filmische Dutzendware drehen. Man soll seiner Eigenart nachgehen, soll sich um ihn bemühen. Und wer nicht die Liebe mitbringt, die zu der Mühe befähigt, der soll getrost die Finger davon weglassen« (Filmkurier, 19.2.1938). Zwar passierten kurz danach *Der Bittsteller* und *Ewig Dein* die Zensur und im Herbst 1938 wurde *Der Antennendraht*

Mit dem »Film-Kurier« um 1940

freigegeben, aber bis auf die erwähnte Abfilmung des Apothekensketches entstanden keine weiteren Valentinfilme mehr.

Völlig verworren sind die filmographischen Daten aus den 10er und 20er Jahren. Aus Valentins erster Produktionsphase (ca. 1911-1916) sind uns drei Filme erhalten, *Karl Valentins Hochzeit*/ca. 1912/13, *Die lustigen Vagabunden*/ ca. 1912/13 und *Der neue Schreibtisch*/ca. 1914/15. Möglicherweise gab es von *Karl Valentins Hochzeit* ursprünglich zwei Fassungen, von denen eine verloren ist (Bertl Valentin: Du bleibst da, und zwar sofort! S. 154), Filmographie von C. Niessen im Katalog der Münchner Valentinausstellung 1958. Von 1914 ist ein Filmschnipsel erhalten mit dem Zwischentitel: Probe im eigenen Filmatelier *Der Einbrecher.* Karl Valentin erwähnt in seinen »Jugendstreichen« den Film *Erbsen mit Speck* als Produktion aus der Zeit des 1. Weltkriegs. Etwa aus dem Jahr 1914/15 scheint eine verlorene erste Fassung von *Karl Valentin und Liesl Karlstadt auf der Oktoberwiese*/1923 zu stammen. Der Film wird als *Karl Valentin auf der Wiese*/*Festwiese*/*Oktoberwiese* insgesamt viermal erwähnt (W. Jerven 1929, Deutsche Filmzeitung 3/1929, Reichsfilmblatt 10/1930, Filmkurier 17.9.1925). Walter Jerven gibt an, der Film sei unmittelbar nach *Der neue Schreibtisch* entstanden, die Deutsche Filmzeitung bezeichnet den Film als Produktion aus der Kriegszeit. Schließlich existiert noch ein Foto mit der Aufschrift »mein erster Film 1911«.

Der uns erhaltene Streifen *Karl Valentin und Liesl Karlstadt auf der Oktoberwiese*/1923 dürfte wiederum nur das Fragment eines längeren Films sein. In der »Allgemeinen Kino-Börse« von 1921 ist zweimal, auf Seite 828 und 830, in Berichten über laufende Produktionen der »Bavaria« von einem zweiaktigen Oktoberfest-Lustspiel mit dem Titel *Der entflohene Hauptdarsteller* die Rede, Regie Josef Schmid: »›Der entflohene Hauptdarsteller‹ ... ist niemand anderes als der im Worte ›entflohene‹ enthaltene Hauptdarsteller aus dem Flohzirkus« und »Nicht weniger als 200000 Personen – wohlgezählt! – wirken mit, außerdem noch drei andere: Fräulein Hanna Lierke und die Herren Ludwig Wengg und Hans Schön-Matz. Endlich gibt es noch eine große Sensation in diesem Film, das Aufsteigen zweier Personen mittels 400 Kinderballons. Am Kurbelkasten stand Hans Karl Gottschalk.«

Der fragmentarische Charakter verschiedener Filmdokumente ist ein Hinweis darauf, daß der größte Teil von Valentins Filmschaffen bereits im Stadium des Projekts steckengeblieben ist. Wir wissen, daß Valentins Lieblingsprojekte, die Filmfassung der *Rosenau* und der *Raubritter* nie zustande kamen (s. a. Dr. G. Pallmann, Münchner Merkur 31.8.1949). Wir wissen auch, daß es zu einer Vielzahl recht unergiebiger Filmangebote kam. (Ganz abgesehen davon, daß der reisescheue Valentin Angebote, die er aus den USA erhielt, natürlich ausschlug.) Über ein Treffen mit Walter Ruttmann berichtet Valentin: »Rutt-

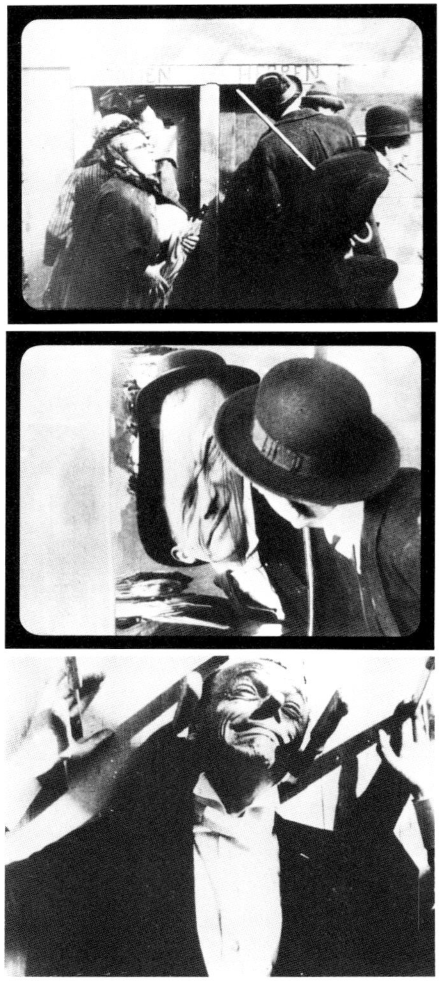

Karl Valentin und Liesl Karlstadt auf der Oktoberwiese, 1923

unten: Beim Messerwerfer

mann kam mit einigen Leuten nach der Vorstellung zu mir, murmelte etwas vom Filmen, ob ich morgen eine kleine Sache mit ihm machen wolle, es sei nur ein kleiner Versuch. Ich dachte immer, es handle sich um eine Aufnahme für eine Wochenschau, wie mich neulich in Ulm die »Opelwoche« aufgenommen hat. Gräuslich war die Aufnahme, sie war eben Hals über Kopf gemacht, und in dieser Fassung komme ich nun in der ganzen Welt herum. Das ist doch ein Schaden für mich. So was kann man doch nicht überstürzen. Ruttmann wollte uns so ganz nebenbei, so zwischen Tür und Angel, ein bißchen filmen. Daß es sich um eine Tonfilm-Aufnahme handelte, das wurde auch so ganz nebenbei erwähnt. So was muß vierzehn Tage vorher angesagt sein, nicht von heute auf morgen . . . Ich trommle also die Leute zusammen. Da kommt um Mittag, kurze Zeit vor Ankunft der Spieler, ein Anruf aus Garmisch, daß Ruttmann keine ganze Truppe, sondern nur Valentin selbst filmen könne. Er habe nicht die nötigen Lampen oder so ähnlich. Nun waren die Musiker umsonst bestellt, sie mußten bezahlt werden. Die Aufnahme fiel dann überhaupt ins Wasser« (Deutsche Filmzeitung 32/1928). In dem Film *Fasching* (Hans Schweikart/1939) sollte ursprünglich Valentin mitwirken (Informations-Dienst der Bavaria 21.1.1939). In derselben Zeit war von der Bavaria ein Film *Einmal Napoleon* projektiert unter der Regie von Fritz Fischer; Valentin sollte eine der Hauptrollen spielen. Dies sind nur einige Beispiele zur Illustration dieses undankbaren Kapitels.

oben: Bei den Dreharbeiten zu *Die verkaufte Braut* mit Max Ophüls.

unten: Filmreklame 1932

Das oft recht wechselhafte ökonomische Geschick der Filmindustrie in München spielte dabei keine geringe Rolle. Der Wirtschaftsteil der einschlägigen Fachpresse liest sich oft wie ein Kriminalbericht. Über die »Liga-Film«, bei der 1932 die Filme *Im Photoatelier* und *Die verkaufte Braut* entstanden sind, heißt es in der Deutschen Filmzeitung vom 17.2.1933: »Die von uns schon gemeldeten Verhandlungen zur Gründung einer Auffanggesellschaft für die Werte der Reichsliga- und Heros-Film haben am 14. Februar vor dem Münchner Notariat XVII zur Gründung der ›Liga-Filmverleihgesellschaft m.b.H.‹ geführt. Das für den Anfang vorgesehene Gründungskapital beträgt 60000 Reichsmark. Die Liste der Gründungsgesellschaften nennt die Herren Daub, Stuttgart, Direktor Müller, Scheer jun. und Dr. Schleußner aus München. Kommerzienrat Scheer hat damit seine in der Münchner Gläubigerversammlung bereits gemachte Andeutung wahr gemacht, daß es ihm möglich sein werde, sein Unternehmen auch ohne Inanspruchnahme der ihm durch verschiedene Theaterbesitzerverbände angebotenen finanziellen Hilfe wieder flott zu machen. Die Gründer sind mit Ausnahme des Herrn Daub Herren, die ihm verwandtschaftlich nahestehen. Die Geschäftsführung der neuen Gesellschaft hat Herr Dr. Schleußner übernommen, der dem Unternehmen schon als Syndikus und auch als Produzent des Valentin-Films nahestand. Die Gründung erfolgte an dem Tage, an dem die Frist zur Einreichung eines Vergleichsvorschlags beim Registergericht ablief. Ein solcher Vorschlag wurde noch vor der Neugründung durch den anwaltschaftlichen Vertreter der Firma, Herrn Dr. Prechtl, eingereicht. Er mußte jedoch mit Rücksicht auf die eingetretenen Verzögerungen mehr allgemein gehalten werden. Für die Nachreichung einer Spezifizierung mit genauen Quoten und ihre Sicherung wurde Fristverlängerung erbeten.«

Die kritische Sichtung der Quellenlage in Sachen Valentin wirft oft mehr Fragen auf als sie beantworten kann. Einer der wenigen Punkte, die nun als definitiv geklärt betrachtet werden können, ist das Geheimnis um das Schicksal der *Mysterien eines Frisiersalons*/ca. 1922/23 in Zusammenarbeit mit Bert Brecht und Erich Engel entstanden. Sowohl in der Deutschen Filmzeitung 3/1929 wie im Filmkurier vom 22.9.1929 wird berichtet, daß Valentin, der in Plagiatsachen ebenso überempfindlich war wie Bert Brecht unterempfindlich, per anwaltschaftlicher Verfügung die Aufführung eines Valentinfilms unterband, weil er zufällig die von Autor und Regisseur eingebrachten Ideen in einem amerikanischen Groteskfilm ganz unverkennbar wiederfand. In der ungekürzten Fassung des erwähnten Artikels aus der Deutschen Filmzeitung von 1929 schreibt Walter Jerven: »Er fährt von München (mit zweitätiger Beruhigungspause in Salzburg) nach Wien. Ins Bühnenengagement. Und sieht eines Tages, wie er zwischen Jause und Nachtmahl in den Kientopp pilgert, sieht - - -. *Die Mysterien des Friseurladens*. Karlchen freut sich, dem Valentin in Wien, in der Fremde zu begegnen. Es heimatelt ihn an. Aber bald kommt er dahinter, daß er in dem Film gar nicht vorkommt. Es ist ein anderer Streifen; ist einer, von dem der Dichter in München seine ›Ideen‹ bezogen, so gründlich bezogen hat, daß Karlchen ins Unergründliche zu versinken glaubt. Dies war der dunkelste Punkt in Valentins Lichtspielkarriere. Er geht zum Notar und läßt den Propheten inklusive Geldkind schreiben, daß er die Aufführung des Friseurladens verbiete.«

Weitere Mysterien in Sachen Valentins Filmographie dürften sich vielleicht aufklären, wenn man einmal die im Nachlaß Valentins befindlichen zwei Schnellhefter und den Schuhkarton zum Thema »Film« genauer unter die Lupe nehmen könnte. Diese befinden sich als Verschlußsache nach wie vor in Köln.

THOMAS BRANDLMEIER

Aus *Karl Valentins Hochzeit*, 1912

Filmographie

Quellenhinweise zur Filmographie

① Eine Filmtitelliste von Frau Valentin-Böheim, Valentins Tochter
② Kommentierte Filmographie von Carl Niessen aus dem Katalog der Ausstellung »Karl Valentin und die Münchner Volkssänger«, München 1958
③ Filmographie von Werner Zurbuch aus: Gusti Grunauer-Brug, »Passiert is was«, München 1959
④ Filmliste aus: Martin Schulte: »Karl Valentin in Selbstzeugnissen und Bilddokumenten (= rororo bildmonographien, 144), Reinbeck bei Hamburg 1968
⑤ Filmographie von Hans Scheugl und Ernst Schmidt aus »Film«, Januar 1968
⑥ Angaben von Enno Patalas, Leiter der Filmabteilung des Münchner Stadtmuseums
⑦ Ulrich Kurowski, Leiter der Dokumentation der Hochschule für Fernsehen und Film, hat über die Jahre Aktenordner mit den verschiedensten Materialien zu »Valentin und Film« zusammengestellt. Diesem Valentin-Archiv sind die vorliegenden Angaben entnommen.
⑧ Einzelne Hinweise und Angaben aus dem persönlichen Nachlaß von Karl Valentin, die uns Herr Erwin Münz, München, geben konnte. Herr Münz ist Herausgeber einer Sammlung von Briefen an und von Karl Valentin.
⑨ Herr Günter Knorr, Ulm, der anhand der Zensurkarteien eine Dokumentation »Deutscher Kurzspielfilm 1929–1940« erstellte.

Vorhandene Filme

1) Stummfilme

1912 oder 1913
Karl Valentins Hochzeit
Kopie Stadtmuseum 183 m (35 mm). Keine Titel.
⑥ Karl Valentin (Bräutigam), Georg Rückert (Braut), Liesl Karlstadt (Hochzeitsgast)
⑤ hat zusätzlich: »Produktion: Kopp-Film; Regie: Ansfelder; Kamera: Pallatz; Darsteller: Georg Rückert (Braut, Frau Walzenberger), Karl Valentin (Bräutigam Karl Valentin).«
② »Schon früh hat Valentin den Film als Ausdrucksmittel erkannt. Tief in der Stummfilmzeit hat er die ›Valentins-Hochzeit‹, des Spindeldürren mit der so stattlichen Braut gedreht, daß sie ihn auf den Schoß nehmen konnte. Noch mußte unter Regie von Ansfelder ›auf freier Wiese‹ gedreht werden (Kopp-Film).
Im folgenden Jahr wurde der Film mit dem Operateur Pallatz noch einmal gedreht.«
⑧ »Valentins Hochzeit (Kopp) 1912
Valentins Hochzeit (Paalats) 1912«
Möglicherweise ist die im Stadtmuseum vorhandene Kopie die zweite Fassung?

Die lustigen Vagabunden
Kopie Stadtmuseum 110 m (35 mm). Titelangabe: Valentin-Film/Die/lustigen Vagabunden/ – Iris-Film –
Bei ⑤, ③ und ② tauchen »Möllendorf und Elias« unter Regie auf. Aufgrund der Angaben in 8) ist eher zu vermuten, daß Möllendorf und Elias die Darsteller der beiden Vagabunden sind, die neben Karl Valentin als Gendarm auftreten.
② »Im gleichen Jahr entstanden ›Die lustigen Vagabunden‹, wobei Valentin den gutmütigen Gendarmen spielte, der von den am ›Gasthaus zur Amsel‹ verhafteten Tippelbrüdern außer Aktion gesetzt wurde, indem er mit der Wippe hoch in die Luft befördert wurde. Vermutlich hat hier Raeders ›Robert und Bertram‹ Pate gestanden (Regie Möllendorf und Elias).«

Um 1913
Der Kuß
Ein Fragment 18 m (35 mm). Keine Titel. Blaugetont.
Karl Valentin und Liesl Karlstadt.

1913 und später
Karl Valentin privat und im Atelier
Kopie vom »Münchner Stadtarchiv«: Verschiedene Stücke, insg. 124 m (35 mm). Den einzelnen Abschnitten sind folgende Titel vorangestellt:

Karl Valentin/in seinem eigenen/Film-Atelier am Platzl. – Eine Filmprobe/aufgenommen mit/einer Jupiterlampe/1914

Karl Valentin/mit Frau und Tochter/und Herrn Otto Wenninger, Probe im eigenen/Film-Atelier/»Der Einbrecher«

Karl Valentin (Fey)/mit Mutter Maria Fey/und Karl Flemisch/1913

Karl Valentin/in seinem Anwesen/in Planegg/ Georgenstraße 2

Karl Valentins/weißer Foxl/genannt Bobsi

1914 oder 1915
Der neue Schreibtisch
Kopie Stadtmuseum 209 m (35 mm). Titelangabe: Der neue Schreibtisch
⑥ »Produktion: Ostermeyr; Darsteller: Karl Valentin (Sekretär Dürr?)«
③ »Der verhexte Schreibtisch«
⑧ »Der neue Schreibtisch (Ostermayr) 1915«
⑦ Nach einem Manuskript von Peter Ostermayr stammt der Film von 1911

1922 oder 1923
Mysterien eines Frisiersalons
(auch . . . *Friseursalons)*
Kopie Stadtmuseum 690 m (35 mm). Ein Titel: – Blandine Ebinger als Frisiermamsell –
Im Februar 1923 schrieb Brecht an Herbert Ihering: »Übrigens mache ich kleine Filmchen,

zusammen mit Engel, Ebinger, Valentin, Leibelt, Faber.«
⑦ Regie: Erich Engel und Bertolt Brecht; Darsteller: Blandine Ebinger (Frisiermamsell), Karl Valentin (Frisiergeselle), Erwin Faber (Professor Moras), Annemarie Hase (Moras' Geliebte), Kurt Horwitz (der Geköpfte), Hans Leibelt (Besitzer), Carola Neher (junge Dame im Café), Otto Wernicke, Max Schreck, Josef Eichheim (drei Kunden), Liesl Karlstadt (ein weiterer Kunde)
Nach Walter Jerven (1929) u. a. ist der Film das Plagiat einer amerikanischen Groteske mit ähnlichem Titel und Plot; Karl Valentin, der diesen Film zufällig in Wien sah, unterband per notarieller Verfügung die Aufführung von »Mysterien eines Frisiersalons«.
⑥ zitiert Herrn Mc Dowell, der von Herrn Gersch erfahren hat, daß der eine der 3 Kunden nicht Otto Wernicke ist, sondern der Bruder des Geldgebers (= der Schauspieler Koch).
⑧ »Mysterien eines Friseursalons 1922«
»Mysterien eines Friseursalons. Positiv in meinen Händen. Negativ bei Doktor Koch, Schneckenburgerstr. 29/I. Tel. ?«

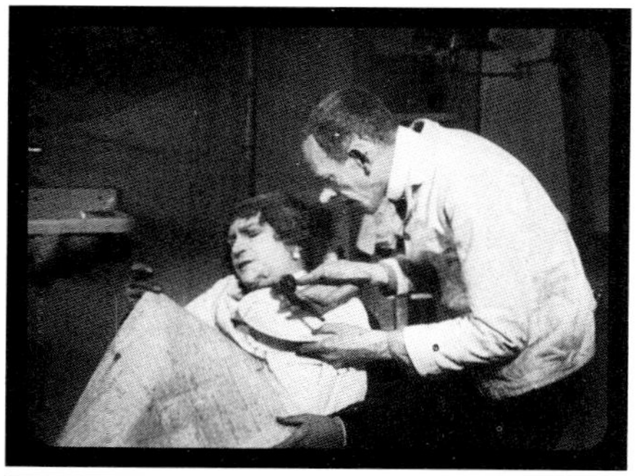

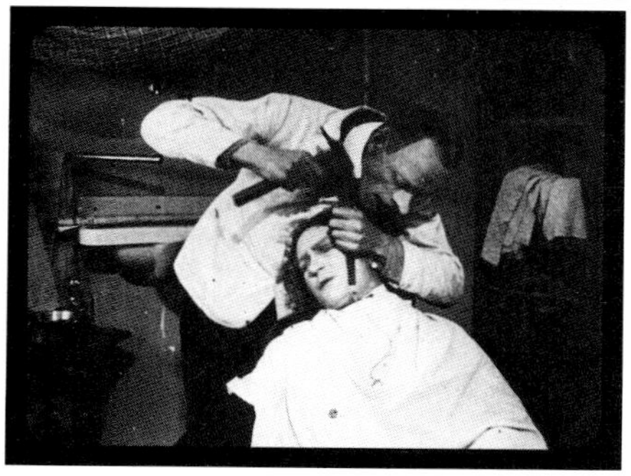

1923
Karl Valentin und Liesl Karlstadt auf der Oktoberfestwiese
Kopie Stadtmuseum 299 m (35 mm). Keine Titel.
① KV & LK auf der Festwiese 1. + 2. Teil.
② »Auf der Oktoberfestwiese« (1923 Rob. Meinert – Regie Vallé)
③ u. ④ Karl Valentin und Liesl Karlstadt auf der Oktoberfestwiese, 1. und 2. Teil
⑤ Auf der Oktoberwiese 1923
⑧ K. Valentin L. Karlstadt auf der Festwiese (Reinert) 1923 1. Teil
K. Valentin L. Karlstadt auf der Festwiese (Reinert) 1923 2. Teil
»Valentin-Karlstadt auf der Oktoberwiese« dieser Film wurde 1923 auf der Oktoberfestwiese gedreht – Positiv und Negativ liegen bei Arnold und Richter. Wegen dem Film schwebt zur Zeit ein Prozeß. Näheres bei Arnold und Richter, Türkenstraße 89, Tel. 34130.
⑦ Der Film ist vermutlich das Fragment eines längeren Films über das Oktoberfest von 1921, Regie: Josef Schmid, mit Hanna Lierke, Ludwig Wengg und Hans Schön-Matz, Kamera: Hans Karl Gottschalk; K. Valentin und L. Karlstadt treten nur am Rande auf (Allg. Kinobörse 1921, S. 828 und 830).

1929
Mit dem Fremdenwagen durch München
Einleitung und Schlußfilm
Kopie vom »Münchner Stadtarchiv« 35 m (35 mm).
Titel:
1. Mit dem Fremdenwagen/durch München
2. Ein modernes Lichtspiel/mit Film – Glaslichtbildern/und Lautsprecher/von Karl Valentin/und Liesl Karlstadt
3. Personen:

Erster Erklärer	Karl Valentin
Zweiter Erklärer	Herr Liesl Karlstadt
Der Fremdenautoführer	Josef Rankl

Der Fremdenwagen/Die Fremden
④ und ⑧ »Fremdenrundfahrt«
Der Film sollte offenbar den Dialog »Fremdenrundfahrt« umrahmen.

1929 oder 1930
Der Feuerwehrtrompeter
Kopie vom »Münchner Stadtarchiv« 101 m (35 mm). Keine Titel.
⑥ Ungeschnittenes Muster? Vermutlich für Vorführung mit Ton bestimmt.
② »Der Feuerwehrtrompeter verewigte eine Solo-Szene 1930«

Karl Valentin als Musikal-Clown
Kopie Stadtmuseum 164 m (35 mm). Ein Titel:
Karl Valentin/als/Musikal-Clown
⑥ Nach den Szenen »Die verhexten Notenständer« und »Die Orchesterprobe« (mit Liesl Karlstadt als Dirigent)
③ und ⑤ »Musikalclown (oder: Die verhexten Notenständer)«
② »Auch die erfolgreichen ›Musical-Clowns‹ feierten im Film ihre Auferstehung; wirklicher ›Hörfilm‹ – Lignose, Berlin«
Der Film besteht aus der Schlußszene der »Orchesterprobe« und dem Sketch »Der Zithervirtuose«.

Um 1929
Karl Valentin und Liesl Karlstadt
20 m (35 mm) Portraitaufnahmen. Keine Titel.

1929
Der Sonderling
Kopie Stadtmuseum 2506 m (35 mm). Titelangaben:
1. Karl Valentin/und Liesl Karlstadt/in
2. Karl Valentin/Der Sonderling
3. Produktionsleitung: Franz Osten
4. Photographie:/Hans K. Gottschalk
Bauten:/Peter Rochelsberg
5. Manuskript und Regie:/Walter Jerven
⑤ Produktion: Franz Osten/Walter Jerven (1929); Regie: Walter Jerven; Buch: Walter Jerven; Kamera: Hans K. Gottschalk; Bauten: Peter Rochelsberg; Darsteller: Karl Valentin (Karl Valentin, Schneidergeselle), Liesl Karlstadt (Frau Paula Kuhn), Truus van Alten (Anni, deren Nichte), Ferdinand Martini (Friedrich Kuhn, Schneidermeister), Heinz Koennecke (Herr Lechner, Verehrer Annis), Gustl Stark-Gstettenbauer (Uhrmacherlehrling Toni), Otto Welte, Karl Raab, Ulrich Verden, Georg Rückert.

Spieldauer: 88 Minuten
aus: Lamprecht, *Deutsche Stummfilme* 1923–1931 (Hrsg. Dt. Kinemathek): »Prod. Jahr: 1929; Produktion: Union-Film Comp. mbH, München; Verleih: Union-Film Comp. mbH, München; Zensur: M 3246, 17.12.29, 6 Akte, 2506 m, jug.frei; Uraufführung: Dez. 1929, München, Gloria-Palast, Schauburg und Filmpalast; Buch, Regie: Walter Jerven; Kamera: Hans Karl Gottschalk; Bauten: Peter Rochelsberg; Atelier: Bavaria-Atelier-München; Darsteller: . . .«

Dreharbeiten zu *Der Sonderling*, 1929

2) Tonfilme

1932
Die verkaufte Braut
Kopie Stadtmuseum 2115 m (35 mm).
Ein Film von Max Ophüls nach der Komischen Oper von Friedrich Smetana. Siehe *Filmkritik* 10/70 – 529ff. Heute im Verleih »Die Lupe«, Göttingen.
Deutschland 1932. Ein Tonfilm nach der Komischen Oper von Friedrich Smetana. Bearbeitung: Curt Alexander (Buch), Theo Mackeben (Musik) und Robert Vambery (Gesangstexte).
Bild: Reimar Kuntze, Franz Koch, Herbert Illig, Otto Mirsching, Tonmeister: Friedrich Wilhelm Dustmann. Bauten und Kostüme: Erwin Scharf. Darsteller: Max Nadler (Bürgermeister), Jarmila Novotna (Marie, seine Tochter), Hermann Kner (Micha), Maria Janowska (Frau Micha), Paul Kemp (Wenzel, beider Sohn), Willy Domgraf-Faßbaender (Hans), Otto Wernicke (Kezal), Karl Valentin (Brummer, Zirkusdirektor), Liesl Karlstadt (Frau Brummer), Annemarie Soerensen (Esmeralda, beider Pflegetochter), Kurt Horwitz (Moritatensänger), Therese Giehse (Ansagerin). Ein Reichsliga-Film.

Im Photoatelier
Kopie Stadtmuseum 767 m (35 mm). Titel:
1. Karl Valentin/und/Liesl Karlstadt
2. in ihrer/Originalszene
3. Im/Photo-/Atelier
4. Regie:/Karl Ritter
5. Bild:/Gustav Weiss
6. Ton:/Karl-Albert Keller
7. Schnitt: Heinz Ritter
8. Tonsystem:/Tobis-Klangfilm
9. Verleih/Bayerische Film-gesellschaft m.b.H./München

weitere Angaben bei ⑨ »Produktion: Reichs-Liga; Musik: Karl Bergner; Atelier: Geiselgasteig; Länge 790 m; Uraufführung: . . . (zu *Muß man sich gleich scheiden lassen*); Verleih: Heros-Film; Zensur: 23.12.1932 jfr.«

1933
Orchesterprobe
Kopien Stadtmuseum 608 m (35 mm), 242 m (16 mm). Bei beiden Kopien derselbe Titel:
Orchesterprobe
mit Karl Valentin/und Liesl Karlstadt
⑤ Buch (Nach den Episoden »Das komische Orchester«, »Theater in der Vorstadt«, »Hoffmanns Erzählungen«, »Der Zufall« und »Dichter und Bauer« des Stückes »Tingeltangel«) von Karl Valentin und Liesl Karlstadt;
Darsteller: Karl Valentin (Trompeter und Geiger), Liesl Karlstadt (Kapellmeister), Josef Eichheim
weitere Angaben bei ⑨ »Produktion: Ondra-Lamac Film GmbH; Regie: Carl Lamac; Atelier: Geiselgasteig; Länge: 622 m; Uraufführung: 27.11.1933 (vor *Glückliche Reise*); Verleih: Metropol-Film; Zensur: 27.10.1933 jfr.«

1934
Es knallt
Kopie Stadtmuseum 509 m (35 mm).
Kopie »Atlas Schmalfilm« 220 m (16 mm).
Titel:
1. Es
2. knallt
3. mit/Adele Sandrock/Karl Valentin/Liesl Karlstadt
4. Fee v. Reichlin/und/Josef Eichheim
5. Regie:/Helmut O. Kaps
Musik:/Hans Carste
6. Bild: Gustav Weiss/Ton: Karl Albert Keller/Schnitt: Gottlieb Madl/Aufnahmeleitung: Hans Nerking
7. Tonsystem:/Tobis-Klangfilm

weitere Angaben bei ⑨ »Produktion: Bavaria Film AG, München; Atelier: Geiselgasteig (12/33); Länge: 576 m; Verleih: Bayerische Filmgesellschaft mbH; Zensur: 23.1.1934 München, jfr.; Darsteller: Karl Valentin (Fürst, Kunstschütze); Liesl Karlstadt (die Wirtin); Adele Sandrock (Frau von Gobelinski, Heiratsvermittlerin); Josef Eichheim (Herr Schwalbe, ihr Gehilfe), Fee von Reichlin (Miss Mable)«

Der Theaterbesuch
Kopie Stadtmuseum 673 m (35 mm).
Kopie »Atlas Schmalfilm« 277 m (16 mm).
Titel (nach einer Rummelplatzszene, vermutlich für die Zusammenstellung »Unsterblicher Valentin« von 58 dazugedreht):
1. Der/Theater-/Besuch
2. Regie:/Joe Stöckel

⑨ Produktion: Bavaria Film AG; Regie: Joe

Stöckel; Drehbuch: nach der Originalszene von Karl Valentin und Liesl Karlstadt; Kamera: Franz Koch; Musik: Toni Thomas; Ton: K.A. Keller; Länge: 626 m; Uraufführung: 11.4.1934 (vor *Achtung, wer kennt diese Frau*); Verleih: Bayerische Filmgesellschaft; Zensur: 5.4.1934 jfr. – Karl Valentin (er); Liesl Karlstadt (sie)
Der Evangelische Film Beobachter von 1958 hat folgende Daten: Produktion: Providentia-Gesellschaft in Brückeburg; Verleih: Alcron-Filmverleih in München; Regie: Joe Stöckl; Länge: 673 m; Herstellungsjahr: 1936; Selbstkontrolle: Freigegeben ab 6 Jahren, nicht feiertagsfrei.

Im Schallplattenladen
Kopie Stadtmuseum 523 m (35 mm).
Kopie »Atlas Schmalfilm« 207 m (16 mm).
Titel:
1. Alcron-Filmverleih
2. Carlton-Film zeigt Unsterblicher Valentin
Die Titel 1) und 2) stammen aus der Wiederaufführung von 1958, während die folgenden aus der Zeit der Erstaufführung zu sein scheinen.
3. Im Schallplattenladen
(auf den ersten beiden Kadern dieses Titels ist der letzte Schatten einer Überblendung zu lesen:) den/Ondra-Lamac-Film
4. Es wirken mit
Karl Valentin/Liesl Karlstadt
5. Tonsystem/Tobis-Klangfilm
Tonmeister/F.W. Dustmann
Schnitt/Ella Ensink

⑨ Produktion: Ondra-Lamac Film; Regie: Hans H. Zerlett;
Drehbuch: nach einer Originalszene von Karl Valentin und Liesl Karlstadt; Ton: F.W. Dustmann; Schnitt: Ella Ensink; Atelier: Geiselgasteig; Länge: 528 m; Verleih: Bayerische Film Gesellschaft; Zensur: 17.4.1934 jfr. Karl Valentin (der Kunde); Liesl Karlstadt (die Verkäuferin); Elisabeth Papperlitz
Der Evangelische Film Beobachter weiß 1958 folgende Angaben zu machen: »Produktion: Ondra-Lamac-Film in Berlin; Verleih: Alcron-Filmverleih in München; Länge: 509 m; Herstellungsjahr: 1934; Selbstkontrolle: Freigegeben ab 6 Jahren, nicht feiertagsfrei.«

Der verhexte Scheinwerfer
Kopie Stadtmuseum 557 m (35 mm).
Kopie »Atlas Schmalfilm« 222 m (16 mm).
Titel:
1. J. Eberhardt/Lloyd-Film/Hamburg/zeigt/in Sonderveranstaltung
2. den Ondra-Lamac/Film
3. Der/verhexte/Scheinwerfer
4. nach der/Original-Szene/von/Karl Valentin
5. Regie:/Carl Lamac
6. mit/Karl Valentin/und/Liesl Karlstadt
7. Musik/Leo Leux
Fotografie/Ludwig Zahn
8. Tonsystem/Tobis-Klangfilm
Tonmeister/F.W. Dustmann
Tonschnitt/Ella Ensink
weitere Angaben bei ⑨ »Länge: 574 m; Verleih: Bayerische Filmgesellschaft; Zensur: 31.7.1934, jfr. Karl Valentin (der Elektriker); Liesl Karlstadt (der Lehrling); O.E. Hasse (der Geschäftsführer)«
②, ④ und ⑤ haben auch den Titel »Der reparierte Scheinwerfer«

So ein Theater
Kopie Stadtmuseum 332 m (35 mm).
Kopie »Atlas Schmalfilm« 132 m (16 mm).
Titel:
1. So ein/Theater
2. nach der/Original-Szene/von Karl Valentin
3. Regie:/Carl Lamac
4. mit/Karl Valentin/und/Liesl Karlstadt
5. Musik: Leo Leux/Fotografie: Ludwig Zahn
6. Tonsystem: Tobis-Klangfilm
Tonmeister:/F.W. Dustmann
Tonschnitt:/Ella Ensink
7. Verleih:/Bayerische Filmgesellschaft/m.b.H.
weitere Angaben bei ⑨ »Produktion: Ondra Lamac Film GmbH; Drehbuch: nach den Episoden ›Das gestohlene Handtäscherl‹, ›Verlorenes Glück‹, ›Souffleur in 1000 Nöten‹ des Stücks ›Tingeltangel‹ von Karl Valentin und Liesl Karlstadt; Länge: 448 m; Verleih: Bayerische Filmgesellschaft; Zensur: 31.7.34 jfr. Karl Valentin (Geiger); Liesl Karlstadt (Kapellmeister)«
Bei ④ und ② auch »Vorstadttheater«

Der Firmling
Kopie Stadtmuseum 617 m (35 mm), Kopie »Atlas Schmalfilm« 253 m (16 mm). Titel:
1. Deutschland/Film/GmbH/Frankfurt a.M., Düsseldorf, München/zeigt:
2. Der Firmling
Eine tolle Groteste/zum Lachen und Nachdenken
von/Karl Valentin und/Liesl Karlstadt
3. Produktion u. Verleih/Arya-Film/GmbH München
⑨ Produktion: Arya-Film GmbH; Drehbuch: nach Karl Valentin und Liesl Karlstadt; Länge: 651 m; Zensur: . . . 8.1934 jv.
Bei ③ und ⑥ ist Adolf Gondrell als Darsteller aufgeführt (Gondrell spielt nicht mit)

1935
Der Zithervirtuose
Kopie Stadtmuseum 230 m (35 mm)
Kopie »Atlas Schmalfilm« 92 m (16 mm).
Titel:
1. Der Zithervirtuose
2. mit/Karl Valentin/in der/Hauptrolle
3. Solo-Szene/von/Karl Valentin
4. Der Ansager:/Adolf Gondrell
5. Arri-Film/München

⑨ Produktion: Arnold & Richter GmbH; Regie: Franz Seitz; Drehbuch: nach der Originalszene von Karl Valentin; Länge 356 m; Zensur: 21.12.1934 jfr. Karl Valentin (der Zithervirtuose); Adolf Gondrell (der Ansager) Auftritt Karl Valentins als Zitherspieler mit der Nummer »Liebesperlen«.

Kirschen in Nachbars Garten
Kopie Stadtmuseum 2553 m (35 mm). Titel:
1. Kirschen/in/Nachbars/Garten
2. nach einer Idee/von/Erich Engels
3. Drehbuch:/Erich Engels/Reinhold Bernt/Gernot Bock-Stieber
4. Musik:/Werner Bochmann
5. Kamera:/E.W. Fiedler
Bauten:/Heinrich Richter/und/Paul Markwitz
6. Darsteller:

Adele Hecht	Adele Sandrock
Theo, ihr Neffe	Theo Shall
Liesl, ihre Magd	Liesl Karlstadt
Warrenheim, Hofrat a.D.	Max Gülstorff
Hansi, seine Tochter	Iris Arlan
7. Valentin, sein Gärtner	Karl Valentin
Gottfried Berger, Theos Freund	Reinhold Bernt
Irma Fiedler	Rotraut Richter
Anton Huber, Lehrer	Albert Florath
das Tanzpaar	Geschwister Höpfner

8. Spielleitung:/Erich Engels
9. Tonaufnahme:/Tobis-Klangfilm
aus Licht-Bild-Bühne 21.12.1935: »Kirschen in Nachbars Garten. NFK-Film der Terra-Titania Palast.
Uraufführung: 20.12.1935. Vorführungsdauer: 95 Minuten.«

1936
Beim Nervenarzt oder *Kalte Füße*
Kopie Stadtmuseum 472 m (35 mm);
Kopie »Atlas Schmalfilm« 204 m (16 mm). Titel:
1. Beim/Nervenarzt
2. Ein Kurztonfilm/unter Benutzung/bekannter Anekdoten
3. Für den Film/bearbeitet von/Erich Engels und/Reinhold Bernt
4. Regie:/Erich Engels
5. Darsteller:/Karl Valentin/Liesl Karlstadt/und/Reinhold Bernt
6. An der Kamera:/E.W. Fiedler
7. Musik/u. musikal. Leitung/Niko Perreiter
8. Hersteller/Arnold u. Richter GmbH
9. Tonsystem/Tobis-Klangfilm
10. Tesch-Kopie
weitere Angaben bei ⑨ *Kalte Füße,* Ton: Ferdinand Haubmann; Verleih: Terra Filmverleih; Länge: 526 m; Zensur: 18.6.1936 jfr. Karl Valentin (Herr Meier); Liesl Karlstadt (Nervenarzt, Bäcker, Ober); Reinhold Bernt.«
Der Evangelische Film Beobachter von 1958 hat eine Längenangabe von 519 m.

Die karierte Weste
Kopie Stadtmuseum 476 m (35 mm). Titel:
1. Die Terra/zeigt
2. Die karierte/Weste
3. Buch:/Erich Engels/und/Reinhold Bernt
4. Darsteller:/Karl Valentin/Liesl Karlstadt/und/Reinholdt Bernt
5. Regie:/Erich Engels
6. An der Kamera:/E.W. Fiedler
weitergehende Angaben bei ⑨ »Musik: Niko Perreiter; Ton: Ferdinand Haubmann; Atelier: Arnold & Richter (2); Länge 476 m; Verleih: Terra Filmverleih; Zensur: 29.5.1936, jfr. Karl Valentin (Herr Pechkopf); Liesl Karlstadt (Frau Pechkopf); Reinhold Bernt (Kunde)

Beim Rechtsanwalt
Kopie Stadtmuseum 472 m (35 mm). Keine Titel. Unvollständig, Tonlöcher.
⑨ Produktion: Arnold & Richter; Regie: Erich Engels; Drehbuch: Erich Engels, Reinhold Bernt, nach einer Originalszene von Karl Valentin; Kamera: E.W. Fiedler; Musik: Niko Perreiter; Ton: Ferdinand Haubmann; Atelier: Arnold & Richter (2); Länge: 506 m; Verleih: Terra Filmverleih GmbH; Zensur: 8.5.1936 jfr. Karl Valentin (der Besucher), Liesl Karlstadt (seine Tochter), Reinhold Bernt (der Rechtsanwalt)

Musik zu zweien
Kopie Stadtmuseum 440 m (35 mm).
Kopie »Atlas Schmalfilm« 174 m (16 mm). Titel:
1. Die Terra zeigt
2. Musik zu zweien
3. nach dem Bühnenstück/»Die verhexten Notenständer«/von Karl Valentin/und/Liesl Karlstadt
4. Produktion:/Arnold u. Richter/G.m.b.H./München

5. Regie:/Erich Engels
6. Darsteller:/Zwei Musik-Clowns:/Karl Valentin/Liesl Karlstadt
Der Direktor: Reinhold Bernt/Der Bühnenmeister: Josef Rankl
7. Kamera:/Edgar S. Ziesemer
8. Bauten:/Peter Rochelsberg
9. Musik und/musikalische Leitung/Fred Alwe
10. Tonsystem/Tobis-Klangfilm
weitergehende Angaben bei ⑨ »Karl Valentin (Musikclown, Fagott); Liesl Karlstadt (seine Partnerin, Flöte), Reinhold Bernt (Direktor), Josef Rankel (Bühnenmeister), 5 Tänzerinnen von der Ballettschule Nellenberg.«
① Das Clownduett, 1936

Ein verhängnisvolles Geigensolo
Kopie Stadtmuseum 540 m (35 mm).
Kopie »Atlas Schmalfilm« 212 m (16 mm). Titel:
1. Ein/verhängnisvolles Geigensolo
2. Nach einer Original-/scene von/Karl Valentin für den Film bearbeitet/von Rolf Raffé
3. Darsteller
4. Karl Valentin . . .
5. Liesl Karlstadt . . .
6. ferner/Max Moll, u.a.
7. Regie:/Rolf Raffé
8. Bild: Josef Illig
9. Aufnahmeleitung/Anton Höhn
Regieassistenz:/Karlheinz Lommel
10. Tonsystem:/Tobis-Klangfilm/Feka-Kopie
weitere Angaben bei ⑨ »Produktion: Rolf Raffé, Berlin (Otto Lommel); Regie: Rolf Raffé; Assistenz: Carl Heinz Lommel; Ton: Ferdinand Haubmann; Atelier: Arnold & Richter; Länge: 540 m; Verleih: Märkische Film; Zensur: 27.4.1936 jfr.«

Straßenmusik
Kopie Stadtmuseum 2538 m (35 mm)
Titel:
1. Produktionsleitung: O.E. Lubit
2. Regie: Hans Deppe
3. Nach dem gleichnamigen erfolgreichen Bühnenstück von Paul Schurek
4. Manuskript und Musik: Walter Gronostay
5. Kamera: Franz Koch
Ton: K.A. Keller
6. Bauten: Max Seefeld
Schnitt: Gottlieb Madl
7. Tonsystem: Tobis Klangfilm
8. Personen:

Grete Witt	Jessie Vihrog
Drei Straßenmusikanten:	
Otto Brommel	Ernst Legal
Hans Lunk	Fritz Genschow
Paul Spittel	Hans Deppe
9. Hilde Neumann, eine junge Witwe	Fita Benkhoff
Kürassier Otto	Karl Valentin
Seine Frau	Liesl Karlstadt

10. Ferner wirken mit: Otto Wernicke, Alfons Täuber, Else Reval, E.F. Fürbinger, Josef Eichheim, Wilhelm Holsboer, Ernst Martens, Walter Hotten und Hans Kraft

Folgende Angaben sind einer Film-Kritik aus dem »Film-Kurier« vom 24.7.1936 entnommen: »Paul Schureks Komödie hat vor anderthalb Jahren in zwei Berliner Theatern ein großes Publikum gefunden, – die Sache mit den drei Musikanten, die sich zusammen mit ihrer Hausgenossin Grete recht, aber nicht schlecht durchs Leben schlagen, hat über den Kurfürstendamm hinaus Echo gefunden . . . Der Komponist Walter Gronostay hat den Film geschrieben, ohne ihn vollkommen auf die Musik zu stellen . . . Die drei Musiker . . . Fritz Genschow . . . Ernst Legal . . . Hans Deppe. Er führte zugleich die verhaltene Regie . . . Bleiben die Chargen, unter denen Karl Valentin und Lisl Karlstadt als erste zu nennen sind. Valentin findet Gelegenheit zu einer zwar nicht sehr ergiebigen, aber doch wirksamen Valentinade als Kürassier – Otto mit dem Schellenhelm und der auf den Buckel geschnürten Pauke, er gibt dem Film damit einen guten Schuß von Zügigkeit . . . Otto Wernikke . . . ein echter Kneipenwirt mit kriminellem Einschlag . . . verführerische junge Witwe . . . von Fita Benkhoff . . . Gronostay schrieb zu seinem Buch auch die Musik, – selbstverständlich . . . Max Seefelder, Bauten . . . Franz Koch, Kamera . . . K.A. Keller . . . Ton, Gottlieb Madl, schnitt . . . Herstellung: Bavaria/Verleih: Bayerische Länge des Films: 5 Akte, 2538 Meter Weiße Zensurkarte: Für Jugendliche verboten . . .«

Donner, Blitz und Sonnenschein
2414 m (35 mm) Titel:
1. Nach dem Schwank »Der Hunderter im Westentaschl« von Max Neal und Max Ferner
2. Für den Film bearbeitet von Erich Engels und Max Neal
3. Darsteller:

Sebastian Huckebein, Schneidermeister	Karl Valentin
Barbara, seine Frau	Liesl Karlstadt
Evi, beider Tochter	Ilse Petry
Franzl, Schneidergeselle	Reinhold Bernt
Jacob Greizinger	Hans Leibelt
Andreas, sein Sohn	Volker von Collande
Paul Huberding, Gastwirt	Albert Florath
Walli, seine Frau	Käthe Haack
Rosa, beider Nichte	Käthe Merk
Georg Sonnweber, Tanzlehrer	Aribert Wäscher
Poppe	Gerhard Bienert

4. Ferner wirken mit: Martha Ziegler, Lucie Euler, Hanni Weiße, Ilse Rose-Vollborn, Walter Dörry und das Tanzpaar Hans Weidecker und Sylvia Prillinger
5. Musik: Werner Bochmann
6. Kamera: Edgar Ziesemer
Bauten: Heinrich Richter, Paul Markwitz
7. Ton: Martin Müller
Schnitt: Johanna Schmidt
Aufnahmeleitung: William Neugebauer
8. Herstellungsleitung: Otto Jahn
9. Spielleitung: Erich Engels
10. Tonsystem: Tobis Klangfilm
Jaschob Titel Tesch Tonkopie
11. Verleih: Terra Filmverleih GmbH

Evangelischer Film Beobachter von 1955: »Herstellung: Erich Engels' Neue Film-Kommanditgesellschaft; Verleih: Regina-Film in München; Drehbuch: Max Neal und Erich Engels (nach dem Schwank ›Der Hunderter im Westentasch'l‹ von Max Neal und Max Ferner; Spielleitung: Erich Engels; Besetzung: Karl Valentin, Liesl Karlstadt, Hans Leibelt, Ilse Petri, Reinhold Bernt, Aribert Wäscher, Volker von Collande; Kamera: Edgar Ziesemer; Musik: Werner Bochmann; Länge: 2503 Meter; Herstellungsjahr: 1936«

Verleih »Jugendfilm«, 1973:
»Nach dem Schwank ›Der Hunderter im Westentaschl‹ von Max Neal und Max Ferner; Buch: Erich Engels und Max Neal; Regie: Erich Engels; Kamera: Edgar Ziesemer; Musik: Werner Bochmann; Produktionsleitung: Otto Jahn; Aufnahmeleitung: William Neugebauer; Bauten: Heinrich Richter und Paul Markwitz; Ton: Martin Müller; Produktion: N.F.K. Film; Darsteller: Karl Valentin (Schneidermeister Huckebein), Liesl Karlstadt (seine Frau Barbara), Ilse Petri (ihre Tochter Evi), Reinhold Bernt (Franzl, Gehilfe bei Huckebein), Hans Leibelt (Greizinger, Gutsbesitzer), Volker von Collande (sein Sohn Andreas), Martha Ziegler (Moni, Wirtschafterin bei Greizinger), Albert Florath (Krugwirt und Kramladenbesitzer), Käthe Haack (seine Frau Wally), Käthe Merk (ihre Nichte Rosa), Aribert Wäscher (Tanzlehrer Sonneweber), Gerhard Bienert (Ingenieur Poppe), Hans Halden (Kommissar) und Klaus Pohl, Walter Dörry, Gerti Ober, Ilse Rose-Vollborn, Else Wunsch, Hanni Weise und das Tanzpaar Hans Weidecker und Silvia Prillinger«

Die Erbschaft
Kopie Stadtmuseum 575 m (35 mm). Titel:
1. Bavaria/zeigt
2. Die/Erbschaft
3. eine Burleske/mit
4. Karl Valentin/und/Liesl Karlstadt
5. nach einer Idee von/Karl Valentin
6. Drehbuch und Regie:/Jacob Geis
7. Kamera: Josef Illig/Ton: K.A. Keller/ Schnitt: Gottlieb Madl
8. Ferner wirken mit: Justus Paris/Hans Kraft/H.B. Benedikt/Georg Holl/Lothar Mayring
9. Tonsystem/Tobis-Klangfilm
10. Im Verleih der/Bayerischen/Filmgesellschaft m.b.H.
weitere Angaben bei ⑨ »Atelier: Geiselgasteig
⑤ Länge: 575 m; Zensur: 21.9.1936 – verboten –

1937
Fragment aus Ewig Dein
Aus dem Münchner Stadtarchiv. 58 m (35 mm)
Mit Karl Valentin (im Frack), Liesl Karlstadt u. a.

Der Antennendraht auch *Im Senderaum*
Kopie Stadtmuseum 533 m (35 mm)
Kopie »Atlas Schmalfilm« 209 m (16 mm). Titel:
1. Der Antennendraht
2. mit/Karl Valentin/und/Liesl Karlstadt
3. Spielleitung:/Joe Stöckel
4. Bild:/Karl Attenberger
5. Tonsystem: Tobis Klangfilm Afifa-Tonkopie
⑨ Der *Antennendraht.* Produktion: Arnold & Richter GmbH; Regie: Joe Stöckel; Kamera: Karl Attenberger; Länge: 533 m; Verleih: Forum/Verleihkreis; Zensur: 13. 10. 1938 jfr. Karl Valentin (Der Eindringling), Liesl Karlstadt (Die Ansagerin), Joe Stöckel

1937 oder 1938
Selbst Valentin macht mit
Kopie Stadtmuseum 72 m (35 mm)
und
Nur nicht drängeln
Kopie Stadtmuseum 73 m (35 mm)
⑥ Regie: Carl Heinz Wolff. Tiller Film im Auftrag der Deutschen Sparkasse. Zwei Werbefilme, an denen mitzuwirken sich Valentin erst nach langem Zögern bereitfand. Er selbst, erklärte er den Auftraggebern, habe nie ein Sparbuch besessen.

1938
München
Kopie Stadtmuseum 835 m (35 mm)
Regie: Ulrich Kayser, Drehbuch: Hans Wiedmann, Kamera: Heinz Schnackertz, Musik: Richard Strauß, Carl Ehrenberg. Ein Film der Bavaria Filmkunst, Tonsystem: Tobis Klangfilm.
Kulturfilm über München mit einem kurzen Auftritt von K. Valentin in der »Nacht der Amazonen« (Variation des Spritzbrunnenaufdrehers). Länge: 12 m (35 mm). Der Film wurde auf persönlichen Wunsch von Hitler verboten, vermutlich, weil seine Rolle als Bauherr des neuen München unterbewertet schien.

1941
Der Tobis-Trichter
Volkshumor aus deutschen Gauen
Kopie Stadtmuseum 468 m (35 mm)
Regie: Hans Albin, mit Adolf Gondrell, Karl Valentin, Liesl Karlstadt, Weiß Ferdl. Der Film enthält den Sketch »In der Apotheke« mit K. Valentin und L. Karlstadt (von der Bühne abgefilmt); Länge: 102 m (35 mm). Außerdem ein Sketch mit Adolf Gondrell, »Der Buchladen«, und eine komische Musiknummer mit Weiß Ferdl, »Das Lied von der Resei«. A. Gondrell, K. Valentin und Weiß Ferdl haben zum Schluß des Films einen gemeinsamen Auftritt an einem Wirtshaustisch vor Wein, Milch und Bier mit den säuerlichsten Mienen, die die Komiker ziehen konnten.

Verschollene Filme
Hier werden nur Titel und Angaben aufgeführt, die zumindest den Anschein erwecken, etwas mit einem tatsächlich gedrehten Film zu tun zu haben. Titel und Angaben, die sich erkennbar nur auf Filmideen und dgl. beziehen, werden weggelassen.

1912
Karl Valentins Hochzeit, 1. Fassung
siehe dieser Titel bei den »vorhandenen Filmen«.
Stimmen die Hinweise bei ② und ⑧, und ist der »vorhandene Film« die 2. Fassung, dann geht die 1. Fassung ab. Möglicherweise aber ist die erste Fassung das völlig mißglückte Unternehmen, von dem in Bertl Valentin: »Du bleibst da, und zwar sofort!« auf Seite 154 berichtet wird. (Siehe auch *Als Karl Valentin filmte* von Walter Jerven, Filmkurier 22. 9. 1929.)

1914
Der Einbrecher
Einziger Hinweis ist ein Zwischentitel des fragmentarischen Materials »Karl Valentin privat und im Atelier«/1913 und später.

nach 1914
Erbsen mit Speck oder *Ein Teller Erbsensuppe*
»Dann haben wir im ersten Weltkrieg, wieder mit Peter Ostermayr, einen Streifen ›Erbsen mit Speck‹ gedreht, der mir in besonders fürchterlicher Erinnerung ist, denn seitdem kann ich auch dieses Gericht nicht mehr riechen« (aus Karl Valentin: Jugendstreiche). Bei ① ist als allerletzter Titel, für das Jahr 1941, ein »Erbsen mit Speck« (lt. Peter Ostermayr) zu finden.?
Bei ③ ist der Film mit 1911 datiert und als »Ein Teller Erbsensuppe« bezeichnet.
⑦ Nach einem Manuskript von Peter Ostermayr wurde der Film im 1. Weltkrieg gedreht.

ca. 1914/15
Karl Valentin auf der Wiese bzw. *Oktoberwiese* bzw. *Festwiese*
⑦ Erste Fassung von »Karl Valentin und Liesl Karlstadt auf der Oktoberwiese« von 1923. Der Film wird insgesamt viermal erwähnt: Walter Jerven 1929; Deutsche Filmzeitung 3/1929; Reichsfilmblatt 10/1930; Filmkurier 17. 9. 1925

1920
Der Kinematograph
bislang in keiner der Quellen zu finden. Der Hinweis stammt aus der »Zulassungsarbeit zur 1. Prüfung für das Lehramt an Volksschulen II/1965 von Irina Quaas, Die Zwanziger Jahre in München (Film), Historischer Überblick in pädagogischer Sicht.«
Seite 119 (2. 12. Indra Film Rolf Raffé): »Daneben drehte Raffé auch eine Anzahl Filme mit Karl Valentin. Im Jahr 1920 entstand als erster Film ›Der Kinematograph‹. Neben Karl Valentin spielten die beiden hervorragenden Komiker August Junker und Alois Höhnle, die beiden Chefs des Apollo-Theaters. Im Film

»Mein erster Film 1911«

ging es um drei mißtrauische Ehefrauen, die ihren Männer, als sie abends gemeinsam ›ins Gasthaus‹ gingen, nachspionierten. Eine der drei Frauen versteckt in der Tasche ihres Mannes einen kleine Filmapparat, der den ganzen Bummel der drei aufnimmt. Bei einem Treffen der Ehepaare führt sie den Film vor, es kommt zu einem Riesenkrach, der am Schluß jedoch mit einer Versöhnung endet.«
Herr Raffé bestätigt diesen Film als Beiprogrammfilm. Er wundert sich, daß die ausgezeichneten und populären Komiker Junker und Höhnle heute vergessen seien. Valentin hätte ihm den letzten Nerv geraubt, da er zu Drehbuchgesprächen nur bei Regenwetter auf der Theresienwiese bereit war: »Jetzt regnet's, jetzt können wir auf der Theresienwiese Manuskriptbesprechung machen.«

1920 oder 1921
Zirkus Schnabelmann
① Zirkus Schnabelmann, 1920
② Im »Zirkus Schnabelmann« spielte er 1920 den Diener (Weißblau-Film)
③ Zirkus Schnabelmann, 1920
④ Zirkus Schnabelmann, 1920 oder 1921
⑤ Cirkus Schnabelmann, 1920
⑧ Zirkus Schnabelmann, 1920
Zirkus Schnabelmann (2 oder 3aktiges Lustspiel von Toni Attenberger, München, Kaulbachstr. 77, Telefon 32928, gespielt von Münchner Darstellern mit Valentin und August Junker (. . .) der Film wurde 1921 gedreht, im Weißblau Film-Atelier von Hofschauspieler Nadler, Schellingstraße, Operateur Karl Attenberger, Theresienstraße 250/4 (?)«

Ca. 1920 bis 1921
Der dritte Schlüssel
①, ③, ④, ⑤ Der dritte Schlüssel 1921
② Den Amtsdiener spielte er in dem Film »Der dritte Schlüssel« (Regie Weigert 1921)
⑧ Der dritte Schlüssel (Weigert) 1921
»Der dritte Schlüssel« (2 oder 3aktiges Lustspiel)
Dieser Film wurde ungefähr 1920 im Geiselgasteig-Atelier gedreht. Regie August Weigert, derselbe wohnt München Nikolausstr. 10, Tel. 35953 und könnte näheres über den Film berichten.

1921
Drei Stunden im Himmel
⑥ Nach einem Hinweis von Herrn Mc Dowell: Uraufführung 1921. Monachia.
⑦ Möglicherweise liegt hier die Verwechslung eines Films mit einem Sketch vor; der Sketch »Drei Stunden im Himmel« wurde am 1. 10. 1921 auf der Monachia-Bühne uraufgeführt.

Ca. 1920 bis 1922
Die Schönheitskonkurrenz
① Die Schönheitskonkurrenz
② Den widerlichen Rummel der »Miss- und Schönheitswettbewerbe« meist geistloser Busen- und gefälliger Bein-Besitzerinnen parodierte schon im voraus der Film »Schönheitskonkurrenz«, in dem Valentin den »mageren Mann« verkörperte (1920 – Reinert im Ungereratelier)
③ Die Schönheitskonkurrenz (R: Robert Reinert?)
④ Die Schönheitskonkurrenz, um 1920
⑤ Die Schönheitskonkurrenz, 1920
⑧ Die Schönheitskonkurrenz, Robert Reinert, 1920

Die Schönheitskonkurrenz, ca. 1920/22

»Schönheitskonkurrenz« ein sechsaktiker Film von Robert Reinert, wurde ungefähr 1922 im Bavaria-Atelier München, unter Regie Reinert gedreht. Die Aufnahmen waren von Lersky Berlin. Näheres über den Film Schönheitskonkurrenz wäre bei der Witwe Frau Reinert, Berlin (Adresse bei Emelka) zu erfahren.

Film mit Ernst Udet
① Udetfilm 1922
② Es folgten: Detektiv in einem Udet-Film unbekannten Titels 1922 (Regie Mennert)
⑤ Ein Ernst-Udet-Film (Titel unbekannt, Regie: Mennert) 1922
⑧ Udet Film Telefonscene (Regisseur Mennert – Titel unbekannt 1922)
»Detektiv Sportfilm« Titel unbekannt, wurde ung. 1920 im Trafilkoatelier Nymphenburg gedreht von Herrn Könen, Regisseur, näheres könnte Flieger Udet, der die Hauptrolle drin spielte, wissen.

Verfilmte Anekdoten von Rolf Raffé
① Filmanekdoten von Rolf Raffé
② »Verfilmte Anekdoten« (Rolle Baron – Raffé – Trafilko-Atelier 1922)
③ Verfilmte Anekdoten (R: Rolf Raffé?)
④, ⑤ Verfilmte Anekdoten 1922
⑧ Rolf Raffé Filmanekdoten 1922
»Verfilmte Anekdoten von Rolf Raffé« Valentin spielt einen Baron, dieser Film wurde ungefähr 1920 im Trafilkoatelier gedreht, Raffés Wohnung Goethestraße.
Herr Raffé kann sich nicht erinnern, einen Film dieses oder ähnlichen Titels mit Valentin gedreht zu haben. Er meint, es habe sich um eine Zeitungsserie gehandelt.

1922 oder 1923
Die harten Köpfe
①, ③, ④, ⑤ Die harten Köpfe
② In den »Harten Köpfen« gab er 1923 den spindeldürren Grafen (Regie Reiner – Trafilko-Atelier)
⑧ Die harten Köpfe 1922
»Die harten Köpfe« (2 oder 3aktiges Lustspiel) wurde ung. 1922 im Trafilkoatelier von Karl Attenberger gedreht, finanziert von Simader Kostümfabrik, Neuturmstraße

1923
Orchester und Fliegerszene(n)
① Monachiabühne: Orchester- & Fliegerszene
② Er begann damit, seine Bühnenszenen in den Film zu übersetzen: »Orchester« und »Fliegerszene« (Monachia, 1923)
③, ⑤ Orchester und Fliegerszenen 1923
④ Orchesterszene und Fliegerszene 1923
⑧ Monachiabühne mit Val. Orchester und Fliegerscene 1923 (unleserlich). Möglicherweise Verwechslung mit dem Udetfilm?

1928
Orchesterszene und Opel
① Orchesterszene (Berliner Opelschau)
② In einer Opelwochenschau wurde 1928 die Orchesterszene aufgenommen
③ »Orchester« (die Opelwochenschau enthält diese Szene)
⑤ Orchester Opelwochenschau 1928
⑧ Berlin Orchesterszene Opelschau 1928

1928 oder 1929
Schreinerwerkstätte
① Schreinerwerkstätte (Tonfilm) 1929
② In einer »Imitation« des Tonfilms »Die Schreinerwerkstätte« kam 1928 endlich auch die Kunst der Wortverdrehung zur Geltung. Ab 16. Februar wurde er im Apollotheater neben der Bühnenszene des Orchesters gezeigt.
③, ⑤ In der Schreinerwerkstätte
⑧ Tonfilm Schreinerwerkstätte 1929

1929
Valentins Wochenschau oder *Valentins humoristische Wochenschau*
① Valentins Wochenschau 1929
② »Valentins humoristische Wochenschau« stichelte auf manche Lokalschrulle, wie das Aufreißen der Straßen zur Zeit des Fremdenverkehrs und die bis heute währenden Umleitungen
③, ④, ⑤ Valentins humoristische Wochenschau 1929
⑧ Valentins Wochenschau 1929

Nach einem von Michael Schulte und Peter Syr publizierten Text (in: Karl Valentins Filme, München 1978, S. 214) stammt der Film von 1939: Wochenschau von Karl Valstadt und Lisl Karletin.

Mondflug und Raketenflugzeug
①, ④, ⑧ Mondflug und Raketenflugzeug 1929

Fernkino
①, ⑧ Fernkino 1929
Für die als immer realisierbarer erscheindende Möglichkeit des Fernsehens war genau um diese Zeit (1928/29) der Name Fernkino im Gebrauch.

Die verhexten Notenständer
einzige Quelle:
⑨ Produktion: Tonbild-Syndikat; Länge: 470 m; Zensur: 4.2.1931 jfr., wahrscheinlich ein Film mit Karl Valentin

Snip, der springende Punkt
nur Titel und Jahreszahl erwähnt bei: ①, ③, ④ und ⑤

1934
Der Geizhals oder *Der Geizige*
① Der Geizige 1934
⑨ *Der Geizhals;* Produktion: Bavaria Film AG; Regie: Franz Seitz; Musik: Toni Thomas; Atelier: Geiselgasteig; Länge: 597 m; Zensur: 20.6.1934 jv. Joe Stoeckel, Liesl Karlstadt?

1936
Der Bittsteller
⑨ Der Bittsteller. Produktion: Arnold und Richter, München; Regie: Erich Engels; Drehbuch: Erich Engels, Reinhold Bernt; Atelier: Arri (7-1936); Länge: 419 m; Verleih: Ursprünglich für Terra-Filmverleih GmbH gedreht; Zensur: 4.4.1938 jfr.
Karl Valentin, Liesl Karlstadt (der Kommerzienrat); Reinhold Bernt (der Diener), die kleine Lydia Methner.

Anmerkung: Der schon 1936 gedrehte Film wurde erst 1938 von der N.F.K., Erich Engels eigener Produktionsfirma, zur Zensur gebracht. Nach dem Verbot des Films *Die Erbschaft* im September 1936 dürfte eine Zensurvorlage des im Juli gedrehten Films im Jahre 1936 nicht opportun gewesen sein.

Du bist mein Glück
nur bei ① evt. identisch mit *Ewig Dein??*

1937
Kohlenreklame
① Kohlenreklame (Braunkohlensyndikat) 1937
② Kohlenreklame (1937 – Für das Braunkohlensyndikat)
③ Im Senderaum – dazu ein Werbefilm »Kohlrenreklame«
④ Kohlenreklame (für das Braunkohlensyndikat)

Ewig Dein
① Ewig Dein 1938
② Ewig Dein 1932, ebenso ③, ④, ⑤
⑨ Ewig Dein. Produktion: Arnold & Richter KG, München; Regie: Erich Engels; Drehbuch: nach einem Bühnenstück von Ferner & Neal; Kamera: Edgar Ziesemer; Aufnahmeleitung: Höhn; Ton: Ferdinand Haubmann; Außenaufnahmen: Baierbrunn im Isartal; Länge: 555 m; Verleih: Terra Filmkunst GmbH; Zensur: 4.4.1938 jfr.
Karl Valentin, Liesl Karlstadt, Philipp Weichandt, Irene Kohl, Otto Brüggemann, Franz Loskarn, Erika Fischer, Carmen Becker.
Der Filmkurier vom 15.11.1937, S. 55 nennt als weiteren Mitwirkenden Josef Eichheim.

Der Bittsteller (Foto: Hilbinger)

Die Valentin-Rezeption nach 1945

Ein Gutes haben meine Augenblicke der Verzweiflung: sie bereiten mich allmählich auf den Augenblick des großen Lachens vor.
Paul Léautaud: Literarisches Tagebuch

So, wie sich allmählich im deutschen Sprachgebrauch der Ausdruck ›kafkaesk‹ als Kürzel für eine unheimliche Alltäglichkeit eingebürgert hat, findet sich in letzter Zeit immer häufiger in Feuilletons »valentinesk« als Eigenschaftswort für Querdenken, Sprach- und Situationskomik. Valentin ist heute kein Unbekannter mehr und längst dem Geheimtip-Status entwachsen.

Progressive Literaten wie Herbert Achternbusch[1]), Vlado Kristl[2]) oder Urs Widmer[3]) berufen sich auf ihn oder zitieren ihn, wie zu Valentins Lebzeiten Bertolt Brecht[4]), Kurt Tucholsky[5]) oder Lion Feuchtwanger[6]). Mit mehr oder weniger Geschick werden seine als unnachspielbar geltenden Stücke wieder aufgeführt[7]). Vor allem Filmemacher und Filmtheoretiker goutieren ihn und begrüßen ihn in ihren Reihen. Die Zeitschrift »Filmkritik« widmete ihm eine Sondernummer[8]). Valentins Filme wurden wieder ausgegraben und der Öffentlichkeit mit großem Erfolg in Retrospektiven zugänglich gemacht[9]). Das Valentin-Musäum in München ist ständig überfüllt.

Grabstein Karl Valentins auf dem Planegger Waldfriedhof

Beerdigung am 11.2.1948

unten: Weiß Ferdl am Grab Valentins

Die Gründe für den posthumen Erfolg sind vielfältig. Im Gegensatz zu dem älteren Nestroy, der frappierende Analogien zu Valentin aufweist[10]), ist das Werk Karl Valentins nicht nur in Büchern oder im Theater nachzuvollziehen, sondern seine multimediale Arbeitsweise fördert im nachhinein eine ungewöhnliche Verbreitung in fast allen Medien: Fernsehen, Film, Rundfunk, Schallplatte, Theater, Museum und Buch. Valentin kann man zu Hause genießen, man muß nicht zu ihm gehen. Ähnlich den großen amerikanischen Komikern wie Charlie Chaplin oder Buster Keaton kann die Komik Valentins von allen gleichermaßen verstanden werden. In diesem Sinne ist er nicht eigentlich ein bayerischer Komiker, wie etwa Weiß Ferdl. Valentin ist nicht nur volkstümlich, nicht nur bayerisch, nicht nur für Intellektuelle, nicht nur für Filmkenner interessant. Er verkörpert mit seiner Partnerin Liesl Karlstadt eine Konsequenz im Reden und Tun, die die Schranken zwischen den einzelnen gesellschaftlichen Gruppierungen zumindest zeitweilig aufhebt.

Gleichzeitig mit der Valentin-Renaissance erschien eine Vielzahl von Publikationen. Der Schriftsteller Michael Schulte hat sich schon frühzeitig des Werkes Karl Valentins angenommen. 1961 erschien die erste Ausgabe der Schriften Karl Valentins unter dem Titel »Karl Valentins gesammelte Werke«[11]), der Michael Schulte als Herausgeber die »Sturzflüge im Zuschauerraum. Der gesammelten Werke anderer Teil«[12]) 1969 folgen ließ. 1973 fungierte er als Herausgeber einer bunten Mischung von Texten Valentins, Texten über den Komiker und Fotos[13]). 1978 faßte er alle bisher veröffentlichten Texte in einer Sonderausgabe mit dem Titel »Alles von Karl Valentin«[14]) zusammen. Dieser Titel ist trügerisch, da »ca. zwanzig Prozent des Valentinschen Werkes – und das betrifft hauptsächlich seine Produktion ab 1942 – bis heute nicht zur Veröffentlichung freigegeben wurden[15]).

Die Gründe dafür – will man den Herausgebern und Nachlaßverwaltern glauben – liegen in der angeblich geringen Qualität.«[16]) Axel Hauff zufolge liegen die Gründe für die Zurückhaltung nicht im Qualitätsverlust, sondern im Schwinden der Komik zugunsten einer politischen Stellungnahme im Spätwerk Karl Valentins[17]). Nach einer über 10jährigen Herausgebertätigkeit hätte Michael Schulte zumindest in seiner Nachbemerkung darauf hinweisen müssen. Außerdem ist es für den Benutzer dieses Buches nicht unerheblich zu wissen, zu welchem Zeitpunkt die einzelnen Werke entstanden sind. Diese Zeitangaben fehlen in fast sämtlichen Schriften, so daß der Eindruck nicht besonders gründlicher Recherchen entsteht, der sich verstärkt, betrachtet man das Buch »Karl Valentins Filme«[18]), wiederum herausgegeben von Michael Schulte zusammen mit Peter Syr. Der als verschollen angegebene Film *Der Bittsteller* wurde als Fragment in der Berliner Retrospektive gezeigt[19]). Die wohl umfassendste, wenn auch mit Fehlern behaftete Biographie stammt ebenfalls von

Michael Schulte[20]). Die zum Teil unkorrekten Darstellungen dieser – in der Tendenz richtigen – Beschreibung des Lebens und Werks sind auf die beschränkte Quellenlage des Autors zur Zeit der Veröffentlichung zurückzuführen.

Teilweise verbessert wurde die Materialsituation durch die Lebensbeschreibung der Valentin-Tochter Bertl Valentin[21]) und den großzügig gestalteten Materialband von Erwin und Elisabeth Münz[22]). Kenntnisreich ist die Darstellung des Valentin-Freundes Wilhelm Hausenstein. Diese 1948 geschriebene Skizze der Persönlichkeit Karl Valentins wurde nach einer Taschenbuchausgabe 1976 als Prachtband wiederveröffentlicht mit großartigen Maskenfoto-Reproduktionen, zu denen allerdings sämtliche Quellenangaben fehlen[23]).

Tabletten und Rauchwaren – der Inhalt der Nachttischschublade Valentins. Aufnahme vom Tag nach seinem Tode am Rosenmontag 1948

Ulrich Kurowski von der Münchner Film- und Fernseh-Akademie sammelt seit Jahren jede verfügbare Sekundärliteratur. Aus der unübersehbaren Fülle von Zeitungsartikeln und kleineren Untersuchungen, die mittlerweile mehrere Aktenordner füllen, veröffentlicht er in loser Folge die »Karl Valentin Fundsachen« in Zeitschriftenform[24]).

Inzwischen wurde Karl Valentin die Klassikerweihe beider deutscher Staaten zuteil. Reclam-Ost und Reclam-West veröffentlichten beide eine Auswahl aus seinem Werk. Die Nachworte beider Ausgaben bieten gleichermaßen nichts Neues[25]).

Karl-Valentin-Straße in München-Forstenried

Fünf ausführlichere wissenschaftliche Untersuchungen sind dem Verfasser bekannt. Die Magisterarbeit des Amerikaners Siegfried Richard Christoph beschäftigt sich, wie auch Manfred Geier, aus linguistischer Sicht mit der Sprachtechnik Valentins[26]). Die Untersuchung Axel Hauffs versucht – materialistisch orientiert –, Valentin zum klassenkämpferischen Kleinbürger umzuinterpretieren. Diese Funktionalisierung im Sinne einer ›Kapitalkurs‹-Ideologie wirkt durchgehend verkrampft und gewollt, bietet aber mit ihrem Hinweis auf die gesellschaftliche Bedingtheit der Helden Karl Valentins einen neuen Ansatz, der in Zukunft nicht ausgeklammert werden kann[27]).

Aus theaterwissenschaftlicher Sicht nähert sich Klaus Pemsel dem Gegenstand. Sein Verdienst ist es, in mühseliger Kleinarbeit die historische Lage der Volkssängerbühnen und Varietés im Zeitraum 1890-1930 umrissen zu haben[28]).

Alle Seiten des Valentinischen Werks will Helmut Schwimmer in seiner umfassenden Analyse abdecken[29]). Die aus diesem Grunde sehr oberflächliche Untersuchung mit »einem Curriculum und Modellen für den Deutschunterricht« ist eher abschreckend, als dem Werk Valentins förderlich. Schwimmer macht es sich zu einfach, indem er die »vier Grundbedingungen der Valentinischen Komik« analysiert, diese in ein festes Korsett preßt und mit Zitaten der Klassiker der Theorie untermauert. So wird. u. a. Valentins Gestalt als häßlich interpretiert, eben weil Freud festgestellt hatte: »Gegenstand der Komik ist das Häßliche in irgend einer seiner Erscheinungsformen«[30]). Solche Simplifizierungen ziehen sich durch die ganze Untersuchung. Dennoch macht der Text auf ein spezifisches Problem aufmerksam: die Schwierigkeit, über Valentin wissenschaftliche Aussagen zu treffen. Valentin selbst hat den wissenschaftlichen Sprachjargon so treffend bloßgestellt, daß jeder Versuch, ihn in seinem Falle wieder einzuführen, lächerlich wirken muß.

Karl Valentin-Apotheke in Planegg

Der Regen ist eine primöse Zersetzung luftähnlicher Mibrollen und Vibromen, deren Ursache bis heute noch nicht stixiert wurde. Schon in früheren Jahrhunderten wurde der Versuch gemacht, Regenwasser durch Glydensäure zu zersetzen, um binocke Minilien zu erzeugen . . .[31])

Außerdem muß endlich der eingeschränkten Materiallage ein Ende gemacht werden. Der von Karl Niessen 1953 erworbene Nachlaß liegt seit 1959 im Theatermuseum Porz-Wahn des Instituts für Theaterwissenschaft der Universität Köln[32]). Obwohl im Besitz der Universität Köln, darf das Material ohne Erlaubnis der Witwe Karl Niessens nicht veröffentlicht werden. Diese unhaltbare Situation verhindert, daß das Werk Valentins in seiner ganzen Breite bekannt und verfügbar wird.

Insgesamt muß festgestellt werden, daß die Renaissance dem Autor eher geschadet als genützt hat. Die Werkausgaben, Gesamtdarstellungen und Untersuchungen sind zu oberflächlich und auf Schnelligkeit hin produziert. Einerseits ist man sich der Bedeutung dieses Komikers bewußt, andererseits behandelt man ihn wie einen bayerischen Volkswitz. Die Ernsthaftigkeit und Gründlichkeit, die dem Werk Nestroys entgegengebracht wird, fehlt.

Es gibt allerdings Ansätze und Ausnahmen, die hier nicht übergangen werden sollten. Abgesehen von den immer wieder zitierten Standardaussagen Brechts und Tucholskys und einigen zeitgenössischen Würdigungen[33]) analysierten vor der Valentin-Renaissance Hans Scheugl und Ernst Schmidt seine Filme und leiteten damit das spätere große Publikums- und Theoretiker-Interesse ein[34]). Ebenfalls zu Recht nahmen Scheugl und Schmidt Valentin in ihre »Subgeschichte des Films« auf, als ein frühes Beispiel des »Expanded Cinema«[35]). Karl-Heinz Ludwig vergleicht Valentin und Platon und kommt zu dem Schluß: »Valentins gesamtes Werk ist eine Todesanzeige auf den Rationalismus, auch und besonders da, wo es ein Versuch seiner Rettung ist. Anstatt eine Ideenlehre zu vermitteln, demonstriert es die Leere bloßer Ideen«[36]). Besonders hinzuweisen ist noch auf den Aufsatz von André Gerely »Der Volkssänger als Volksfeind«, in dem der Autor Valentin nicht nur vor den Bayern in Schutz nimmt, sondern Valentins Bösartigkeit seiner Heimatstadt gegenüber offenlegt[37]).

Enthüllung der Gedenktafel an Valentins Geburtshaus, 1954 (im rechten Fenster Liesl Karlstadt)

Gedenkplakette an Valentins Haus in Planegg

Anmerkungen

1) vgl. Herbert Achternbusch: Neues von Ambach. in: H.A.: Land in Sicht. Frankfurt a. M. 1977, S. 84ff.
2) vgl. Vlado Kristel: Die Art des Sagens. in: Karl Valentin Fundsachen I. S. 5f.
3) vgl. Urs Widmer: Eine letzte Rede. in: Die Zeit. Nr. 26, 1979
4) vgl. Bertolt Brecht: Karl Valentin. in: Gesammelte Werke. Frankfurt a. M. 1967, Bd. 15. S. 39
5) vgl. Kurt Tucholsky: Der Linksdenker. in: T.K.: Deutschland, Deutschland über alles. Berlin 1929 (Reprint Reinbek bei Hamburg 1973). S. 134ff.

Bronzebüste von G. Thieme, um 1940. Die Büste enstand nach einem Gipsabdruck, für den sich Valentin zur Verfügung gestellt hatte

Karl-Valentin-Brunnen am Münchner Viktualienmarkt

6) vgl. Lion Feuchtwanger: Erfolg. Drei Jahre Geschichte einer Provinz. Roman. 2. Bd. Frankfurt a.M. 1975 (= Fischer Taschenbuch). In diesem Roman ist der Komiker Balthasar Hierl ein Porträt Karl Valentins.
7) vgl. Arno Paul: Valentin ohne Valentin. Vom produktiven Widerspruch, Karl Valentins Stücke ohne ihren Autor zu spielen. In: Theater heute. Nr. 8, 1977. S. 24ff.
8) vgl. Filmkritik. August 1976
9). Valentin-Filmschau. Münchner Stadtmuseum vom 27.4.–3.6.1976
Karl Valentin und Liesl Karlstadt. Arsenal, Berlin vom 10.6.–24.6.1976
10) Hellmuth Karasek: Nestroys großer Nachfahr. In: Die Zeit. Nr. 41, 1969
11) Karl Valentin's gesammelte Werke. München 1961
12) Karl Valentin: Sturzflüge im Zuschauerraum. Der gesammelten Werke anderer Teil. München 1969
13) Das große Karl Valentin Buch. München 1973
14) Alles von Karl Valentin. München 1978
15) Auch die kürzlich erschienenen »Gesammelten Werke« bieten keine quantitative Bereicherung. Karl Valentin: »Gesammelte Werke«, 4 Bde. München 1981
16) Axel Hauff: Die einverständigen Katastrophen des Karl Valentin. in: Das Argument – Sonderband AS 3. S. 297
17) ebd., S. 298
18) Karl Valentins Filme. München 1978
19) vgl. Handzettel zu Retrospektive im Arsenal, Berlin vom 10.6.–24.6.1976
20) Michael Schulte: Karl Valentin. Reinbek bei Hamburg 1968
21) Bertl Valentin: »Du bleibst da, und zwar sofort!« Mein Vater Karl Valentin. München 1971
22) Erwin und Elisabeth Münz: Geschriebenes von und an Karl Valentin. München 1978
23) Wilhelm Hausenstein: Die Masken des Komikers Karl Valentin. München 1948. Neu: Freiburg 1958 (= Herderbücherei 22) und München 1976
24) Karl Valentin Fundsachen I-III. Herausgegeben vom Münchner Filmzentrum – Freunde des Münchner Filmmuseums e.V. Film 76, Nr. 1 – Film 77, Nr.3
25) Karl Valentin: Buchbinder Wanninger. Auswahl u. Nachwort: Rudolf Goldschmitt. Stuttgart 1978 (= Reclam Universal-Bibliothek, Nr. 9925)
Karl Valentins Lachmusäum. Mit einem »Interview auf dem Parnass«. Herausgegeben v. Horst Drescher. Leipzig 1978 (= Reclams Universal-Bibliothek Bd. 611)
26) Siegfried Richard Christoph: Karl Valentin's Topsy-Turvy World: Word Play And Criticism. A.B., University of Illinois 1972
Manfred Geier: Der »Effekt Valentin«. in: Zeitschrift für germanistische Linguistik. Nr. 7, 1975
27) vgl. Axel Hauff: Die einverständigen Katastrophen des Karl Valentin. a.a.O. S. 244ff.
28) Klaus Pemsel: Karl Valentin im Umfeld der Münchner Volkssängerbühnen und Varietés. München 1981
29) Helmut Schimmer: Karl Valentin. Eine Analyse seines Werkes mit einem Curriculum und Modellen für den Deutschunterricht. München 1977
30) ebd., S. 16
31) Alles von Karl Valentin. S. 35
32) vgl. Klaus Groneborn: Karl Valentin – Komiker und Medienhandwerker. in: Zelluloid. Nr. 4, 1978. S. 25f.
33) vgl. Karl Valentin Fundsachen I-III. a.a.O.
34) Hans Scheugl/Ernst Schmidt: Karl Valentin, der Dialektiker des Humors. I. Teil in: Film. Nr. 12, 1967. II. Teil in: Film. Nr. 1, 1968
35) vgl. Hans Scheugl/Ernst Schmidt jr.: Eine Subgeschichte des Films. Frankfurt a.M. 1974 (= Edition Suhrkamp). Bd. 1. S. 255f.
36) Karl-Heinz Ludwig: Platon und Karl Valentin. in: Neue Rundschau. Heft Nr. 1, 1977, S. 100
37) vgl. André Gerely: Der Volkssänger als Volksfeind. in: Karl Valentin Fundsachen I. S. 7ff.

Kennkarte Valentins von 1946

Die Raubritter vor München, Aufführung der Münchner Volkssängerbühne

Valentin ohne Valentin, Wiederentdeckung und Aufführungen seit 1948

Mit diesem Überblick über den anhaltenden Erfolg der Stücke Karl Valentins soll kein Anspruch auf Vollständigkeit erhoben werden. Eine lückenlose Erfassung aller Theater- und Filmaufführungen und aller Fernsehinszenierungen ist wohl kaum möglich. Versucht werden soll hier aufzuzeigen, wie der fast für vergessen gehaltene Karl Valentin im Laufe der Zeit so populär wurde, wie er es zu seinen Lebzeiten wohl nie war.

Als Karl Valentin am Rosenmontag 1948 starb, war er zwar nicht vergessen und in Nachrufen wurde des großen Münchner Humoristen und Komikers rühmend gedacht, aber er war nicht mehr gefragt. Die Radio Control Section der US-Militärregierung teilte im Mai 1946 auf die Anfrage einer Bekannten Valentins mit, dieser sei aus gesundheitlichen Rücksichten derzeit nicht in der Lage, neue Sendungen zu sprechen, was Valentin mit dem Vermerk »Unwahrheit« versah. Radio München bot Valentin im Juni 1946 zwar die Mitwirkung am »Zehnerl-Kabarett« von Hellmuth M. Backhaus an, erklärte aber »wir können uns dagegen nicht entschließen, Ihre von früherer Zeit stammenden Schallplatten heute wieder zu senden, da wir sie für nicht mehr ganz geeignet für unser Programm halten«. In einem Brief an den Kiem Pauli vom 25. Oktober 1947 beklagt sich Valentin: »Alle anderen mit Ausnahme der Eskimos und Indianer haben mehr Interesse an mir als meine ›Landsleute‹.«

Valentin war nach heutigen Begriffen nicht mehr »in«, er hatte seit Ende der 30er Jahre kaum mehr auftreten können und in der Not der ersten Nachkriegsjahre war der Beruf des Komikers auch nicht sehr gefragt. Nach seinem Tod waren sich außerdem fast alle »Kenner« einig, daß Valentin ohne die Person Karl Valentin nicht möglich sei. Bis Anfang der 70er Jahre schien es diesen Kennern geradezu ein Widerspruch zu sein, Valentin ohne Valentin spielen zu wollen. Arno Paul erklärt dazu: »Denn wie kein anderer unter den großen Dichter-Komödianten . . . hatte sich Valentin seine Rollen auf den eigenen Leib geschrieben . . . Wer Valentin leibhaft auf der Bühne erlebt hatte und mehr damit verband, als ein Stück bajuwarischer Groteskfolklore und hirnverbohrter Viecherei, dem mußte sich dieser Eindruck so stark eingeprägt haben, daß eine Ablösung der Texte von ihrem Autor-Darsteller undenkbar erschien.«

Man beschränkte sich zunächst auf die Aufführung nach und nach wiederaufgefundener Valentinfilme, auf Werklesungen und in der Presse wurden hin und wieder kurze Valentin-Szenen und echte oder erfundene Valentinaden wiedergegeben. Valentin war gerade noch gut genug als Faschingsmotto, wie beim

»Münchner Künstlerball« 1950 im Regina-Palast-Hotel, wo er unter Donner und Blitz aus den Wolken kam und witzigerweise vorschlug, ihm auf einer der Isarbrücken ein Denkmal mit geheiztem Sockel zu errichten.

Geehrt wurde Valentin bald: Bereits im Mai 1948 wurde auf Beschluß des Münchner Stadtrats eine Straße in Forstenried nach ihm benannt, am 18. Oktober 1953 wurde der Gedenkbrunnen auf dem Viktualienmarkt und am 5. September 1954 eine Gedenktafel an seinem Geburtshaus in der Au enthüllt. Aber sonst? Die Stadt ließ sich 1954 aus Sparsamkeit die Gelegenheit entgehen, einen wesentlichen Teil des Valentin-Nachlasses zu erwerben, der ging an Professor Carl Niessen am Theaterwissenschaftlichen Institut in Köln.

Valentin in den 50er Jahren läßt sich also kurz zusammenfassen und beschränkt sich allein auf München: In den Sendlinger-Tor-Lichtspielen wurden mit großem Erfolg fast immer die gleichen Valentin-Filme aufgeführt. Der Valentin-Kenner Rudolf Bach, Dramaturg beim Theater am Brunnenhof, der Ausweichbühne des zerstörten Staatsschauspiels, veranstaltete 1951 und 1952 Valentin-Lesungen, zusammen mit Valentins langjähriger Partnerin und teilweiser Mitautorin Liesl Karlstadt, ließ zum 60. Geburtstag von Liesl Karlstadt diese mit Rudolf Vogel in den Kammerspielen *Valentiniana* vortragen und sprach selbst mit der Jubilarin szenische Duette. Valentin-Schallplatten waren sehr gefragt, und der Bayerische Rundfunk, der 1946 Valentin-Schallplatten »für nicht ganz geeignet für unser Programm« gehalten hatte, rühmte sich 1953, er besitze die größte Sammlung von Tonaufnahmen, nämlich über 100 *Valentiniaden.* 1953 veranstaltete die »Münchner Illustrierte« ein »Karl-Valentin-Fest«, bei dem wiederum Liesl Karlstadt, Rudolf Bach und Rudolf Vogel auftraten und dessen Reinerlös zur Sicherung des Nachlasses Valentins und zur Förderung des Projekts eines Denkmals dienen sollte. Im Juli/August 1958 wurde anläßlich des 10. Todestages von Karl Valentin im Pavillon im Alten Botanischen Garten eine von Hannes König und Professor Carl Niessen zusammengestellte Valentin-Ausstellung gezeigt. Eine ähnliche Ausstellung war im Oktober 1958 in einem Zelt auf der Auer Dult zu besichtigen. Das Material dieser Ausstellung bildete den Grundstock für das am 19. September 1959 eröffnete Valentin-Musäum von Hannes König im Isartor. Zugunsten der Errichtung dieses Museums fanden im Laufe des Jahres 1959 verschiedene Veranstaltungen statt, bei denen kleinere Valentin-Stücke aufgeführt wurden. Damit ist Valentin in den 50er Jahren schon »abgehandelt«. Man dachte an ihn, man ehrte ihn, man stellte ihn aus, aber man führte ihn nicht auf.

Am Beginn einer anfangs der 60er Jahre einsetzenden »Valentin-Renaissance« stand die Herausgabe von Karl Valentins gesammelten Werken bei Piper im Jahre 1961. Feuilletonredakteure besprachen das Buch ausführlich, kleinere Sketches wurden in den Zeitungen abgedruckt. Aber nicht in Valentins

Vaterstadt München, sondern in Wien, am kleinen Haus des Burgtheaters, dem Akademietheater, wurde Valentin ohne Valentin auf der Bühne gespielt: Axel vom Ambesser inszenierte im Februar 1961 den *Firmling*, zusammen mit Fritz von Herzmanovsky-Orlandos »Zerbinettas Befreiung«. Im April 1962 »wagten« die Kammerspiele im Werkraumtheater ebenfalls den *Firmling* in der Inszenierung Axel von Ambessers auf die Bühne zu bringen, mit Rudolf Vogel in der Rolle Valentins und Ruth Drexel statt Liesl Karlstadt. Eine weitere Inszenierung brachte im Mai 1962 die Münchner Volkshochschule zusammen mit dem Valentin-Musäum im Apollo-Saal an der Dachauer Straße; zur Aufführung kamen u.a *Der Theaterbesuch, Die Orchesterprobe* und *Der Taucher.* 1962 wurde im Freiburger Kellertheater auch erstmals Valentin vom Dialekt losgelöst auf hochdeutsch gespielt um, wie A. Paul meint, »die bohrend-verwirrende Sprachlogik und somit Valentins Beziehung zum Absurden Theater herauszustellen«. In einer Sondervorstellung des Münchner Merkur wurden im April 1964 im Kongreßsaal des Deutschen Museums unter dem Motto *Zu Gast bei Karl Valentin* u. a. *Die Orchesterprobe* und *Der Umzug* mit Georg Blädel und Herbert Hisel aufgeführt. Im Oktober 1964 brachte der Puppenspieler Johann Schmid in seinem Marionettentheater Marionetten von Karl Valentin und Liesl Karlstadt auf das Oktoberfest. 1965 »entdeckte« das Fernsehen den Theaterautor Valentin: Nachdem in früheren Jahren schon ab und zu alte Valentin-Filme gezeigt worden waren, brachte das Fernsehen nun eine Neuinszenierung der *Raubritter vor München,* in der u.a. Michl Lang, Walter Sedlmayr und Erni Singerl mitwirkten. Wie oben erwähnt, wurden Valentin-Filme schon in den 50er Jahren in Filmtheatern wieder aufgeführt. 1967 fand im Rahmen der Wiener Filmwoche »Viennale« ein ganzes Valentinfestival statt: 7 Tage lang wurden in täglich zwei Vorstellungen alte, zum Teil lang verschollene Valentin-Filme gezeigt. Im Juni 1967 kamen im Rahmen eines Festabends zum 85. Geburtstag Valentins im Künstlerhaus u. a. *Die Orchesterprobe* und *Der Theaterbesuch* zur Aufführung.

Ende der 60er Jahre begann sich auch im Ausland das Interesse an Karl Valentin zu regen. 1969 kamen an die Erben Valentins Anfragen aus Italien und Schweden, in denen um Überlassung der Bühnenrechte für diese Länder angesucht wurde. Im gleichen Jahr begannen Verhandlungen mit dem Henschelverlag Kunst und Gesellschaft in Ostberlin, der seit 1970 die Bühnenrechte für Valentins Werke in der DDR wahrnimmt und zahlreiche Bühnen in der DDR spielten und spielen, wie noch gezeigt werden wird, Valentins Stücke mit großem Erfolg.

Im Mai 1969 brachte das Münchner Theater der Jugend Valentins *Firmling* zusammen mit Ionescos »Unterrichtsstunde« auf die Bühne. Eine Ausstellung im Pavillon im Alten Botanischen Garten zeigte »noch nie Gezeigtes« aus dem

Archiv des Valentin-Musäums und am Planegger Haus Valentins wurde Ende 1969 noch eine Gedenkplatte für den immer berühmter werdenden ehemaligen Bürger der Gemeinde angebracht. Auch in Berlin, wo Valentin in den 20er und 30er Jahren große Erfolge gefeiert hatte, wurde er jetzt gespielt: »Die Wühlmäuse« brachten im September 1970 im »Theater an der Lietzenburger« Texte von Karl Valentin aus *Sturzflüge im Zuschauerraum* mit Werner Schwier und Dieter Hallervorden.

Ein Sonntag in der Rosenau. Werkraumtheater, Münchner Kammerspiele, Werkraumtheater, 1971

Es ist im Rahmen dieses Aufsatzes unmöglich, alle Valentinaufführungen seit Beginn der 70er Jahre zu bringen. Hier kann nur versucht werden, einen Überblick über den wahren Valentin-Boom der letzten 10 Jahre zu bieten. In seiner Vaterstadt München widmete endlich eine der renommierten Bühnen, die Kammerspiele in ihrem Werkraumtheater, Valentin einen ganzen Theaterabend: Gespielt wurden ab Februar 1971 Szenen von Karl Valentin unter dem Titel *Tingel-Tangel* von bekannten Volksschauspielern wie Christa Berndl, Ruth Drexel, Walter Schmidinger und Alfred Pongratz. Zwei weitere Valentin-Programme im Werkraumtheater folgten im Herbst 1971 und im Herbst 1973; in der *Stadtratssitzung,* im *Bittsteller,* im *Brillantfeuerwerk,* in *Familiensorgen, An Bord* und in den *Raubrittern vor München* wirkten u. a. Gustl Bayrhammer, Walter Sedlmayr und Maxl Graf mit. Auch das Bayerische Staatsschauspiel brachte im Dezember 1972 Valentin auf die Bühne, gespielt wurde u. a. der *Umzug* mit Walter Schmidinger. In München brachte im August/September 1972 auch die Münchner Volkssängerbühne in der Max-Emanuel-Brauerei einen Valentin-Abend: Georg Blädel spielte u. a. in der *Orchesterprobe,* im *Theaterbesuch* und *An Bord.* Des weiteren spielten seit den 70er Jahren folgende Münchner Bühnen Valentin: 1972 das Theater »Kleine Freiheit«, 1976 und 1977 das Freie Theater, 1978 das Bayerische Staatsschauspiel und das Intime Theater, 1979 das Bayerische Volkstheater, die Platzl-Bühne und das Baierische Raritätentheater und 1981 das Theater k, das Theater am Sozialamt und das Baierische Raritätentheater. Im Rahmen von »München Kultur« spielte ein Laienspielstudio Valentin auf der Straße. Zum »Valentinjahr« brachte das Rationaltheater im April 1982 *Valentinaden* unter der Regie von Hannes König auf die Bühne.

In den 70er Jahren wurde Valentin zunehmend in ganz Deutschland gespielt, und zwar so zahlreich, daß hier nur die wesentlichen Aufführungsorte aufgezählt werden können. Im Juni 1971 wurde in Freiburg eine von Arghyris Kounadis vertonte Oper nach dem *Verhexten Notenständer* uraufgeführt. Im Juli 1971 brachten die Westfälischen Kammerspiele Paderborn vier Stücke Valentins und im Oktober 1971 führte das Kammerspiel der Städtischen Bühne Frankfurt in Karl Valentins *Panoptikum,* u. a. mit *Zwangsvorstellungen,* dem *Reparierten Scheinwerfer* und dem *Firmling.*

Foto um 1930.
Diese Grimasse verwendet Valentin auch in einem Film mit Liesl Karlstadt von 1929

1972 kamen Valentin-Stücke im Deutschen Theater in Göttingen, im Staatstheater Darmstadt, im Theater der Stadt Bonn und an den Vereinigten Bühnen Krefeld zur Aufführung.

1973 folgten das Bochumer Schauspielhaus, die Bühnen der Hansestadt Lübeck, das Hessische Staatstheater Wiesbaden und das Schauspiel Marburg mit Valentinaufführungen.

1974 kamen Aufführungen im Theater der Hansestadt Bremen, bei den Städtischen Bühnen Münster, im Ingolstädter Stadttheater und im Staatstheater Oldenburg.

1975 griff der »Valentin-Virus« auf das Stadttheater Bremerhaven, das Schauspielhaus Düsseldorf, die Städtischen Bühnen Augsburg, die Städtischen Bühnen Osnabrück, das Staatstheater Wiesbaden und das Württembergische Staatstheater Stuttgart über,

1976 auf die Städtischen Bühnen Bielefeld, das Renitenztheater Stuttgart, die Städtischen Bühnen Freiburg, das Stadttheater Würzburg, die Landesbühne Bruchsal und das Schauspielhaus Hamburg, wo der Versuch gemacht wurde, Valentins Kunst ins Norddeutsche zu übersetzen: Valentin auf Plattdeutsch!

Der Vogelhändler, Theater der Stadt Bonn 1972

1977 spielten wieder das Theater der Stadt Bonn, die Städtischen Bühnen Osnabrück und das Schauspielhaus Düsseldorf Valentin, außerdem das Grenzlandtheater Aachen, das Kellertheater »Sandkorn« in Karlsruhe, das Staatstheater Kassel, das Theater der Stadt Trier und das Pfalztheater Kaiserslautern. Im September 1977 präsentierte anläßlich der Berliner Festwochen eine Gruppe »Wrdlbrdlbrmpf« Karl Valentin.

1978 fanden auf folgenden Bühnen Valentin-Premieren statt: Landesbühne Wilhelmshaven, Wallgraben-Theater Freiburg, Württembergische Landesbühne Esslingen, Städtische Bühnen Frankfurt, Theater der Stadt Baden-Baden, Städtische Bühnen Nürnberg, Theater der Hansestadt Bremen und Schauspielhaus Düsseldorf.

1979 wurden Valentin-Stücke am Stadttheater Koblenz, am Schillertheater in Berlin, auf den Städtischen Bühnen Krefeld, am Niedersächsischen Staatstheater Hannover und auf der Bühne der Landeshauptstadt Kiel gespielt.

1980 folgten die Städtischen Bühnen Freiburg, das Württembergische Staatstheater Stuttgart, die Städtischen Bühnen Osnabrück, das Landestheater Coburg, das Rheinische Landestheater Neuß, die Städtischen Bühnen Dortmund und das Staatstheater Saarbrücken.

1981 wurde die oben erwähnte Valentin-Oper *Der verhexte Notenständer* von der Hamburger Staatsoper-Dependence »opera stabile« aufgeführt. Im gleichen Jahr spielten das Thalia-Theater Hamburg, die Städtischen Bühnen Münster und das Staatstheater Darmstadt Valentin-Stücke.

Die Loreley, Aufführung der Städtischen Bühne Wuppertal

Und auch 1982 ist schon eine Valentin-Premiere zu verzeichnen: Auf der Niederdeutschen Bühne Flensburg.

Nicht gebracht werden können hier die zahllosen Valentin-Aufführungen von Laienbühnen, von Theatergruppen an Schulen bis zur Darbietung einer Laienspielgruppe der Bundeswehr, die vielleicht oft Valentin näher kamen als die Interpretationen an großen Theatern.

Seit 1970 wird mit zunehmendem Erfolg auch in der DDR Valentin aufgeführt. Vorkämpfer dort ist das Gerhart-Hauptmann-Theater Görlitz-Zittau, das in den letzten 12 Jahren drei Valentin-Inszenierungen herausbrachte unter den Titeln: *Grotesken von Karl Valentin, Riesenblödsinn* und *Die Raubritter vor München.* Für zunehmende Bekanntheit und Beliebtheit des Münchner »Linksdenkers« in der DDR sorgten folgende Theater: Thomas-Müntzer-Theater Eisleben, Landestheater Halle, Mecklenburgisches Staatstheater Schwerin, Elbe-Elster-Theater Wittenberg, Bühnen der Stadt Gera, Theater Prenzlau, Deutsches Theater Berlin, Landestheater Dessau, Bühnen der Stadt Magdeburg, Theater Zeitz, Städtische Bühnen Quedlinburg, Landestheater Eisenach und das Theater der Bergarbeiter Senftleben, von dessen *Karl-Valentin-Revue* das DDR-Fernsehen an Silvester 1976 eine Aufzeichnung brachte. Zu höchsten Theaterautorenehren kam Valentin 1981 durch die Aufführung von *Szenen, Stücken, Dialogen* durch das Deutsche Nationaltheater Weimar. Gespielt wurden dabei u.a. *In der Apotheke, der Firmling* und *Der Radfahrer.*

Auch im deutschsprachigen Ausland wurde und wird Valentin viel gespielt. In Wien wurde 1961, wie oben erwähnt, Valentin zuerst »ohne Valentin« auf der Bühne gespielt. 1971 spielte das Theater in der Josefstadt wieder Valentin, u.a. den *Theaterbesuch* und *Tingel-Tangel.* 1974 folgten Valentin-Inszenierungen im Wiener Theater am Schwedenplatz, wieder im Theater in der Josefstadt, 1979 am Schauspielhaus Wien und 1980 im Theater der Courage. Auch andere österreichische Bühnen entdeckten Karl Valentin.

So wurde im Rahmen der Salzburger Festspiele 1971 und 1972 von einem Straßentheater vor dem Hof des Mirabell-Schlößchens *Theater in der Vorstadt* von Oscar Fritz Schuh inszeniert. 1977 kamen Valentin-Stücke bei den Vereinigten Bühnen Graz und im Theater am Landhausplatz in Innsbruck zur Aufführung, 1979 im Theater Vorarlberg in Bregenz, 1979 und 1981 im Landestheater Innsbruck. Die Grazer Komödie spielte 1981 Valentins *Zwangsvorstellungen.*

In Südtirol brachte die Meraner Volksbühne 1977 Szenen, Dialoge und Monologe von Karl Valentin.

In der Schweiz brachte das Theater am Neumarkt, Zürich, seit 1971 drei Karl Valentin-Inszenierungen. Im Baseler Theater wurden 1971 Valentinstücke aufgeführt, ebenso 1980 in Zug vom Theater »Kulisse«.

Im Senderaum, Gerhart-Hauptmann-Theater Görlitz-Zittau, DDR

Wie oben schon erwähnt, erwachte Ende der 60er Jahre allmählich auch im fremdsprachigen Ausland das Interesse an Karl Valentin. Nach Deutschland wird Valentin am häufigsten in Frankreich gespielt. Die Übersetzer, Jean-Louis Besson und Jean Jourdheuil, haben es offensichtlich hervorragend verstanden, die Vertracktheit valentinischer Sprachkomik ins Französische zu übersetzen und die skurrile Hintergründigkeit der Stücke Valentins kommt bei den Franzosen an. Als erstes Theater in Frankreich brachte die Groupe Régional d'Action Théâtrale Saône et Loire im Januar 1976 12 Sketches von Valentin auf die Bühne unter dem Titel *Cabaret satirique d'après Karl Valentin et Liesl Karlstadt.* Diese Gastspielgruppe bereiste damit nach erfolgreicher Erstaufführung in der Cartoucherie von Vincennes ganz Frankreich und spielte u.a. in Lyon, Grenoble, Straßburg, Rouen und Liège. Im Sommer 1977 brachte das Freie Theater München den Parisern im Théâtre d'Orsay Valentin auf deutsch nahe mit *Firmling & Co.*. 1978 gastierte das Théâtre de l'atelier Bruxelles mit Valentin-Stücken im Théâtre de l'Est Parisien mit über 50 Aufführungen und begab sich anschließend mit diesem Programm auf Tournee durch Frankreich. Durch die Gruppe »Le Bastringue e.t.c.« wurden 1979 im »Café de la Gare« in Paris vier Monate lang fünf Valentinstücke, darunter *Die Orchesterprobe,* aufgeführt. Eine Gruppe »Van Kessel« aus Belgien gastierte 1980 u.a. mit rund 50 Aufführungen in Paris und in der Provinz, die Comédie Lorraine, Nancy, spielte im gleichen Jahr elf Sketches von Karl Valentin unter dem Titel *Jeux de massacre* und im Pariser Théâtre »Maria Stuart« kamen 1981 *Liesl et Karl* auf die Bühne.

Die oben schon genannte belgische Gruppe des »Théâtre de l'atelier Bruxelles« spielte ihr Programm in den Jahren 1978/79 natürlich auch in Brüssel, gastierte damit in der belgischen Provinz und neben Frankreich auch in der französischsprachigen Schweiz. 1979/80 spielten die »INS-Mannen van Dam-Theater« Valentin in Antwerpen und Utrecht. 1979 hatte das Theater Toneelraad, Rotterdam, 1980 das Theater B.K.T., Brüssel, Valentin auf dem Programm. Im Juni 1981 brachte ein Theater in Antwerpen ein *Karl Valentin Kabaret.* Ebenfalls 1981 spielte das »théâtre du Centaure« in Luxemburg 17 Kurztexte von Karl Valentin.

In Italien ging 1975 das Teatro degli Indipendenti mit *Tingel-Tangel* auf Tournee und in derselben Zeit brachte der italienische Rundfunk RAI verschiedentlich Sketches Valentins, u.a. eine Sendung unter dem Titel *Nel negozio di dischi. Farsa di Karl Valentin.*

Beim Edinburgh-Festival 1979 wurde u.a. *Karl Valentins Komiker Kabarett* durch das Umbrella-Theatre aufgeführt. Diese Theatergruppe gastierte mit diesem Programm 1980 und 1981 auch in London, Liverpool, Glasgow und wieder in Edinburgh.

Buchbinder Wanninger, Aufführung der Comédie de Lorraine 1980

Der Firmling, Théâtre de l'atelier, Bruxelles 1978

Das Christbaumbrettl, Västmanlands Länsteater 1978

Die Raubritter vor München, Berkeley Stage Theatre 1981

Zusammen mit einem Ionesco-Einakter kam Valentins *Übersiedlung* 1974 im slowenischen Nova Gorica zur Aufführung, und 1981 spielte das »City Theatre« Ljubliana ebenfalls Valentin.

In Stockholm wurde 1978 Valentin in *Kabaré Valentin* auf schwedisch gespielt und im gleichen Jahr auch vom Länsteater Västmanlands. 1980 brachte das Stadttheater Norrköping-Linköping ein Valentin-Programm *Tingel-Tangel,* und 1981 spielte das Komediteatern Stockholm Valentin unter dem (übersetzten) Titel *Unpolitische Käsereden und andere Sketches.* In Kopenhagen spielte das Folketeatret 1975 Valentinstücke, im gleichen Jahr das Finnish National Theatre in Helsinki.

In Lissabon brachte das Theater »Cornucópia« 1979 Valentin auf die Bühne. Die Gruppe »El Globus« spielte 1981 in Madrid 13 Szenen von Karl Valentin unter dem Titel *Tafalitats* und ging mit diesem Programm auf Tournee durch spanische Städte.

Und letzthin ging Valentin auch noch nach Übersee: Im »Teatro Cándido Mendes« in Rio de Janeiro wurde 1980 ein *Cabaré Valentin* aufgeführt. 1981 zeigte das Goethe-Institut in Rio de Janeiro und São Paulo eine Valentin-Ausstellung und organisierte eine Valentin-Theatertournee durch Südamerika mit über 100 Vorstellungen. Die »Berkeley Stage Company« ging 1981 mit vier Szenen von Karl Valentin unter dem Titel *Tingel-Tangel* auf Tournee durch Kalifornien.

Außer ins Hochdeutsche wurde Valentin in folgende Sprachen übersetzt: Englisch, Französisch, Italienisch, Spanisch, Portugiesisch, Schwedisch, Dänisch, Finnisch, Tschechisch, Serbrokroatisch und Japanisch.

Das Interesse an Valentin ist so groß wie nie zuvor und nimmt immer noch zu. Daß Valentin wiederentdeckt wurde, aber auch daß man es lange Zeit nicht wagte, seine Stücke auf der Bühne zu spielen, lag sicher zu einem guten Teil an den Valentin-Filmen. Sie wurden im Kino und später im Fernsehen gebracht, hielten die Erinnerung an ihn und die Interpretation seiner Stücke durch ihn wach.

Der reparierte Scheinwerfer, Stadsteatern Norrköping – Linköping 1979/80

Dem oben bereits erwähnten Valentin-Festival 1967 in Wien folgten ähnlich große Valentin-Retrospektiven, u. a. in München und in Berlin. So brachte das Filmmuseum im Münchner Stadtmuseum z. B. 1976 zehn Programme mit Filmen von Karl Valentin und Liesl Karlstadt, in denen 11 Stummfilme und 23 Tonfilme gezeigt wurden. Einzelne Aufführungen von Filmen Karl Valentins können hier nicht aufgezählt werden, sie sind nicht zähl- und registrierbar. Erwähnt seien nur noch Valentin-Filmprogramme der Goethe-Institute, z. B. in Italien, Frankreich, Griechenland und Brasilien.

In Schulbüchern werden Valentintexte Schülern zur Interpretation vorgelegt. Der Schulbuch-Verlag Schoedel in Hannover nahm 1973 Valentins *Wieviel Uhr ist es?* und *In der Apotheke* in seine Texte für die Primarstufe, vierte Jahrgangsstufe, auf. Im Literarischen Lese- und Arbeitsbuch des Verlags Aschendorff in Münster wurde ebenfalls *In der Apotheke* abgedruckt.

Mit dem zunehmenden Erfolg seiner Stücke geriet Valentin schon bald in die Hände »wissenschaftlicher Deuter«. Der Bayerische Rundfunk versuchte im Juli 1968 eine Interpretation unter dem Titel *Raubritter von Grünwald oder der Traum des Knaben Karl Valentin Fey und seine Erfüllung* und das Fernsehen (ARD) stellte im November 1968 eine *Untersuchung über die aktuelle Wirkung des valentinischen Witzes* an. In einer Dokumentation befaßte sich 1968 das DDR-Fernsehen mit Valentin. Der Valentinherausgeber Michael Schulte veranstaltete im Wintersemester 1973/74 an der Frankfurter Universität ein Valentin-Seminar. Ein von Valentin begeisterter italienischer Hochschullehrer, Angelo Statello, hielt 1974 an der Universität Florenz ein Seminar über sein Idol und wollte über Karl Valentin eine Doktorarbeit schreiben. 1975 arbeitete der Amerikaner B. Stuart McDowell an einer Dissertation zum Thema »Der Einfluß Karl Valentins auf Bert Brecht«. McDowell erklärte in einem Brief: »Meiner Meinung nach war er (Karl Valentin) ohne Frage ein Genie in einer Art, in der es Brecht nie hätte sein können. Gleichzeitig ist Karl Valentin einer der wichtigsten Komödianten, einer der wichtigsten Schriftsteller – kurz – eine der lebendigsten Theaterpersönlichkeiten des 20 .Jahrhunderts«.In Würzburg wurde 1976 ein Valentin-Seminar veranstaltet, 1977 lud die Evangelische Akademie Tutzing zu einem Valentin-Symposium ein. Im Jahr 1978 waren allein sechs Doktorarbeiten über Valentin im Entstehen. In Graz promovierte 1979 Klaus Zeyringer mit einer Arbeit über »Sprach- und Situationskomik bei Karl Valentin« und 1981 erschien in München die Dissertation von Klaus Pemsel »Karl Valentin im Umfeld der Münchner Volkssängerbühnen und Varietés«.

Zu Recht hat wohl Karl Wanninger 1978 die Gründung einer »Schutzgemeinschaft Karl Valentin gegen falsche Deuter, unerträgliche Schwätzer, Epigonen« gefordert. War denn Valentin der »Don Quichotte der Kleinkunst«, der »Komiker und Philosoph?« Valentin selbst widerlegt alle hochtrabende Interpretationskunst mit der oft »unerträgliche Schwätzer« ihn mit »intellektuellen Verrenkungen« zerdeuteln (so wieder Karl Wanninger): »Ich weiß gar net, was die Kritiker da alles finden, in meine Sachen – i will doch bloß, daß die Leut' lachen!« Das ist es wohl, was die Leut' früher zu Valentin zog und was sie heute, 34 Jahre nach seinem Tod, in Scharen zu den Aufführungen seiner Stücke zieht.

WOLFRAM SELIG

Sturzflüge im Zuschauerraum, Umbrella Theatre, Edinburgh 1979

Die Orchesterprobe, Berkeley Stage Theatre 1981

Brieftasche Valentins mit kleinem Kalender aus seinem Geburtsjahr, einem zwischen Glas gepreßten Efeublatt vom Grab seiner Eltern, einem Foto der Mutter, mehreren Andachtsbildern und dem Foto einer unbekannten Dame ▷

1882

Valentinstag

Ein paar Leute sind der Ansicht, sie könnten ihre Geistesverwandtschaft zu Karl Valentin am besten dadurch beweisen, daß sie nicht seinen runden 100. Geburtstag am 4. Juni nächsten Jahres abwarten. Sie begehen das 99. Wiegenfest, aus Gründen der Skurrilität ebenso wie als Manifestation postumer Linksdenkerei, nicht anders, als hätt's ihnen der Valentin persönlich in einem absurden Traum eingegeben.

Wer sich eine solche etwas schräge Pietät gefallen läßt und aus diesem Grunde das *Musäum* aufsucht, also Valentins halboffizielles und reichlich kraus eingerichtetes Gedächtniskabinett im Isartor, der wird dort so viele Bilder des Komikers, so viele Kuriositäten und Devotionalien finden, daß er Gestalt und Wesen des Mannes nimmermehr zu fassen vermag. Es sind die alten, immer wieder beschriebenen Gegenstände: Der Stein, auf dem Mariechen saß; ein fossiles Mieder, deklariert als Apparat zur Hebung der Milchwirtschaft; der bepelzte Winterzahnstocher; der gefangene Franzose – ein Drahtkäfig, in dem das gleichnamige Schraubwerkzeug liegt; schließlich der liegende Stehkragen und, als Kamm der Loreley, ein furchterregender Striegel. Man glaubt zu wissen: In diesen Turmzimmern residiert der reine Geist des Kalauers. Und das Klo nennen sie hier Befreiungshalle . . .

Wie aber ist es denn mit Valentins Geist überhaupt bestellt? Der Verlag Wilhelm Unverhau ist in einem winzigen Bändchen der Frage wieder einmal nachgegangen und läßt sich diese kleine Mühe vom Käufer teuer bezahlen. Gudrun Köhl und Erich Ortenau, von Musäums-Chef Hannes König im Klappentext als zwei weitere Anreger der endlos roulierenden Valentin-Diskussion vorgestellt, sparen nicht mit Kenntnissen, Anspielungen, Metaphern und Querverweisen, um die rätselhaften Spuren des Geburtstagskindes auszuleuchten. »Er ist«, heißt es da in einer gewagten Übertragung, »der Spritzbrunnenaufdreher jenes unerschöpflichen Brunnen menschlichen Leides, den er betreut – für eine Mark im Jahr. Davon muß er leben – aber wie!« Wer wollte widersprechen, potz Blitz und Rembremerdeng? Wir erfahren von der Bipolarität der Welt und der Ambivalenz aller ihrer Akteure, auch davon, daß Valentin »mit seiner Satire immer die Lindenblattstelle des deutschen Siegfried getroffen« habe, und nicht zuletzt davon, daß er »von der verflixten Wirklichkeit überrollt und desavouiert« worden sei, während den Faustus immerhin der Teufel geholt habe. Uns imponiert das mit ruhiger Hand hingeschriebene Wort, »daß ihm in seinem tramhapperten Unterbewußtsein das Loch als mythisches Element aufgestoßen sein muß«; wir machen indessen kein Hehl aus der

In seinem Couplet »Der Herr Friedensengel«. Fotomontage, ca. 1925

Unruhe, die in uns bei der Vorstellung hochsteigt, Valentin hätte diese ausdeutenden Überbauten seiner selbst zu Gesichte bekommen.

Angenommen, es ginge einer her, um auf einer Kleinkunstbühne Charlie Chaplins Brötchentanz aus dem »Goldrausch« nachzuproduzieren. Die Fans des traurigen Clowns würden wie ein Mann aufstehen und dem Imitator die Gabeln aus den Fingern schlagen. Karl Valentin erlebt eine weltweite Wiedergeburt, und die Urteile über Neuaufführungen seiner Szenen und Dialoge geraten um so günstiger, je weiter der Tatort von der Auer Entenbachstraße (heute Zeppelinstraße) entfernt ist; ließe sich daraus eine Regel ableiten, dann müßte die Neueinstudierung des »Firmlings« bei den Eskimos ungleich besser gelingen als etwa in den Münchner Kammerspielen. Die Ansichten über Valentins Nachspielbarkeit gehen weit auseinander: Während die einen Brechts Lob für den Dramatiker Valentin als Aufforderung zum Spiel verstehen, glauben die anderen, daß gerade der Schauspieler Valentin dem Schriftsteller Valentin am hartnäckigsten im Wege stehe.

Der Bayerische Rundfunk, der Valentin nach dem Krieg arg hatte hängen lassen, nahm den 99. Geburtstag zum Anlaß, um dem Komiker unter dem Vorwand der Wiedergutmachung massiv an seinen Ruf zu gehen. Man hatte ein wahres Aufgebot an guten bis drittklassigen Gaudiburschen zusammengetrommelt, um zu beweisen, daß man Karl Valentin einfach für zu lustig hält, als daß man vor seinem niedergeschriebenen Werk auch nur den geringsten Respekt haben müßte. Wenn je der Nachweis gelungen ist, daß man von Valentins Opus die nachschöpferischen Pfoten lassen sollte, dann an diesem traurigen Fernsehabend.

Intermezzo: Die Bayerische Vereinsbank präsentiert sich gern bayerisch – warum auch nicht, ihr Name gibt ihr das Recht dazu. Folglich widmet sie Karl Valentin die Titelgeschichte ihres *Geldjournals,* wobei sie dankenswerterweise nicht darauf verzichtet, auf die richtige Aussprache »Falentin« hinzuweisen. Der Autor läßt seiner Begeisterung für die »skurrilen Kostbarkeiten« des Valentin-Musäums ungeniert freien Lauf, doch macht er dies durch hervorragende Bilder wett und verschont uns zudem mit theoretischen Schwergewichten. Der Beitrag zeigt, wie man einen nichtigen Anlaß mit Anstand begeht.

Freilich kann man auch ein Ärgernis daraus machen, etwa ein Huldigungslied, von dem bereits vor Monaten die Zeitungen voll waren, das aber gottlob im Fachhandel nicht zu erhalten ist – wir sind also bei der Schilderung dieses Unfugs auf Zweitquellen angewiesen, die, wenn sie halbwegs korrekt sind, aber vollauf genügen. Der Song richtet sich an das Denkmal am Viktualienmarkt und vermerkt folgendes: »Ein Duft von Leberkäs weht zu ihm her, vom Bier, dös grad frisch o'zapft ist. Da drüb'n im Biergarten, wo er gern wär', gefiel es ihm jetzt besser, dös is g'wiß.« Und über Valentins Wirkung dichtet Texter und Komponist Horst Ackermann: »Was ham wir g'schmunzelt und g'lacht und auch a bisserl nachgedacht . . .« Hätte er wenigstens letzteres jetzt getan! Singen tut das alles die Erni Singerl, die Karl Valentin und seine »Art von Humor« noch persönlich gekannt haben soll. Es ist kaum zu glauben.

Hermann Unterstöger
(SZ 4.6.81)

Illustration von Karl Arnold aus »Brillantfeuerwerk«

Chronologisches Werkverzeichnis Karl Valentins

Zusammengestellt von *Christine Schaumaier,* Stadtarchiv München, unter Mitwirkung von *Angelika Brandl,* Stadtarchiv München, und *Monika Henckel,* Universitätsbibliothek München.

Das Verzeichnis erhebt nicht den Anspruch auf Vollständigkeit und einige Titel konnten nicht überprüft werden. Die eckigen Klammern enthalten Bemerkungen der Bearbeiter.

Zu I. »Sturzflüge im Zuschauerraum« ist Teil 2 der Gesammelten Werke. Die verschiedenen Auflagen konnten nicht lückenlos erfaßt werden.

Zu II. Es sind noch zahlreiche andere Titel in Einzelblattausgaben erschienen, doch nur einige Beispiele sind aufgenommen. Einige Titel im Werkverzeichnis erscheinen nur bei einer Auflage der in I. genannten Publikationen.

I. Primärliteratur

1. Münchner Blut, Abteilung B
München ab ca. 1906
[Einakter u.s.w. – Ein Teil des Inhalts dieser und der nächsten Sammlung erscheint auch als Einzeltitel, siehe Werkverzeichnis]
2. Münchner Blut
München um 1918
[Sammlung Couplets u.s.w. hrsg. v. Münchner Humoristen, enthält Texte von Karl Valentin, siehe Werkverzeichnis]
3. Originalvorträge
München: Selbstverlag um 1918–1920
[Erscheint als Sammelausgabe und in Einzelausgaben, z.T. mit Noten, siehe Werkverzeichnis]
4. Blödsinn-Vorträge. Zum Kranklachen!
1. u. 2. Heft
München: Selbstverlag 1920
5. Achtung!
In: Der Maßkrug, hrsg. v. Michl Ehbauer, München 1924, 36–38.
6. Originalvorträge
München: Hieber 1926
[Enthält auch Texte von Liesl Karlstadt. Musik von Georg Huber u.a., z.T. mit Noten in Sammel- und Einzelausgaben]
7. Väterlicher Stammbaum der Familie Fey
München 1927
8. Wie ich Volkssänger wurde
In: Bayerischer Hauskalender, München 1928, 128–130
9. Kreszenz Hiagelgwimpft
In: Welt am Sonntag, 15.4.1928
10. Das Karl Valentin Buch
Erstes und einziges Bilderbuch von Karl Valentin über ihn und Liesl Karlstadt . . .
München: Knorr & Hirth 1932
11. Valentin-Zeitung
Schriftleitung u. Hrsg.: Karl Valentin u. Liesl Karlstadt
München 1935. Jahrgang 1, Nr. 1
[Mehr nicht erschienen]
12. Meine Maskerade
In: Humor der Nationen, München 1937, 10–12
13 Gastspiel in Westerham
In: Völkischer Beobachter, 22.8.1937
14. Brilliantfeuerwerk
München: Hugendubel 1938
15. Der Radfahrer
In: Münchener Mosaik, 1 (1938) 201–202
16. Was kaufe ich meinem Kinde zur Weihnachtszeit
In: Münchener Mosaik, 1 (1938) 504
17. Karl Valentin baut
In: Münchener Mosaik, 2 H. 3 (1939)
18. Carlo Valentino: Fasching früher und heute
In: Münchener Mosaik, 2 (1939) 52–53
19. Brilliantfeuerwerk
23.–30. Tsd.
München: Hugendubel 1941
20. Valentiniaden
1.–20. Tsd.
München: Hugendubel 1941
[Enthält: Valentin-Zeitung, 1935]

Umschlag des »Karl Valentin Buches«

21. Orignalvorträge
München: Hieber um 1941
22. Brilliantfeuerwerk
Neuauflage
München: Hugendubel 1944
23. Fremdenfahrt in München 1946
In: Münchener Magazin, H. 2 (1946)
24. Im Jenseits
In: Münchener Magazin, H. 1 (1947) 22–23
26. Karl Valentins Lachkabinett, 8 Stegreifkomödien
Hrsg. v. Gerhard Pallmann
1. Aufl.
München: Piper 1950
27. Ich baue mir ein Haus
In: Badische Neueste Nachrichten, 12.12.1950
28. Der Regen
In: Mainzer Anzeiger, 8.2.1951
29. Der Knabe Karl, Jugendstreiche
Aus dem Nachlaß hrsg. v. Gerhard Pallmann
Berlin: Steegemann 1951
(Bank der Spötter)
30. Karl Valentins Panoptikum, 9 Stegreifkomödien
Hrsg. v. Gerhard Pallmann
München: Piper 1952
31. Karl Valentins Panoptikum, Es wird Frühling
In: Die Welt, 12.4.1952
32. Taucherlied, Moritat
Um 1953
33. Abschied vom Oktoberfest
In: Münchner Blätter Nr. 1 (1953) 3–5
34. Es wird Frühling
In: Münchner Blätter Nr. 2 (1954) 12
35. [Briefe]
In: Münchner Leben, 3 H. 3 (1958) 45
36. Karl Valentin's Lachkabinett, 8 Stegreifkomödien
Hrsg. v. Gerhard Pallmann
12.–14. Tsd.
München: Piper 1958
37. Am Stammtisch von Karl Valentin
In: Hoferichter, Ernst: Bayerischer Jahrmarkt
München: Ehrenwirth 1959, 163–174
38. Valentin-Zeitung
Hrsg. v. Valentinisartorausstellungsturmausschuß
München 1959
39. Gesammelte Werke
München: Piper 1961
40. Gesammelte Werke
München: Piper 1962
41. Gesammelte Werke
Stuttgart, Hamburg: Dt. Bücherbund 1963
42. Die Raubritter vor München, Szenen und Dialoge
1. Aufl.
München: Dt. Taschenbuch-Verl. 1963
(dtv 165)
43. Gesammelte Werke
Frankfurt a. M.: Büchergilde Gutenberg 1964
44. Gesammelte Werke
Stuttgart, Hamburg: Dt. Bücherbund 1964
45. Es wird Frühling
In: Münchner Palette, H. 5 (1965)
46. Monologe
München: Piper 1966
(Piper-Bücherei. 218)
47. Gesammelte Werke
42.–48. Tsd.
München: Piper 1966
48. Ja, so warn's, die alten Rittersleut. Alte, neuere und ganz neue Ritterverse. Mit Kostproben aus dem Valentin-Stück »Die Raubritter vor München.«
München: Hieber 1967
49. Die Mondrakete
In: Bayerland Nr. 8 (1967) 52–54
50. Die Jugendstreiche des Knaben Karl. Hrsg. v. Bertl Böheim-Valentin
München: Piper 1968
51. Schulte, Michael: Karl Valentin in Selbstzeugnissen und Bilddokumenten
1.–15. Tsd.
Reinbek: Rowohlt 1968
[Rowohlts Monographien, 144]
52. Gesammelte Werke
56.–61. Tsd.
München: Piper 1969
53. Sturzflüge im Zuschauerraum. Der Gesammelten Werke anderer Teil. Hrsg. v. Michael Schulte
München: Piper 1969
[Auch in Stuttgart, Hamburg: Dt. Bücherbund erschienen]
54. Sturzflüge im Zuschauerraum. Eine Auswahl aus »Der Gesammelten Werke anderer Teil«.
München: Piper 1969
[Widmungsausgabe]
55. Die Jugendstreiche des Knaben Karl. Hrsg. v. Bertl Böheim-Valentin
17.–26. Tsd.
München: Piper 1969
56. Sturzflüge im Zuschauerraum. Der Gesammelten Werke anderer Teil. Hrsg. v. Michael Schulte.
21.–30. Tsd.
München: Piper 1970
57. Die Raubritter vor München
5. Aufl.
München: Dt. Taschenbuch-Verl. 1970, (dtv 165.)
58. Schulte, Michael: Karl Valentin in Selbstzeugnissen und Bilddokumenten
2. Aufl.
Reinbek: Rowohlt 1970
(Rowohlts Monographien. 144)
59. Gesammelte Werke
62.–67. Tsd.
München: Piper 1970
60. Gesammelte Werke
Gütersloh, Stuttgart: Bertelsmann 1970
61. Gesammelte Werke
Neuaufl.
Gütersloh: Bertelsmann; Stuttgart: Europ. Buch- u. Phonoklub; Wien: Buchgemeinschaft Donauland; Berlin, Darmstadt, Wien: Dt. Buch-Gemeinschaft 1971
62. Der Feuerwehr-Trompeter, Monologe und Couplets
München: Piper 1972
(Piper-Präsent.)
63. Die Raubritter vor München
6. Aufl.
München: Dt. Taschenbuch-Verl. 1972
(dtv 165.)
64. Das große Karl Valentin Buch. Hrsg. v. Michael Schulte
2. Aufl.
München: Piper 1974
65. Brilliantfeuerwerk
München: Piper 1974

66. Riesenblödsinn. Eine Auswahl aus dem Werk
21.–30. Tsd.
Frankfurt a. M.: Fischer 1975
(Fischer-Taschenbücher. 1606)
67. Karl Valentins Lachmusäum. Hrsg. v. Horst Drescher. Mit e. »Interview auf dem Parnass«
1. Aufl.
Leipzig: Reclam 1975
(Reclams Universalbibliothek. 611)
68. Der reparierte Scheinwerfer
Szenen und Dialoge
München: Dt. Taschenbuch-Verl. 1975
(dtv 1108)
69. Das Bilderbuch vom Karl Valentin
München: Unverhau 1975
70. Die Jugendstreiche des Knaben Karl. Hrsg. v. Bertl Böheim-Valentin
3. Aufl.
München: Piper 1972
71. Das große Karl Valentin Buch. Hrsg. v. Michael Schulte
München: Piper 1973
72. Monologe, Dialoge, Couplets, Szenen. Hrsg. v. Joachim Schreck
Berlin: Henschelverl. 1973
73. Gesammelte Werke
11. Aufl.
München: Piper 1973
74. Die Jugendstreiche des Knaben Karl. Hrsg. v. Bertl Böheim-Valentin
4. Aufl.
München: Piper 1973
75. Der Feuerwehr-Trompeter
2. Aufl.
München: Piper 1974
76. Gesammelte Werke
12. Aufl.
München 1974
77. Die Raubritter vor München
7. Aufl.
München: Dt. Taschenbuch-Verl. 1974
(dtv 165.)
78. Heut geh'n ma zu de Komiker. Von Papa Geis bis Karl Valentin. Lieder, Szenen, Couplets Münchner u. Wiener Volkssänger. Hrsg. v. Alfred Förg. Rosenheim: Rosenheimer Verlagshaus 1976. 162–173
79. Cabaret satirique. Théâtre
Paris: Oswald 1976
(Théâtre hors la France)
80. Der reparierte Scheinwerfer
2. Aufl.
München: Dt. Taschenbuch-Verl. 1976
(dtv 1108)
81. Riesenblödsinn
31.–40. Tsd.
Frankfurt a. M.: Fischer 1976
(Fischer-Taschenbücher. 1606)
82. Monologe, Dialoge, Couplets, Szenen. Hrsg. v. Joachim Schreck
2. Aufl.
Berlin: Henschelverl. 1976
83. Die Raubritter vor München
8. Aufl.
München: Dt. Taschenbuch-Verl. 1976
(dtv 165.)
84. Die Jugendstreiche des Knaben Karl. Hrsg. v. Bertl Böheim-Valentin
6. Aufl.
München: Piper 1977
85. Riesenblödsinn
41.–52. Tsd.
Frankfurt a. M.: Fischer 1977
(Fischer-Taschenbücher. 1606)
86. Tingeltangel. Das Oktoberfest
München, Zürich: Piper 1977
(Piper-Präsent)
87. Gesammelte Werke
13. Aufl.
München: Piper 1977
88. Der Feuerwehr-Trompeter
3. Aufl.
München: Piper 1977 (Piper-Präsent)
89. Brilliantfeuerwerk
2. Aufl.
München, Zürich: Piper 1977 (Piper-Präsent)
[Gekürzte Neuausgabe des 1938 in München bei Hugendubel erschienenen Werkes]
90. Sturzflüge im Zuschauerraum. Der Gesammelten Werke anderer Teil.
Hrsg. v. Michael Schulte
3. Aufl.
München: Piper 1977
91. Das große Karl Valentin Buch. Hrsg. v. Michael Schulte
3. Aufl.
München, Zürich: Piper 1977
(Piper-Hausbuch)
92. Der reparierte Scheinwerfer
3. Aufl.
München: Dt. Taschenbuch-Verl. 1977
(dtv 1108)
93. Geschriebenes von und an Karl Valentin. Eine Materialsammlung 1903–1948.
Hrsg. v. Erwin und Elisabeth Münz
München: Süddeutscher Verlag 1978
94. Alles von Karl Valentin. Monologe und Geschichten, Jugendstreiche, Couplets, Dialoge, Szenen und Stücke, Lichtbildreklamen. Hrsg. v. Michael Schulte
München, Zürich: Piper 1978
95. Karl Valentins Filme. Alle 29 Filme, 12 Fragmente, 344 Bilder, Texte, Filmographie. Hrsg. v. Michael Schulte und Peter Syr
München, Zürich: Piper 1978
96. Buchbinder Wanninger, Auswahl v. Rudolf Goldschmit
Stuttgart: Reclam 1978
(Universal-Bibliothek. 9925)
97. Der reparierte Scheinwerfer
4. Aufl.
München: Dt. Taschenbuch-Verl. 1978
(dtv 1108)
98. Riesenblödsinn
53.–62. Tsd.
Frankfurt a. M.: Fischer 1978
(Fischer-Taschenbücher. 1606)
99. Alles von Karl Valentin. Hrsg. v. Michael Schulte
Frankfurt a. M. u. a.: Büchergilde Gutenberg 1979
100. Die Raubritter vor München
9. Aufl.
München: Dt. Taschenbuch-Verl. 1978
(dtv 165)
101. Karl Valentin. Théâtre de l'Atelier
Bruxelles: Asbl 1979
102. Die Jugendstreiche des Knaben Karl. Hrsg. v. Bertl Böheim-Valentin
7. Aufl.
München: Piper 1979
(Piper-Präsent)
103. Alles von Karl Valentin. Hrsg. v. Michael Schulte
2. Aufl.
München, Zürich: Piper 1979
104. En Karl Valentin-Kabaré
Stockholm 1979
(Skripten des Komediteatern)

105. Tingeltangel. A cura di Mara Fazio
Milano: Adelphi 1980
(Piccola Biblioteca. 106)

106. Riesenblödsinn
63.–72. Tsd.
Frankfurt a.M.: Fischer 1980
(Fischer-Taschenbücher. 1606)

107. Das große Karl Valentin Buch. Hrsg. v. Michael Schulte
4. Aufl.
München: Piper 1980
(Piper-Hausbuch)

108. Alles von Karl Valentin. Hrsg. v. Michael Schulte
3. Aufl.
München: Piper 1980

109. Der reparierte Scheinwerfer
5. Aufl.
München: Dt. Taschenbuch-Verl. 1980
(dtv 1108)

110. Buchbinder Wanninger
Nachdruck
Stuttgart: Reclam 1980
(Universal-Bibliothek. 9925)

111. Die alten Rittersleut, Szenen und Stücke
München, Zürich: Piper 1981 (Piper-Präsent)

112. Riesenblödsinn
73.–80. Tsd.
Frankfurt a.M.: Fischer 1981
(Fischer-Taschenbücher. 1606)

113. Gesammelte Werke, Jubiläumsausgabe in 4 Bänden
München, Zürich: Piper 1981
Band 1. Monologe und Dialoge; Band 2. Couplets, Szenen und Stücke 1; Band 3. Szenen und Stücke 2; Band 4. Szenen und Stücke 3

114. Hochachtungsvollst, Karl Valentin, Komiker, gewesenes Kind, 39 Valentiniaden
München: Piper 1982

Zwei Plakate von Ludwig Greiner für *Die Raubritter vor München*

II. Werkverzeichnis

Diese Einzeltitel sind in den numerierten Ausgaben der Primärliteratur enthalten

L. Greiner

Ein Gegenstück zur modernen Malerei

Futuristisches Couplet

(Originalcouplet von Karl Valentin.)

In Nürnberg kam das Ganze,
Es sind ja mal er recht,
Doch als es mir ganz falsch war,
Ist es ohnedies zu schlecht.
Mit wessen ich grad dachte,
Von ohne sie berührt,
So sind sie denn von vorne rein,
Ganz ohne diszipliert.

Wer allzulange sind ist,
Ob arm, geht sich bei dem,
Das einmal es oft lieber sein,
Drum wird ja ohndem,
Mitsammen, ja denn so kann,
Bei Deinem nicht schon sein,
Sobald ma kann es bleiben soll,
Zusammen fein zu sein.

Wenn einmal in der Nase,
Hast manchmal Du in Ruh,
Die Plattform in der Tasche hast,
Und treibst in allem zu,
So wittert aus den Mitteln,
In Spanien aus und ab,
Der Blumen Augenbrauen senkt,
Mit Asien und in Trapp.

In Berlin 1928 (Foto: Graudenz)

Walter Trier (1890–1951), Gouache. Toronto, Art Gallery of Ontario

Walter Trier, Titel der »Frechheit«, November 1929. »Die Frechheit« hieß das Programmheft des Kabaretts der Komiker in Berlin

Zeichner in Valentins Garderobe im Kabarett der Komiker, Berlin 1928 rechts Walter Trier

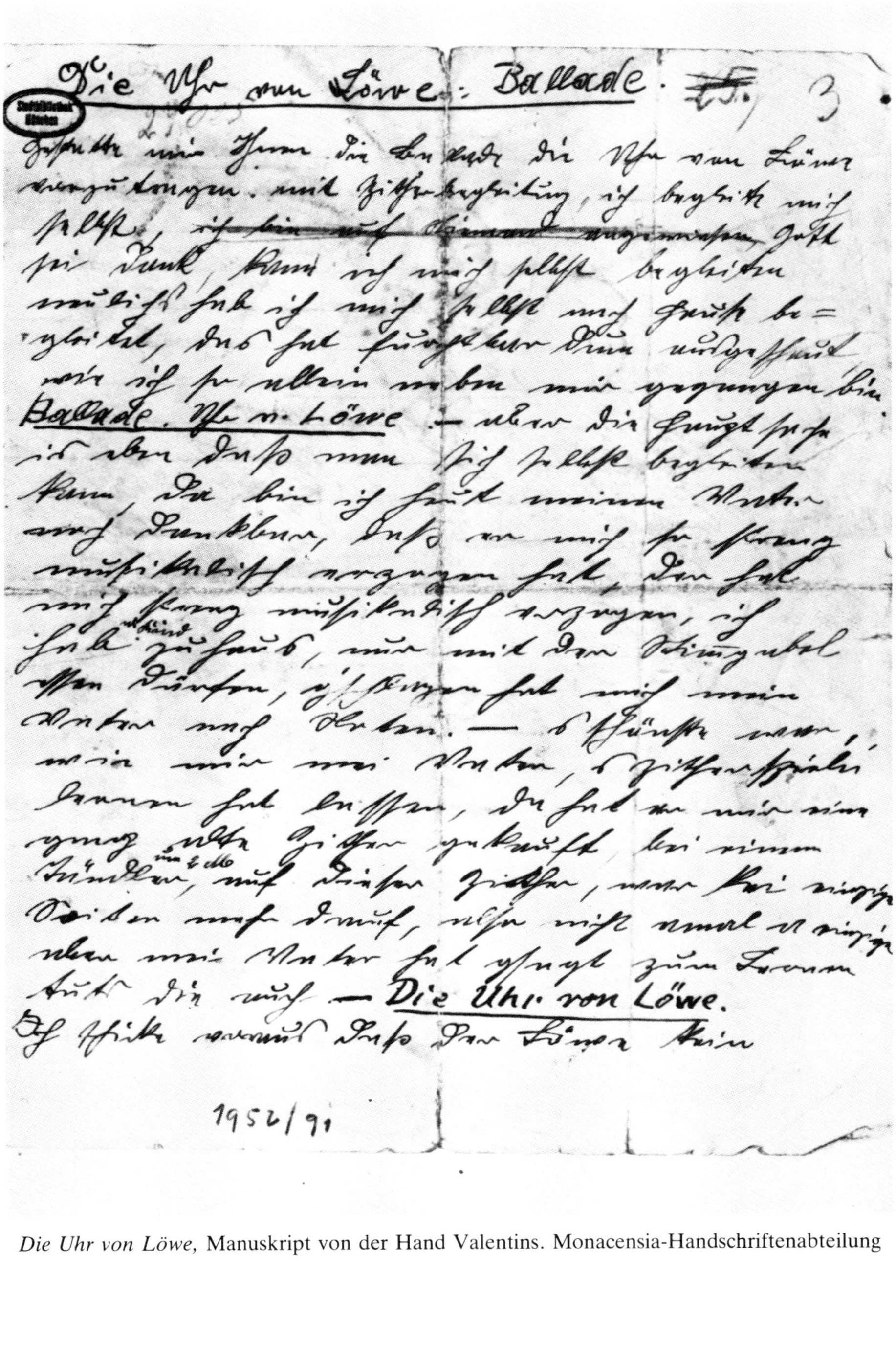

Die Uhr von Löwe, Manuskript von der Hand Valentins. Monacensia-Handschriftenabteilung

Discographie

Die vorliegende Discographie umfaßt alle Schallplatten- und Bandproduktionen, die von Karl Valentin (4.6.1882-9.2.1948) und seiner Partnerin Liesl Karlstadt (12.12.1892-27.7.1960) aufgenommen wurden. Nicht berücksichtigt wurden die Rundfunksendungen mit Liesl Karlstadt, die nach dem Tode von Karl Valentin bei den einzelnen Sendern entstanden sind.

Unter der Regie von Olf Fischer, Walter Ohm, Peter Glas, Kurt Wilhelm und A.J. Lippl nahm Liesl Karlstadt eine Vielzahl von Rundfunksendungen auf, die in einer gesonderten »Liesl-Karlstadt-Discographie« zusammengestellt werden.

Alle von Radio München hergestellten Bandproduktionen, ab Juli 1946, laufen unter einer Archiv-Nummer (Dok.) des späteren Bayerischen Rundfunks. Es konnte nicht mehr festgestellt werden, wieviele Sendungen der Reihe »Alles dreht sich um Karl Valentin« von Radio München produziert wurden. Es dürfte sich um mindestens fünf Sendungen gehandelt haben.

Trotz umfangreicher Recherchen war nicht mehr feststellbar, wer in den einzelnen Nebenrollen mitgewirkt hat.

Karl Valentin und Liesl Karlstadt hatten mit den einzelnen Schallplattenfirmen keine Exclusiv-Verträge abgeschlossen. So konnten sie z. B. den »Schallplattenladen« insgesamt dreimal aufnehmen. Die erste Aufnahme: *Im Schallplattengeschäft* (Homocord) wurde nie veröffentlicht. Ebenfalls bei Homocord entstand der Titel *Im Schallplattenladen*. Diese Produktion ist nicht identisch mit der gleichnamigen Electrola-Produktion vom Januar 1930. Auch *Der Ententraum* wurde von der Electrola, sowie von der Deutschen Grammophon-Gesellschaft produziert.

1930 gehörte die Firma Homocord noch nicht zum Lindström-Konzern. Erst 1932 wurde sie von der Firma Lindström aufgekauft und so ist es zu erklären, daß die Homocord-Matritzen zum Teil auf dem »Gloria«-Etikett unter der Homocord-Matritzen-Nummer veröffentlicht wurden.

Die Firma »Gloria« war ein Billig-Etikett des Lindström-Konzerns.

Liesl Karlstadt nahm 1919 ihre ersten Schallplatten für Polyphon-Record auf, einer Firma, die Eigentum der Deutschen Grammophon-Gesellschaft war.

Einige dieser noch akustisch hergestellten Aufnahmen wurden im Januar 1930 im elektrischen Verfahren neu produziert. Die Aufnahmen vom Januar 1930 sind also nicht identisch mit denen vom September 1919.

Der im November 1940 produzierte Titel *Telefonschmerzen* wurde durch die Telefunken-Gesellschaft in den 50er Jahren unter dem Titel *Buchbinder Wanninger* veröffentlicht.

Im Juli 1976 wurde von der Schallplattenfirma Ariola-Eurodisc der Lichtton nachstehender Filme für die Schallplatte bearbeitet und auf den Markt gebracht:

Die Orchesterprobe. Der Zufall	1933
Der Theaterbesuch.	1932
Im Schallplattenladen.	1932
Der Firmling.	1934

Möge diese Discographie für alle Kleinkunstsammler eine Bereicherung sein; denn Karl Valentin und Liesl Karlstadt gehören zu den Großen der Kleinkunst.

EBERHARD V. BERSWORDT

Im Schallplattenladen (Uraufführung »Wien-München« 1933)

Matr. Nr.	Titel	Herst. und Platten-Nr.
		München, 16./17.9.1919
③ 23 409	Frau Magistratsfunktionär im Kino, 1. Teil	Polyphon Record 16565
③ 23 410	Frau Magistratsfunktionär im Kino, 2. Teil	Polyphon Record 16565
③ 23 411	Familienangelegenheiten der Frau Magistratsfunktionär Huber, 1. Teil	Polyphon Record 16566
③ 23 412	Familienangelegenheiten der Frau Magistratsfunktionär Huber, 2. Teil	Polyphon Record 16566
③ 23 413	Frau Magistratsfunktionär auf der Wohnungssuche	Polyphon Record 16567
③ 23 414	Der Heimgarten der Frau Magistratsfunktionär Huber	Polyphon Record 16567
③ 23 415	Frau Magistratsfunktionär Huber auf der Suche nach einer neuen Köchin	Polyphon Record 16568
③ 23 416	Frau Magistratsfunktionär Huber auf der Straßenbahn	Polyphon Record 16568
③ 23 417	Eine Original Münchener Obsthändlerin, 1. Teil	Polyphon Record 16569
③ 23 418	Eine Original Münchener Obsthändlerin, 2. Teil	Polyphon Record 16569
③ 23 419	Der Schusterbua	Polyphon Record 16570
③ 23 420	Humoristische Zeitungsannoncen	Polyphon Record 16570

Aus einer Homocord-Schallplattenanzeige

Die Titel der Matritzen-Nummern 23 409 bis 23 420 wurden im Auftrag des Musikhauses Sigmund Koch (damals: München, Neuhauser Str. 50 von 1909-1938) für die Schallplattenfirma Polyphon im Festsaal der Paulanerbräu-Gaststätte, München, aufgenommen.

		München, 14.6.1928
③ Be 7070	Frau Billiger Jakob	Odeon O-2497 a
② Be 7071	In einem kühlen Grunde	Odeon O-2533 a
③ Be 7072	Quo Vadis	Odeon O-2497 b
② Be 7073	Das Aquarium	Odeon O-2533 b
① Be 7074	Der Zufall	Odeon O-2496 a
① Be 7075	Der Diebstahl	Odeon O-2496 b

Die Titel der Matritzen-Nummern Be 7070 bis Be 7075 wurden im Auftrag der Carl Lindström AG im Kleinen Saal des Kolosseum in München aufgenommen.

		München, 1.12.1928
③ T.M. 20946	Ich bin eine Sprechmaschine	Testpressung
③ T.M. 20947	Liesl Karlstadt singt chinesisch	Homocord 4-2922/ Gloria G.O. 13354
① T.M. 20948	Im Schallplattengeschäft	Testpressung
① T.M. 20949	Beim Taucher auf der Oktoberwiese	Homocord 4-2924
① T.M. 20950	Radlerpech	Homocord 4-2928/ Gloria G.O. 13425
① T.M. 20951	Karl Valentin beim Feuerwerk	Homocord 4-2928/ Gloria G.O. 13425
③ T.M. 20952	Liesl Karlstadt als Ausruferin beim Volksfest	Homocord 4-2923/ Gloria G.O. 13463

		München, 2.12.1928
① T.M. 20963	Karl Valentin singt und lacht selbst dazu	Homocord 4-2023/ Gloria G.O. 13463
① T.M. 20964	Der Zufall	Homocord 4-2921
① T.M. 20965	Karl Valentin geht mit seiner Mutter in's Theater	Homocord 4-2922/ Gloria G.O. 13354
		München, 2.12.1928
③ T.M. 20966	Eine waschechte Münchner Obsthausiererin	Homocord 4-2921
③ T.M. 20967	Der komische Salat	Homocord 4-2920
② T.M. 20968	Karl Valentin als Feuerwehrtrompeter	Homocord 4-2920
③ T.M. 20969	Liesl Karlstadt als Ratschkathl	Homocord 4-2919
② T.M. 20970	Übertragung aus der Hölle	Homocord 4-2919
		München, 3.12.1928
② T.M. 20977	Karl Valentin singt »Die Uhr von Löwe«	Homocord 4-2926/ Gloria G.O. 13044
② T.M. 20978	Das Aquarium	Homocord 4-2925
③ T.M. 20979	Blödsinn ist Trumpf	Homocord 4-2925
② T.M. 20980	Der hohle Zahn	Homocord 4-2924
③ T.M. 20981	Ein verrücktes Märchen	Homocord 4-2926/ Gloria G.O. 13044

Die Titel der Matritzen-Nummern T.M. 20946 bis T.M. 20952 und T.M. 20963 bis T.M. 20970, sowie T.M. 20977 bis T.M. 20981 wurden im Großen Saal des Hotel Wagner in München im Auftrag der Firma Homocord aufgenommen.

		München, 18.4.1929
① 2076 BK	Der Ententraum	Grammophon E 22 274
① 2077 BK	Der Spritzbrunnenaufdreher	Grammophon E 22 274
① 2078 BK	Teppichklopfen	Grammophon E 22 275
① 2079 BK	Feuerwerk	Grammophon E 23 080
① 2080 BK	Radlerpech	Grammophon E 22 275

Die Titel der Matritzen-Nummern 2076 BK bis 2080 BK wurden im Großen Saal des Hotel Wagner in München im Auftrag der Deutschen Grammophon Gesellschaft aufgenommen.

		Berlin, 5.12.1929
① H 62307	Im Schallplattenladen	Homocord 4-3512-I/ Gloria G.O. 13230
① H 62308	Der Zufall	Homocord 4-3517-I
		Berlin, 23.12.1929
① 722 1/2 BT	Der verlorene Brillantring	Grammophon E 23080
		Berlin, 4.1.1930
② H 62389	Im Münchner Gärtner-Theater	Homocord 4-3517-II
① H 62390	Eine Stadtratssitzung	Homocord 4-3512-II/ Gloria G.O. 13230

Verschiedene Homocord-Matritzen wurden ab 1933 auch auf der Marke Gloria veröffentlicht. Deshalb sind die Gloria-Bestell-Nummern zusätzlich hinter den Homocord Bestell-Nummern angegeben.

		Berlin, 5.1.1930
① 8-41071	Im Schallplattenladen	Electrola EG 1363
① 8-41072	Beim Feuerwerk	Electrola EG 1363
① 8-41077	Radfahrerpech	Electrola EG 1409
① 8-41078	Raubritter vor München (Der Ententraum)	Electrola EG 1409

		Berlin, 17.1.1930
④ 1215 BN	Frau Huber liest Zeitung	Grammophon E 23 005
③ 1216 BN	Frau Huber auf der Wohnungssuche	Grammophon E 23 005
③ 1217 BN	Frau Huber sucht eine neue Köchin	Grammophon E 23 006
③ 1218 BN	Frau Huber auf der Straßenbahn	Grammophon E 23 006
③ 1219 BN	Weekend bei Frau Huber	Grammophon E 23 007
③ 1220 BN	Der Pflastererlehrling	Grammophon E 23 007
③ 1221 BN	Frau Huber im Kino, 1. Teil	Grammophon E 23 008
③ 1222 BN	Frau Huber im Kino, 2. Teil	Grammophon E 23 008
③ 1223 BN	Familienangelegenheiten der Frau Huber, 1. Teil	Grammophon E 23 009/ E 10 040
③ 1224 BN	Familienangelegenheiten der Frau Huber, 2. Teil	Grammophon E 23 009/ E 10 040
③ 1225 BN	Münchner Obsthändlerin, 1. Teil	Grammophon E 23 010/ E 10 097
③ 1226 BN	Münchner Obsthändlerin, 2. Teil	Grammophon E 23 010/ E 10 097

Couplets von Karl Valentin und Liesl Karlstadt mit der Musik von Georg Huber. Erschienen bei Max Hieber, München

Prospekt der Firma Homocord-Electro mit Zeichnungen von Ludwig Greiner

Werbekarte der Firma Rösler, München

		München, 20.8.1937
① 38 210	Die Zitherstunde	RRG
① 38 211	Der Hasenbraten	RRG
① 38 212	Beim Arzt	RRG
① 38 213	Am Heuboden	RRG
① 38 214	Die Ansage	RRG
① 38 215	Das Lied vom Sonntag	RRG
① 38 216	Im Zoologischen Garten	RRG
		München, 2.9.1937
② 38 515	Karl Valentin tanzt nach der Schrift	RRG
① 38 516	Schäfflertanz	RRG
① 38 517	Im Gerichtssaal	RRG
		München, 21.1.1938
① 41 647	Die Brille	RRG
① 41 648	Der Hund	RRG
① 41 649	In der Apotheke	RRG
① 41 650	Der neue Buchhalter Maier	RRG
① 41 651	Ohrfeigen	RRG
① 41 652	Vereinsrede	RRG
		München, 7.3.1939
① 51 605	Der Trompeter von Säckingen	RRG
① 51 606	Am Fußballplatz	RRG
① 51 607	Verkehrsordnung	RRG
		München, 24.3.1939
① 52 618	Geistreiche Verse	RRG
① 52 619	Die vier Jahreszeiten	RRG
① 52 620	Bum, Bum, Bum	RRG
		München, 13.5.1939
① 24 282	Beim Arzt	Telefunken A 10 005
① 24 283	In der Apotheke	Telefunken A 10 005
① 24 284	Vor Gericht (Im Gerichtssaal)	Telefunken A 10 013
① 24 285	Am Fußballplatz	Telefunken A 10 013
① 24 286	Der Trompeter von Säckingen	Telefunken A 2934
① 24 287	Die Brille	Telefunken A 10 034
① 24 288	Der Hasenbraten	Telefunken A 2934
① 24 289	Der neue Buchhalter Maier	Telefunken A 10 034
① 24 290	Das Lied vom Sonntag	Telefunken A 2968
① 24 291	Die vier Jahreszeiten	Telefunken A 2968
		München, 12.6.1940
① 59 512	Semmelnknödeln	RRG
① 59 513	Vergeßlichkeit	RRG
① 59 514	Üble Angewohnheiten	RRG
① 59 515	Wappenkunde am Stammtisch	RRG

		München, 11.9.1940
① 61 413/14	Lehrer und Schüler	RRG
① 61 415/16	Die verfluchte Hobelmaschine	RRG
① 61 431	Sprachenforscher	RRG
		München, 25.9.1940
① 61 417	Ein Münchner Chinese	RRG
① 61 418	Versteigerung	RRG
③ 61 419	Der komische Salat	RRG
① 61 420	Was man alles machen kann	RRG
③ 61 421	Karlstadter G'stanzln	RRG
① 61 422/23	Die Menschenfresser	RRG
		München, 9.10.1940
① 62 047/48	Trompetenunterricht	RRG
② 62 049	Sonderbarer Appell	RRG
① 62 050	Silberne Hochzeit	RRG
① 62 051	Schwieriger Kuhhandel	RRG
① 62 052	Die Fremden	RRG
		München, 5.11.1940
③ 62 053/54	Zauberei	RRG
① 62 055	Die Auskunft (Schwierige Auskunft)	RRG
① 62 056	Der Vogelhändler	RRG
62 057	Verein der Katzenfreunde	RRG
① 62 058	Der überängstliche Hausverkäufer	RRG
① 62 059	Beim Zahnarzt	RRG
		München, 19.11.1940
① 62 080	Der Theaterbesuch	RRG
① 62 081	Radfahrer und Verkehrsschutzmann	RRG
① 62 082	Die Mutter	RRG
① 62 266/67	Buchbinder Wanninger (Telefonschmerzen)	RRG
① 62 268/69	Des Freundes Brief	RRG
① 62 270/71	Politische Ansichten	RRG
		München, 3.1.1941
② 63 040/41	Wer uns getraut	RRG
① 63 042/43	Wo die Alpenrosen blüh'n	RRG
① 63 044	Die gestrige Zeitung	RRG
① 63 045	Die Heiratsannonce	RRG
① 63 046	Wahre Freundschaft	RRG
① 63 047	Jagdsport	RRG
① 63 048	Was ist hier passiert	RRG
		München, 24.1.1941
② 63 434	Die alten Rittersleut'	RRG
② 63 435	Bayerisches Soldatenlied	RRG (wurde unmittelbar nach Aufnahme für alle Sendungen gesperrt)
② 63 436/37	Die Loreley	RRG
② 63 438	Historische Begebenheiten	RRG

Bei einer Tonaufnahme, um 1940

		München, 10.2.1941
⑤ 63 895	Herr Leidenreich	RRG
② 63 896	Klapphorn-Verse	RRG
⑥ 63 897	Hohes Alter	RRG
② 63 898	Mir hat geträumt	RRG
⑦ 63 899	Der Bräutigam in Uniform	RRG
⑥ 63 900/01	Das Weihnachtsgeschenk	RRG
		München, 28.2.1941
② 63 902	Maskenball der Tiere	RRG
② 63 903	Kurz und bündig (Der eiserne Ofen)	RRG
② 63 904	Mein Freund Oskar	RRG
		München, 13.12.1941
⑥ 64 605	Der Notenwart	RRG
① 64 606	Klarinettenunterricht	RRG
ab hier Bandproduktion		*München, 30.7.1946*
⑧ Dok. 30 187	Transportschwierigkeiten	Radio München
⑧ Dok. 30 256	Berufsberatung	Radio München
		München, 16.9.1946
② Dok. 15 837	Das Aquarium	Radio München
⑨ Dok. 15 837	Produktion der Zwischentexte für die 30 Minuten-Sendung »Alles dreht sich um K. V.«	Radio München
		München, 17.10.1946
⑧ Dok. 15 835	Wies'n-Bummel (Darin sind enthalten: Steilwandfahrer, Die Liliputaner. Die Zwischentexte der Sendung »Wies'n-Bummel« wurden am 18.10.1946 von Kurt Wilhelm aufgenommen; die Erstsendung war am 19.10.1946)	Radio München
① Dok. 30 178	Das Nichts (Kalorienmangel)	Radio München
① Dok. 30 218	Verstehst nix von der Politik	Radio München
① Dok. 30 189	Die Vogelausstellung	Radio München
① Dok. 30 191	Im Schirmgeschäft	Radio München
		München, 13.12.1946
① Dok. 30 185	Zeuge Winkler	Radio München
⑩ Dok. 30 257	Die Umtauschzentrale	Radio München
① Dok. 30 194	Der Mensch denkt und Gott lenkt	Radio München
① Dok. 30 255	Geschäftsleute nach dem Krieg	Radio München
		München, 4.2.1947
① Dok. 30 186	Geht in die Wälder und holt euch Holz	Radio München
① Dok. 30 217	Geräusche im Restaurant	Radio München
① Dok. 30 190	Sie weiß nicht was sie will	Radio München
① Dok. 30 259	Stammtischgespräche	Radio München
① Dok. 30 203	Edel sei der Mensch	Radio München

		München, 15.3.1947
① Dok. 30 183	Die jetzige Lage	Radio München
① Dok. 30 184	Funkreportage	Radio München
① Dok. 30 192	Im Hutladen	Radio München
① Dok. 30 193	Das Interview	Radio München
① Dok. 30 258	Der ewige Friede	Radio München
① Dok. 30 191	Im Schirmgeschäft	Radio München
		München, 15.9.1947
① Dok. 15 834	Einleitung und Karl Valentin Nachrichten	Radio München

Zeichenerklärung:

① Karl Valentin und Liesl Karlstadt
② Karl Valentin
③ Liesl Karlstadt
④ Liesl Karlstadt und Gustl Stark-Gstettenbauer
⑤ Karl Valentin mit Hans Löscher
⑥ Karl Valentin mit Heinrich Hauser
⑦ Karl Valentin mit Irene Kohl
⑧ Karl Valentin mit Kurt Wilhelm
⑨ Karl Valentin mit Kurt Wilhelm und Friedrich Sauer
⑩ Karl Valentin, Liesl Karlstadt und Friedrich Sauer

Die Wohnung am Mariannenplatz, um 1920

Beim Klavierspielen in seinem Planegger Haus

Karl Valentin 1882–1948 Stationen seines Lebens

1882	4. Juni	Valentin Ludwig Fey wird als Sohn des Tapezierermeisters Johann Valentin Fey und seiner Frau Johanna Maria Schatte geboren, Entenbachstraße 64/I
	10. Juni	Eintrag im Taufbuch der Mathäuskirche
1884		Eintritt in den Kindergarten der Vorstadt Au, Ecke Lilien-/Ohlmüllerstraße
1888		Schulanfang in der Klenzeschule
1892		Übertritt in die Schule an der Herrnstraße
1895		Schulbeginn in der »Privat-Bürgerschule Dr. Ustrich«, Münzstraße 4
1897		Lehrbeginn beim Schreinermeister Johann Hallhuber, Weißenburger Straße 28, Rückgebäude
1897–1908		Lt. Auftrittsverzeichnis als »Vereinshumorist« tätig: Fasangarten bei Stadelheim, Wirtschaft Zum Reichshof, Wörthstraße 17, Wirtschaft Zum Gefängnis, Ecke Herzog-Wilhelm-Neuhauser Straße, Zum Kappler, Maffeistraße 10, Paradiesgarten, Oettingenstraße 36, Kaiserblume, Baaderstraße 11, Wörthhof, Wörthstraße 10, Schützenbund Pasing (ohne Ortsangabe), Zum Menter, Ismaninger Straße 11, Eberlbräukeller, Rosenheimer Straße 11, MTV 1879, Häberlstraße 11, Restaurant Ludwigshöhe, Ansbacher Schlößl, Kellerstraße 15, Kaffee Wittelsbach, Herzog-Wilhelm-Straße 32, Boulevard-Varieté, Herzog-Wilhelm-Straße, Gasthaus Keferloh, Zur Lacke, Holzstraße 5, Kleinkunstbühne Benz, Leopoldstraße 50, Pasing (ohne Ortsangabe), Klosterbrauerei (Annenhof), Liebigstraße 22, Monachia (Kleinkunstbühne), Herzog-Wilhelm-Straße, Jägergarten, Jägerstraße 2, Josephihaus, Hochstraße, Weinstube Redl (?), Klosterhof, Triftstraße 4, Humplmayer, Maximiliansplatz

Im Kindergarten (obere Reihe, vierter von links). Foto aus dem Besitz von Ernst Schultze, Planegg

Als Kasperl im Faschingsgewand

Schulanfang 1888

Als Konfirmand

Mit der Mutter um 1900

◁ Im elterlichen Anwesen, vor 1900

Mit einer Unbekannten. Automatenfoto, um 1898 ▷

◁ Mit Anderl Unterreitmeier beim Salvator. Ferrotypie 1899

Das Gesellenstück. Auf der Rückseite des Fotos handschriftlich von Karl Valentin: »Diese Möbel habe ich als Tischlergeselle gefertigt, für Juwelier Buchmeier, Sendlingerstraße, bei Schreinermeister Hallhuber in Haidhausen, Weißenburgerstraße 28
Karl Valentin/Fey München 1899« ▷

Der Salonkomiker, 1902

Erste Visitenkarte Valentins, 1902

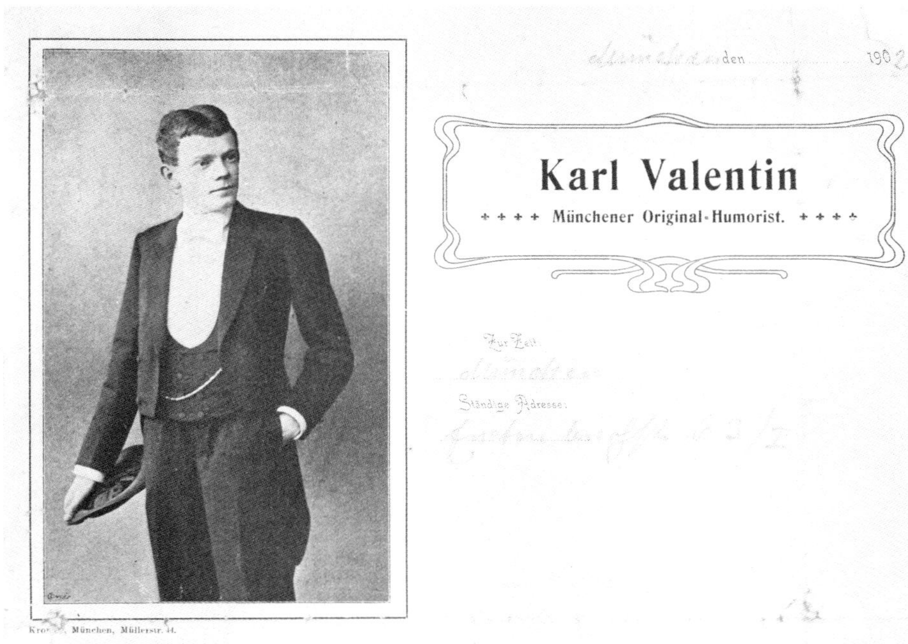

1900	Geselle beim Schreinermeister Röder, Arcisstraße 66 und später beim Schreinermeister Nürnberger, Barer Straße 70
1901	Wieder Geselle beim Schreinermeister Hallhuber
1902	Tod des Vaters. Valentin tritt zu dieser Zeit im *Varieté Zeughaus* in Nürnberg, Färbergasse, auf und mußte nach acht Tagen den Kontrakt kündigen, um das väterliche Transportgeschäft zu übernehmen. Dreimonatiger Besuch der Varieté-Schule Strebel, Hochbrückenstraße (Lehrer waren der in Nürnberg als »Strebala« bekannt gewordene Komiker Hermann Strebel und der Kapellmeister Otto Lehmann) lt. Repertoire Nr. 247: ». . . also im Jahre 1902 trat ich zum ersten Mal bei Benz auf und gleich nach dem Auftreten wieder ab.«
1903	Auftritt bei einem Maitanz des *Privat-Musik-Clubs »Jung München«* (23. Mai), Restaurant Burg Raueck, Fürstenfelderstraße 15 (Erstes, noch erhaltenes Dankschreiben für einen Auftritt)
1903–1906	Bau des Musikapparates »Das Lebende Orchestrion«. Lt. Inserat: »Charles Fey, gen. ›Das lebende Orchestrion‹. Durch Zusammenstellung verschiedener Instrumente hat Herr Charles Fey einen Apparat erfunden, dem er durch langjährige Übung idyllische Weisen, Militär-Märsche, Grammophon-Imitationen, Schlachten-Potpourris entlockt.«
1904	Musterung. Bescheid: »Landsturm mit Waffe«
1906	Lt. Auftrittslisten: »Nach einer Volkssängervorstellung beim ehemaligen *Baderwirt* in der Dachauer Straße, bekam er die Erlaubnis, ein Stegreifsolo (Aquarium) vorzutragen. Darauf folgte ein Engagement im *Frankfurter Hof* in der Schillerstraße 49 (Solo: Schwerer Reiter). Nebenbei Gastspiele im *Simplizissimus* und *Serenissimus*, Akademiestraße 9. 14. April: Ehrenabend für die Herren Käsbauer und Kopfmüller im Restaurant *Baderwirt,* ehem. Dachauer Str. 2a: »Mister Valentin als musikalischer Clown«. Verkauf des Möbeltransport-Geschäftes Falk & Fey. Am 6. Oktober wird das gesamte Anwesen in der Entenbachstraße für 60000,– Mark verkauft. Davon waren 54000 Mark Hypotheken, so daß ein Reinerlös von 6000,– Mark übrigblieb. Im November Übersiedelung der Mutter nach Zittau. Gastspiele mit dem Orchestrion. November: (Tag fehlt), lt. Bildpostkarte aus dem Wittelsbacher Garten, Theresienstraße 38 an die Mutter: »Habe eben großen Erfolg gehabt«. November: (Tag fehlt), lt. Postkarte an die Mutter: »Morgen bin ich wieder in Landshut mit Erlacher«. (Franz Erlacher, Komiker und Druckereibesitzer).
1907	17.–21. Februar Bernburg, *Hofjägertheater*. 16.–17. März Halle/Saale, *Varieté Walhalla* (Vertrag bis 24. März, nach 1. Auftreten gekündigt). ». . . und ersuche Sie, im Laufe des Tages Ihren Apparat einzupacken, da wir ihn hier vor Beschädigungen nicht schützen können. Sie sollen heute schon nicht mehr auftreten!« Darauf 4 Monate in der *Singspielhalle ‚Bratwurstglöckerl'* für eine Gage von 5,– täglich, freier Kost und Logis. Danach mit dem 6 Zentner schweren Apparat aufs Geradewohl nach Berlin. Eintägiges Engagement im *Passagetheater des Wintergartens*. Von Berlin aus wegen Speditionsschulden ohne Apparat nach München. Nach Auslösung desselben letztes Engagement mit ihm im *Esterhazykeller* im Färbergraben in München für eine Gage von 50 Pfennig pro Abend«. Wohnt im Gasthof Stubenvoll, Unteranger, und ist dort Mitglied der »Freien Vereinigung Tritsch-Bund«.

Valentin in der Pose
des genialen Musikers

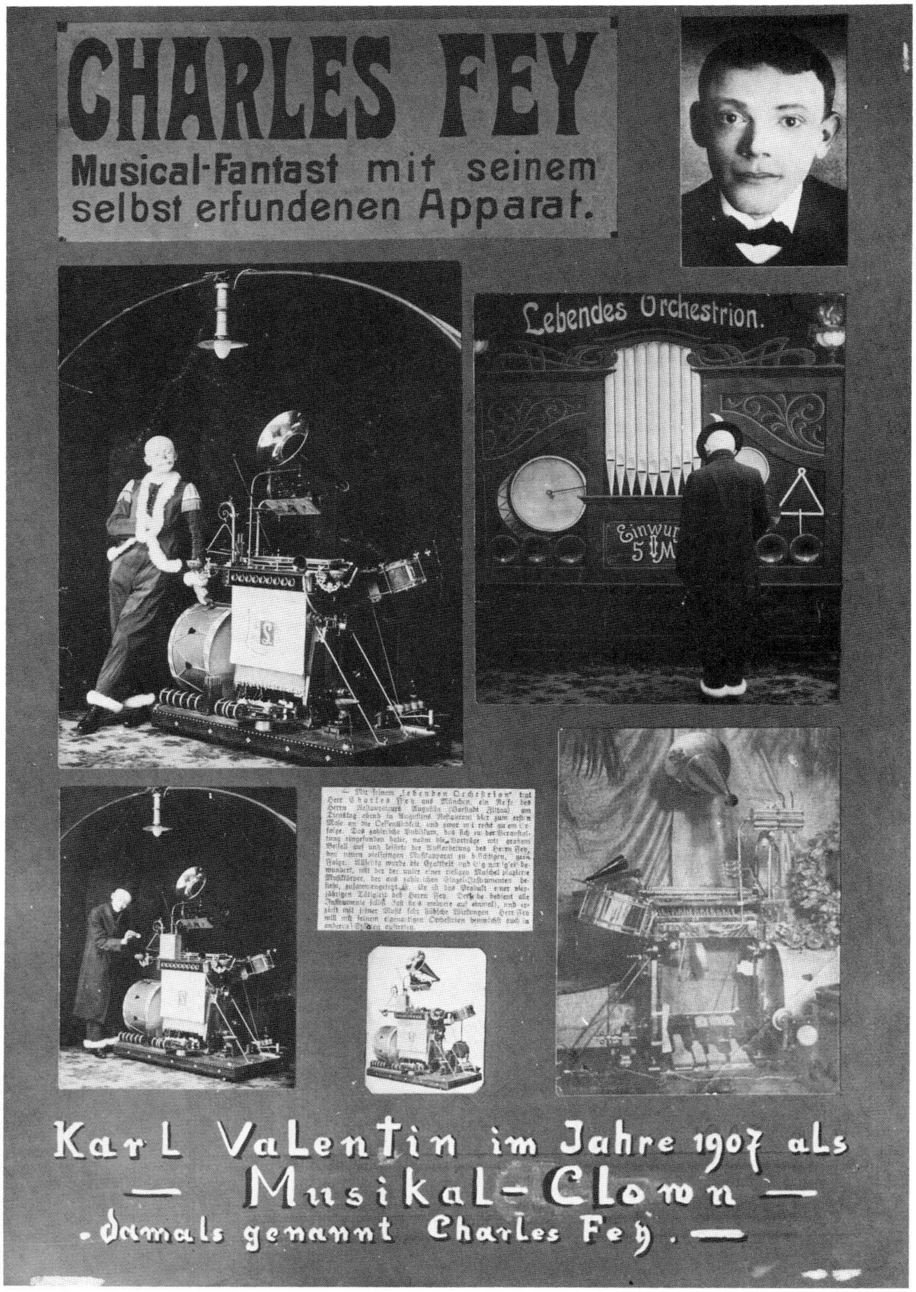

In Komikermaske mit unbekanntem Ensemblemitglied. Ferrotypie, um 1906

Die *Drei Jahreszeiten*

Seite aus Valentins Erinnerungsalbum: Als Musikal-Clown Charles Fey im Jahre 1907

1908		»Privatauftritte«, lt. Auftrittsverzeichnis Ludwig Ganghofer, Steinsdorfstraße 10, Professor Stuck, Prinzregentenstraße, Stuckvilla, Dr. Bürkel, Kaffee Française (beim Kaffee Luitpold), Villa Seidenader in Tegernsee, Journalisten- und Schriftsteller-Verband, Hofbräuhaus, Deutscher Brauertag, Mathäser, Bayerstraße, Sportclub München, Kaufmanns-Kasino, Hotel Vier Jahreszeiten, Studenten-Corps: Vitruvia, Münzstraße 9, Franconia, Platzl 7, Cisaria, Bräuhausstraße 4 u. 5 lt. Polizeiakt 1908: ». . . tritt seit mehreren Monaten hier nur im Frankfurter Hof auf«. lt. Aufzeichnungen von K.V.: Engagements im *Frankfurter Hof* in der Schillerstraße 49 (auf den Erfolg beim *Baderwirt* engagiert ihn der Besitzer, Josef Durner, sofort – leider war die Postkarte falsch adressiert und erreichte K.V. erst nach sechs Wochen). Er bekommt eine Tagesgage von 4,– Mark und hatte ungeahnten Erfolg. Nach zwei Monaten, am 3. August 1908, holt er seine Mutter nach München und zieht mit ihr in die Ackermannstraße 1, 2. Stock (bei Baudrechsel). Bleibt trotz verlockender Angebote seinem Retter in der Not treu und spielt mit kurzen Unterbrechungen bis 1915 im *Frankfurter Hof*. Einmaliges Auftreten bei *Benz, Kleinkunstbühne,* Leopoldstraße 50, Engagement kam nicht zustande, weil das Couplet »Was man alles machen kann« Benz »nicht fein genug war«. Vertrag mit Otto Endemann, *Goldener Pflug* als »Musikalischer Grotesque Comedian« mit zwei Nummern per Vorstellung.
1909	März/April	Inserate: »Komiker Valentin täglich im *Frankfurter Hof*«. (Zeitungsausschnitte ohne Signatur)
	Juni:	lt. Inserat: »Karl Valentin, Münchens populärster Humorist mit vollkommen neuem Repertoire in *Wien-München, Hotel Wagner,* Sonnenstraße«. (Zeitungsausschnitt ohne näheres Datum)
	4. September:	Herbstfest des »Bürgerrechts-Vereins München-Ost, Sozialdemokratischer Verein, Sektion München-Ost: »Karl Valentin als Instrumental-Karikatur-Komiker« – ohne Ortsangabe. Inserate in der Zeitschrift »Der Volkssänger«: »Blödsinnkönig Valentin« in Verbindung mit d'Weinschütz (»bestes Münch. Schrammel-Terzett«) und »Karl Valentin. Karikatur-Komiker mit nur Original-Vorträgen, z.Z. *Bamberger Hof*« Umzug von der Ackermannstraße in die Kanalstraße 27/1
1910		im *Hotel Wagner* als »Humorist mit eigenem Repertoire« Inserat vom 8.4.: »Im *Café-Restaurant Savoy,* Herzog-Wilhelm-Str. 32, Ehrenabend für Direktor Albert Meier unter Mitwirkung von Alois Hönle, Apollotheater, Sigl & Stettmeier, Blumensäle, Blumenstr. 29, Karl Valentin, Frankfurter Hof«.
1911		lt. Repertoire Nr. 247: »Im Jahre 1911 war ich abermals bei *Benz* engagiert und sollte mit meiner neuesten Nummer als Schwerer Reiter mit dem Holzpferd ein einmonatiges Gastspiel geben«. Liesl Karlstadt im *Frankfurter Hof* kennengelernt, mit ihr dort das »Alpensänger-Terzett« herausgebracht.
	16. Januar	Mitwirkung beim Presseball im *Deutschen Theater* – Programm in den Berichten nicht verzeichnet lt. Brief vom 6. März von Mary v. Stuck: ». . . am 7. März ein paar Ihrer famosen Vorträge«. Auftritt am 10. März
	29. April	Lt. gedrucktem Programm, ohne Ortsangabe, Auftreten beim Ehrenabend des »Direktors C. (Conny) Stanzl zu seinem 20. Bühnenjubiläum, Karl Valentin, Karikatur«.
	1. Juni	Inserat: »Komiker Karl Valentin am 1. Juni (mit Gesellschaft) täglich *Wien-München, Hotel Wagner*« Trauung mit Gisela Royes in der Lehelkirche St. Anna (31. Juli)
1913		Umzug in die Kanalstraße 8/2, Gartenhaus
1914		Lt. Repertoire Nr. 247: »Für 1. August war ich wieder bei *Benz* engagiert. Eine Revue ›Im Lande der Kastanien‹ sollte einstudiert werden . . . kam ich als Stierkämpfer auf einem Pferd aus Pappe geritten . . .«

»Karl Valentin Vater von seinem eigenen Kinde 1910.« Valentin mit Zigarette in ungewohnt bohèmehafter Haltung im Jahre der Geburt seiner Tochter Bertl

Das Gitarrespielen hat Valentin sich selbst beigebracht 1910

Wien-
München
Hotel Wagner
Eröffnung 9½ U., Ende 3 U. Nachts.
Konzertbeginn 10 Uhr.
2 Orchester.
Das ganz vorzügliche
Juni-Programm:
Lola Wedekind
Vortrags-Soubrette.
The Rockers and Eddie
Premier Singing and Dancing
Teske's
Modernes Theater u. Oper
künstlich. Zwergmenschen
Carl
Valentin!
Münchens popul. Humorist
mit volk. neuem Repert.
Heinz Reder
Conferencier u. Humorist.
„D'Dornbacher"
Wiener Original-Schrammel-Quartett m. Natursäng.
Dir.: Hans Schrammel jun.
Reservierter Platz 1 M.
Eintritt frei geg. Garderobe und Programm.
70-870(128
American Bar
Rendez-vous der Künstler.
Musik-Gesang.

Gemaltes Plakat mit Karl Valentins »Lebenden Karikaturen«, vermutlich von Ludwig Greiner um 1910

Als Akkordeonspieler

Im Frankfurter Hof (Fotos: Hilbinger)

Zeitungsanzeigen von Auftritten von 1908 bis 1913

Komiker Valentin

– Täglich –

Hotel Frankfurter Hof

Schillerstr. 49. Tel. 7105.

§65=222

Café-Restaur. Savoy

beim Karlstor.

Dienstag, den 8. April 1913

Dachauer Bauern-Kapelle

Ehren-Abend

für Herrn Direktor Adalb. Meier

unter gütiger Mitwirkung

A. Hönle, Apollo-Theater,

Sigl & Stettmeier, Blumensäle,

K. Valentin, Frankfurter Hof,

G. Dorbe, Cabaret Nachtlicht,

Mirzl & Hanni, Bravour-Jodlerinnen

u. s. w. u. s. w. §*117:538.

Anfang 8 Uhr.

Eintritt 60 Pfg. inkl. Lustb.-St.

Komiker Valentin

ab 1. Juni (mit Gesellschaft) täglich

Wien-München Hotel Wagner

Hotel Frankfurter Hof

Schillerstr., am Hauptbahnhof

Täglich §*312-690(8

Karl Valentin.

Hotel Frankfurter Hof

Schillerstr., am Hauptbahnhof

Täglich §*-169(18

Karl Valentin.

Soloauftritte 1908–1913

Als Akkordeonspieler (Foto: Pettendorfer) ▷

Anzeige Frankfurter Hof 1909

Komiker Valentin

Hotel Frankfurter Hof Schillerstr. 49 Telefon 7105

vom 20.–30. April allabendlich

„Das lustige Variété-Programm“

Anfang präzis 8 Uhr.

Als »Damenimitator«

Als Geigensolist

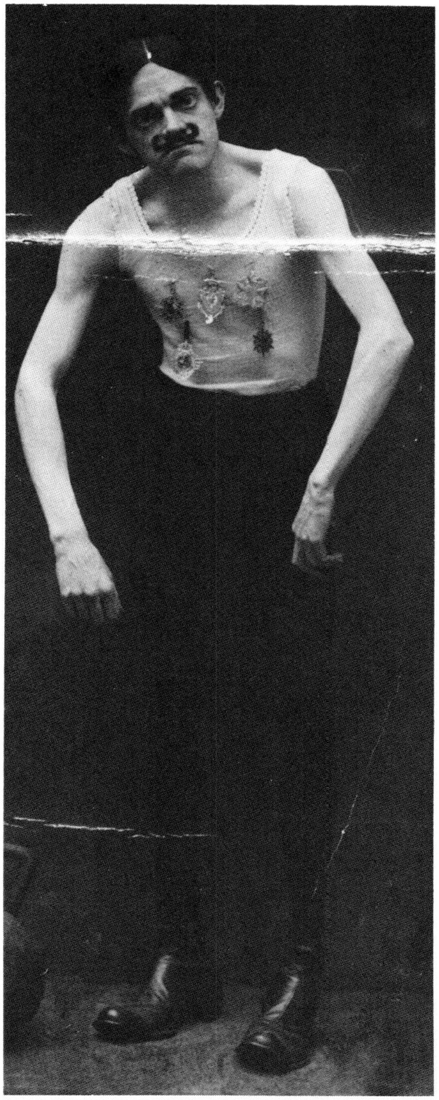

Ludwig Greiner empfiehlt Valentin, sich mehr auf Körperkomik zu verlegen: Valentin als Athlet, als Dame und als *Kare mit der Zigarre*

Mit Klarinette (Foto: Hilbinger)

Mit Walch-Klarinette

Das Fagott-Couplet

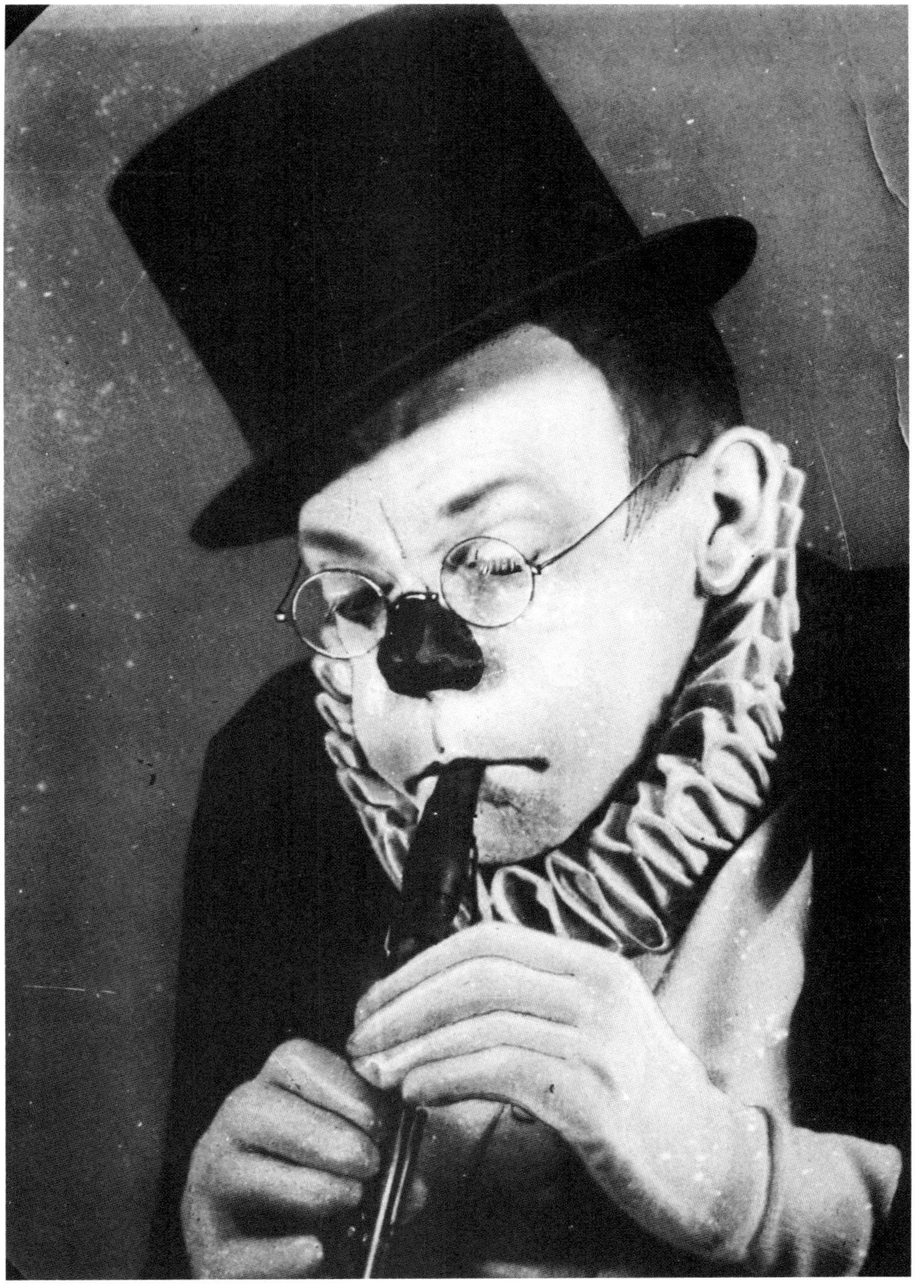

Der Musical-Clown

1914/18		Lt. Repertoire Nr. 247: ». . . als wir bei 120 Lazarettvorstellungen den kranken, verwundeten Soldaten mit unseren humoristischen Darbietungen gute Dienste geleistet haben . . .«.
1915	1.–30. Juni	*Hotel Wagner, Wien-München,* Direktor Karl Valentin. Mimiker, Alpensänger-Terzett, Geigenkünstler
	1.–12. Juni	Komödien – Programm nicht bekannt.
	ab 12. Juli	Lichtbilder, Trompetensolo, Moritat, Ritterdrama (später erweitert: Raubritter vor München)
	1.–11. August	Schnellzeichner, Lichtbilder, Solo
	12.–31. August	Schnellzeichner, Lichtbilder, Chinese
	1.–30. September	Mimiker, Lichtbilder, Chinese, Todesfahrt
	1.–31. Oktober	Lieb mich und die Welt ist mein, Ritterdrama, Soubrette (L.K.), Lichtbilder
	1.–30. November	Moritat, Alpensänger-Terzett
	1.–31. Dezember	*Hotel Wagner:* Kare mit der Zigarre, Flieger (später erweitert: Sturzflüge im Zuschauerraum), Soubrette (L.K.), Lichtbilder
1916	Januar 1. bis 31.	Valentin krank
	Februar 1. bis 28.	Wiedereröffnung am 15., Dichter und Bauer (später »Die Orchesterprobe«), Gitarre-Prosa, Soubrette (L.K.), Lichtbilder
	März 4. bis 9.	Münchner Bürgerwehr (später »Raubritter vor München«)
	ab 10. März	wieder Varieté: Dichter und Bauer, Lichtbilder, Chinese, Valentin-Solo
	April 1. mit 21.	Valentin-Solo – Alles andere Komödien
	ab 22. April	Opernsängerin: 4 Jahreszeiten (Wie schön ist es doch im Frühling), Lieb mich und die Welt ist mein (L.K.), Geigensolo, Soubrette (L.K.)
	Mai 1. bis 15.	Lieb mich und die Welt ist mein (L.K.), Loreley
	ab 16. Mai	Die Orchesterprobe (Valentin Kapellmeister – dann Wenninger), Schnellzeichner, Pikkolo, Vogelhochzeit (L.K.), Der liebste Tag (L.K.), Karre Zigarre (K.V.), Geigensolo, Mimiker, Loreley, Lichtbilder
	ab 16. Juni	Ladislaus (L.K.), Zithersolo (L.K.), Pikkolo, Frau Kapellmeister auf Wohnungssuche, Loreley, Sänger – Lichtbilder, Anfänger – Großstadtleben
	ab 16. Juli	Frau Kapellmeister (L.K. in »Die Orchesterprobe«), Loreley
	August 1. bis 15.	Flieger (Sturzflüge im Zuschauerraum), Dichter und Bauer (»Die Orchesterprobe«), Liedersänger, Tiroler-Terzett (Alpensänger-Terzett)
	ab 16. August	frei Valentin krank
	September 9.–30.	Flieger (Sturzflüge im Zuschauerraum), Dichter und Bauer (Die Orchesterprobe), Tiroler Terzett (Alpensänger-Terzett)
	Oktober 1.–31.	Bürgerwehr-Kapelle (später Raubritter vor München)
	November 1.–30.	Bürgerwehr-Kapelle
	Dezember 1. bis 15.	Bürgerwehr-Kapelle
	ab 16. Dezember	*Annenhof, Liebigstraße 22* Pikkolo (L.K.), Valentin-Solo, Auftritt Regen und Schnee, Moritat Margarethe, Rechenkünstler, Schnellzeichner, Dichter und Bauer, Chinese (L.K.), Lichtbilder

Karl Valentin »über München«, 1912
(Foto: Pettendorfer). Fotomontage

Als Flieger vor dem Karlstor. Fotomontage

Sturzflüge im Zuschauerraum (Uraufführung »Wien-München« 1915)

1917	Januar 1. bis 21.	Pikkolo, Valentin-Solo, Frau Kapellmeister, Mimiker, Alpensänger
	ab 22. Januar	nur mehr: Samstag und Sonntag mit gleichem Programm
	Februar 3. mit 24.	Solo (K.V.), Ladislaus, Soubrette (L.K.) (Ob Du mich liebst?), Lichtbilder
	ab 25. Februar	frei!
	März 2 Tage	Solo, Tiroler Terzett (Alpensänger-Terzett)
	ab 3. März	Toni Thoms Kapellmeister (in »Die Orchesterprobe«), Sängerin Vier Jahreszeiten, Solo, Chinese (L.K.)
	ab 16. März	Solo, Soubrette (L.K.), Lichtbilder
	April 1. bis 31.	Schnellzeichner, Solo, Ladislaus (L.K.), Tiroler-Terzett (Alpensänger-Terzett), Frau Kapellmeister, Blitzdichter
	Mai 1. bis 30.	Geigensolo, Pikkolo (L.K.), Malzschieber-Moritat, Loreley, Lichtbilder
	Juni 1. bis 30.	Sängerin Vier Jahreszeiten (L.K.), Geigensolo, Malzschieber-Moritat, Ritterdrama, Lichtbilder
	Juli 1. bis 31.	Sängerin (Verlorenes Glück), Ritterdrama, Soubrette, Lichtbilder
	August 1. bis 31.	Auftritt L.K. Alte heimbegleitet (nicht von K.V.), Blitzdichter, Feuerwehrmann (altes Volkssänger-Couplet, nicht K.V.), Karre Zigarre (Kare mit der Zigarre von K.V.), Dichter und Bauer (später Die Orchesterprobe v. K.V.), Moritat (Wirtshaus an der Lahn) (nicht K.V.), Lichtbilder
	September 1. bis 30.	Solo, Dichter und Bauer
	Oktober 1. bis 31.	Mimiker, Teufel, dann Ladislaus (L.K.), Dichter und Bauer
	November 1. bis 30.	Bürgerwehr, Herzog kommt
	Dezember 1. bis 15.	Bürgerwehr, Solo, Karlstadt Solo, Dichter und Bauer
1918	Januar 1. mit 31.	Tiroler-Terzett, Dichter und Bauer
	Februar 1. bis April 14.	Solo (L.K.), Solo Valentin, Flieger, Dichter und Bauer, Münchner Kindl (L.K.)
	April ab 15.	(ohne Kapellmeister) (Die Orchesterprobe), Liebst mich und die Welt ist mein (L.K.), Solo und Geigensolo
	Mai 1. bis Juni 14.	Solo (Liebst mich und die Welt ist mein), Geigensolo, Schreinerlehrbub
	Juni ab 15.	Frau Funktionär (von K.V. mit L.K.), Hutmodenschau, Loreley, Tiroler-Terzett
	Juli 1. bis 31.	Frau Funktionär (L.K.), Tiroler-Terzett, Loreley (L.K.)
	August 1. bis 31.	Frau Funktionär (L.K.), Kapelle: Karlstadt Kapellmeister = Die Orchesterprobe
	September 1. bis 30.	ohne Kapellmeister = Orchesterprobe, Jongleur, Liedersängerin (L.K.), Schnellzeichner, Chinese (L.K.)
	Oktober 1. bis 31.	Solo, Auf der Wohungssuche (L.K.)
	November 1. bis 30.	Einen Tag Taucher (Moritat mit L.K. und K.V.), Solo, Köchinsuche (L.K.)
	Dezember 1. bis 31.	Flieger, Kapelle (Karlstadt Kapellmeister)
1919	Januar 1. mit 31.	Schnellzeichner, Loreley (L.K.)
	Februar 1. mit 28.	Oktoberfest (Szene mit L.K. und K.V.), Karre mit Zigarre (L.K.), Mimiker
	März 1. mit 31.	Kapellmeister Wenninger (Orchesterprobe), Ladislaus (L.K.), Geigensolo
	April 1. bis 30.	Tiroler Terzett, Obsthausiererin, Verwandlung, Wassermädl. (L.K.)
	Mai 1. bis 31.	Tiroler Terzett, Verwandlungsnummer (L.K.)
	Juni 1. bis 30.	Quo Vadis (L.K.), Hutmodenschau (L.K.), Solo und Flieger
	August 1. bis 31.	Quo Vadis (L.K.), Kapelle mit Karlstadt als Kapellmeister
	September 1. bis 31.	Tiroler Terzett, Verwandlungsnummer (Karlstadt)
	Oktober	*Hofbräuhaus* Samstag und Sonntags mit Alt-Münchner Programm
	ab 22. Oktober	*Kammerbrettl Salim, Schwanthalerstraße* Solo Karlstadt, Solo
	November 1. mit 30.	Solo Karlstadt, Solo
	Dezember 1. mit 31.	Solo Karlstadt, Geigensolo, Tiroler-Terzett

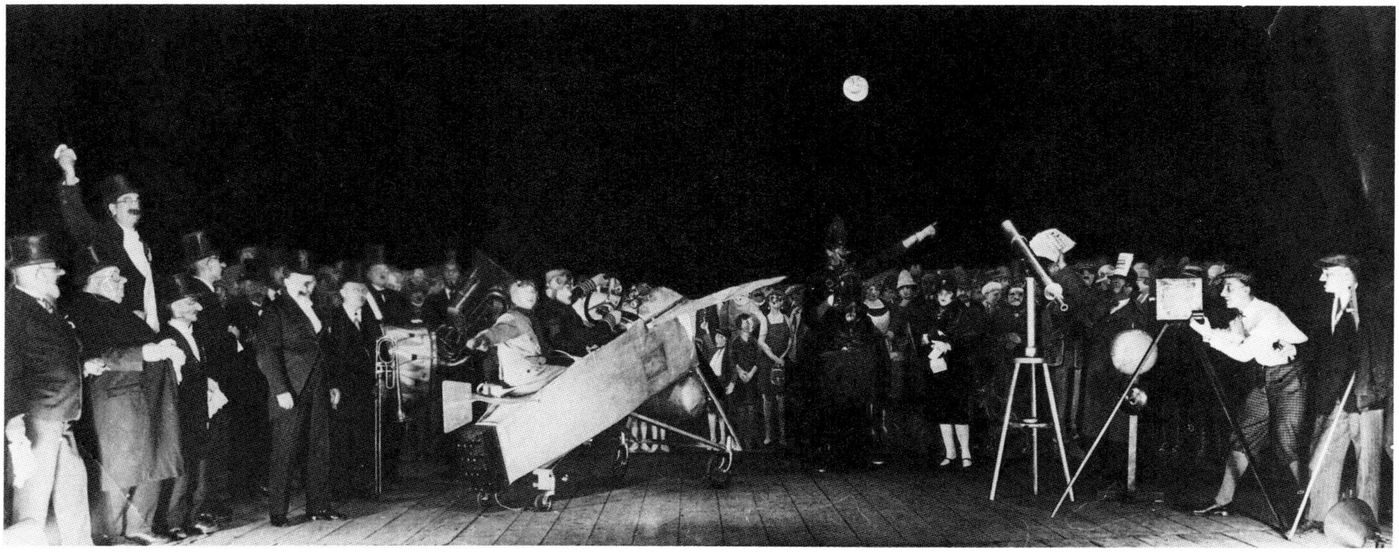

Mondraketenflug (Uraufführung Kolosseum 1928)

1920	Januar 1. mit 31.	*Charivari, Hotel Germania, Schwanthalerstraße 28* Theater in der Vorstadt, Kapellmeister Wenninger, Liedersängerin Verlorenes Glück, Ladislaus (L.K.), Jongleur (K.V.), Loreley (L.K.)
	Februar 1. mit 28.	Sängerin (Weser), Kunstradfahrer (Karl Schädler), Schnellzeichner (Valentin), Chinese (Karlstadt), Soubrette (Tilly Iglhaut), Frau Kapellmeister (Karlstadt) (Orchesterprobe), Lichtbilder (von K.V.)
	März 1. bis 31.	1. Teil: Obsthausiererin (Karlstadt) 2. Teil: Landjägermarsch, Liedersängerin (Tilly), Zauberer (Wenninger), Großstadtleben (Alisi) (Alois Sailer), Großstadtleben (Karl Schädler), Mimiker (Valentin), Flieger
	April 1. bis 30.	Frau Funktionär und Münchner Couplet (Karlst.), Solo Valentin, Tiroler Terzett (Alpensänger-Terzett)
	Mai 1. bis 31.	Kinoprosa und Quo Vadis (Karlstadt), Geigensolo (Valentin), Kapelle mit Karlstadt als Kapellmeister
	Juni 1. mit 31.	Köchinsuche – Verwandlung – Der liabste Tag – Brillantring (Karlstadt), Kapelle mit Karlstadt
	Juli bis September	nur 4 Tage *Mathäserbräu, Bayerstraße, großer Saal* mit Altmünchner Progamm
	Oktober 16. bis November 15.	*Charivari Direktion Jost* Solo Karlstadt, Solo, Tiroler Terzett (Alpensänger-Terzett) *ebenso*
	November ab 16.	Oktoberfestschau mit L.K., Impressario, Riesendame – Tafit – Muskelphänomen
	Dezember 1. mit 15.	*Cabaret Benz, Leopoldstraße 50* Kinovortrag (L.K.), Geigensolo
	ab 16. Dezember	Modenschau (L.K.), Tiroler-Terzett (Alpensänger-Terzett)
1921	Januar 1. bis 31.	Orchesterscene – Orchesterprobe
	Februar ab 2. bis März 31.	*Monachia am Karlstor* Münchner-Kindl-Prolog (L.K.), Obsthausiererin (L.K.), Orchester
	April 1. mit 30.	Münchner Kindl (L.K.), Petersturmmusik (von K.V.), Flieger, Hausmeisterin (L.K., Stanzl)
	Mai 1. mit 31.	Solo, Solo Karlstadt
	Juni 1. bis Juli 15.	Oktoberfestschau mit L.K. als Impressario
	Juli 16. bis August 31.	Orchesterszene
	September 1. mit 30.	Solo Karlstadt, Orchesterscene
	Oktober 1. mit 31.	»Drei Stunden im Himmel«, Juno (Karlstadt), Mars (Valentin), Geigensolo (Valentin)
	November 1. mit 30.	mit Wenninger: Sängerin (Verlorenes Glück), Hoffmanns Erzählungen, Rechenkünstler (Wenninger)
	Dezember 1. mit 31.	Sängerin (Weser), Kunstradfahrer, Ladislaus (Karlstadt)

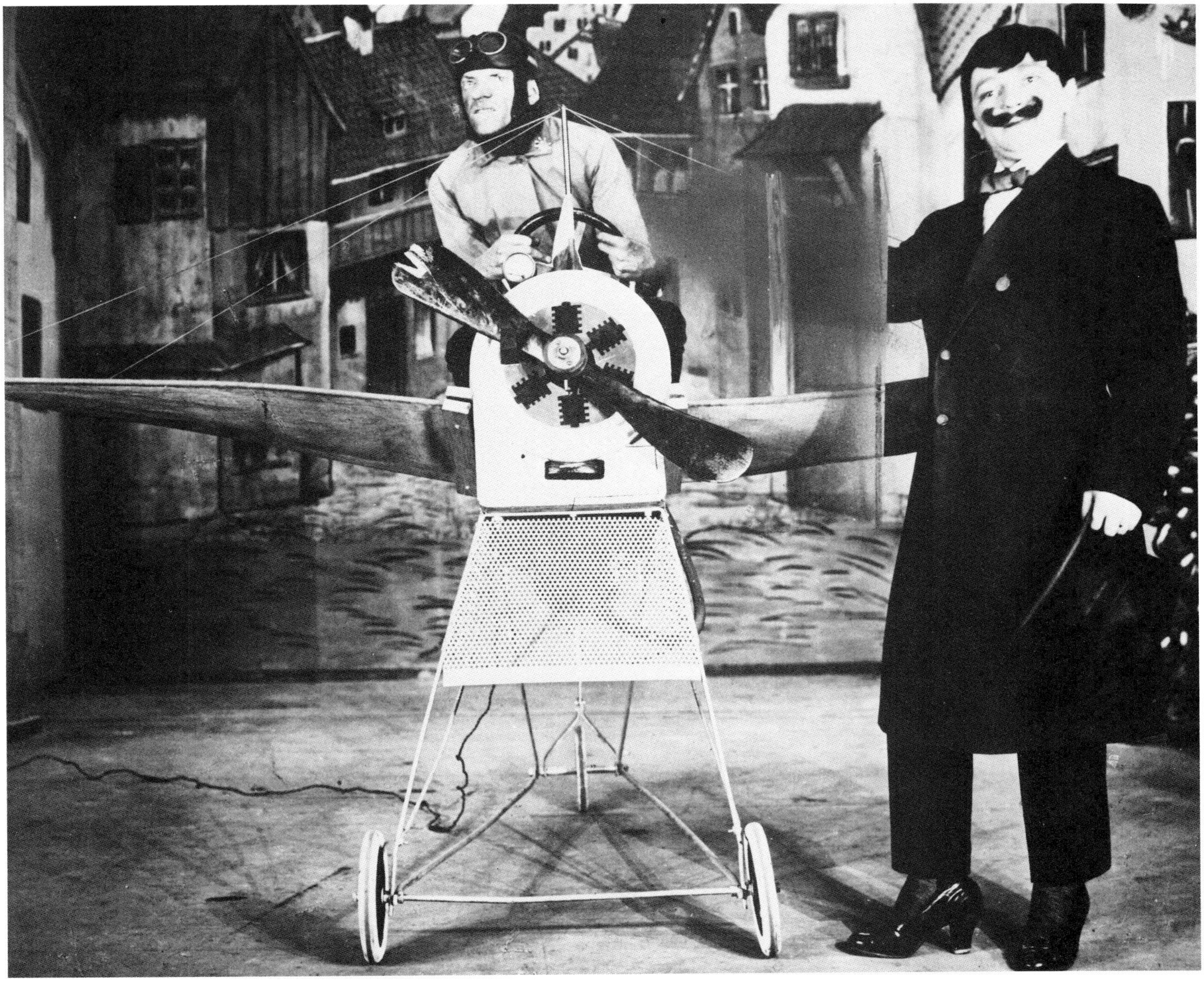

Sturzflüge im Zuschauerraum

1922	Januar 1. mit 31.	Tiroler-Terzett, *Monachia am Karlstor* (= Alpensänger-Terzett)
	Februar 1. mit 28.	*Germania-Brettl, Schwanthalerstraße, Direktion Salim:* Solo, Billiger Jakob (Karlstadt)
	März 1. bis 15.	Obsthausiererin (Karlstadt), Solo
	März ab 15.	Orchesterscene (= Orchesterprobe)
	April 1. mit 30.	Die beiden Musikal-Clowns (Valentin-Karlstadt), Billiger Jakob (Karlstadt)
	Mai 1. mit 31.	(Musikal-Clowns = Die verhexten Notenständer), Die beiden Musikal-Clowns, Quo Vadis und Hutmodenschau (Karlstadt)
	Juni 1. mit 30.	Solo Karlstadt (Titel nicht bekannt), Solo Valentin (Titel nicht bekannt), Einen Sonntag in Egern (Programm?), Einen Sonntag in Tölz (Programm?)
	Juli 1. mit 31.	Das Christbaumbrettl. *Germania-Brettl*
	August 1. mit 15.	Das Christbaumbrettl
	August ab 16.	*Gastspiel Zürich, »Bonbonniere«, Direktor: Schneider Duncker,* Orchesterscene (Orchesterprobe)
	September 1. mit 15.	*Germania-Brettl:* Solo Valentin, Solo Karlstadt
	September ab 16.	Die beiden Musikal-Clowns (Die verhexten Notenständer)
	Oktober 1. mit 31.	Die beiden Musikal-Clowns, Billiger Jakob (Karlstadt)
	Oktober ungefähr ab Mitte	*Nebenbei Gastspiel Kammerspiele Direktor Bing:* Christbaumbrettl
	November 1. mit 30.	Tiroler-Terzett, Wohnungsamt (Karlstadt) und *Kammerspiele* Großfeuer (später Großfeuer in Giging)
	Dezember 1. bis 8.	*Germania-Brettl,* Solo Karlstadt (Programm unbekannt), Solo Valentin (Programm unbekannt)
	Dezember ab 9.	Firmling

Als »Ponfineberer« (Leichenträger) mit Joe Furtner, 1925

Valentin mit seiner Frau

Vorstadttheater

Vorstadttheater, mit Liesl Karlstadt als Kapellmeister und Karl Valentin als Trompeter

1923	Januar 1. mit 31. und ab 27. dazu	Firmling *Germania Brettl; Hölle, Theresienstraße, Direktion Vallée* Tiroler-Terzett (Alpensänger-Terzett)
	Februar 1. mit 28.	*Germania* (Firmling), *Kammerspiele* (Theater in der Vorstadt)
	März 1. mit 31.	*Gastspiel Wien bei Leopoldi/Wiesenthal, Rotgasse:* Orchesterscene (Orchesterprobe)
	April 1. bis 12.	*Kammerspiele:* Theater in der Vorstadt
	April vom 14. mit 23.	*Gastspiel Nürnberg, Intimes Theater, Direktion Merk, Impresario Safern:* Theater in der Vorstadt
	Mai 1. bis 31.	*Kammerspiele:* Theater in der Vorstadt
	Juni 1. mit 15.	*Gastspiel Zürich »Bonbonniere«:* Solo Valentin, Flieger (später Sturzflüge im Zuschauerraum)
	Juli 1. mit 31.	*Kammerspiele* (Theater in der Vorstadt)
	August 1. bis 8.	*Steinickesaal, Adalbertstraße 15, Direktion Kammerspiele:* Billiger Jakob (Karlstadt), Clown-Duett (Die verhexten Notenständer), Solo Valentin (Titel unbekannt), Großfeuer (später Großfeuer in Giging)
	August ab 9.	Wie's früher war
	September 1. mit 30.	Theater in der Vorstadt (O schöne Zeit), *Kleines Theater im Steinicke-Saal. Adalbertstraße* 15
	Oktober 1. mit 31.	Firmling, Alpensänger-Terzett, Steinicke-Saal
	Oktober 12.	lt. Brief von Gerhard Gutherz, Dramaturg, Staatstheater vom 14. Oktober: Christbaumbrettl, *Kammerspiele*
	Oktober 18.	lt. Brief von Kammergerichtspräsident Wilhelm Mayer: Großfeuer in Giging, *Kammerspiele,* Nachtvorstellung
	November 1.–14.	Clown-Duett (Die verhexten Notenständer). Christbaumbrettl, *Steinicke-Saal*
	November 15.–Dezember 15.	*Gastspiel Wien, Chat Noir, Mariahilferstraße, Direktion Markoscheck:* Theater in der Vorstadt
	ab 16. Dezember	frei
1924	Januar ab 8.–31.	*Kammerspiele* (Theater i.d. Vorstadt)
	Februar 1. mit 28.	*Boccaccio, Hotel Stadt Wien, Bayerstraße, Direktion Friediger:* 2 Tage Orchesterscene, Firmling, nebenbei *Kammerspiele* (Theater i.d. Vorstadt)
	März 1. mit 30.	*Kammerspiele:* Raubritter vor München
	Mai 1.–31.	*Kammerspiele:* Raubritter und abwechlungsweise Theater i.d. Vorstadt
	Juni 1. mit 20.	*Kammerspiele:* Theater in der Vorstadt, Gebrüder Albrecht, Firmling
	Juni ab 25.	*Münchner Theater, Blumenstr., Direktion Pinegger und Cohn:* Theater in der Vorstadt
	Juli 1. mit 16.	*Serenissimus, Akademiestraße 9, Direktion Randow Fritz:* 8 Tage Gebrüder Albrecht (Komödie) und Duett, Flemisch: Kömödie Hausmeistermichl als Graf, 8 Tage Firmling und Orchesterscene
	Juli ab 17.	*Münchener Theater:* Raubritter
	August 1.bis 4.	*Münchener Theater:* Raubritter
	August ab 5.	frei
	September 1. bis 11.	frei
	September ab 12.	*Gastspiel Berlin*
	September ab 15.	im *Neuen Operettenhaus, Schiffbauerdamm, Direktion Saltenburg:* Theater in der Vorstadt
	Oktober 1. bis 30.	*Berlin* Theater in der Vorstadt
	November 2.–30.	Firmling, *Bocaccio* – nach Aufzeichnungen von J. Rankl:
	November 1.–14.	Die verhexten Notenständer, *Steinicke- Saal*
	November 15.–23.	Theater in der Vorstadt, *Chat noir, Wien*
	Dezember 1.–31.	14 Tage Firmling, 14 Tage Clown-Duett, *Bonbonniere, Neuturmstraße* nach Aufzeichnungen von J.Rankl: 1.–15. Dezember: Theater in der Vorstadt, *Chat Noir, Wien,* lt. Aufzeichnung K.V.: »Nebenbei: 1.–31. Dezember und 1. Januar (1925) im *Deutschen Theater Revue:* Halloh, Halloh! (Fliegerszene) (Sturzflüge im Zuschauerraum) ab 16. Dezember: frei«

Als Feuerwehrhauptmann in *Großfeuer in Giging* (Uraufführung im Steinicke-Saal 1923)

SCHAUSPIELHAUS

Kammerspiele im Schauspielhaus

Maximilianstraße 34/35 Kassen-Telefon: 20974 Leitung: Otto Falckenberg – Adolf Kaufmann

Donnerstag, 3. Februar, abends 7½ Uhr

Gastspiel

Karl Valentin und Lisl Karlstadt

Grossfeuer in Giging

Eine ländliche Komödie in 1 Bild von K. Valentin und L. Karlstadt

Der Kommandant . . . . . Karl Valentin
Die Huberbäuerin . . . . . Lisl Karlstadt
Der Spritzenlehrbub . . . . . Lisl Karlstadt
Der Photograph . . . . . Gustl Flemisch
Der Simmerl . . . . . Josef Albrecht
Der Ferdinand . . . . . Gustl Flemisch

Feuerwehrleute x. x. / Spielt in Giging

═ Pause ═

Neue Lichtbilder

Dichter und Bauer

Musikalische Szene aus „Theater in der Vorstadt"

Anfang 7½ Uhr Kassa-Eröffnung 7 Uhr Ende ½10 Uhr

Preise von 1.— bis 8.— Mk. (einschließlich Lustbarkeitssteuer und Sozialabgabe)

Orchestersessel 1.–3. Reihe	Goldmark	8.—	Rangsitz 2. Reihe	Goldmark	3.50
Sperrsitz 4.–7. Reihe	"	7.—	Rangsitz 3. u. 4. Reihe, Mitte	"	2.50
Sperrsitz 8.–9. Reihe	"	6.—	Rangsitz 3. u. 4. Reihe, Seite	"	1.—
1. Platz	"	4.50	Proszeniumsloge Vordersitz	"	10.—
2. "	"	3.25	" Rücksitz	"	5 –
3. "	"	1.75	Orchesterloge Vordersitz	"	10 –
Rangloge (zu 4, 5 u. 6 Sitzen) ein Sitz	"	4.50	" Rücksitz	"	5.–
Rangsitz 1. Reihe	"	5.—	Mittelloge	"	6. –

Die Tageskasse

(Fernspr. 20974) ist geöffnet: von 10 bis 1 Uhr vormittags und von 4 bis 6 Uhr nachmittags

Der **Vorverkauf** der Karten beginnt am **Samstag** und erstreckt sich auf die ganze laufende Woche bis einschließlich Dienstag der übernächsten Woche

Vorverkaufsstellen:

Theaterkartenverkauf Lenbachplatz (Fernspr. 5[illegible]625), Amtl. B. Reisebüro, Promenadeplatz (Fernspr. 24701), M. Hieber, Musikalienhandl., Marienplatz (Fernspr. 24506), W. et S. Seyfferth, Amalienstr. 31 (Fernspr. 22804), Reiseabteilung Oberpollinger (Fernspr. 53501), Reisebüro, Hamburg-Amerika-Linie, Theatinerstr. 35 0, Hapaghaus (Fernspr. 23541 u. 23506), Wild et Co. Neuhauserstr. 47 (Fernspr. 596297) von 9 Uhr morgens bis ½6 Uhr abends

Über bestellte Karten, welche bis 6 Uhr nicht abgeholt sind, wird verfügt. — Bei Umbesetzungen werden die bereits gelösten Karten nicht zurückgenommen.

Spielplan:

Freitag, 4. Februar abends 7½ Uhr: **„Die letzte Hexe" Gastspiel Konrad Dreher.** (Ende gegen 10 Uhr)

Samstag, 5. Februar abends 7½ Uhr: Erstaufführung **Theo macht alles**

Sonntag, 6. Februar nachm. 3½ Uhr, zu ermäßigten Preisen: **Der fröhliche Weinberg.** (Ende 5½ Uhr)
Sonntag, 6. Februar abends 7½ Uhr: **Theo macht alles.** (Ende 10 Uhr)
Montag, 7. Februar abends 7½ Uhr: **Die Durchgängerin.** (Ende ½10 Uhr)
Dienstag, 8. Februar abends 7½ Uhr: **Theo macht alles.** (Ende 10 Uhr)

HANS RIESBECK, MÜNCHEN

1925	Januar 1. mit 31.	*Bonbonniere:* Der Bittsteller
	Januar 1.	Sturzflüge, *Deutsches Theater*
	Februar 1. mit 28.	pausiert (wegen Krankheit von K.V.)
	März 1. mit 13.	Solo Valentin (Titel nicht bekannt), Karlstadt Italien
	ab 14. März	Oktoberfestschau, Schnellzeichner, *Bonbonniere*
	ab 22. März	Orchesterprobe, *Bonbonniere*
	April 1. mit 30.	*Deutsches Theater* Revue »Der, Die, Das«, Die zwei Ponfineber, und dazu ab 4. *Cherubin.* Direktion Hirschberg, Bahnhofscene, Elektrotechniker
	Mai	*Cherubin (Hotel Vier Jahreszeiten, Maximilianstr.)* einige Tage Theater in der Vorstadt, 14 Tage frei
	ab 26. Mai	Der verhexte Scheinwerfer, Bittsteller, wöchentlich zweimal in den *Kammerspielen,* Theater in der Vorstadt
	Juni 1. mit 12.	*Cherubin:* Elektrotechniker, Bittsteller
	ab 13.	*Revue Direktion Vallée:* Elektrotechniker, Ponfineber
	Juli 1. mit 31.	Elektrotechniker, Orchesterscene, 1. bis 10. *Kammerspiele* nebenbei Theater i.d. Vorst. Abendvorstellung, wöchentl. zweimal *Cherubin*
	August 1. bis 19.	*Cherubin:* Geigensolo Valentin, Billiger Jakob (Karlstadt), Tiroler-Terzett
	August ab 2.	frei
	September ab 5.	*Cherubin:* Orchesterscene
	September ab 16.	(auf eigene Rechnung) O schöne Zeit
	September ab 24.	frei
	Oktober am 8.	*Bad Aibling* Orchesterscene, Solo Valentin
	Oktober ab 16.–31.	*Künstlerring, Sendlingertorplatz, Direktion Adam Müller* Firmling
	November 1. mit 11.	*Künstlerring* (Firmling)
	November 12. mit 22.	*Kammerspiele* (Raubritter)
	November ab 23.–30.	*Künstlerring* (Orchesterscene)
	Dezember 1. bis 31.	*Künstlerring* (Orchesterscene), dazu ab 16. *Deutsches Theater* (Christbaumbrettl)
1926		Nach eigenen Programmaufzeichnungen von K.V.
	Januar 1. bis 31.	*Künstlerring* (Orchesterscene) 1.–5. 1., ab 6. Januar Elektrotechniker, vom 1. bis 6. Januar dazu *Deutsches Theater* Christbaumbrettl
	Februar 1. bis 28.	*Künstlerring*(Clownduett)
	März 1. bis 28.	Bittsteller (dann frei)
	April	frei
	Mai	ab Mittwoch den 5., dann alle Samstage und Sonntage *Schauspielhaus* Nachtvorstellg. Brillantfeuerwerk (lt. MAA am 10. Mai Erstaufführung)
	Juni	2 bis 3mal in der Woche *Schauspielhaus* Nachtvorstellung »Brillantfeuerwerk«, zuletzt: viermal Theater in der Vorstadt.
	Juli 1. bis 31.	*Kolosseum, Direktion Accosta:* Orchesterszene, Raubritter (150. Aufführung)
	August 1. bis 15.	Orchesterszene
	August ab 16.	Clownduett
	September 1. bis 30.	*Deutsches Theater Revue:* Nacht der Nächte, Rundfunkszene
	Oktober 1. bis 31.	wie September!
	November	am 4. und 8. *Gastspiel Augsburg Schwabenheim* Rundfunk, Valentin Solo, Orchesterscene
	November 11. mit 15.	*Deutsches Theater* (Theater in der Vorstadt)
	Dezember	sechsmal abwechselnd im *Schauspielhaus* Firmling, Christbaumbrettl
	Dezember ab 25.–31. 12.	*Kolosseum* Großfeuer

Valentin im Garten in Planegg mit einer Freundin der Familie, 1930

Mit Tochter Bertl, um 1920

Valentin mit Frau und Tochter Bertl in Berlin, 1924

1927	Januar 1. mit 6.	*Kolosseum* Großfeuer und ab 10. wöchentlich zweimal *Schauspielhaus* Großfeuer
	Februar 1. bis 28.	*Apollotheater, Dachauer Straße, Direktion Sporer,* Rundfunk und auch dazwischen Firmling (= Im Senderaum)
	März 1. bis 31.	*Kolosseum* Christbaumbrettl, Firmling und Rundfunk
	April 1. bis 30.	*Apollotheater:* Theater in der Vorstadt (ein Teil)
	Mai 1.–15.	*Apollotheater,* Theater in der Vorstadt
	Mai 5.	Brillantfeuerwerk (In der Rosenau), Uraufführung im *Schauspielhaus*
	ab 16.	frei
	Juni 7.–30.	Im Photoatelier (letzte Fassung), Uraufführung im *Apollotheater*
	Juli 1.–16.	wie oben
	Juli 17.–31.	Der reparierte Scheinwerfer, *Apollotheater*
	August 1.–31.	Firmling, Orchesterprobe, *Apollotheater*
	September 4.	Orchesterprobe, *Cherubin-Saal*
	Oktober 1.–26.	Im Photoatelier, *Apollotheater*
	Oktober ab 27.	K.V. krank
	November 3.–30.	Brillantfeuerwerk, *Apollotheater*
	Dezember 1.–30.	Christbaumbrettl, *Apollotheater*
1928	Januar 1. mit 5.	*Apollotheater,* Rundfunk (Im Senderaum)
	Januar ab 7.	Reise nach Berlin
	Januar 14.–31.	*Berlin Kabarett der Komiker, Kurfürstendamm, Direktion Robitscheck:* 2 Tage Firmling und Orchester, dann nur Orchester, dazwischen auch Der reparierte Scheinwerfer und Rundfunk (Valentin Fuß luxiert)
	Februar 1. bis 28.	wie Januar
	März 1. bis 15.	frei
	März 16.–31.	*Stuttgart, Friedrichsbau, Direktion Grauaug:* Orchesterszene, 4 Tage Rundfunk
	April	frei
	Mai	frei, 1 Tag *Tölz, Accosta,* Rundfunk und Orchesterprobe
	Juni 1. bis 19.	*Kolosseum, Direktion Hundeshagen:* Rundfunk und Photoatelier
	Juni ab 20.	Theater in der Vorstadt
	Juli 1. bis 31.	*Kolosseum:* Raubritter vor München
	August 1. bis 28.	*Kolosseum* Christbaumbrettl, Rundfunk (Im Senderaum)
	August ab 23.	Mondraketenflug (Uraufführung)
	September 1. bis 9.	Rundfunk und Mondraketenflug
	September ab 10.	frei
	Oktober 1. bis 15.	frei
	Oktober ab 10.–31. 10.	*Kolosseum* Mondraketenflug (Gehwald), Clownduett (Die verhexten Notenständer)
	November 1. bis 30.	Mondraketenflug (Rückert), Clownduett (Die verhexten Notenständer)
	Dezember 1. bis 30.	Firmling am 31. (Silvester) *Schauspielhaus* und *Bonbonniere* Rundfunk (Im Senderaum)

Plakat für das Kolosseum mit der Szene *Im Photoatelier,* gezeichnet von Ludwig Greiner

Kabarett der Komiker

Kurfürstendamm 193-194 — Telefon: Bismarck 6528 und 7648
Künstler. Leitung: Kurt Robitschek, Paul Morgan

Ab 14. Januar 1928

Täglich 11 Uhr abends

Nachtvorstellungen

Karl Valentin

Der Komiker und

Lisl Karlstadt

Es wirken ferner mit:

Trude Hesterberg

Max Hansen **Paul Morgan**

Paul Westermeier **Oskar Karlweis**

Kurt Robitschek

Eintrittspreise: 5.—, 3.50, 2.50 und 1.50
Auf allen Plätzen kein Weinzwang! Bier in Karaffen 2.25 RM.

Vorverkauf: Tageskasse (ab 11 Uhr vorm.), ferner alle Warenhäuser, Kartenbüros und Theaterkassen (Portiers) der Hotels.
Tischbestellungen: Bismarck 6528 und 7648 (ab 11 Uhr vorm.)

Der Bittsteller, (Uraufführung in der Bonbonnière 1925) (Foto: Hilbinger)

Valentin pflückt einen Apfel von einer Birke, mit Guido Thielscher

Der Bittsteller (Foto: Hilbinger)

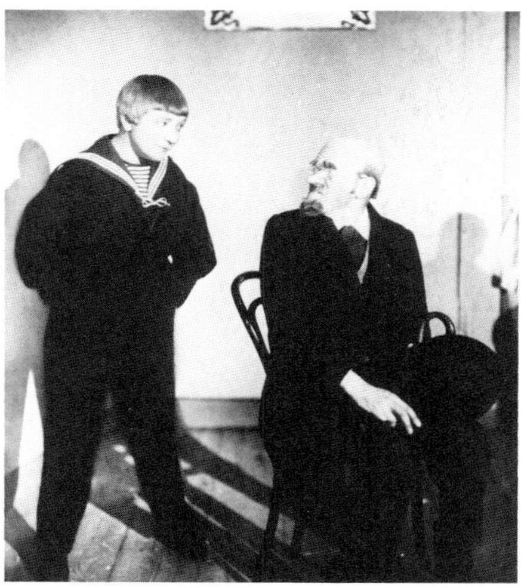

Mit Liesl Karlstadt im *Bittsteller*

Beim Rechtsanwalt (Foto: Hilbinger)

1929	Januar 1. mit 6.	Firmling, (jeden Sonntag nachmittag Im Senderaum, *Schauspielhaus)*
	ab 9.	Die verhexten Notenständer, *Apollotheater,* Direktion L. Weichand
	Januar 20.	Vorführung von Filmen Valentins im *Ufa-Theater.* SS 3, Frkf. Ztg.
	Februar 1.–10.	Firmling, *Apollotheater* (Karlstadt drei Tage krank)
	Februar 7. und 8.	Im Senderaum, *Charter-Feier Rotary-Club, Hotel Vier Jahreszeiten*
	ab 14.	Orchesterprobe, *Apollotheater,* dazu ab 16. Februar Tonfilm In der Schreinerwerkstätte
	Februar 16.	Ein dritter Film von Karl Valentin gefunden. AZ 40
	Februar	Jeden Sonntag nachmittag Im Senderaum, *Schauspielhaus*
	März 1.–8.	Orchesterprobe, Tonfilm In der Schreinerwerkstätte *Apollotheater*
	ab 9.	Im Photoatelier, *Apollotheater*
	März 21.:	Gründung einer Karl-Valentin-Filmproduktion in München. MZ 86, 87, MNN 86
	März	Jeden Sonntag nachmittag Im Senderaum, *Schauspielhaus*
	April 1.–3.	Im Photoatelier (mit Puhl statt Trösch), *Apollotheater*
	ab 4.	frei
	Mai 1.–21.	frei
	31. Mai und 1.–2. Juni	Tonfilm Fremdenrundfahrt, Wochenschau, versch. Valentin-Filme, Filmpalast
	Juni 6.–30.	Die verhexten Notenständer, *Kolosseum*
	Juli 1.–31.	2 Tage Wochenschau, 3 Tage Valentin-Solo (Titel nicht bekannt)
	1. und 2.	Mondraketenflug, Fremdenrundfahrt
	ab 3.	Orchesterprobe, Fremdenrundfahrt
	ab 15.	Im Photoatelier, Fremdenrundfahrt
	ab 26.	Im Photoatelier, Die verhexten Notenständer
	August 27.	Im Senderaum, Die verhexten Notenständer, *Kurhaus Tölz*
	September 1.–15.	Theater in der Vorstadt, Soubrette (?), *Kolosseum*
	ab 16.	Im Senderaum, *Kolosseum*
	26. September	Vorstellung im *Cherubin,* Urologenkongreß (Programm nicht bekannt)
	November 1.–30.	Im Photoatelier, *Kabarett der Komiker, Berlin*
	Dezember 1.–31.	Theater in der Vorstadt, *Kabarett der Komiker, Berlin*
	Dezember 28.	Uraufführung des Films: »Der Sonderling« mit Karl Valentin in der Hauptrolle. Frankf. Ztg. 32, NZ 1/1930, MZ 360, BK 365, MP 301
	1.–15. Januar	Die verhexten Notenständer, *Kabarett der Komiker, Berlin, Kurfürstendamm*
	März 18.	Der Karl-Valentin-Film »Der Sonderling« als volksbildend erklärt. MNN 76
	Mai	In der Rosenau (später Brillantfeuerwerk), *Kolosseum*
	Juni	In der Rosenau, *Kolosseum*
	Juli	Raubritter vor München, *Kolosseum*
	August	Raubritter vor München, *Kolosseum* am 2. August 150. Aufführung
	ab 11. Oktober	Im Photoatelier, *Kolosseum*
	ab 3. November	An Bord, Premiere, *Kolosseum*
	Dezember	Der Bittsteller, *Kolosseum*

Visitenkarte Valentins in Form einer Anamorphose. Bei Schrägstellung liest man den Namen und den Wohnort

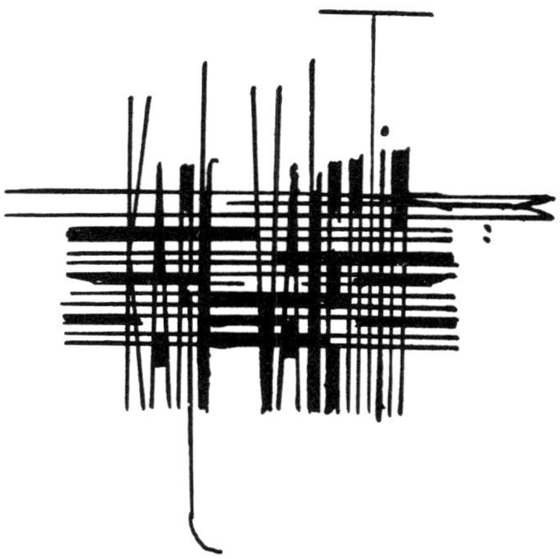

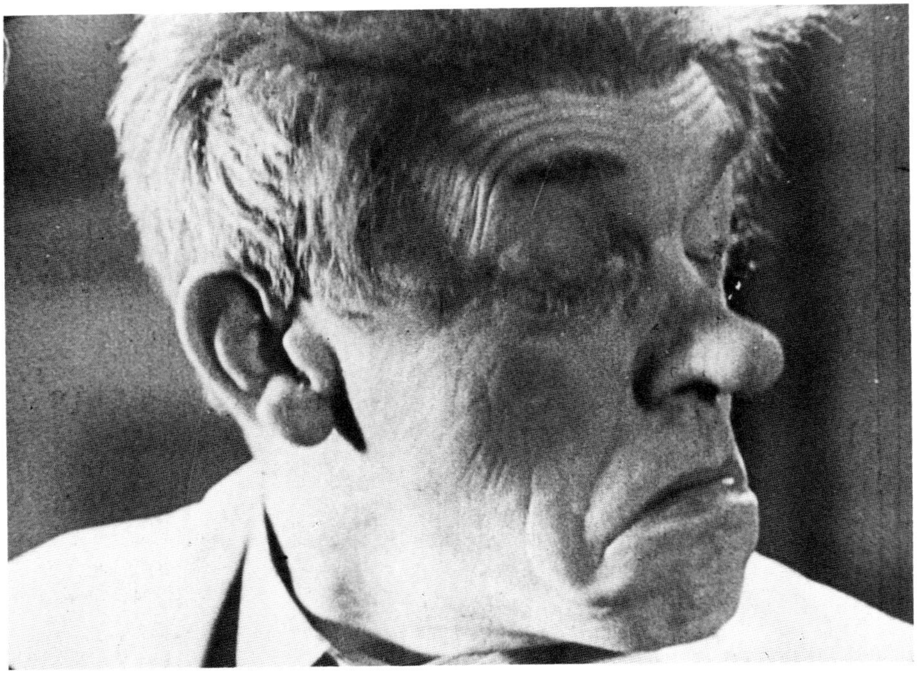

Aus dem Film »Im Photoatelier«

Im Photoatelier

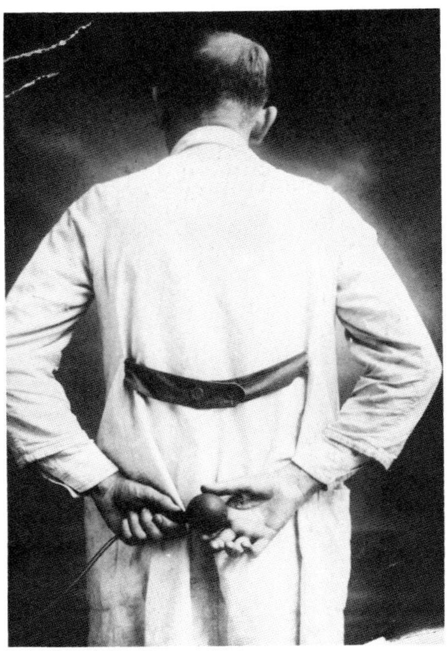

Die Raubritter vor München (Foto: Pettendorfer)

1931	1.–9. u. 13.–16. Januar	Karnevalistische Abende im *Kolosseum,* In der Rosenau
	17.–19. Januar	*Vorstadttheater Goethesaal, Leopoldstraße*
	26.–28. Januar	Im Senderaum, *Goethesaal*
	7., 8., 11., 14., 15., 21. und 22. Februar	An Bord, Das Christbaumbrettl, *Kammerspiele im Schauspielhaus,* Nachtvorstellungen
	16. und 28. Februar	Erwerbslosenvorstellungen (keine Ortsangabe)
	ab 9. März	(täglich) Tingeltangel (ähnlich wie Vorstadttheater), *Goethesaal*
	1.–23. April	An Bord, Im Photoatelier, *Goethesaal*
	16. Mai–30. Juni	In der Rosenau, *Kolosseum*
	1.–15. Juli	In der Rosenau, *Kolosseum*
	16.–31. Juli	Der Firmling, *Kolosseum*
	1. August–15. September	Raubritter vor München, *Kolosseum*
	August 19.	Beseitigung eines Bildes von Karl Valentin zu dessen Stück »Der Firmling« aus dem Schaukasten des Photographen Hilbinger. MP 197, MAA 236, TZ 170, BK 233, 239, SS 34
	16.–31. Oktober	Der reparierte Scheinwerfer, *Kolosseum*
	1.–30. November	Der reparierte Scheinwerfer, *Kolosseum*
	1.–16. Dezember	Alpensänger-Terzett, Firmling, Im Photoatelier, *Kolosseum*
	16.–31. Dezember	Im Photoatelier, *Kolosseum*
	31. Dezember	als Einlage bei der Vorstellung von Lumpazivagabundus das Alpensänger-Terzett
1932	1.–12. Januar	Im Photoatelier, *Kolosseum*
	13. Januar–14. Feburuar	Sie und Er, *Kolosseum* (Uraufführung)
	14. u. 21. Februar	(lt. J. Rankl) Im Senderaum, Lichtbildreklame, Matinee im *Gärtnerplatztheater*
	1.–7. März	Sie und Er, *Kolosseum*
	ab 8. März bis Ende März	Die verhexten Notenständer, *Kolosseum*
	April	Die verhexten Notenständer, *Kolosseum*
	3. April vorm. 10.00 Uhr	Im Senderaum, Morgenveranstaltung des Südd. Radio-Clubs, *Kolosseum*
	1.–30. Juni	Orchesterszene, *Kolosseum*
	1. Juli–?	In der Rosenau, *Kolosseum*
	1.–15. August	Im Senderaum, *Kolosseum*
	1.–16. Dezember	Im Senderaum, *Gärtnerplatztheater*
	16. Dezember–(?)	Wie's früher war, *Deutsches Theater* (»Revue – Volksstück von K.V. und Kaspar Mauz«) – ähnlich wie Bürgerwehr; erweiterte Fassung der Raubritter?) Im Repertoire nicht genannt. Siehe auch 9.8.1923, *Steinicke-Saal.*

Als Radfahrer
im *Deutschen Theater*

3. Januar 1932
9. Jahrgang / Nr. 1
Münchner Illustrierte Presse
Preis: 20 Pfennig

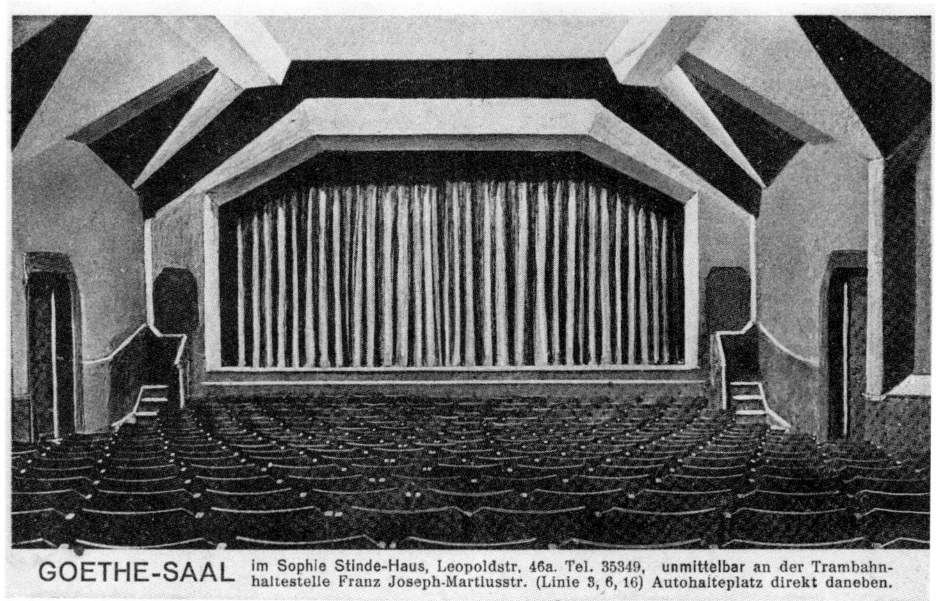
GOETHE-SAAL
im Sophie Stinde-Haus, Leopoldstr. 46a. Tel. 35349, unmittelbar an der Trambahnhaltestelle Franz Joseph-Martiusstr. (Linie 3, 6, 16) Autohalteplatz direkt daneben.

An Bord

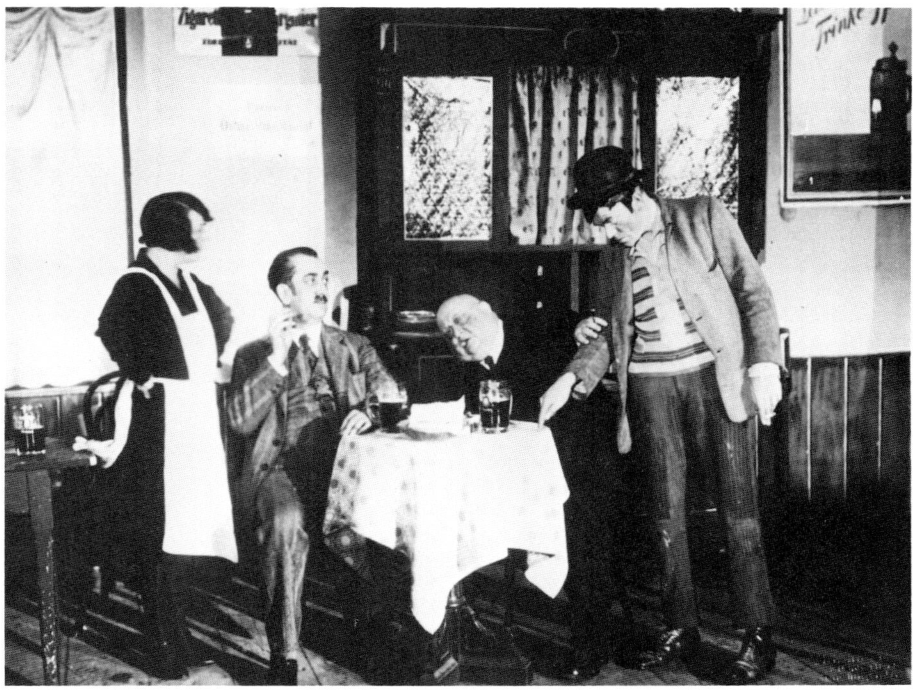

1933	1.–29. Januar	Wie's früher war, *Deutsches Theater*
	Januar, 2.	Erstaufführung des Tonfilms »Im Photo-Atelier« mit Karl Valentin. VB 5, 6, MZ 4, 5
	6. März	Gerichtsszene (Ehescheidung vor Gericht, Urauff.) *Wien-München, Hotel Wagner*
	Ab 22. März–Dezember	ausschließlich *Wien-München, Hotel Wagner, Sonnenstraße*
	22.–27. März	Geigensolo (K.V.), Es war ein Sonntag, Im Schallplattenladen, Wildererdrama, Orchesterszene
	28.–31. März	wie oben, ohne Wildererdrama
	1.–5. April	Im Schallplattenladen, Lichtbilder, Orchesterszene
	6.–27. April	wie oben, dazu »Valentin-Soli«, Gerichtsszene mit J. Rankl als Richter
	28.–30. April	wie oben, ohne »Valentin-Soli«
	1.–21. Mai	»Valentin-Soli«, Gerichtsszene, Der Firmling
	22.–24. Mai	Gerichtsszene wegen Erkrankung von L.K. ausgefallen, dafür Valentin-Solo »um eine Nummer verlängert«
	25.–31. Mai	Gerichtsszene mit Alfred Pongratz als Gerichtsdiener
	1.–2. Juni	Gerichtsszene, Lichtbilder, erstmals Geschmack der Liebe, Im Senderaum
	3.–6. Juni	Gerichtsszene, Geigensolo, Zitherwitz, Lichtbilder, Geschmack der Liebe, Im Senderaum
	7.–14. Juni	Valentin-Solo »wegen Heiserkeit« ausgefallen, sonst wie oben
	15. Juni	wie oben, wieder mit Geigensolo
	16. Juni	wie oben, Valentin-Solo (Mimiker)
	17.–19. Juni	wie oben, mit Geigensolo
	19.–30. Juni	Im Senderaum, Orchesterszene
	1.–12. Juli	Gerichtsszene mit Valentin als Gerichtsdiener, Im Senderaum mit Alfred Pongratz als Schauspieler
	13.–14. Juli	Gerichtsszene, Karlstadt-Rankl, Im Senderaum
	15.–31. Juli	Geigensolo, Im Schallplattenladen (15.7. Uraufführung)
	1.–8. August	Fremdenrundfahrt, Alpensänger-Terzett, Der reparierte Scheinwerfer
	9. August	statt Alpensänger-Terzett Im Senderaum
	10.–15. August	wie oben
	30. September–2. Oktober	Der Schusternazi mit Karlstadt und Flemisch, Lichtbilder, Geigensolo, Zithersolo, Sturzflüge im Zuschauerraum
	3. Oktober	Zithersolo, Die Rasenbank, Es war ein Sonntag, Der halberzählte Witz
	4.–7. Oktober	Komödie König Herodes mit Neumüller, Programm sonst wie oben
	8.–9. Oktober	Sturzflüge im Zuschauerraum, König Herodes
	10.–20. Oktober	Geigensolo, Sturzflüge
	21. Oktober	wie oben, statt Valentin-Solo als Erstaufführung Der Theaterbesuch
	22. Oktober	wie oben, ohne Theaterbesuch
	23.–31. Oktober	Geigensolo, Sturzflüge, Theaterbesuch
	1.–30. November	Theaterbesuch, Der verhexte Scheinwerfer
	14., 16., 17. November	wie oben, dazu Es knallt
	1.–31. Dezember	Rosenau, Theaterbesuch

An Bord, Uraufführung im Kolosseum 1930
(Foto: Hilbinger)

1934	1.–30. Januar	Photoatelier, Rosenau, *Hotel Wagner*
	Februar:	An Bord, Beim Rechtsanwalt *Hotel Wagner* (Uraufführung)
	8. Februar:	Filmball *Deutsches Theater,* K.V. und L.K. als Hochzeitspaar in »Allotria«
	11. Februar	Münchner Faschingszug Gruppe 122: Eine Valentiniade. Idee, An- und Ausführung von Karl Valentin und Liesl Karlstadt: »Der treffendste Witz unter den Faschingsspäßen war der Wagen des Münchner Humoristen Karl Valentin. Ein stattlicher Wagen, halb leer, mit Farbtiegeln, Maßkrügen und anderen Werkzeugen; über Gestänge und Gerümpel war ein Plakat gespannt, das die Aufschrift trug: Entschuldigens, wir sind mit dem Wagen nicht fertig worn. Karl Valentin–Liesl Karlstadt.«
	März	Orchesterprobe, Beim Rechtsanwalt, *Hotel Wagner*
	1.–17. April:	Firmling, *Hotel Wagner*
	18.–30. April	An Bord, *Hotel Wagner*
	Mai	Ein Sonntag in der Rosenau, *Kolosseum*
	Juni	Theaterbesuch, Alpensänger-Terzett, *Kolosseum*
	1.–17. Juli	Theaterbesuch, *Kolosseum*
	18.–30. Juli	Raubritter vor München, *Kolosseum*
	August 1.	Valentin ersucht um Überlassung von Photos und Ansichtspostkarten für die bevorstehende Ausstellung »Alt-München«. MNN 207, MZ 213
	1.–15. August	Raubritter vor München, *Kolosseum*
	16.–31. August	Im Senderaum, *Kolosseum*
	21. Oktober–31. Dezember	Orchesterprobe (bei Rankl nicht eingetragen), *Hotel Wagner*
	21. Oktober	Eröffnung des Panoptikums in den Kellerräumen des Hotels Wagner, »ein Kuriositäten- und Gruselkeller«
	31. Dezember	Genehmigung zum Betrieb des Panoptikums abgelaufen. Vorläufige Schließung.
1935	1.–15. Januar	Orchesterprobe, *Hotel Wagner*
	16.–31. Januar	Firmling, *Hotel Wagner*
	1.–9. Februar	Beim Rechtsanwalt *Hotel Wagner*
	10.–28. Februar	Sturzflüge im Zuschauerraum, *Hotel Wagner*
	1.–31. März	Bittsteller und Im Senderaum
	6.–12. April	Geigensolo und Im Senderaum, *Hotel Wagner*
	1.–15. Mai	Im Senderaum, Geigensolo
	4. Mai	Wiedereröffnung des Panoptikums im Hotel Wagner
	16.–31. Mai	Im Schallplattenladen, *Hotel Wagner*
	1.–30. Juni	Zithersolo, Im Schallplattenladen, *Hotel Wagner*
	1.–4. Juli	Still ruht der See, Lachsolo, Sie und Er, *Hotel Wagner*
	5.–30. Juli	Im Senderaum, Solo
	1.–31. August	Im Senderaum, *Hotel Wagner*
	September	wie oben *Hotel Wagner*
	Oktober	wie oben *Hotel Wagner*
	November	wie oben *Hotel Wagner*
	16. November	endgültige Schließung des Panoptikums im *Hotel Wagner*
	1.–12. Dezember	Theater in der Vorstadt, *Kabarett der Komiker, Berlin*

Ein von Liesl Karlstadt und Karl Valentin entworfener Wagen für den Münchner Faschingszug 1934

Der Zirkuskauf: Valentin mißt das Innere des Zirkus Krone, findet ihn aber für seine Zwecke um einige Zentimeter zu klein.

1936	Januar	Im Fotoatelier und Im Senderaum, lt. Programm-Ausschnitt ohne näheres Datum *Theater in der Vorstadt, Kabarett der Komiker, Berlin*
	September	lt. Programm-Ausschnitt ohne näheres Datum »Orchester in der Vorstadt« *Kabarett der Komiker, Berlin*
	Oktober	lt. V.B. vom 4. Oktober Gastspiel *im Kabarett der Komiker,* Berlin, ohne Programmangabe
	November 14.	Uraufführung des neuen Karl-Valentin-Films »Donner, Blitz und Sonnenschein« im Atlantik-Palast. MNN 316, Abendbl. 266, 268, VB 321, MZ 322, NMT 324
	Dezember 6.	Lichtbildervortrag über die Altmünchner Sammlung des Karl Valentin. MNN 339
1937	23. Januar	Der reparierte Scheinwerfer, *Kleinkunstbühne Benz, Leopoldstraße*
	Februar	Der reparierte Scheinwerfer (lt. MNN vom 18.2.1937), *Benz*
	7. Februar	Münchner Faschingszug, lt. Festzugsprogramm: 1. Valentiniade in Gruppe 2: »Das Ei des Kolumbus für den Groß-Stadtverkehr« (Idee: K. Valentin, Entwurf: L. Greiner und Crämer) gestellt von der Firma Karl Stöhr, gestiftet vom Stadtverband Groß-München 2. Valentiniade in Gruppe 3: »I kenn mi net aus« Eine Sammlung mysteriöser Zeichen. Idee: K. Valentin, Entwurf: L. Greiner, gestellt vom Stadtbauamt, Abt. Straßenbau 3. Valentiniade in Gruppe 4: »Volksflugzeug Dreier Staffel« Idee: K. Valentin Entwurf: L. Greiner, gestellt von der Schirmmacher-Innung, München 4. Valentiniade Gruppe 52: »Das Münchner große Preisrätsel im Faschingszug 1937« »Ein Münchner Sprichwort« Idee: Karl Valentin. Einziger Rätsellöser: wieder Karl Valentin. Ein Wagen, auf dem sich allein eine gebrauchte Kopfbedeckung befindet. Die Lösung wurde versehentlich von Valentin am Wagen gleich angeschrieben. 5. Valentiniade: »Kampf dem Verderb durch Lärm« Idee: K. Valentin; Entwurf: L. Greiner, gestellt von der Schrottag A.G. 6. Valentiniade: Karl Valentin »Dufte-Dufte A.G.« Großfabrikation – Verwertung jeglicher Abfallstoffe – Eigenes Veredelungsverfahren! Ein Schlußwagen, der als letzten Gruß den nachdrängenden Münchnern edle Düfte entgegensendet.
	März	An Bord (lt. VB vom 30.3.1937) *Benz*
	1.–16. April	An Bord, *Benz*
	17. April–10. Mai	Orchesterprobe, *Benz*
	11. Mai–29. Mai	Valentin-Solo (lt. Programm), *Benz*
	30. und 31. Mai	Orchesterprobe mit Benz als Kapellmeister, *Benz*
	Juni–Juli	Im Senderaum mit Benz als Schauspieler, *Benz*
	18. Juni 1937	K.V. eröffnet in den Kellerräumen des Hauses Färbergraben 33 lt. Gewerbe-Kartei einen »Lachkeller«, der am 1. März 1938 geschlossen werden mußte.
	August	Im Senderraum mit Benz als Schauspieler, *Kleinkunstbühne Benz*
	August 27.	Karl Valentin ersucht um Überlassung alter Photos von München zwecks Veranstaltung einer »Alt-Münchner-Ausstellung« VB 240, MNN 233, MZ 239
	September	Der Firmling, *Kleinkunstbühne Benz*
	1.–10. Oktober	Die Orchesterprobe, *Benz*
	Oktober 2.	Karl Valentin und Liesl Karlstadt zum erstenmal im Rundfunk. MZ 277
	11.–30. Oktober	Im Senderaum, *Benz*
	November	Im Schallplattenladen, *Benz*
	1.–24. Dezember	Im Schallplattenladen, *Benz*
	25.–31. Dezember	Der Theaterbesuch, *Benz*

Der Umzug, Aufführung im Deutschen Theater, München 1938

1938	Januar	Der Theaterbesuch (lt. MNN vom 13. 1. 1938), *Benz*
	1.–26. Februar	Der Theaterbesuch, *Benz*
	27. Februar–April	»Der goldene Pierrot, ein Münchner Faschingstreiben in 33 Runden, Spielleitung Fritz Fischer. K.V. als erster Münchner Untergrundbahnschaffner, L.K. als Minna, Gustl Waldau als Brauereibesitzer«. *Theater am Gärtnerplatz*
	März	Der Firmling, *Benz*
	April	Beim Rechtsanwalt, *Benz*
	Mai	Alpensänger-Terzett, *Benz*
	Mai	lt. MNN vom 5. Mai 1938 Der Umzug, Uraufführung im *Deutschen Theater*
	Juni	Im Senderaum, *Benz*
	Juli	Der Umzug, *Deutsches Theater*
	1.–8. August	Der Umzug, *Deutsches Theater*
	9.–30. August	Im Photoatelier, *Deutsches Theater*
	1.–15. September	Im Photoatelier, *Deutsches Theater*
	16.–30. September	Im Senderaum mit Benz, *Kleinkunstbühne Benz*
	1.–7. Oktober	Im Senderaum (ohne Benz), *Benz*
	8.–30. Oktober	Die Orchesterprobe mit Benz, *Benz*
	1.–17. November	Die Orchesterprobe mit Benz, *Benz*
	21.–28. November	Elektrotechniker mit Benz, *Benz*
	1.–15. Dezember	Die Orchesterprobe mit Benz, *Benz*
1939	Februar	Theater in der Vorstadt mit Benz, *Benz;* ab 25. Februar K.V. krank, Kleinkunstbühne Benz wegen Umbau geschlossen.
	16.–30. April	Theater in der Vorstadt, *Apollotheater* Augsburg, K.V. ab 23. krank, Benz springt ein.
	20. Mai	Die Orchesterprobe mit Benz als Kapellmeister, *Künstlerhaus am Lenbachplatz*
	23. Mai	20.00 Uhr Vorführung der Altmünchner Lichtbilder von K. Valentin (unter Protektion des Stadtverbands Groß-München e.V.), Zeitungs-Ausschnitt. Ohne Ortsangabe.
	3. Juni	wie oben
	20. Juni	»Glückliche Reise« von Eduard Künnecke. »Radfahrer Karl Valentin, Schutzmann Franz Stick«, *Theater am Gärtnerplatz*
	17. Juli	Eröffnung der *Ritterspelunke* in den erweiterten Räumen im *Färbergraben 33*. »Eine Verbindung von Panoptikum, Kellerkneipe und Kabarett«. Täglich »Ritter Unkenstein« mit A. Fischer anstelle von L. Karlstadt. Lt. Gewerbe-Kartei geschlossen am 28. 2. 1942
	31. Dezember	K.V. als Frosch in der Fledermaus im *Gärtnerplatztheater*.

Ritter Unkenstein

oben: Valentin an seiner Drehbank
in Planegg (um 1940)

unten: Bei einem seiner letzten Auftritte

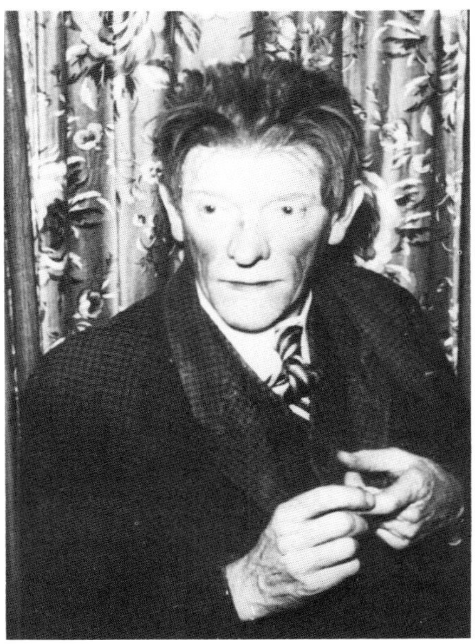

Valentin demonstriert seine Drechselarbeiten (um 1940)

1940	Januar–5. Juni	Ritter Unkenstein, *Ritterspelunke*
	dazwischen März	Frosch in der Fledermaus, *Gärtnerplatztheater*
	August	Theater in der Vorstadt, *Deutsches Theater*
	November	Der Theaterbesuch, *Deutsches Theater*
1941	16. November	WHW-Veranstaltung »Heiterkeit und Fröhlichkeit in der Manege«, *Zirkus Krone.* (lt. MNN Nr. 321, 1941, Programm nicht genannt)
	23. November	wie oben, lt. MNN 328, 1941, Wiederholung)
1942	Januar	*Ritterspelunke* verpachtet; keine weiteren Auftritte bis 1947
1947	Oktober	Münchner Mittag vom 13. Oktober 1947: »Karl Valentin und Liesl Karlstadt, die beiden beliebten Münchner Komiker, traten anläßlich einer geschlossenen Veranstaltung in Pasing nach siebenjähriger Pause wieder zusammen auf«.
	8. Dezember	Im Senderaum, *Gaststätte Lindenplatz, Pasing* (lt. Angaben von J. Rankl)
	Ende Dezember	Auftritt bei einer Weihnachtsfeier der Färberei Arnold, lt. Brief von K.V. vom 9. Januar 1948
1948	Januar	K.V. und L.K. im *Simpl am Platzl, Direktion Theo Prosel* (lt. Südd. Ztg. vom 17. 1. 1948)
	22.–31.1.	Gastspiel von L.K. und K.V., Programm nicht bekannt, *Bunter Würfel, Preysingstraße 42* (lt. Quittung für die Gage)
	9. Februar (Rosenmontag)	in seinem Haus in Planegg gestorben.
	11. Februar, Aschermittwoch	Beisetzung auf dem Friedhof Planegg

Erwin Münz

Quellen:
Abgesehen von Zeitungsausschnitten, Programmheften, Plakaten und Korrespondenzen stützt sich diese Aufstellung auf folgende Quellen:
1.) Chronologisches Auftrittsverzeichnis 1897–1942, aus dem Besitz von J. Rankl
2.) Variante des Auftrittsverzeichnisses 1915–1929.
3.) Repertoire-Zusammenstellung Nr. 1–414.